厦门大学
MTA 教学案例集

林璧属◎主编

旅游教育出版社
·北京·

策　　划：赖春梅
责任编辑：赖春梅

图书在版编目（CIP）数据

厦门大学MTA教学案例集 / 林璧属主编. -- 北京 : 旅游教育出版社，2021.1
ISBN 978-7-5637-4225-7

Ⅰ. ①厦… Ⅱ. ①林… Ⅲ. ①旅游经济－经济管理－教案（教育）－研究生教育 Ⅳ. ①F590

中国版本图书馆CIP数据核字(2021)第026023号

厦门大学MTA教学案例集

林璧属　主编

出版单位	旅游教育出版社
地　　址	北京市朝阳区定福庄南里 1 号
邮　　编	100024
发行电话	（010）65778403　65728372　65767462（传真）
本社网址	www.tepcb.com
E - mail	tepfx@163.com
排版单位	北京旅教文化传播有限公司
印刷单位	天津雅泽印刷有限公司
经销单位	新华书店
开　　本	710毫米×1000毫米　1/16
印　　张	21.25
字　　数	339 千字
版　　次	2021 年 1 月第 1 版
印　　次	2021 年 1 月第 1 次印刷
定　　价	68.00 元

（图书如有装订差错请与发行部联系）

‖ 序 ‖

案例研究作为社会科学研究中的一种常用方法，被广泛地应用于法学、人类学、社会学、心理学和管理学等不同的学科中。在旅游研究中也常常运用案例方法。关于案例研究，目前学术界主要有两种观点：一种观点是典型个案研究，另一种则强调为经验研究。个案研究观点长期占据主导地位，而将其界定为经验研究则是近三十年来的一种观点，本人倾向于案例研究为一种经验研究。在旅游研究中，究竟是采用个案研究的定义还是采用经验研究的定义颇费思量。作为个案研究，数百年来案例研究在法学和医学已得到了广泛的应用。医师们依赖于案例研究来诊断病症，律师们将判例法视为法律研究的基本方法。在企业管理领域，20世纪六七十年代兴起的经验主义学派和权变理论学派都高度重视案例研究方法，但二者在研究思路上有所区别——经验主义学派侧重于研究个体企业管理实践，虽然也作多案例的比较研究与归纳、概括；权变理论学派侧重于通过多案例研究，归纳、总结出若干基本模型，以指导管理实践。

案例研究中存在的最大问题是如何从个案中获得普遍性的认识。对于克服案例研究的单一案例如何获得普遍性认识的哲学难题，我的观点非常明确，即马克思主义经典哲学家对这一问题的解决方法为我们提供了方法论依据。马克思和恩格斯通过揭示普遍必然性的辩证关系，即通过对个别与一般、特殊与普遍、相对与绝对、偶然与必然、有限与无限的辩证关系的研究来实现。在他们看来，一般、普遍、绝对、必然、无限就在个别之中，因此要把握它们，并不需要逐一考察所有个别事物，只需解剖若干典型即可。所以，马克思以英国为典型，发掘资本主义的一般规律；以法国为个案，阐发了资本主义政治的一般规律。从这一点出发，我们认为，旅游案例研究可以通过对旅游活动中所涉及的与旅游相关的社会经济现象的个案研究来获得新的认识。它可以获得其他研究手段所不能获得的数据、经验知识，并以此为基础来分析不同变量之间的逻辑关系，进而检验和发展已有的理论体系；可以满足那些具有原创性的研究，尤其是以构建新理论或精炼已有理论中的特定概念为目的的研究。

案例教学则是在经验研究的基础上形成的一种教学方法。厦门大学旅游专业硕士管理中心面对市场的急剧变化，积极应对，迎接挑战，竭尽所能地开发教学案例，在面朝大海春暖花开的校园中，积极将案例导入课堂教学之中，全面开启案例教学。本案例集选取其中 14 门课程的案例，既有校内教学实验基地的实际管理案例，又有旅游管理领域的实战采访，还有台湾乡村文化创意的实践案例借鉴；内容涉及旅游管理、酒店管理、景区与目的地管理，细化出全域旅游、智慧旅游、酒店定位、文化创意、乡村旅游、旅游企业并购等诸多领域。主题内容较广，议题较多，分析到位，值得一读。当然，也欢迎读者诸君批评指正！

林璧属

2020 年 7 月 15 日

目　录

案例 1

坏蛋还是圣人？我们只是普通人

林德荣；周星；郭功星；崔枫
（厦门大学管理学院，福建 厦门 361005）

【案例摘要】厦门光明谷温泉度假村自2003年11月开业以来，迄今已经历了10年的风雨历程，凭借2005年第一届海峡旅游博览会的平台和充满创意的展示，企业知名度大大提升，2013年荣获中国驰名商标，标志着向全国大市场迈进了坚实的一步。然而在企业蓬勃发展的背后，却是企业员工不断高涨的抱怨以及接二连三的人员流失，这些现象引起了总经理李志强的高度重视。回想起多年来自己与企业共同成长的那段辛酸与快乐的历程，李总不禁感慨万千，强烈的使命感促使他决心行动起来，重新打造企业的激励体系，塑造全新的企业的文化，让光明谷焕发新的生机。然而，摆在面前的问题却又是那么繁杂且毫无头绪，他不禁陷入了沉思。

【关键词】光明谷；人才流失；激励体系；文化塑造

天蓝蓝，水潺潺，绿影摇幡幡。蜂飞蝶舞花满园，满园繁花鲜。

百小桥，百展园，百园万景藏。如诗如画游人醉，不思还故乡。

四月的厦门，面朝大海，春暖花开，如风姿绰约的"海上花园"，又如一幅美丽的春景画，吸引了一批又一批的五湖来客纵情其中。夕阳回眸，夜色渐渐笼罩了这座鹭岛，远处传来南普陀悠扬的钟声，迷离的灯光依稀地在这座城市里闪烁着。涌动的游人、袅袅的乐声、阵阵的茶香……这座城市似乎又被增添了一丝文化底蕴。深夜中的厦门，犹如一位安静入睡的美少女，喧哗不在，却显得格外得美丽，别有一番簇新的情调。

然而在这座睡意蒙眬的城市一角——厦门光明谷温泉度假村（以下简称"光明谷"）[①]，通亮晃眼的白炽灯光从大楼的总经理办公室投射出来，恰似宁静的浓浓夜

① 出于隐私及业主方面要求的考虑，隐去了企业的真实名称。

色被撕破了一道口子，显得格外刺眼。压在办公桌文件夹上的手机已经震动了好几次，却丝毫没有引起总经理李志强（化名）的注意。他眉头紧锁，习惯性地用右手手指轻轻捏住了微颤的嘴唇，眼神直勾勾地盯着摆在桌上的两摞文件，神情中透露出深深的困惑和丝丝的无奈。左边的那摞文件封面印着“《向标杆企业学习温泉管理》系列报道资料汇编”，右边是一叠厚厚的“光明谷员工处罚通知书”。左边的是自己倡导的“向标杆企业看齐”的学习成果，具体来说是标杆企业实行“以德治村”取得可圈可点的绩效回馈；而右边的是将标杆企业先进经验嫁接到自己企业的实践成果，得到的却是“画虎不成反类犬”的结果，回馈的不是接踵而至的感谢信，而是应接不暇的处罚单。

这强烈的反差不禁让李志强陷入沉思：为什么自己一直以标杆企业为学习榜样，学习其管理制胜之道，却达不到其“好评如潮，游客蜂拥而至”的理想效果？反而在光明谷的经营绩效逐渐上升的同时，企业员工的抱怨声却不断高涨，不仅基层员工在抱怨，连基层管理者甚至中层管理者都开始抱怨企业的严苛与冷漠，动不动就会收到上级的“处罚单”，出现“发展与抱怨齐飞，员工共领导一色”的怪异现象。抱怨看似小事，却深刻影响着员工的士气和态度，并无时无刻不影响着企业文化的塑造，一旦处理不当，看似平淡小事的抱怨就会使管理人员陷入员工的信任危机，乃至对企业文化造成不可逆转的损害。李志强深知这其中利害，我们到底应该视员工为坏蛋，需要靠严苛的处罚制度来约束？还是视员工为圣人，无为而治，以德化人，相信其自我约束的能力？光明谷到底需要怎样的文化氛围，才能让员工视企业为自己的家？想到这里，李志强不由眉头一皱，踮脚转动了座椅，将严峻的目光投向了窗外沉沉的夜色。光怪陆离的城市已经开始沉睡，那遥远的点点灯光，将李志强的思绪拉回到遥远的十年前，那个梦开始的地方……

一、光明谷的发展简史

在福建厦门市沧海区莲孚路，有一处历史悠久的温泉——汤安温泉。400 多年前，明隆庆年间，明朝户部大员丁一中游历福建山水，得知吴真人曾用汤安的温泉水治愈泉州百姓的病疫，被世人奉为“保生大帝”，便前往汤安温泉（现光明谷温泉）亲身体验，沐浴后神清气爽，心里有说不出的喜悦，并即兴作《温泉铭》：“水有温泉，火有凉焰，阴阳互藏，至理斯验，天启沃泽惠民……”盛赞这一天地造化赐给老百姓的恩惠。400 多年后，一位来自南洋的华侨程耀祖先生再度为汤安温泉着迷，投入数亿元巨资，将这一沉寂在荒郊野岭的“美人汤”唤醒，使广大百姓真正沐浴到造物主的恩泽。

厦门光明谷温泉度假村坐落于厦门天竺山麓，山峦环抱、景色绮丽，距厦门岛仅30分钟车程。是全国首家同时拥有国家4A级旅游景区、五星级旅游饭店的温泉度假村，荣获中国优秀绿色旅游饭店、中国十佳温泉度假酒店、全球最佳旅游度假酒店等多项称号。

光明谷温泉度假村自2003年11月开业以来，迄今已经历了10年的发展历程。这十年，见证了光明谷始终坚持围绕温泉做事业，致力于传扬温泉文化，做好温泉名牌的风雨路程；这十年，也见证了李志强从当年刚刚大学毕业的毛头小伙陪伴着企业一路成长，成为公司的总经理。

所谓"万事开头难"，光明谷的成长并未一帆风顺，开业并不是十分顺利，光明谷的生意并没有预料中的那么好。由于人们对光明谷缺乏了解，所以开始那几年接待的游客数量很有限。然而2005年第一届海峡旅游博览会却成了光明谷一个全新的转折点，借助旅博会的平台和充满创意的展示，积攒了人气，企业知名度大大提升。2008年，厦门光明谷管理顾问有限公司正式成立，通过这个平台建立起更多的推广渠道，将光明谷温泉度假村成立以来积累的管理经验及运作模式推广到整个温泉行业，通过同行业间的相互交流借鉴，不断推动整个温泉行业的良性互动发展。2013年光明谷荣获中国驰名商标，标志着向全国大市场迈进了坚实的一步。

然而，伴随着企业的发展壮大，却始终有一个困惑萦绕在李志强的心头，这个困惑非但没有随着时间流逝而消减，反而越来越让他觉得沉重。当年创业之初，虽然环境简陋，待遇不高，甚至游客稀少，但企业上下为了光明谷的发展，齐心协力，任劳任怨，没有丝毫懈怠和怨言。反而现在企业历经十年历程，各项制度基本规范，企业运营基本稳定，开始走上发展正轨的时候，却不断出现员工抱怨、人心涣散的现象，光明谷的企业文化到底出了什么问题？伴随这些疑惑和问题的不断涌现，公司内部发生的一切又历历在目……

二、来自"普通人"的声音①

近些年来，公司里面发生的一系列事情令李志强总经理坐立不安。就在2010年11月上旬，总经理信箱收到了一位自称方女士的顾客投诉信，抱怨其在距当时约莫10天前发生的一点不愉快至今仍未得到有效解决。事情是这样的：

那天，方女士与同行的几个好友一齐来到光明谷，他们想进温泉泡一会以缓解

---

① 源于一种奖惩观念：如果管理者把员工当成"圣人"（近乎完人），那么只需要对其进行正向激励即可；如果把员工视为"坏蛋"（为所欲为），则须对其进行严加看管。而现实中，普通人占了绝对的数量。见附图1。

工作疲乏，然后吃一顿饭。就在进餐时，当天负责此包间的服务生一不留神将通红的西瓜汁洒到了方女士洁白的大外套上。见此情景，服务生慌了手脚，赶紧赔不是并承诺必定会将方女士的外套洗净后再予以返还、并赔付相应损失，这可是方女士的先生从法国给她买回来的价值 13 000 元人民币的结婚纪念礼物啊。方女士见其态度虽然诚恳，但这衣服着实太过昂贵、意义确也非凡，随即要求对方慎重处理此事。可是回家了一天、两天、三天，根本没有收到光明谷关于这件事情的处理结果。焦急的方女士拨通了客户服务台的电话并把事情原委详细地描述了一遍，对方告知方女士说，“就这个问题公司内部还在协调，请您稍安勿躁。待一有结果会立即通知您。”时间又过去了七天，方女士仍未接到事件处理通知。失去了耐性的她只好给总经理信箱和董事长信箱各投了一封投诉信，信中声称自己再也不会到光明谷消费，要求返还衣物并赔偿损失，并且必须确保衣物污渍已清理干净。

李总经理找到当事人了解了事情的原委后，迅速地把这个问题解决了。而且，就发生的这件事，公司决定给该员工开一个处罚单，扣罚其当月工资的 20%，并在公司内部采用“贴小字报”的方式将其曝光。如此重罚的原因有二：第一，这种错误不该发生；第二，发生后处理不够及时。除了处罚该员工之外，还要“连坐”他所属的整个部门；包括部门内所有员工和部门经理都要受到不同程度的责罚。

令董事长和李志强总经理吃惊的是，就这么一个小小的事情拖延了这么长时间居然都没能得到有效解决，而且一年下来他们已经接到好几次类似的顾客投诉，这不是与光明谷温泉度假村核心文化精神里的“高品质服务”相背离了吗？李志强决定进行一次有针对性的访谈，以更加真实地了解企业的实际情况。通过多方调查和询问，他了解到，随着公司不断进入正轨，管理层级也在快速拉长。从一线服务员到营运经理的管理链上就有 5 个管理层（附图 2）；相比同行业其他企业，光明谷的管理者似乎比员工数量还要多；而且跨部门、跨层次的沟通方面似乎也存在一些问题。以下来自光明谷张副理的访谈笔录可以反映这一现象：

现有员工将近 500 人，但是感觉没用好，官太多，经理比员工还要多。即便只是处理一个很简单的问题，都需要花很长时间走流程，需要各类文件、各类签字。组织里的规章制度太多，把员工的积极性和主动性都限制了。员工担心受罚，只在“框框”内展开工作，不敢像标杆企业那样给顾客提供“惊喜”的服务。而且部门内其他员工也会自觉不自觉地彼此限制、提醒，这是因为一旦某一个员工受罚，整个部门都要受到“连坐”。最致命的是，有时候都不知道是怎么受罚的，钱被扣了，还要在公司内部张贴处分结果。不给大家任何解释、申诉的机会。很多处罚理由令人啼笑皆非，“未按规定行文”都要被“开罚单”。

各部门目前人少，很多员工都被罚跑了，员工没注意就受处罚，采取部门上下级“连坐”，即使是老员工也经常受到克扣。这样一来，老员工就觉得脸上特没光，罚后一段时间工作起来没干劲儿……

沟通方面呢，平行部门之间主要靠领导之间沟通。副理之间的沟通还好，但部门之间也还是存在一些沟通的障碍；工作量太大也会导致沟通受限；员工私下沟通效果不好；我自己开展工作主要是靠命令的方式，很少能接收到下层人员的反馈。

如此一来，员工们在面对顾客诉求时很难及时兑现承诺，进而难以提高顾客满意度。

公司当下面临的情况可谓“内忧外患”。对外，董事长信箱和总经理信箱动辄会收到一些顾客投诉信；对内，员工和大部分管理人员抱怨制度太繁琐、太细微、太苛刻，甚至度假村部分核心员工都要提交辞呈。

2011 年 7 月份的一个晌午，李志强总经理收到了两封辞职信，当他打开两个信封看到辞职信的主人时，他不仅感到意外，而且十分惊讶，这两个可是公司的核心员工啊！他们一个是企划部经理，主要负责公司业务的营运推广工作；另一个是电脑部经理，负责光明谷整个公司的网络建设与维护、软硬件设施的管理。两个人同时辞职对光明谷业务的正常运行将会带来很大的负面影响。心中郁闷的李总经理叫他们立即到办公室来“谈谈心”。他们说道：

公司给我们的待遇是不错，可是动辄就收到处罚单，一个月下来，工资里的很重要的一部分都被罚掉了，真正领到手的数额实在太少。我们也感觉到公司对我们的重视，可总感觉没有被信任，无论做什么事都要汇报，而且频繁地看到您和业主出现在我们的工作场所，对我们的工作横加干涉。而且当我们需要其他部门在工作上给予支持的时候，也不能及时得到回复，总是拖拖沓沓。甚至有的直接拒绝了。我们原来服务过的月亮湾公司给我们的待遇看上去虽然赶不上公司，但它赋予了我们很大的自主权和被信任感。最重要的是，不会莫名其妙地收到一些“处罚单”……

李志强对这些事情也有一些亲身感受。他从进企业至今已有将近 10 个春夏，即便如今已经在总经理这个“宝座”上了，可感觉开展工作时仍然束手束脚，董事会、业主总是会通过各种各样的途径、手段对他的工作进行干预。他寻思到：

感觉业主建企业就像养儿子、管企业就像管家庭，一直都是事必躬亲、亲力亲为，这样会给下属一种挫败感。我印象比较深刻的就是来光明谷两年后的一天，当时我在餐饮部的厨房内做现场管理。可是一个星期有 5 天总是可以在那儿看到业主的身影，他每次来都会毫无例外地要检查锅碗瓢盆的卫生、菜样的搭配、员工着装、物资储存。因为他担心顾客会在菜里面发现小虫子或者头发丝之类的、客户投诉碟子不卫生、菜味太咸或者太淡、米和蔬菜的储备不够……即便是现在，虽然公司内有很多规章制度，我的每一次决定都必须向董事会汇报，要征求他们同意后才能继续执行计划。这样一来，很多好的点子要么没通过，要么由于拖延太久而变得无法执行。

自己承担“救火员”的责任，没有时间做本职工作。因为行政的工作特别多，每天很多时间花在回复公司内部邮件上，都回不完。邮件内容包括每日总值班情况反馈、其他一些流程性的审批程序。很多实务性事情都要亲自做、亲自指导，否则与上级沟通有问题，工作没重点了。本职的不是主要工作了，却变成了处理日常事务。本希望有更多的时间去考虑如何把市场做得更好的。此外，我们的主管事情也很多，很难记住每一项的花费，他们还会因此受罚。

此时，李志强又想起一次陪同业主和业主朋友吃饭时听到的这样一个不知真假的故事。汉朝有一个宰相叫丙吉，有一天在都城内走，忽然前面出现了两个打架的人，头破血流，还在继续斗殴。他没有出面处理打架的事情，而是绕道走了。走了不远，发现路边的牛在不停地喘气，于是停下来看牛为什么喘气。随从很奇怪，就问宰相，为什么不管人的事，而关心牛，难道牛比人更重要吗？丙吉说人打架的事情，我也看见了，但那是都城将军该管的事情，他会处理好的，如果他处理不好，我就撤他的职，这也是考验那个人是否称职的机会。而牛喘气，可能是天气出了问题，可能有灾害，事关天下的收成，这是我的职责，所以分外关心。业主的朋友把故事讲到这儿后，顿了顿，接着苦口婆心地对二人劝道：“你们要培养出比自己更厉害的下属，这才是你们工作的本分。”此时，业主若有所思地点了点头。陈志强第二天回公司上班时，又在餐饮部看到了业主的身影。

那么，这一切的一切到底为什么会发生呢？

事实上，李志强明白，历经 10 年的成长与发展，光明谷已经积淀了诸如积极进取、精细规范、专注投入、诚信守法等宝贵的精神财富，但他更明白，目前这些精神犹如“散落在角落里的明珠”，并未形成体系，企业文化应有的凝集力和感召力并未能发挥作用。他深知对于光明谷来说，提炼、构建独特的企业文化体系，对推进光明谷长远发展，实现光明谷精神和企业哲学的传承意义重大。但要想构建适于光明谷、利于光明谷的企业文化，就必须重新全面审视光明谷企业文化的现状。

（一）理念文化

李志强早在两年前便深知企业文化的重要性，那时还要求人事部总结和提炼属于光明谷的精神文化。当时大家讨论总结出来光明谷企业文化应该是以“以人为本、团队精神、勇于挑战、努力创新”为企业精神，“传扬温泉文化、争同业典范、创国际一流”为企业使命和目标。想那时，他看着人事部递交上来的这些让人热血沸腾的表述时，还满是欢欣鼓舞的。但如今看来，与标杆企业的企业文化相比，两年前的成果的确缺乏主题、系统性和内在逻辑关系，并且很难反映出光明谷的特色。理念文化在很大程度上受到创业者的影响。李志强埋怨道：

家族的文化基本都体现在了光明谷的日常运作中：勤劳、敬业，但是让所有员工都像家族成员一样是很难的（因为毕竟公司不是自己的）。

光明谷的员工对公司的未来发展也感到十分迷茫。李志强突然回想起去年年底进行的员工问卷调查，似乎从当时的结果也可以看出一些端倪。去年面向全体员工的调查问卷表明（图1），员工希望光明谷发展成为“受到同行尊重”和“员工凝聚力强”的企业（占比分别为80.62%和64.01%），中层管理层更加希望企业未来发展成为“品牌影响力大”的企业（83.33%），高层管理者则更希望企业发展成为“信任和尊重员工”的企业（56.67%），原来各个层级的理解差异如此之大。

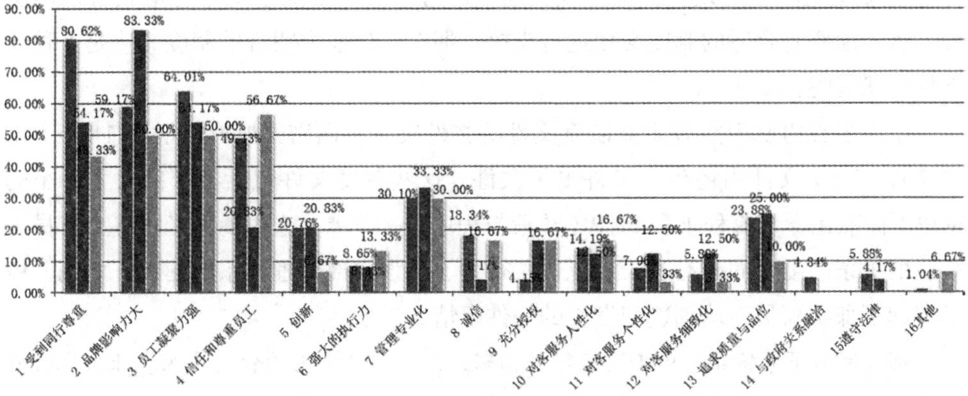

图1　各层级对光明谷企业未来发展的期望

说明：黑色代表选择此项的员工比例，中灰色代表选择此项的中层管理者比例，浅灰色代表选择此项的高层管理者的比例

而且，由于这种认知的不一致和模糊性，导致了员工们理解的服务理念与实际的服务理念存在一定差距。在这次访谈中，有一位履职五年的老员工如是说到：

首先是服务理念的自觉，希望我们员工的自觉和自律心要强，大家心要齐；来到光明谷就是要感动客人、给客人惊喜；精益求精，追求细节和品质；发自内心的服务、激发员工内心的热情，主动去做、喜欢去做，在做的过程中收获快乐。

而现实中却是另一番情景：

大家的心不是很齐，合作还要加强；现在后备的人补不上，尽管很想做到热情周到，但实际上做不到，比如受表扬的员工就那么几个；现在在服务理念的自觉上有些差距，正在努力改进，但是仍有一些问题，员工这方面的观念没有很统一。服务现状：员工被动地去服务，工作量大，影响服务质量。

深夜的寂静和清冷更容易让人清醒，李志强回顾自己一直以来所倡导的、引以为傲的工作理念，发现其实矛盾重重。追求“精细化与规范化管理”的同时又要求“追求服务的个性化、灵活性”；强调“服从与执行”，又要求员工“主动而有创造性”；倡导“用心工作和主人翁精神”，但现实却是“人本关怀不足，员工的主人翁地位难以实现”，这是何等的失误啊。

与全体员工密切关联的工作理念竟如此前后矛盾，这不禁让李志强打一寒颤，他意识到，过去的理念文化只包括了企业精神、使命和目标，缺少能够指导具体工作的理念，是如此的苍白无力、脱离实际。

（二）制度文化

理念文化体系是光明谷全体成员前进的灯塔，但是如果要把它落到管理的层面，就必须要有合适的制度文化进行支撑。那么，目前光明谷的制度文化是一种什么样的状况呢？

李志强在电脑上点开企业制度文件的文件夹，里面密密麻麻排满了 1144 个制度文件，每个文件内还包含了许多子文件。这些制度文件包括各部门大大小小的 SOP（标准化操作流程）和 P&P（政策与程序）。没错，这些凝聚光明谷全体员工智慧的千条制度，的确有利于规范员工行为、加强内部管理体系的建设。此刻，他又想起了那年新员工培训期间发生的一件事情。

那天因为事务繁杂，中午没来得及回家，他就去了公司的食堂吃饭。正当他打好饭菜坐定之时，却似乎听到谁在喊“经理”，他还以为谁在跟自己打招呼呢，就顺势转头望去，原来是几个员工在相聊甚欢，声音便是从那传来的。从他们的穿着看来，显然还是新入职尚在培训期间的新人，自然是不认识这位“远在天边近在眼前”的总经理了。他们聊的正是培训期间发生的事情，李志强便饶有兴趣地听了起来。

“每天的培训真的好多内容啊！”

“是啊，真不知道天天学这个有什么用，没一点实际的……连经理的面都还没见过。”

“而且还要背什么规章制度，真当我们是小学生。”

“就是，奖励制度太少了，好像就只有 6 条，而惩罚条例，你们看了没，少说也有 15 条……”

“不会吧！这还让不让人活了！”

“还不如现在走人算了。”

“是啊，最近不是刚吓走了两男一女吗！”

……

若有所思的李志强关上了制度文件的文件夹，又随手翻开了手边的《员工手册（2007版）》，这是光明谷现行的员工手册，上面事无巨细地对员工行为的各个方面作出了严格的规定。李志强根据这本《员工手册（2007版）》粗略地统计了一下：奖励的条款共计8条，处罚的条款共计86条；奖励额度一般为30–150元，突出者可晋升一级工资；处罚额度则根据具体情况，为不扣工资、扣罚工资的3%、6%、10%或20%不等。毫无疑问，当前光明谷惩罚力度明显大于奖励制度。这些奖惩制度与员工的绩效考核又不无联系。

目前，光明谷的绩效评价主要是以部门为单位，实行"连坐"，部门内部员工吃"大锅饭"。并在此基础上，根据各部门的绩效考核结果，同时对部门管理人员进行奖惩。李志强原本是希望通过这种以部门为基础的考核方式提升部门的凝聚力和归属感，但是越来越多的人反馈对这种方式的不满。许多优秀员工通过"总经理信箱"向他抱怨多劳却没有多得，相反部门内的一些人靠着"搭便车"也拿着和自己一样的报酬。

公司的考核方式对部门是公正的，对个人是不公平的；考核是针对部门的，里面的所有员工都一样。现在还是按照部门"吃大锅饭"的方式考核评价的，如果能细一点，细化到个人，就能够实现优胜劣汰。形式化比较严重。绩效评价主要是以部门为单位，存在一定的不公正，如会以"人员流动率"作为考核的一个指标，而这在一定程度上是不公正的。

李志强想起自己每周都认真对待的"总经理信箱"，员工们经常通过这种途径向自己反映问题。上个月，有位营销部的员工向他抱怨说自己在接待客户的时候连请对方喝一杯咖啡的权利都没有，给工作的开展带来了很多的不便。的确，在光明谷，无论高层管理人员、中层管理人员还是基层员工，都普遍感到授权不足，未得到充分信任。尤其是一线客服部门（即对客服务部门）管理人员与员工的权力有限，难以在处理客人投诉、针对性服务等方面作出及时反应，这些基层管理者和员工感觉工作受到了限制。

李志强叹了口气，他很理解员工的感受，而自己又何尝不是有这样的感觉呢。在光明谷，董事会成员常驻酒店，对酒店日常经营管理工作提出意见与指导，在加强酒店的监管的同时，也带来一些弊端。自己作为总经理理应按照自己的理解和方式来管理企业，但是实际上董事会却频繁地要求自己汇报工作，以致于自己的日常管理经常被打断。更严重的是，董事会成员有时会按照自我感觉与想法安排工作，不容李志强提出质疑，有时出现问题时甚至将不满情绪转嫁给李志强或其他管理者。这种事情在度假村频繁发生，会所的小王就有这么一段刻骨铭心的经历：

2009 年夏季的某天，酒店前台接待了一位客人，在登记入住的过程中与大堂副理说话投机，向大堂副理提出自己要接受 SPA 服务，并且需要两女一男三名技师。大堂副理因为与客人交谈甚欢，就没有多想便答应了客人的特殊要求。但是按照光明谷的 SPA 的服务标准，会所只能提供一男一女两名技师，并且当天会所的具体情况也是只有两位技师。

当晚，到了需要向客人提供服务的时候，这位早晨刚被上司训了一顿的大堂副理得知会所只能提供一男一女两名技师，他非但没有表示理解并帮助解决问题，反而生气地对会所的工作人员小王说："我已经答应客人了，你们就要做到。不然发生顾客不满的情况就由你们来承担。如果这件事情没有得到解决、客人的要求没有得到满足，那就是你们工作的失误，需要接受处罚。"

会所的小王在面对顾客的等待和上司的指责时感到万分的委屈，请求副理能够和自己一起向客人解释情况。可是大堂副理一口拒绝了，认为这个不是自己的责任和工作，让小王自己解决，解决不好就要开罚单。

无奈之下，小王只好与两名技师一起前往顾客的房间向其道歉并说明事情的缘由。好在客人比较通情达理，在了解情况后表示谅解。事情解决了之后，小王长叹了一口气，感觉既高兴又伤心。他高兴的是自己没有因为这件"无辜"的事情而被开罚单，伤心的是自己在这样的上司手下工作……

（三）行为文化

在光明谷待了多年，李志强深知尽管一直在提倡学习，但目前的光明谷还不能称作是一个学习型组织，这是因为一直以来通常是董事会与高层受到同行标杆的刺激，进而提出变革的想法，基层遵照落实，内部自发的改革与创新动力不足。并且光明谷强调更多的是服从，使得员工欲言又止，不敢轻易提出改进意见。一位新员工就在访谈中抱怨说：

"公司的老员工太多了，思想固化了。"因为比较成熟，有些思想比较根深蒂固，比较难以改变；内部自发的改革与创新动力不足，通常是董事会与高层提出变革的想法，基层遵照落实。或者受到同行标杆的刺激，通过学习其优秀做法，被动接受改变。持续性的学习、反馈、总结、改革机制未有效建立，还未形成学习型组织。

说到沟通协作，部门内部的交流比较顺畅，对客服务部门之间也较融洽，但是跨部门（特别是一线与二线部门）之间的协作仍然存在一定障碍。李志强想起客房部、中餐、西餐等一线部门的管理者经常提到财务、人事等二线部门对一线部门的支持不够充分。李志强明白，在现有的制度文化下，这些二线部门需要严格按照企业规章制度与流程办事，完成报批手续，的确有时不能及时响应、灵活应对一线部门的需求。就像企业露天部的主管说的：

二线部门需要严格按照企业规章制度与流程办事，完成报批手续，因而有时不能及时响应、灵活应对一线部门的需求；受财务预算的影响，一线部门的许多工作设想难以完全实现……

每年，酒店的温泉公园露天部推出新产品的时候，都需要制作产品宣传单和价格清单。今年，露天部还像往年一样在OA工作系统中提交了任务单，并且与企划部联系，向其提交了相关的材料和要求。

企划部按露天部下单内容和要求完成制作后便将宣传品放在仓库，没有第一时间告知对方，只是等待露天部的人员去取。而另一边，露天部的员工没有得到消息，以为宣传品还没有制作完成。

露天部左等右等十天仍不见宣传品，而新产品的推出又急需产品宣传单和价格清单。露天部的员工只好向企划部询问情况，才发现宣传品已经制作完成，"躺在"仓库一周时间。

露天部的员工向企划部抱怨说自己部门工作繁重，企划部应该及时通知并且帮助领取宣传物品。而企划部的解释是，按照工作流程文件的要求，制作出宣传品意味着企划部工作的结束，告知或者帮其他部门领取宣传物品属于他们职责之外的事情，他们没有义务去做这些事情。

其实，包括李志强在内的光明谷的中高层管理人员也深感繁琐制度约束的苦恼，他们经常忙于日常事务性工作，花费较多时间在行政事务的处理、内部沟通与审批程序上，较少有时间思考如何提高部门绩效、指导下属。上一次的员工调查中，有超过40%的管理人员和员工认为上级在工作中的表率作用"一般"或"比较差"，如图2所示。

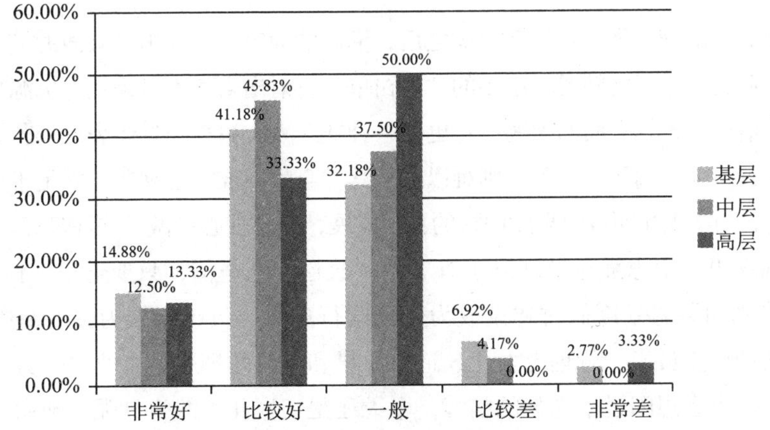

图2 各层级对管理层的表率作用的评价

平日里，李志强经常与员工谈心，他深刻感受到大部分员工还是比较认可光明谷对员工的投入。因为，光明谷严格遵循劳动法与劳动合同法，按时发放工资，从不拖延，并为员工提供了较丰厚的福利（如员工宿舍、餐厅、泡温泉等），提供了较系统的入职培训，定期开展关爱活动和各种仪式活动（生日会、周年庆、春会、实习生欢送会等）。然而，在这次访谈调研中却有近半数的员工感觉未受尊重或信任（图 3）。

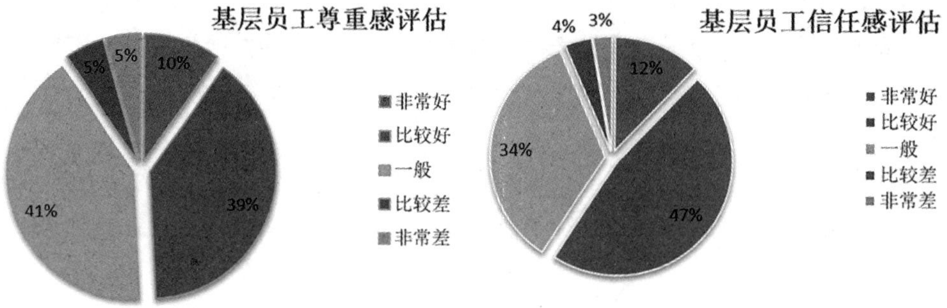

图 3 部门合作与沟通情况

李志强感叹：光明谷十年风雨走过，留下了许多宝贵的文化财富，但也积累了许多的问题。这些问题如同隐疾，目前还没有对光明谷的经营产生严重影响，但是却在慢慢侵蚀光明谷的灵魂，成为光明谷未来十年、二十年发展路上的绊脚石。因此，李志强意识到现在必须要有一个强有力的企业文化来为光明谷注入持续的免疫力，确保光明谷可以更加健康、稳定地前进！

四、普通人的世界

愁上心头的李志强经过这般思虑之后，憔悴的面容上浮现出了微微的笑容。细微处恰是企业文化体现之精要，小小的“处罚单”折射出来的不只是人力资源、绩效考核、员工信任等各单方面的问题，它更是一种缺乏人文精神的具体表现。若不在企业文化方面进行大刀阔斧的变革，则难以践行其“金牌标准”之纲要。立足于“风雨十年”之基，为实现光明谷温泉度假村的长足发展，李志强心里做了些许盘算。

想到这里，李志强总经理终于有了些许放松。他坚信，只要通过不懈的努力，一定能将光明谷温泉度假村建设成为受到同行尊重、员工凝聚力强、品牌影响力大、信任和尊重员工、管理专业化、追求质量和品位的理想型企业。一旁，手机再度响起，一个念想闪过李志强的脑海，今天还是三岁儿子的生日呢，他微笑一下按下了接听键……

附录

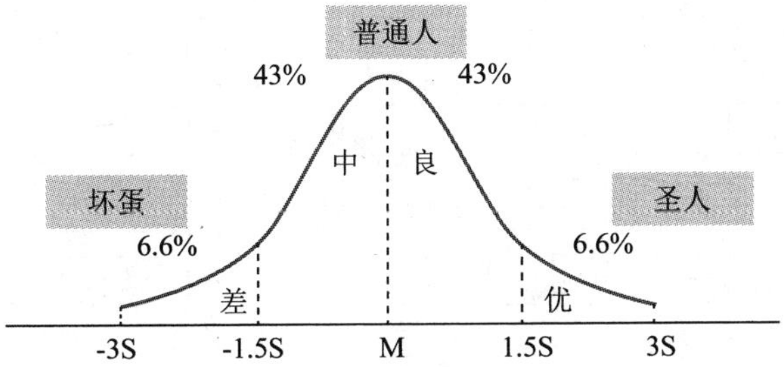

附图 1　坏蛋—普通人—圣人

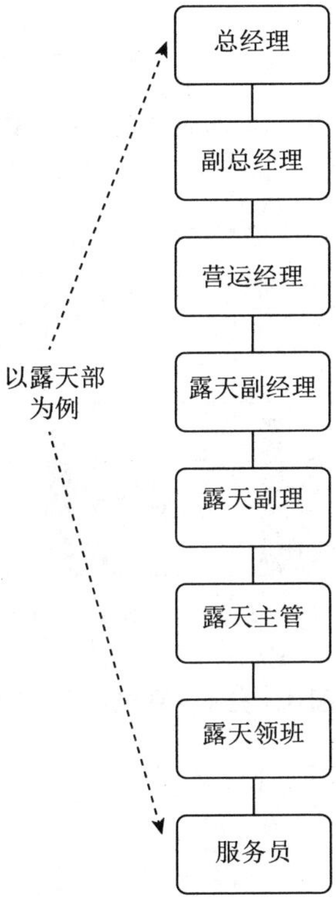

附图 2　冗长的管理链条

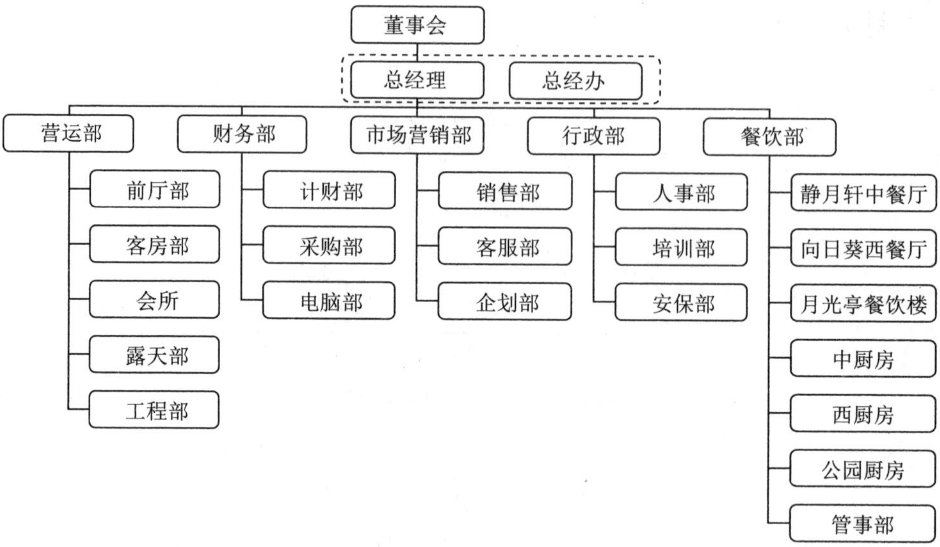

附图 3　光明谷的组织架构

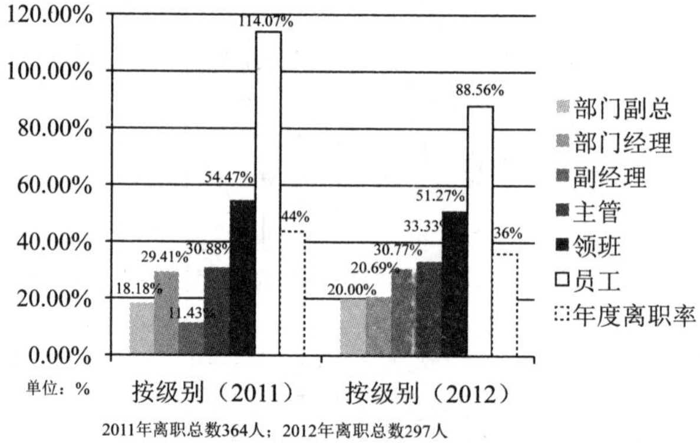

附图 4　员工离职情况分析图示

教学笔记

厦门光明谷温泉度假村

林德荣等

一、教学目的

本案例适用于“企业管理学”“国际商务学”“旅游消费者行为学”“旅游企业人力资源管理”等课程教学，用于帮助学生更好地了解旅游服务行业尤其是温泉旅游发展中存在的问题，如企业文化建设、人才流失问题，企业如何针对自身存在的问题进行调研、反思；让学生明白在像温泉旅游这样的服务密集型企业中文化建设的重要性，以及如何塑造一种融洽良好的企业文化和一套科学有效的激励机制来吸引人才、留住人才及培育人才。培养学生从全方位、多角度分析问题的能力。

二、案例的决策问题

（1）文化塑造。
（2）激励体系。
（3）服务转型。

三、案例所反映的基本问题

企业文化塑造问题、企业人才流失问题、激励制度问题。

四、案例思考题

（1）厦门光明谷温泉度假村为什么在“向标杆企业学习”的活动中收效甚微？不仅没有收到“好评”，反而是接踵而至的“差评”？

（2）光明谷为什么出现从普通员工到管理层的普遍抱怨？

（3）老员工（核心员工）为什么要离职？新员工为什么说“还不如现在走人算了”？

（4）为什么出现处罚单“满天飞”的情况？有何解决办法？

（5）李志强总经理为什么想起来了一个古代故事？其用意何在？

（6）如何更有效地激励员工（老员工 vs. 新员工）？

（7）怎样才能塑造光明谷的企业文化？

（8）李志强最后想到了什么而露出了笑容？如果你是他，你会怎么做？

五、背景资料及分析要点

（一）背景资料：光明谷的发展历程

厦门光明谷温泉度假村坐落于厦门天竺山麓，山峦环抱、景色绮丽，距厦门岛仅 30 分钟车程。是全国首家同时拥有国家 4A 级旅游景区、五星级旅游饭店的温泉度假村，荣获中国优秀绿色旅游饭店、中国十佳温泉度假酒店、全球最佳旅游度假酒店等多项称号。

光明谷温泉度假村自 2003 年 11 月开业以来，迄今已经历了 10 年的发展历程。但光明谷的成长并未一帆风顺，开业并不是十分顺利，光明谷的生意并没有预料中的那么好。由于人们对光明谷缺乏了解，所以开始那几年接待的游客数量很有限。2005 年第一届海峡旅游博览会成了光明谷一个全新的转折点，借助旅博会的平台和充满创意的展示，积攒了人气，企业知名度大大提升。2008 年，厦门光明谷管理顾问有限公司正式成立，通过这个平台建立起更多的推广渠道，将光明谷温泉度假村成立以来积累的管理经验及运作模式推广到整个温泉行业，通过同行业间的相互交流借鉴，不断推动整个温泉行业的良性互动发展。2013 年光明谷荣获中国驰名商标，标志着向全国大市场迈进了坚实的一步。

（二）分析要点：光明谷文化塑造思路

文化是企业之本、是企业的根，要形成一种鲜明的文化理念并非一朝一夕之事，它必须是经久历练的、是耐人寻味的。企业文化体现在诸多方面，如员工的言谈举止、工艺流程、领导方式、企业制度、企业的硬件布局等。而建立一种文化必须是从多方面入手并考虑周全的。厦门光明谷温泉度假村企业文化塑造的总体思路是，深入骨髓以倡导共同理念、规范制度以弘扬有爱文化、自我监督以传播人文关怀、注重细节以迎合客户需求。如图 4 所示。

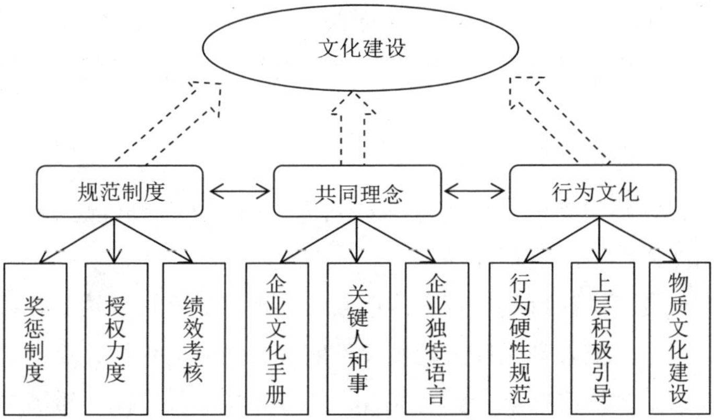

图4　光明谷文化建设架构

1. 共同理念建设

在理念文化方面，由于各层级之间对光明谷企业文化并没有形成一个清晰、共同的认识，企业有必要通过设计企业文化手册、宣扬关键人物和关键事件、贴标语、规范企业内部独特的语言运用、举办象征性活动等方式，把散落在角落里零碎的文化珍珠聚合起来、把严厉的规章制度与有爱的人文关怀结合起来，以形成属于其独有的、统一的文化氛围。

设计企业文化手册是宣传企业文化的必要手段。企业文化手册记录着企业的创立故事和发展过程、传承着企业多年来积淀下来的文化内涵。通过这种方式可以使员工对企业的要求有一个总体的、共同的感性认知。

通过在企业内外部宣传对企业发展作出重大贡献的关键人物的故事、讲述关键事件，可以在无形中影响员工的思维方式，渐渐地让员工表现出符合企业期望的行为。

通过贴标语可以直接地告诉企业员工，做哪些事可以得到企业认可。

企业独特语言的运用一直被忽视，在这方面做得非常好的企业为数不多。比如微软，其公司内部的某些语言含义是外界人士所不知的。它不仅仅是指行业术语，还包括“另类语言”，如“享用自己做的狗食”，是指“正式发布前对软件的使用测试”。

定期或者不定期地举办一些诸如文艺类、公益性、奖励突出贡献者等之类的活动，也能在一定程度上起到强化企业文化的作用。

“追求卓越”“负责主动”“规范化、精细化”是光明谷已有文化理念中非常重要的组成部分，在光明谷的经营和发展过程中发挥了重要的作用，为光明谷各项工作的展开提供了有力引导。但李志强也知道，这些理念并没有体现对员工人文关怀的一面，而且这都属于“硬性管理”层面的内容，缺乏“柔性管理”内涵。因此，在光明谷企业文化塑造过程中，要尽量强调“爱”的一面，做到“软硬兼施，游刃有余”。

2. 规范制度建设

在制度文化的建设方面，要着重从这几个方面入手，即奖惩制度、授权力度、绩效考核、制度弹性、规范管理等。

奖惩制度与员工实际得到的薪资待遇以及心理感受直接挂钩。如果奖励过度或者不公平、惩罚过度或者毫无理由，不仅不能起到激励的作用，反而会促使员工尔虞我诈、消极怠工、情绪低落；更有甚者，会导致核心员工的严重流失。李志强深知，光明谷温泉度假村的一个现实状况就是奖励和处罚条例严重失衡，处罚条款比奖励条款多十倍有余，而且惩罚力度远远重于奖励力度。这就导致了中下层管理人员和普通员工对这种制度的普遍不认同。员工首选的是不犯错误而非大胆创新，工作时战战兢兢、不敢放开了手展开业务、不能随机应变，而且一旦犯错将“连坐”整个部门、不给任何解释申诉的机会。面对这种情况，光明谷企业有必要调整奖罚权重，做到鼓励创新、留住人才。通过有奖有罚让员工知道什么行为是值得鼓励的、什么行为是必须禁止的。即便有员工犯错，在对其进行处分时也要给予他解释的机会。

根据玛格丽格（McGregor，1906–1964）提出的 XY 理论，光明谷现有的奖惩制度倾向于认为员工是 X 型的。而对于企业来说，将员工视为 Y 型的将更容易形成一种开明的文化氛围。

在员工授权方面，授权力度能够反映企业主对管理层、管理层对员工的信任程度。授权过宽，可能导致下层管理者或者员工滥用职权；授权过窄，可能致使下层管理者或者员工行为僵化、工作时心有余而力不足。并且授权力度要与责任要求相匹配。光明谷目前的状况类似于“又想马儿跑得好，又想马儿不吃草”，且其员工中以需要“个性化、求关注”的 90 后为数不少。不给员工充分的授权，会使得企业对于顾客诉求的反应太过迟钝。企业需要做的是，改变家长式领导作风，让“普通人”在有效的规章制度下自由而茁壮地成长。因此，有必要在企业中建立起相互信任的文化氛围，使彼此间的心理契约更加有效。

通过适度的授权、信任小游戏、宣扬“言必信行必果”的价值理念，都可以有效建立起信任文化氛围。

在绩效考核方面，根据期望理论，员工的努力成效应该与其绩效评价挂钩、其绩效评价应该与其薪资奖励挂钩、薪资待遇应该与其个人目标挂钩。光明谷目前的绩效考核单位是部门，而不考虑员工个人对企业的贡献。其奖与罚都以部门为单位，这就使得绩效考核与奖惩结果脱节。因此，企业有必要重新设置一套全新的绩效考核体系，这套体系既要能体现部门内部的协作成果，又要能体现员工个人对企业的贡献，一切以绩效为准则。

在运营流程方面，光明谷企业的“风雨十年”为其积累了大量的制度文件，如122条例、SOP、P&P等。这些条条框框在能规范员工行为和工作操作流程的同时又限制了工作灵活性，而且部分制度根本就没能完全落实；由于监督的必要性，也导致了企业中管理者比普通员工的数量还要多得多的“异象”。企业的当务之急是“缩繁从简”，把过时的、太限制员工积极性的流程操作规范去掉；精兵简政，以服务顾客为宗旨，凡是有利于提高顾客让渡价值、有利于提高企业绩效的活动和人事安排都应该得以保留或重新布置。

在规范管理方面，光明谷企业依然保持着创业之初的家族式管理风格，业主与高管很多时候按照自我感觉与想法实施工作，不容他人质疑；甚至有时没能将自己的意图和想法让其他管理人员和员工理解、认同便要求他们开展相应工作。在企业遭受不可抗力因素（如市场冲击）时，上层管理者受到上级批评时总是会将情绪转移到下级。杜绝情绪化管理，即管理者在选拔人才和开展工作时避免随意性、减弱自我感觉的作用；缩减管理层级、加快对外界的反应速度；保持对外界事物、先进思想的开放态度，不能过于保守、关着门搞文化建设；管理者职权与职位挂钩、避免在其位而无其权，否则职位形同虚设，也会影响管理者积极性。

在人才选拔和管理方面，管理者根据自己个人喜好做出任用决策；存在多头领导状况；高层管理者与员工存在不必要的跨层级沟通以展现“亲民”行为。因此，对于该企业，必须建立起一套适用的人才选拔和管理制度，使之正规化。

3. 行为文化建设

在行为文化方面，管理者和员工的行为是受企业的理念文化和制度文化潜移默化地影响的。但是有时候可能会存在认知失调，即个体的行为表现与内心意愿不一致。对于光明谷温泉度假村企业而言，主要存在这些问题：由于企业严格防范财务风险且没建立起快速反应机制，使得上层部门对下层部门的支持力度有限，从而“贻误先机”；按照已有的、过时的且明显存在不合理因素的轨道运行，其创新力度极其有限；上层管理者的模范作用并没有发挥。

针对这些不足之处，企业应该从行为硬性规范和上层积极引导两方面入手、双管齐下，从而改善员工行为，使之更能够表现出符合企业文化理念的行为。

物质文化主要体现在企业的建筑风格、员工的着装、餐饮等硬件层面。物质文化是理念文化、制度文化的直接表现。当顾客深入其中时，能明显地感觉到该企业与其他企业的区别，并进而能够产生美的感受。

光明谷温泉度假村由南洋著名华商程耀祖先生投资兴建，它独居一隅、亲近自然、颐和人间，呈现给顾客的是浓郁的东南亚热带风情。那么其建筑体现的应该是南洋文化与温泉文化的“双剑合一”。

参考文献

［1］陆军．实景主题：民族文化旅游开发的创新模式——以桂林阳朔“锦绣漓江·刘三姐歌圩”为例［J］．旅游学刊，2006, 21(3): 37–43.

［2］王华，彭华．温泉旅游开发的主要影响因素综合分析［J］．旅游学刊，2004, 19(5): 51–55.

［3］王艳平．中国温泉资源旅游利用形式的变迁及其开发现状［J］．地理科学，2002, 22(1): 102–109.

［4］徐菊凤．旅游文化与文化旅游：理论与实践的若干问题［J］．旅游学刊，2005, 20(4): 67–72.

［5］于立新．我国旅游企业非薪酬激励的模式［J］．统计与决策，2006 (19): 143–144.

案例 2

不经风雨哪来的彩虹？

——厦门建发国际旅行社有限公司机构改革的风和雨

林德荣
（厦门大学管理学院 厦门，361005）

【案例摘要】厦门建发国际旅行社集团乃是由原厦门建发国际旅行社有限公司发展而来，隶属于厦门最大的集团公司——建发集团公司，成立于1994年，现已发展成为泛文化旅游会展大集团，拥有全国30余家子公司，集团公司的员工超1200人，年营业额超31亿元人民币，是福建省第一大旅行社集团公司。该公司在1995年开始得到快速的发展，经营业绩不断提升，规模不断扩大，但是在2000年到2001年之交却接二连三地出现核心员工流失现象，这些核心员工的流失促动了建发国旅进行改制，因为旅行社行业是人力资本密集型的行业，建发国旅的发展靠的是人才。建发国旅根据公司自身的特点引入了经营者个人持股模式，但还是保持集团控股模式，以充分发挥国有实力和管理者个人积极性的双重体制优势。同时紧紧围绕改制，大力推进建发国旅的企业内部的激励机制、约束机制和创新机制的健全，最大限度激发管理者和员工的积极性。建发国旅的改制扭转了核心员工流失的局面，公司经营业绩也得到快速增长。

【关键词】建发国旅；员工流失；改制

厦门，这个位于我国东南海域，三面大陆环抱、一泓碧波荡漾海湾中的小岛，以她美丽的自然风光和温馨的人文环境博得了“海上花园，温馨城市”的美誉，一年年她不知迎来送往多少四面八方的来客。厦门的夜景是美丽的，当夜幕降临的时候，美丽的鹭江大道不再喧嚣，坐在街边慢慢地品着茶，欣赏美丽的夜景，海风轻抚，海涛声声，一身的疲惫荡然无存。

2001 年初的一天，厦门的夜景依然是美丽的，鹭江大道也依然不再喧嚣，可是就是在鹭江大道边的一座大楼里，厦门建发国际旅行社（以下简称建发国旅）的陈丽霜总经理却不能享受这种轻松。所有的员工都已下班了，办公室里静悄悄，整洁的办公桌上那份辞职信显得那么耀眼，如果这是一个普通员工的辞职信，她可能会较轻松地一笑了之，而这恰恰是她一直寄予厚望的一个爱将的辞职信，而且这已是第三个了。外面的宁静怎么也无法抚平陈总经理苦恼的思绪。为什么在公司近年来业绩一直上升的情况下，会出现核心员工接二连三的出走呢？而由于公司业绩的不断上升，公司的业务需要进一步的扩展，本来公司的各类人才缺口就很大，现在又一下走了三个核心员工，这无疑是雪上加霜。这些核心员工的离职，对旅行社业务的正常开展带来了很大的负面影响，由于三人都是旅行社的业务骨干，他们的离职不仅会带走他们手上的现有部分业务，而且会给公司带来更大的人员缺口，要知道一个优秀的业务骨干的培养不是一朝一夕的事。三个核心员工的离职对于陈总本人来说也是一个很大的打击。近八年来，建发旅行社就像她自己的孩子一样，看着它一天天地成长壮大，她爱建发旅行社，爱旅行社中的每一个员工，希望每一个员工也会像她一样热爱建发旅行社，与建发一起成长，但她知道这些员工的出走一定有他们自己的理由，但究竟是什么呢？是建发的用人机制存在问题？还是其他的什么原因？该怎么做才能让员工有归属感，让他们不想离开建发呢？陈总不禁陷入沉思之中。

将近八年了，八年来公司走过的每一个历程还历历在目。

一、建发旅行社的成立与发展（1994–2000 年）

厦门建发国际旅行社有限公司（以下简称建发国旅）的前身——厦门建发旅行社隶属于厦门最大的集团公司——厦门建发集团。建发国旅从 1994 年成立到 2000 年已有七个春秋，建发国旅从创业初期注册资本 150 万元，年营业额 300 多万，年利润不足 10 万，只承接国内地接旅游业务的小社发展成为许多项指标名列全市同行业前茅，经营入境、国内旅游，代理国际国内航空票务的国际社。

1994–1997 年是建发国旅经营道路中的孕育阶段。建发国旅的前身——建发旅行社是 1993 年开始筹建，1994 年正式成立，当时建发集团成立建发旅行社主要是为了集团内部配套，成立的当年是亏损经营的，而且对品牌产生了负面影响，1994 年 11 月陈丽霜总经理受命于危难时期，接手这一烂摊子，次年即扭亏为盈，在打开建发旅行社业务的突破口后，从此一发不可收拾，平均每年各项指标在 50% 以上递增，1997 年营业收入达 1400 万元，利润总额 33 万元，成为厦门国内旅游第一。同时建发旅行社的发展得到集团公司的大力支持，因为集团领导看到了客户对建发旅行社的赞扬，同时也看到了旅行社的成长和旅游业的商机，更加增强了发展旅游业务的信心。1998–2000 年是建发国旅的全面发展阶段。1998 年开始建发旅行社进入全面发展时期，紧紧抓好“创旅”的契机，提高旅行社的整体素质，同年建发旅行社升级为国际旅行社。在这一时期，国内旅游快速发展，入境旅游也相应地得到发展，各项指标以 40%–50% 增长，1998 年营业收入 2337 万元，利润总额 60.5 万元，2000 年营业收入和利润分别增加到 5421 万元与 138 万元。国内地接一直保持厦门第一，国内组团和利润总额 2000 年也开始跃居为厦门市第一。由此看出，厦门建发国旅的前七年可以说是不断快速发展壮大的七年，表 1 为 1997–2000 年建发国旅的经营业绩情况：

表 1 1997–2000 年建发国旅经营业绩情况

年份	收入总额（万元）	增长率	利润总额（万元）	增长率
1997	1400.00	–	33.00	–
1998	2337.00	66.93%	60.50	83.33%
1999	3883.51	66.18%	79.30	31.07%
2000	5421.38	39.60%	137.87	73.86%

建发国旅的快速发展，经营业绩的提升，公司规模的扩大，本应给公司员工带来更多的利益与发展空间，为什么在 2000 年到 2001 年之交一年之内会有两三个核心员工出走呢？

二、寻找核心员工流失的原因

（一）外在激励机制——原有分配机制评价

一个国外民意调查组织在研究过去 20 年的数据后发现：在所有的工作分类中，员工们都将薪金收益视为最重要的指标之一。薪金的高低，在很大程度上会影响员工行为和工作绩效。为员工提供有竞争力的薪酬体系，可以使他们珍惜这份工作，竭尽全力把自己的本领都施展出来。支付较高薪金的企业较能吸引并且留住人才，尤其是对于那些出类拔萃的员工，较高的薪金会带来更高的满意度，与之俱来的还有较低的离职率。那么建发国旅的薪酬体系是否具有竞争力呢？在 2001 年以前建发国旅实行的薪酬体系是：工资 + 年终奖 + 贡献积累奖。至于贡献积累奖，员工每年只能拿到该奖金的 25%，其余的 75% 必须积累四年才能获得，如果是跳槽、违规或开除就全额没收。对于建发国旅来说这种薪酬体系还是有一定道理的。因为有了贡献积累奖，首先，公司经营就有了更多的流动资金来扩展业务。其次，有助于公司留住员工，因为员工如果要走，势必会考虑自己留在公司的贡献积累奖这笔奖金。再次，便于公司规范管理，由于有贡献积累奖，员工就不能出现违规行为。但是这种薪酬体系也存在很大的弊病，对于建发国旅员工来说，这种薪酬体系已起不到激励作用，甚至有可能引起反作用。一方面，每一年都有一定比例的奖金扣押在公司，员工多多少少会心存芥蒂，不会尽心尽力去干，另一方面员工会觉得没有成就感，自己辛辛苦苦干一年下来，结果就收入这些，虽然四年后可以拿到剩下的，但心理上总体会不到成功的喜悦，也就不会激励自己再前进。另外，对于一些小旅行社来说，这个行业是一个投入低产出快的行业，再加上当时旅行社业承包挂靠现象非常普遍，因此只要一个电话，一个办公室，挂靠一家单位，加上自己原有的客户就可以很轻松地去开展业务，这样，不但可以获得更多的收入，而且因为是自己的事业就会全力以赴。还有一点也很重要，整个旅行社业竞争十分激烈，竞争的不仅是市场，更是对人才的竞争，尤其是高层次人才的竞争。为了在竞争中取胜，各旅行社总是想方设法吸引甚至利诱这些人才，水往低处流，人往高处走，有了更优厚的条件，“跳槽”，何乐而不为呢？

（二）内在激励机制——为何员工找不到归属感

有竞争力、有吸引力的薪酬体系是一家企业留住员工的重要筹码，但并不是唯一的筹码，因为员工追求的不仅是物质利益，还需要自我价值的实现，层次越高的员工越看重自我价值的实现，只有自我价值的实现才会给员工带来真正的归属感和满足感。内在的激励主要包括晋升培训机会、发展平台、来自同事与上级对自己的认可、工作的胜任感、成就感、责任感、受重视、有影响力、个人成长和富有价值的贡献等等。可以说建发国旅出现核心员工接二连三的离职除了因为薪酬体系不合理以外，员工内在激励机制不完善也是一个重要的原因。一个当年的离职核心员工事后如是说，“……我在社里时，其实陈总对我挺好的。之所以离开建发国旅主要是因为自己私人的原因。若真的要说还有什么促使我离开，我想一个原因是当时感到在公司时的压力太大，不堪重负；自己的业绩与分配所得不成比例，看到别人自己承包一个部门或者一个旅行社，几年时间就腰缠万贯，当然心动……还有，就是考虑到自己的发展空间问题……”从这一番话可以看出，建发国旅当时除了上面所说的薪酬体系外，在用人机制、人才管理机制方面存有不够完善的地方。

旅行社要发展，就需要人才，旅行社要想在竞争中立于不败之地，关键还是靠人才，对于这一点，陈总自己比谁都清楚。那么，怎样才能留住人才，尤其是留住旅行社核心人才呢？改制，是的，改制是一个积极的办法。

三、下定决心改制

改制动因一：促使建发国旅总经理决心进行改制的首要动因是三个核心员工的离职，陈总深知人才对于旅行社发展的重要性。看到公司的优秀员工一个个离职，她感到很痛心。一定要想办法留住核心人才，这是促使建发国旅改制的主要动因之一。

改制动因二：促使建发国旅总经理决心进行改制的另一个动因是建发国旅的母公司建发集团的支持。建发集团王宪榕董事长非常支持建发国旅的改制，因为他也看到了建发国旅要发展就必须吸引人才，留住人才。同时王总也考虑到旅行社的发展要有前瞻性，考虑到旅行社的发展后劲问题，只有改制后才能更大的投入，公司才能发展壮大，加大拓展步伐。

改制动因三：建发国旅改制还有一个机遇，就是当时厦门市政府给了建发集团四个改制试点的指标，集团公司首先考虑的就是建发国旅。

有了好的开头就成功了一半，决定要改制后，就必须考虑怎么改。建发国旅没有随大流，照抄照搬其他一些旅行社的做法，而是根据建发国旅自己企业的特点和发展要求，设计出一套具有建发国旅特色的改制方案。

四、改制措施

建发国旅改制工作的基本思路是：按照社会主义市场经济体制的要求，紧密结合旅行社行业特点及建发国旅本身发展的特征，以产权制度改革为核心，实现产权多元化，建立起“产权明晰、权责明确、政企分开、管理科学”的现代企业制度，转换机制，激发活力，强化管理，提高素质，切实增强企业实力和市场竞争力。改制后建发国旅成为股份制公司，实行法人治理，实施董事会领导下的总经理负责制，做到授权到位、责任到位、约束到位。具体措施如下：

（一）产权多元化——引入经营者个人持股

根据旅行社是人力资本密集型行业的特点，建发国旅引进了经营者个人持股的方式，也就是核心员工持股，但是集团仍保持绝对的控股地位，以充分发挥国企实力和经营者的个人积极性的双重体制优势。股权分配最开始是建发国旅持 65% 股份，35% 为自然股，后来申请追加自然股到 40%。自然股分配给建发国旅的 11 个核心员工，股利分配按董事会章程来执行，年底召开董事会，由董事会提取必要的公积金、公益金后，余下的扣除所得税后再分红。（据陈总介绍，后来这些分红大部分用于再投入）为了防止这些自然股因核心员工的离职而流失，建发国旅的公司章程规定：如果持股员工离开，股份由公司优先收购，而且不考虑溢价，同时要求离职的员工在离职的两年内不得从事旅行社或相同的业务，否则追究其法律责任。通过核心员工持股，提高了这些核心员工的向心力、凝聚力和责任感，让他们稳定下来经营自己的事业。

（二）转换企业经营机制——改制的出发点与落脚点

产权多元化是改制的核心，要真正地实现改制的目标，必须紧紧围绕这个核心大力推进建发国旅的企业内部的激励机制、约束机制和创新机制的建立健全，最大限度激发管理者和员工的积极性。

1. 激励机制——健全人才发展机制，打造企业核心竞争力

企业的发展，人才是最宝贵的资源和重要因素。对于旅行社业来说，战略确定后，人才决定胜负。建发国旅本着这个基本理念，不断地调整和健全人员的激励机制，坚持“待遇留人、感情留人和空间留人”。

（1）为员工提供良好的发展平台。建发国旅以积极开放的心态给企业员工提供良好的晋级机会和发挥自身能力的舞台。管理层的年轻化是建发旅行社的一大特色，1999 年只有部门经理以上管理人员 8 人，到了 2003 年，已经成长起来的部门经理以上管理人员已达 25 人。公司每年所需要的大部分的新员工都从大学本科应届毕业生中选拔，而一部分员工则来自社会相关行业的精英。采取“一年见习，两年放飞，三年独当一面”的做法。陈总每次外出促销，绝不会单枪匹马，总会带上新的业务骨干，其目的是给他们提供尽量多的锻炼机会。用陈总的话来说：“我们会根据人才的特点给他们平台，我觉得我要用的人才不一定是精英，关键是要适合这个岗位就可以。”

（2）制定独具特色的薪酬制度。建发国旅的薪酬设计秉承了建发集团的长处并结合旅行社的特点，形成独具特色的建发国旅薪酬制度。他们的做法是：个人的收入与经济效益以及经营目标的完成情况相挂钩，绩效工资占很大的比例，还根据不同的岗位实行工资差别化，形成内部激励机制，充分体现员工的个人价值和团队价值。建发国旅还实行导游人员星级评定制度，对不同星级的导游员实行薪酬差别化。近几年建发国旅工资有了大幅的增长，在同行业中具有较强的竞争力，大大减少了人员流失的同时，还吸引了一大批优秀的旅游人才。

（3）建立多层次的员工培育制度。建发集团实行二级培训制度。一级培训为：集团负责各企业高管及中层干部的培训，培训以管理思维、领导艺术、发展思路等领导力类的课题为主，延请名师、名家开课任教，并轮流派遣部分高管人员到国际

上著名的旅游学府参加短训，以培育一支旅游产业经营管理的核心队伍。二级培训为：各企业负责基层管理干部和员工的培训，以服务理念、专业知识和操作技能等实务性课程为主，主要由内部的培训师资力量进行培训。建发国旅运用“送出去、请进来”的模式，让员工参加各种培训、讲座，不断充电。现在公司正在酝酿对后备管理人才及高层管理人才的培训，将根据需要每年送出一些管理人员去学习受训。建发国旅还特别重视导游队伍素质的提高，厦门建发国旅经过长期探索实践，形成一套以导游员自我培训、自我提高为核心的企业内部培训机制，并取得了丰硕成果。此外，还不定期地聘请学校老师、业内专家、社会学者到公司举行专场讲座，每年选派优秀导游参加省市级各主管部门和协会举办的交流和比赛，培养了一批优秀的导游队伍。

（4）加强企业文化建设，强化员工对旅行社的归属感。建发国旅强调“以人为本”的理念，努力为员工营造宽容健康、奋发向上的企业文化氛围，以增强员工的凝聚力、向心力及敬业精神。由于旅行社人员流动性大的特点，一般企业都不愿将资金投入到员工培训之中，建发国旅则反其道而行之，他们的口号是：“孩子还是自己的好。”公司每年所需的大部分新员工都从大学本科应届毕业生中选拔，而一小部分来自社会相关行业的精英。采取“一年见习，两年放飞，三年独当一面”的做法，给人才提供充分施展自己才华和抱负的空间与舞台，让人才在自我价值实现中，体会建发的企业文化，形成建发的凝聚力。建发国旅的企业文化还体现在对每一个员工的关怀，如公司每月都为员工开生日宴会，真正体现“用感情留人”的经营理念。建发国旅还要求管理人员都要以身作则，遵守公司制定的各项规章制度，为属下的员工树立良好榜样。

2. *建立创新机制——发展的不竭之源*

创新是企业的灵魂，建发国旅始终坚持“创新是企业发展的不竭之源，亦是建发国旅发展的必由之路”。建发国旅在企业内部不断强化创新意识和理念，倡导敢于创新、敢为人先、敢于求变的思想，在企业内部形成强烈的创新意识，营造出一种创新求变的文化氛围。同时努力培育一批具有开拓、创新、进取精神的高层管理队伍，并将创新意识和创新观念，通过企业的发展战略和管理制度，向员工心灵渗透，逐渐内化员工的创新精神，从而培育出一支不断创新的员工队伍。建发国旅的创新机制主要表现为经营理念创新、管理创新、产品创新、市场营销创新。

经营理念创新，就是企业坚持用诚信打造“金质服务品牌”，进一步深化诚信的经营理念和风范，在服务上始终做到“三个一样”，即“团大团小一个样、赚多赚少一个样、亏本服务不走样”，使得“建发国旅——您真诚的朋友！”这句在业内外知名的企业形象用语落实到具体行动中，将“优质服务”的理念和行动贯穿在整个旅行社接待的过程中。

管理创新，表现在人力资源管理创新和服务质量管理创新，如首次将问卷调查办法引入建发国旅的服务质量控制体系。

产品创新，表现在建发国旅根据市场需求的多元化，不断推陈出新，开发出新产品，来适应这种需求。

市场营销创新，表现在建发国旅敢为人先，实施“走出去”的发展战略，抢占市场制高点，并不断创新宣促销策略，大大提高企业的知名度。公司还坚持服务营销理念，用优质的服务，通过良好的口碑来彰显企业的品牌。

3. 完善约束机制——防患于未然

建发国旅对公司管理人员和一般员工行为的约束，主要采取制度约束和企业文化约束的方式。为了防止员工的违规行为，建发国旅内部建立一套完整的规章制度和服务手册，并能将这些规章制度和服务手册真正地贯彻落实。同时建发国旅通过建立良好的企业文化让员工自觉遵守公司的规章制度，管理人员都能以身作则、廉洁自律，为员工起到良好的表率作用。建发国旅还尝试将服务质量进行量化管理，如实施《宾客满意度调查》，用统计数据，以量化的方式，评价本旅行社的对客服务质量。

（三）健全科学的旅行社内部组织机构——改制的组织保障

建发国旅在对游客市场进行细分的基础上，结合公司的特征，对组织机构进行较大的调整，以适应公司发展壮大的需要。建发国旅新的组织架构将公司分成三个板块，第一个是行政管理板块，下设财务部、人力资源部、办公室、网络策划部、导游部，未来还将成立质检部、采购部和客户管理部。第二个板块是事业部，下面包括 8 个中心，分别是国内接待中心、国内组团中心、国际入境中心、亚太入境中心、日本入境中心、出境中心、航空票务中心和会展中心。其中为了引入内部竞争机制，又将日本入境中心分为一部、二部。第三个板块是分公司，包括福州分社、泉州分社、漳州分社、武夷山建发及参股企业白鹭洲大酒店。

（四）改制特色——核心员工持股

建发国旅在改制过程中，根据旅行社是人力资本密集型行业的特点，引入了经营者（核心员工）个人持股方式，但是集团仍保持绝对控股的地位，其中国有股占 65%，自然股占 35%，后来将自然股调整到 40%。同时在建发国旅的公司章程中还规定：如果员工离开，股份由公司优先购回，而且不考虑股票溢价，并规定其 2 年内不得从事相同的行业。可以看出建发国旅在股权分配上不同于其他一些旅行社实行的全员持股的措施，而是仅限于核心员工持股；不是以自然股为主，而仍然是以建发国旅绝对控股，且通过董事会章程来限制股权外流。建发国旅之所以实行经营者持股，而不是全员持股，主要因为全员持股的实行难免会使得员工难以协调作为股东和雇员的利益矛盾，不利于完善法人治理结构；可能在分配中形成新的大锅饭；不利于员工的流动，公司通过员工的合理流动实现吐故纳新是公司保持活力的重要措施，全员持股使得员工流动一定程度上受阻。而经营者持股则具有完善企业法人治理结构，强化对经营者的长期激励和约束作用，是企业可持续发展的一种有效手段。经营者持股就是利用股权安排来激励经营者，使企业建立起以股权为基础的激励机制，并造就忠诚的企业经营者，充分发挥他们的才能和创造性，矫正经营者行为、减少其对所有者利益的侵蚀。另外，建发国旅的绝对控股和限制股权外流的措施不会导致国有资产流失，不会因股权过于分散而导致企业失去控制权。

五、改制后的发展及其愿景

建发国旅的改制，留住了公司核心员工的心，从根本上扭转了公司核心人才流失的局面。2001 年以后建发国旅进入持续的发展阶段。2001–2003 年，建发国旅紧密围绕 2000 年底集团公司制定的三年总体规划和发展战略及当年上报集团的工作实施目标，在品牌建设、业务创新、队伍建设及经营管理上做了有益和有效的探索，走出了一条具有建发国旅特色的现代旅行社的成功之路，全面并超额完成了集团确定的三年规划目标，2003 年在 SARS 流行的情况下营业额仍超亿元，利润达 240 万，各项指标均名列全市同行业前茅，其中国内的地接、国内组团、利润总额均为厦门市第一，而其余各项指标也均排名位列厦门市前三名。2004 年是集团公司制定的第二个三年总体规划的起始年，第二个总体规划的计划目标是：进入中国百强社，各项指标达厦门市第一。在 2004 年这个起始年，建发国旅各项指标得到快速增长，2004 年营业额从 1.1 亿增长到 2.3 亿，各项指标除了入境旅游为厦门市第二外，其余各项指标均达厦门市第一名，而在同年，建发国旅进入了中国百强旅行社行列，位居第 69 位。表 2 为 2000–2004 年建发国旅经营业绩情况。

表 2　2000–2004 年建发国旅的经营业绩情况

年份	营业收入	增长百分比（%）	毛利	增长百分比（%）	利润总额（扣除奖金）	增长百分比（%）
2000 年	5421 万元	40	442 万元	50	138 万元	75
2001 年	6473 万元	19	538 万元	22	167 万元	21.44

续表

年份	营业收入	增长百分比（%）	毛利	增长百分比（%）	利润总额（扣除奖金）	增长百分比（%）
2002 年	9641 万元	49	700 万元	30	230 万元	37.07
2003 年	1.16 亿元	21	791 万元	13	240 万元	4.62
2004 年	2.22 亿元	91	1411 万元	78	410 万元	70.83

除了经营业绩的提升外，建发国旅在品牌提升、市场开拓、队伍建设、业务范围拓展方面都取得了很大的突破。

品牌提升方面：建发国旅已成为国内的优秀旅游品牌，初步树立了建发国旅品牌的知名度和美誉度。2002 年度获得“国内旅游知名品牌”，2003 年又荣膺“中国服务质量信誉 AAA 级企业”殊荣，除了被多家客户评为“优秀接待社”，同时还被评为厦门市旅游行业先进单位和厦门市创建中国优秀旅游城市活动先进集体。

市场开拓方面：国内旅游方面，2001 年建发国旅以山东市场为起点，选调有市场拓展能力的人员派驻济南成立第一个办事处，经过一年多的运作，牢牢占领济南及周边十余城市来闽客源市场份额的 50% 以上。随后，总结济南办的经验相继成立了青岛、上海、武汉、温州等办事处，2003 年公司的经营区域扩大到全国 29 个省、自治区及 4 个直辖市。2003 年武夷山市建发旅行社经过一年的经营，其接待量已名列武夷山旅行社前三位。入境游业务方面，有针对性、有计划地开拓和主攻，除了积极参加国家、省、市组织的出国促销团以外，社领导还亲自率员赴境外促销宣传。近年来，除巩固了日本、新加坡、马来西亚等最大的来闽客源市场，还开拓了澳大利亚、菲律宾、印尼、泰国等新的客源市场。

业务范围拓展方面：2000 年公司领导凭借独到的经营眼光，投资并参股经营白鹭洲大酒店。三年来酒店的经营状况较好，已经成为厦门最具特色的三星级商务型酒店，使公司获得了较好的回报。2002 年公司及时抓住了近年来厦门会展业务发展的契机，成立“厦门建发国旅商务会展有限公司”，时至 2003 年，公司每年多次接待 500 至 1000 人大型活动团体，此项业务不仅成为新的利润增长源，也提升了公司的综合实力和影响。2002 年 10 月公司经过充分准备和不懈的努力获得国家旅游局颁发的出国出境经营许可证书，与此同时，从内部及时调配精干人员组建出境中心，2004 即实现出境旅游指标厦门第一。国际国内航空票务业务作为公司旅游业务发展的重要保障，从 1996 年开始拥有国内航空客运销售代理资格后逐渐向国际领域拓展，2003 年成功地取得了国际航空客运销售代理资格，并取得了英、德、法、加、日、韩、泰等著名航空公司代理权及南航电子票务客票资格。

队伍建设方面：公司管理队伍从1999年只有部门经理以上的干部8人，已发展到2003年拥有部门经理以上的干部25人。现在建发国旅与同行业相比人才流失率很低，并且员工的向心力、凝聚力和创造性得到了加强，不仅如此，改制之后建发国旅还凭借其良好的激励机制吸引了一大批优秀人才的加盟，为公司注入了新的发展能量，这些人才在公司的良好体制下不断成长、成熟，成为当之无愧的“建发人”。公司导游多次在各种导游员比赛中获得好成绩，而公司也在“厦门市十佳导游形象大使”评比过程中被授予伯乐奖。一个建发国旅的员工是这样说的：“我佩服老总的气度和远见。正因为建发敢给年轻人压担子、毫无保留地培养，我才能够成长。也正是因为有许多年轻的业务骨干，才让建发永远充满活力，有活力的企业也让人充满了活力。”

谈到建发国旅游发展的愿景，陈总说：

“我们要力求成为让更多游客信赖的旅游大品牌，第一步（10年内）是要进入中国百强旅行社前10名，福建省第一名，成为像春秋旅行社那样的优秀网络旅游公司。第二步（10年后），就是要在国际上提升品牌知名度，成为国际知名旅游品牌。现在建发国旅的发展面临的最大障碍仍是人才不够用问题，特别是市场拓展与产品策划人才，如果有这方面的人才，我相信我们会做得更好，现在我们正在积极地寻找和培养这方面的人才。”

说到这里，陈丽霜总经理的脸上露出了自信的笑容，她憧憬着建发国旅更加美好的未来。

弹指一挥间，近二十年过去了，当年陈总的那些豪言壮语以及她对建发国旅的憧憬都已经实现，如今的厦门建发国际旅行社集团公司已经成为中国百强旅行社前10名，福建省第一名，成为中国著名的旅行社集团公司。今天建发国旅集团所获得的成就除了归功于公司领导及全体员工的共同努力外，更要归功于当年公司领导所做出的公司改制的正确决策。一个公司如果没有一个好的组织架构、好的管理机制、好的分配机制，以及一个明确的发展目标与愿景，公司就很难运转，就很难调动全体员工的工作积极性。正所谓“不经风雨哪来的彩虹”！

附录

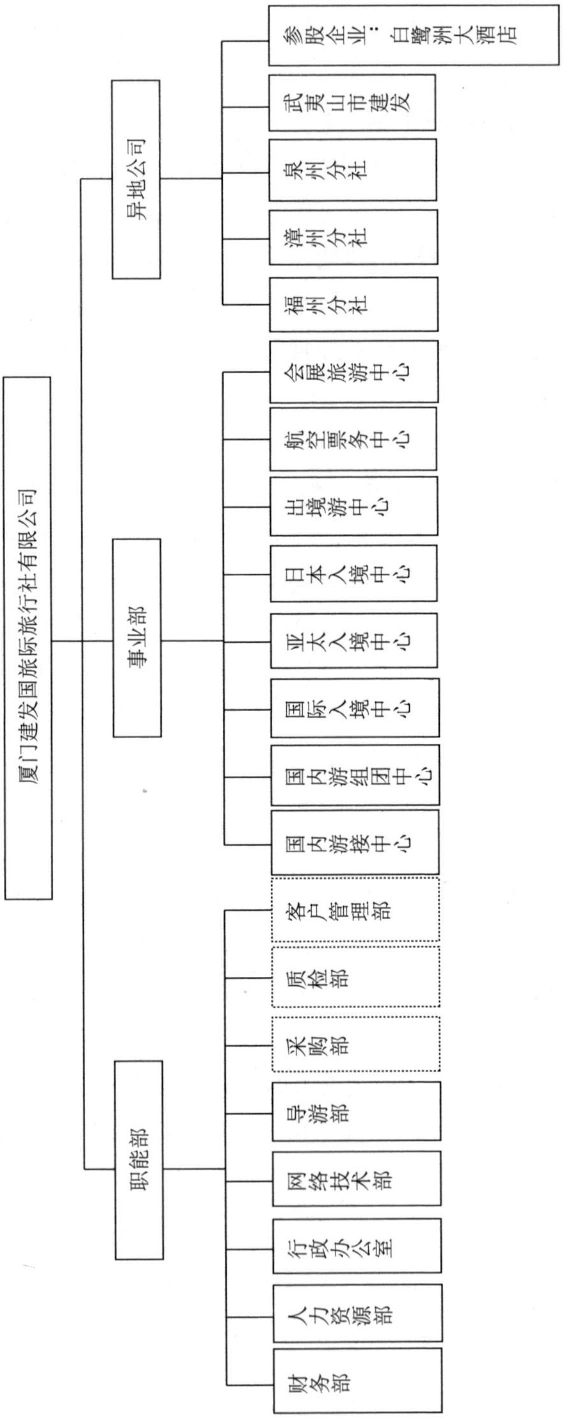

图 1　2003 年厦门建发国际旅行社有限公司组织架构图

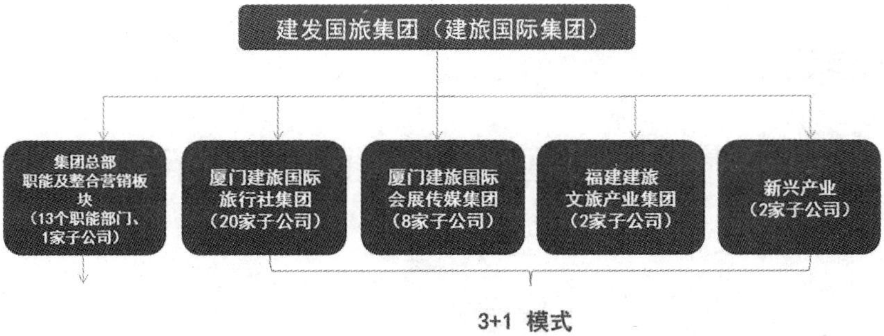

图2 2019年建发国旅集团机构图

教学笔记

厦门建发国际旅行社机构改革

林德荣

一、教学目的

本案例适用于企业管理学、旅行社经营管理、旅游企业人力资源管理课程教学，用于帮助学生更好地了解国有企业尤其是国有旅行社发展中存在的问题，如人才流失问题，企业如何针对自身存在的问题进行改制，明白在像旅行社这样的人才密集型企业中人力资源管理的重要性及如何建立一套完善的机制来吸引人才、留住人才及培育人才。培养学生从全方位、多角度看问题的能力。

二、案例的决策问题

（1）企业改制。
（2）股权分配。
（3）经营机制。

三、案例所反映的基本问题

企业人才流失问题、企业改制问题（要不要改，如何改）。

四、案例思考题

（1）厦门建发国旅为什么出现核心人才流失问题？如果你是建发国旅总经理，面临 2000 年到 2001 年之交的公司核心人才流失，你会怎么做？

（2）厦门建发国旅为什么要进行改制，在股权分配上为什么要实行管理层持股而不是全员持股？

（3）建发国旅如何吸引、留住人才，可以用哪些方式进行员工激励？

（4）打造旅行社核心竞争力的关键是什么？

（5）创新机制的主要内容是什么？建发国旅要如何培养员工的创新能力？

（6）思考员工培训对员工和企业的影响、如何有效地进行员工培训？

（7）为了达到建发国旅未来的目标，建发国旅要如何做？

五、背景资料及分析要点

（一）背景资料

1. 1999–2003 年厦门旅行社业发展情况

（1）厦门市旅行社业总体规模

截至 2003 年厦门共有旅行社 71 家，其中国内旅行社 59 家，国际旅行社 12 家。1999–2003 年厦门市旅行社数量一直保持增长趋势，五年间共增加了 19 家，其中国际旅行社数量保持比较稳定，而数量增长比较多的是国内旅行社，这一部分是由于国际旅行社进入的门槛比较高，而为了满足国内旅游的发展，全国各省都放宽了国内旅行社进入的条件。随着旅行社数量的增加尤其是国内旅行社数量的增加，旅行社之间的竞争变得更加激烈。（参见表 3）

表 3　1999–2003 年厦门市旅行社数量发展情况

年份	国内旅行社数量	国际旅行社数量	旅行社总数量
1999	40	11	51
2000	44	10	54
2001	51	10	61
2002	55	12	67
2003	59	12	71

（2）1999–2003 年厦门旅行社经营情况

旅行社的营业收入反映了旅行社的总体经营状况，1999–2003 年厦门市旅行社的营业收入主要呈增长趋势，其中 2003 年由于“非典”的影响，国内旅行社的收入有所减少，然而国际旅行社的旅游收入仍然有所增长（参见图 3）。从国内旅行社、国际旅行社营业收入占全行业总营业收入的比重看，国际旅行社在全行业总营业收入中占很大比例，一般大于 60%，而众多的国内旅行社的全行业营业收入则占有较小比例，不超过 40%（参见表 4）。这主要是因为国际旅行社的实力雄厚，在竞争中处于有利的地位，且其经营范围较广，抢占了国内旅行社很大一部分国内市场。

旅行社的营业利润是反映旅行社经营效益的一个最重要的指标，从 1999–2003 年厦门市的旅行社全行业来看，利润增长不是很稳定，1999–2001 年增长幅度比较大，而 2002、2003 年则呈下降趋势，由于国内旅行社利润在全行业利润额中占的比例很小（不超过 10%），因此国际旅行社的利润趋势基本反映了全行业的利润状况。而 1999–2003 年国内旅行社的营利状况则处于波动状况，特别是在 2003 年“非典”期间，国内旅行社的营业利润为负数（参见表 4、图 4）。

从厦门市旅行社收入利润率状况看，厦门市整个旅行社业的利润率都比较低，1999–2003 年，全行业利润率最高为 1.7%，最低为 0.6%；国际旅行社利润率最高为 2.6%，最低为 0.7%；国内旅行社利润率最高为 0.3%，最低为 –0.1%。1999–2003 年全行业的收入利润率呈先上升（1999–2001 年）后下降的趋势（2002–2003 年），这主要受厦门市旅行社的营业利润的发展趋势影响，国际旅行社的收入利润率也大致发生类似变化。而国内旅行社的收入利润率则呈不断下降的趋势，2003 年收入利润率跌至负数。这说明，厦门市国际旅行社的营利能力从 2001 年以后开始下降，而国内旅行社的营利水平则在 1999–2003 年一直呈大幅下降趋势。（参见表 4、图 5）

从以上分析说明，随着旅行社行业的市场的进一步开放，旅行社数量不断增加（特别是国内旅行社），旅行社之间的竞争日益激烈，整个行业的利润率呈不断下降的趋势，进一步表现出旅行社业的低营利性质；少数的国际旅行社在营业收入、营业利润等方面指标一直占据全行业的主要位置，主要是由于一方面国际旅行社在国际旅游方面的垄断经营状态，另一方面，国际旅行社的整体实力雄厚、声望高，在竞争中处于有利的地位，从而营利能力强，而国内旅行社由于数量较多，规模较小，在竞争中处于不利的地位，再加上恶性的价格竞争而导致利润及利润率不断下降。从表面上看，旅行社业处于微利运行状态，但是考虑到企业合理避税、国有企业激励约束机制不健全、法人治理结构不完善等原因，旅行社业还是有较大的利润增长空间的。否则我们就无法解释为什么一方面行业利润越来越低，另一方面进入主体越来越多的“市场悖论”。

表 4 厦门市旅行社营业收入、利润表汇总表

指标	旅行社类		1999	2000	2001	2002	2003
营业收入（元）	国内旅行社	营业收入总额	186 107 800	229 533 153	283 098 400	334 143 429	302 380 904
		占总营业收入的百分比	24.7%	34.2%	37.6%	36.4%	32.3%
	国际旅行社	营业收入总额	568 495 300	441 443 632	469 154 700	585 029 671	633 430 023
		占总营业收入的百分比	75.3%	65.8%	62.4%	63.6%	67.7%
	全行业营业收入		754 603 100	670 976 786	752 253 100	919 173 100	935 810 927
营业利润（元）	国内旅行社	营业利润总额	440 100	811 218.67	677 900	849 230	–314 834
		占总利润的百分比	9.4%	9.8%	5.2%	7.4%	–0.05%
	国际旅行社	营业利润总额	4 253 600	7 446 611	12 331 600	10 671 809	6 732 048
		占总利润的百分比	90.6%	90.2%	94.8%	92.6%	100.05%
	全行业营业利润		4 693 700	8 257 829	13 009 500	11 521 039	6 417 214
营业收入利润率	国内旅行社营业收入利润率		1.40%	0.64%	0.27%	0.26%	–0.10%
	国际旅行社营业收入利润率		0.75%	1.69%	2.63%	1.82%	1.06%
	全行业营业收入利润率		0.62%	1.23%	1.73%	1.25%	0.69%

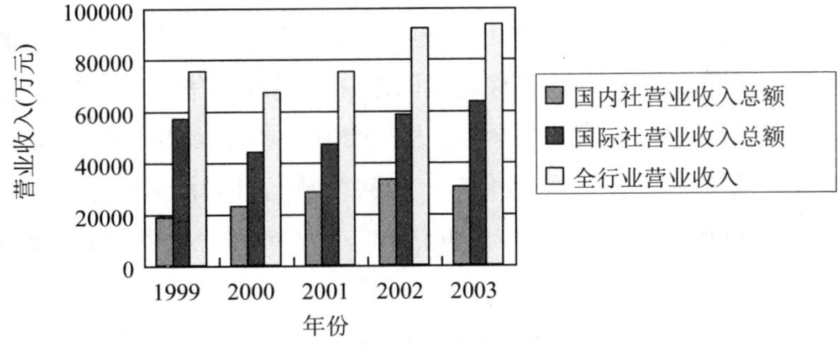

图 3 厦门市旅行社营业收入图

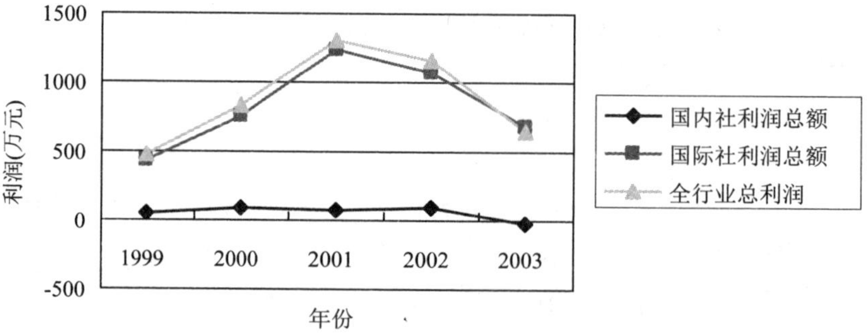

图 4　厦门市旅行社利润图

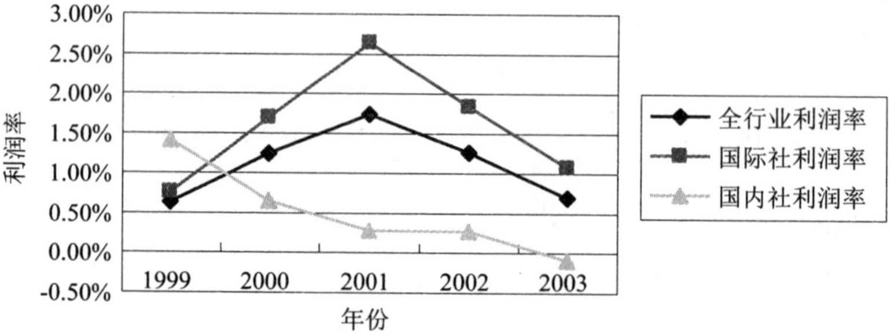

图 5　厦门市旅行社营业收入利润率图

2. 厦门建发国旅的母公司建发旅游集团背景

厦门建发国际旅行社有限公司隶属于厦门建发旅游集团。建发旅游集团有限公司 2003 年初成立，以母公司厦门建发集团[①]（福建省第一大型国有企业集团）为依托，经历了从试探、加大投入到整合成长的发展过程：1994 年，建发旅行社从零起步，1998 年升为国际社；1998 年，建发集团以承债方式接管厦门悦华酒店，开始进入酒店业；2003 年，建发集团整合旗下的旅游酒店资产，成立旅游产业公司——建发旅游集团。建发旅游集团的产业发展方向一是以“建发国旅”为品牌主导的旅行社业，一是以“悦华”品牌为主导的高端酒店业。成立初拥有 5 家控股企业，总资产近 5 亿元，旅行社和酒店营业收入合计 2.64 亿元。经过 2 年来的发展，到 2004 年末，建发旅游集团已拥有建发国旅、五星级悦华酒店、悦华会展酒店、武夷山悦华酒店、三星级金海岸大酒店、丽轩酒店、悦华酒店出租汽车有限公司等 8 家控股企业，集团的总资产达 7.5 亿元。2004 年旅行社和酒店营业收入合计达 4.1 亿元，其中建发国旅 2.2 亿元，酒店 1.9 亿元。建发旅游是目前福建省旅游行业资

① 厦门建发集团：福建省第一大型国有企业集团，创立于1980年12月，作为国有独资公司，原以进出口贸易、房地产业见长，旅游产业是近几年培植的新兴产业。

产、经营规模、实力最强的旅游集团企业。

3. 厦门建发国旅发展情况

厦门建发国际旅行社（1994 年成立）在母公司的正确领导和全体员工的不懈努力下，从创业初期注册资本 150 万元，年营业额 300 多万，年利润不足 10 万，只承接国内地接旅游业务的小社，发展成如今拥有员工 180 余人，营业额超亿元，利润达 300 多万，各项指标均名列全市同行业前茅，经营出境、入境、国内旅游及会展服务业务，代理国际国内航空票务的大社，依托集团强大的实力，全资经营厦门建旅商务会展有限公司、武夷山市建发旅行社；参股经营厦门最具特色的三星级商务酒店白鹭洲大酒店；公司经营出境、入境及国内旅游业务，代理国际国内航空票务，在国内外主要旅游城市建立了酒店、餐饮、交通等完善的旅游服务网络。同时拥有良好的服务设施、管理人才和一支训练有素、能娴熟运用汉、英、法、日、泰、韩、印等语种和闽、粤等方言的导游队伍。建发国旅多年来坚持以“真诚友好，宾客至上，信誉第一，互惠互利”为宗旨，充分挖掘旅游资源，维护“建发国旅”优秀品牌，为境内外游客提供优质服务，在十一个春秋中不断发展。表 5 为 1997–2003 年建发国旅经营业绩情况表，图 6 为经营业绩发展情况图。

表 5　建发国旅游 1997–2003 年经营业绩情况表

年份	收入总额（万元）	增长率	利润总额（万元）	增长率
1997	1400.00	–	33.00	–
1998	2337.00	66.93%	60.50	83.33%
1999	3883.51	66.18%	79.30	31.07%
2000	5421.38	39.60%	137.87	73.86%
2001	6472.65	19.39%	167.43	21.44%
2002	9640.77	48.95%	229.49	37.07%
2003	11 860.85	23.03%	240.10	4.62%

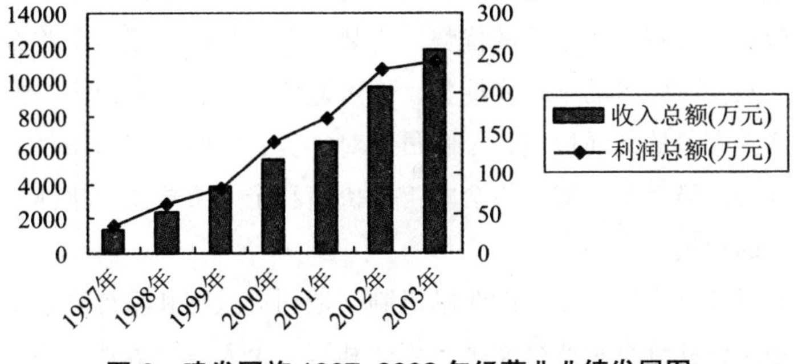

图 6　建发国旅 1997–2003 年经营业业绩发展图

（二）案例分析要点

1. 旅行社的人才危机

目前，我国旅行社行业正面临着极大的机遇和挑战，尽管国内外旅行社竞争的直接表现是市场竞争，但归根到底还是人才的竞争。在其他行业，正常的人员流失率一般在 5%–10% 左右，而当前旅游企业员工的流失率竟高达 20% 以上。首先是掌握旅行社核心客源、商业秘密的人员以及外联、营销方面的骨干的流失，其次是导游员的流失。这两者的流失尤其是前者的流失将直接影响到旅行社自身的生存和发展。旅行社所面临的人才危机可从两个方面来概括：输出和输入的危机。输出指的是人才的频繁流动即流失，表现为旅行社培养的大批成熟人才、业务尖子、优秀人才流向竞争对手，甚至是外资旅行社。输入指的是人才引进及管理，特别是对一流人才、优秀人才的引进和管理。我国旅行社业目前的人力资源现状，一方面是输出过多，流失严重；另一方面则是输入不足，高级导游人才、优秀外联人才，尤其是高级管理人才严重不足，良将难求。在此双重压力下，旅行社的人才队伍在质量层次及结构等方面每况愈下，面临危机。

2. 旅行社人才危机的防范

旅行社人才危机极大地制约着我国旅行社的健康发展，有些旅行社曾投入相当的精力去解决人才危机，但通常的做法是通过苛刻的规章制度或霸王协议来限制。这些举措虽然在短期内可以收到一定的效果，但从长远的角度来看则收效甚微。那么如何来防范人才危机呢？大致可以从以下五个方面着手。

第一，旅行社要树立强烈的人才意识和人才危机意识。必须承认，人才的流失多半缘于重视程度不够，真正意义上的重视是一个全面了解人才的过程。有些旅行社经营情况很好，管理者就想当然地认为人才的满意度很高，于是就缺乏"留人"的危机感，结果往往是等关键人才流失后才追悔莫及。本案例中建发国旅出现的核心人才流失问题即是如此。

第二，旅行社一开始起就应做到严把招聘关，在招聘中清楚了解应聘者的真实信息，并向应聘者客观介绍本社的优势、劣势、发展目标以及工资奖金、福利报酬等实际情况。减少应聘者的不现实期望，也可避免未来的人才流失。然后旅行社还应在其内部建立完善的沟通机制，了解员工对工资、工时、工作条件、参与决策的满意度，对经济保障情况、提升机会、工作价值和个人重要感、集体感的评价，做好与员工的全面沟通。

第三，旅行社还应建立完善的激励机制，把利益激励和精神激励结合起来，除了能使员工在旅行社分享到业绩奖励、年终利润、个人股份等外，还应使员工能从工作本身获得激励，并得到职业阶梯设计、职务晋升、业务培训以及工作选择的机会，使员工有机会参与管理，增加荣誉感、集体感。

第四，旅行社要创造良好的内外部环境，提高服务质量，树立品牌形象。由于近年来的恶性竞争，旅行社相互之间拖欠团费，扣团压价的现象时有发生，这严重地影响了旅行社行业的社会信誉，也使得旅行社的人才外流现象有不断扩大的趋向。所以，旅行社只有树立诚信意识，提高服务质量，不断壮大自己，形成规模效益，创出品牌名牌，同时拓展人才渠道与发展空间，才能留住人才。同时在社与社之间应建立良好的工作和人际关系，创造良好的业务关系。这样一来，一方面能为本社人员创造很好的外部环境，同时也防止“人走团走”的现象发生。

第五，旅行社还要加强企业文化建设，营造良好的工作氛围。企业文化建设就是通过优秀企业文化的塑造，潜移默化地增强其对员工的号召力和吸引力；通过企业共同价值观的构建，培养一种良好的人际关系和工作氛围，让员工在共同价值观的约束下，自主管理，自觉工作，增强对企业的归属感和忠诚心。只有树立起一种具有稳定性、吸附性和包容性的企业文化，才能在旅行社内部营造出愉快、和谐的工作环境，才能广招人才、留住人才。

3. 国有旅行社改制

国有旅行社体制改革事关重大、影响深远。不仅关系到国有旅行社自身的生存发展和前途命运，而且关系着旅游业的持续、健康、协调发展。国有旅行社改制工作应遵循的思路是：按照社会主义市场经济体制的要求，紧密结合行业特点，以产权制度改革为核心，实现产权多元化，建立起“产权明晰、权责明确、政企分开、管理科学”的现代企业制度，转换机制，激发活力，强化管理，提高素质，切实增强企业实力和市场竞争力。国有旅行社改制的具体形式必须从企业实际出发，因企制宜，因为各个旅行社的规模、实力、背景不同，情况各异。建发国旅就是根据自身的具体情况选择国有企业控股、管理层员工持股的方式。

国有旅行社改制的三个关键问题：第一是解决好产权多元化这个核心问题，大力吸引各类投资主体参与改制，搞好企业产权制度改革。第二要下真功夫转换企业经营机制。转换经营机制，是国有旅行社体制改革的出发点和落脚点，是企业改革的根本所在。要建立健全激励机制、竞争机制和约束机制，最大限度地调动管理者和员工的积极性。第三要以法人治理结构为重点，建立健全科学的旅行社企业内部管理制度。

检验旅行社改制的成败，从总体上讲，主要看能不能实现以下几个方面的突破：一是市场开发能力明显增强，外联创汇水平有较大提高；二是企业经营规模不断扩大，综合效益显著改善；三是员工积极性充分发挥，收入水平相应提高；四是与大企业合作有新的进展，经营水平逐步提升；五是引进较多的优秀人才，队伍素质明显提高；六是综合实力增强，进入全国“百强”的旅行社增加；七是对外开放步伐加快，中外合资旅行社见成果；八是现代企业管理上轨道，服务质量、游客满意度大为提高的；九是企业品牌形象逐步树立，市场竞争力明显增强。只有实现以上这几个方面的突破，国际社改制工作才能从总体上取得成功。由此可见建发旅行社的改制还是有很大的成效的。

参考文献

[1] 孙亚东 . 略论国有企业经营机制的改革与创新 . 企业管理，2000（3）：32–34.

[2] 罗慧生 . 企业如何建立合理的薪酬体系 . 经营与管理工作，2002（12）：37–38.

[3] 李德明 . 关于国际旅行社改制的思考与对策 . 山东社会科学，2002（6）：146–147.

[4] 张冬梅 . 人力资源管理与企业的用人机制 . 河北科技大学学报（社会科学版），2004（1）：25–27.

[5] 琦澳信息咨询有限公司 . 对旅行社人才危机及管理的 . http://www.seek-jobs.com.cn/.

案例 3

七天连锁酒店经营的成与败

魏敏[1] 黄春华[1] 徐杰[1] 李山石[1] 杨亚雄[2]

（1. 厦门大学管理学院 2. 兰州理工大学经济管理学院）

【案例摘要】随着国内外竞争的加剧，经济型连锁酒店集团在我国已经初步形成了三大阵营：第一大阵营就是全国性的经济型酒店品牌，比如，7 天连锁酒店；第二大阵营就是一些区域性的经济型酒店品牌，比如，城市便捷酒店等；第三大阵营就是国际酒店管理集团，比如欧洲品牌 Ibis。7 天连锁酒店自成立以来，不断扩张和创新，通过微信营销、APP 营销、OTA 营销和活动营销等新方式，形成自己的企业文化和企业结构，将酒店的成本管控发挥到极致。近年来，通过创新经营和跨界服务，不断优化服务，但自 2019 年 9 月，受经济下行的影响，连锁酒店出现负增长，7 天酒店也被“卫生门”事件、关闭潮问题和同类酒店挤占等困扰，未来，7 天连锁经济型酒店如何突出困境，在激烈的竞争中脱颖而出?

【关键词】连锁酒店；品牌；营销

引言

经济型酒店，主要是通过优惠房价和简易服务形成竞争力，力求“清洁、舒适、实惠、方便、安全”。

经济型酒店较早出现在美国，20 世纪 80 年代兴起，至今已经是比较成熟的酒店类型。我国第一个连锁经济型的酒店——锦江之星诞生于 1996 年。随着旅游大众化的到来，经济型酒店飞跃发展而 2018 年中国酒店集团规模前 10 强的市场占有率达到 63.07%，行业集中程度较高。2019 年 9 月，受到经济下行的影响，中国内地品牌连锁有限服务型酒店需求出现负增长的情况。我国一、二、三线城市经济型连锁酒店 RevPAR 均经历较大幅度的下跌，无一幸免，跌幅分别为 14.6%、11.5% 和 17.2%。

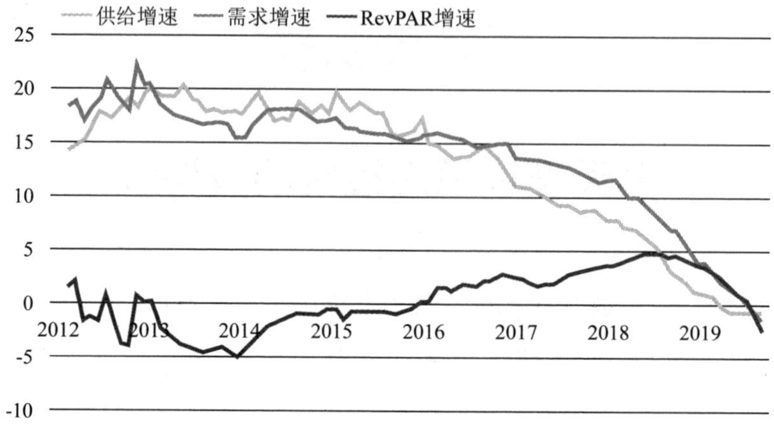

图 1 2012–2019 年中国品牌连锁有限服务型酒店市场供需情况

图片来源：中国产业信息网

2019 年 8 月我国品牌连锁有限服务型酒店经营数据下行，9 月经营数据仍然处于低迷发展趋势。入住率 65.4%，同比下降 8.5ppt；ADR235.2 元 / 间夜，同比下降 6.9%；RevPAR155.0 元 / 间夜，同比下降 14.8%。同时，由于很多国外的经济型连锁酒店也正在加入到我国的酒店的竞争之中，诸如国际知名品牌“速 8”“宜必思”等。此时，7 天连锁经济型酒店所受到的竞争愈加激烈，整个市场的格局趋于稳定，7 天连锁形式的经营开始代替了传统的单体酒店分散经营模式，于是 7 天加入铂涛旗下，参与国际国内竞争。

随着国内外竞争的加剧，经济型连锁酒店集团在我国已经初步形成了三大阵营：第一大阵营就是全国性的经济型酒店品牌，比如，7 天连锁酒店；第二大阵营就是一些区域性的经济型酒店品牌，比如，城市便捷酒店等；第三大阵营就是国际酒店管理集团，比如欧洲品牌 Ibis。

7 天连锁酒店集团创立于 2005 年，在被铂涛收购后，在完成酒店改制之后，7 天进一步加快了规模扩张势头。2017 年 1 月，铂涛会员与锦江会员基础信息整合，铂涛会 8000 万会员和锦江礼享 2600 万会员全部使用同一数据库，双方有效会员超过 1 亿。7 天连锁酒店的服务包括官网预订、微信预订、铂涛旅行 APP 预订、电话预订、短信预订、WAP 预订等。深谙企业运营之道的 7 天连锁酒店，凭借庞大的会员体系，通过科技与服务的持续创新，逐渐成为具有竞争力的经济连锁酒店品牌。

一、7 天连锁酒店的历史

2004 年 8 月，在创始人郑南雁带领下，拉起一支酒店创业的队伍，成功创办 7

天连锁酒店。该酒店在2005年获得天使投资，创办7天连锁酒店，并与该年门店突破100家，开通电话、无线（WI-FI）及手机短信预订。

2015年9月18日，铂涛集团与锦江国际旗下上市公司锦江股份达成战略投资协议，于是，国内经济型酒店业锦江国际与铂涛集团强强组合，两家携手并共同致力于打造经济型连锁酒店的跨国集团。

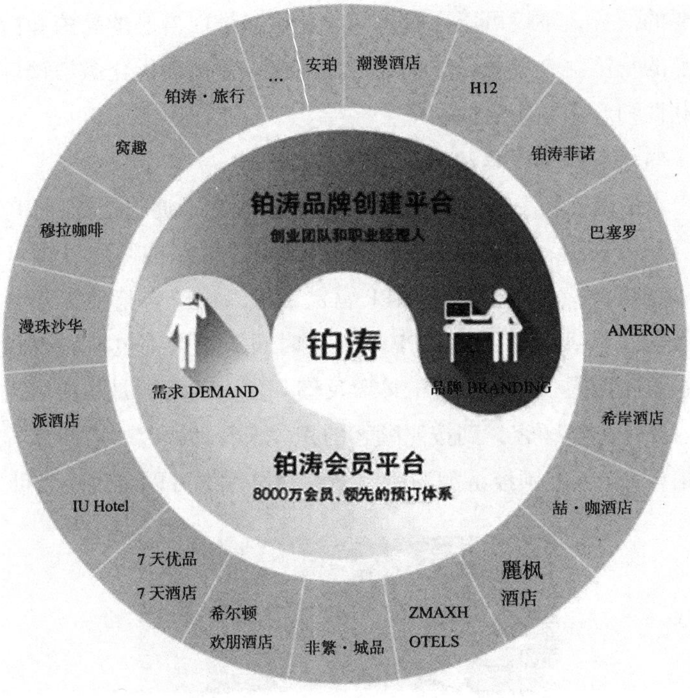

图2 铂涛会员平台

图片来源：据公开资料整理

7天连锁酒店集团（7DaysInn Group）集团致力于成为中国最优秀的经济型连锁酒店品牌。公司理念："天天睡好觉"；公司性质：外资企业；公司特点：我们的资本就是年轻，有强大的成长的后劲和空间；核心竞争力：超强的成本控制力。

二、7天连锁酒店：客户关系管理模式

（一）目标顾客

7天连锁酒店为经济型酒店连锁集团，追求提供"更经济""更高品质"的住宿，主要目标客户为商务人士、自助游爱好者、年轻一族。充分地满足了其"便

捷、经济”等的消费要求。

设计上不断整合创新，提供更具人性化、便捷化的优质酒店及会员服务。

（二）营销模式

1. 微信营销模式：铂涛会 WeHotel

由于微信的广泛应用，用户订阅自己所需要的信息，7 天连锁经济型酒店通过提供用户需要的信息，不仅可以出售房间，还可以推广自己的品牌和衍生产品，从而实现点对点的营销。今后 7 天连锁经济型酒店应该更加优化微信预订的界面，提高服务的便利性和产品的丰富性。

2. APP 营销模式：铂涛旅行

7 天 APP“铂涛旅行”轻松订酒店，选房更快捷。通过手机 APP 铂涛旅行预订 7 天酒店，只要轻轻一触手机屏幕，酒店预订、地图搜酒店、钟点房、景点门票、限时抢购等，应有尽有。通过 APP 营销，可以将广告精准传递给客户，并有效贴身黏住顾客。实践中，手机 APP 不再受时间、地点（包括境内和境外）的限制，突破信息单向流通，增加用户的体验反馈。更大的不同是从接触现实顾客、吸引潜在顾客、黏住忠实顾客，到按照顾客的积分来管理顾客，进行差异化促销，直至最终达成销售，7 天连锁经济型酒店整个营销过程都可以有效地借助 APP。

图 3　7 天 APP

图片来源：7 天 APP 截图

3. 官网营销模式：http://www.7daysinn.cn/

网站营销借助于互联网技术平台，利用网络、数字化的信息以及网络媒体的交互性和共享性来实现营销目标的另一种新型的市场营销方式，该方式注重网络的应用，借助于网络，可以给游客提供丰富全面的信息，当然，也存在一些缺陷，即便利性相对 APP 而言，相对不足。

4. 会员制直销模式："铂涛会"

在 2005 年 7 天连锁经济型酒店就建立了会员体系。铂涛会可以吸引顾客加入会员，进而便于 7 天连锁经济型酒店有效地进行客户关系管理。从发展的过程看，正是因为 7 天连锁酒店高度重视会员的影响力，并投入大量的资源进行会员拓展，因而，其会员数字是呈几何增长的，十余年来突破 1 亿会员。

5. OTA 营销模式：美团、糯米、携程、去哪儿等

OTA（Online Travel Agent）是指在线旅行社，是旅游电子商务行业的专业术语。7 天在自有微信公众号、APP、官网预订的基础上，拓展销售渠道，把 7 天酒店产品放在携程、去哪儿等热点 OTA 上，不仅展示了其品牌，同时增加了销售收入。

6. 活动营销模式

作为经济型酒店行业的后来者，7 天利用短短的 10 年时间，迅速发展成为中国经济型酒店行业的领头军，在其崛起的过程中，营销策略的制定和实施起到了举足轻重的作用。7 天在活动营销方面，有两点比较有特色：一是用数字开头来做促销活动：77 元住五星级大床房、88 元新店体验、99 元特惠房；二是用其他形式进行促销：比如 116 届广交会特惠、分店团购券、无线预订好礼享不停、订 7 天商务返现 10% 等。

三、7 天连锁酒店的扩张发展

7 天连锁经济型酒店的服务模式和轻资产的发展模式推动其迅速扩张。继迅速普及包括雅兰护脊床垫、Simmons 美健床垫产品的"星级优眠床垫"项目，以及"洁净封包毛巾"和"10 秒速热淋浴"项目之后，7 天连锁经济型酒店基本完成所有分店无线网络改造工程，实现酒店所有区域的 WiFi 优质覆盖，成为国内首家真正的"无线酒店"品牌。从 2013 年第一季度开始，7 天连锁经济型酒店一直保持快速扩张势头，新增开店数量为 82 家，截至 2019 年 7 月，7 天在营店超过 2400 家，拥有过亿的会员基数，覆盖全国一至五线共 370 多个城市，在市场上拥有极大的规模优势。

1. 创业初期风险投资资金的注入

郑南雁表示：7 天连锁酒店创办成长可以分成几道坎：第一道是在成立第一家店的时候，如何面对消费者的考验，如何能够成为消费者青睐的酒店；第二道是当分店达到 5 家后，7 天连锁经济型酒店的整个管理模式是否经得起考验；第三道则是当分店达到 30 家后，所面临的各种检验是否过关。

2. “企业家精神”的人才管理

什么是合格的店长？在 7 天眼中，是那些把自己真正看作 BOSS 的人。7 天在选择店长时，了解被选人对企业家精神的看法和态度，包括被选人的进取之心、融合之度、领导之力，以及对待事情的主动积极精神，这些内容是主要考虑的，而对于是否有酒店经验往往是放在最后，因为 7 天连锁经济型酒店相信，只要被选人具有上述优点，即使经营经验不足，其管理能力也会很快提高。

3. 放羊式管理、扁平化结构

7 天没有像传统的连锁酒店那样建立树状管理结构，如几家店设一个区域经理，之上再设总监，而是通过全国网络平台建设，实现总部直接管理。这样做最直接的好处是人员成本很低，10 多家店只需要 1 个会计，同时防止了由于管理层次多而造成信息传递失真的现象，有效地降低了管理成本，避免了强化官僚体系的出现。

这种“放羊理论”的做法简单说：牧羊人只需将那些掉队的羊给赶上，羊群则会自主挑选最肥美的草地。这种做法的好处体现在两个方面。其一，能大大降低管理成本。对于同区域的店长，他们获取消息速度快，掌握信息程度准，任何小的动作执政官会清楚掌握。其二，由于这种水平机制，使区域店长间在利益上有所关联，能有效提升店长的主观能动性。

4. 创新经营管理模式

在 2005 年创立以来，7 天连锁经济型酒店一直进行种种创新管理，包括：管理创新、服务创新、扩张创新，进而实现创造行业纪录的发展速度，并在此基础上打造创新的管理理念和创新发展模式。正因为创新，7 天连锁经济型酒店提出“垂直切割”和“放羊式管理”等一系列企业经营管理理念。7 天连经济型锁酒店采取“逆向定位 +垂直切割”的方式来建立自己的成本控制体系。

5. 成本管理与控制

强化成本管理，提高投资者的获利能力，更增加了投资者的信心。在 7 天连锁酒店的经营管理各个环节中，店长很可能同时兼任服务员、门童和出纳等，7 天连锁经济型酒店在成本控制方面更是鼓励店长做好管理协调工作之外，同时从事和做好一线员工服务工作，这种模式不仅培养了复合型人才，也在很大程度上节约了人力成本。在7天，酒店人员和客房的比率为1∶4，而行业水准是1∶3。

6. 快乐服务的企业文化

在团队建设方面，7天连锁经济型酒店讲求的是人人都快乐，倡导员工通过团队合作在达到目标的同时，也享受合作过程中产生的快乐；在酒店环境氛围方面，7天通过“会员笑脸墙”“装饰画”以及“背景音乐”等板块和环节进行硬件文化设计，进而有效营造“我被快乐包围着”的气息，鼓励酒店员工和顾客互动，将酒店的快乐文化传递给顾客，成为快乐的整体。在酒店行业竞争激烈的今天，争相提高服务质量以增加经济效益已成为酒店制胜的法宝。7天通过快乐服务，为酒店服务赋予了全新的内涵。

四、7天连锁酒店：跨界酒店模式（酒店+）

1. APP铂涛旅行：互联网+酒店+跨界服务（旅游+铂物馆）

2015年12月9日，铂涛集团推出名为“铂涛旅行”的旅行社交电商平台，可预订星级酒店、公寓、民宿等各种住宿形态产品，是中国酒店业最大的官方直销平台。此外，“铂涛旅行”还推出景点门票预订、旅行社交、品牌商城等不同服务，尝试将触角伸向旅行的纵深领域。

“铂物馆”作为锦江WeHotel为会员提供统一积分兑换和优品购物服务的在线商城，自2016年11月上线以来，通过最大程度地去除品牌溢价，持续为近1.5亿会员提供包括出行好物、居家生活、鞋类箱包等在内的数十个品类、上万款精选生活优品。2019年，从线上走向线下，进军“新零售”领域，在酒店大堂开设“铂物馆”实体店，吸引住客驻足且满足住客多样化需求，为酒店带来非房费收入的创新增长点，帮助酒店实现多样化经营，同时，全面提升会员的线上线下体验，持续整合行业资源，实现多元跨界业务和酒店经营的良性互补和互动循环。

2. 经营模式趋于多元

近年来，“泛酒店”的概念兴起，一些酒店进行创新，突破原有的局限于住宿和餐饮等单一产品线结构，现在，7天连锁经济型酒店进行经营模式多元化的发展实践，陆续推出积分兑换景区门票、积分兑换商品以及打造出自己的文创产品，将这些创意的业态与酒店的住宿有机关联起来，实现7天连锁经济型酒店场所的经营效益的最大化。

3. 推出一系列跨界IP产品

“星+A”模式，也就是酒店+景点，是指星级酒店与A级景区抱团经营，达到共赢目的。具体来说，即景点给酒店赠送门票或给予打折门票，酒店将门票作为

“附加值”产品送给住店客人，而酒店为景区做宣传，将景点资料摆到酒店的前厅、客房和餐厅等营业场所，并且帮助景区在住店客人中招揽客户。

“酒店 + 景点”模式，既为酒店找到经营增长点，也为景区景点增加了旅游客源，酒店和景点各得其所，相互受益。除了“酒店 + 景点”之外，还可以拓展思路，形成“酒店 +X”模式，铂涛旅行 APP 以创意性的捆绑经营形式，创造了“酒店 + 旅游 + 铂物馆”模式。充分整合当地各种自然资源和人文资源，使得酒店客人得到“增值”享受，从而增加了客人在酒店的过夜数，发展成为回头客，并由此提升了酒店的美誉度和知名度。

五、问题

1. 屡屡被曝“卫生门”

酒店被曝光的卫生问题，比如，有客人发现床单上有异物，因此质疑该酒店未及时更换床单。

对于经济型酒店屡次发生“卫生门”事件，有网友表达不同观点。

银城武：换房即可，快捷酒店要求不要太高。

Mo 的夏天：所以现在好多人出门都是自己带床上用品。

鹅 333：无论价格高低，难道干净卫生不是住宿行业最起码的要求吗?

哀怨虚假组 188：卫生工作不到位，不检查清楚还说在所难免，难道去餐厅吃饭吃到蟑螂也要觉得是在所难免吗?

因此，针对卫生问题，酒店应该加强对加盟店的监管。

2. 出现关闭潮问题

7 天连锁酒店，作为锦江 – 铂涛酒店集团下的一个重要的经济型连锁酒店品牌，2019 年的前三季度，7 天系列酒店总数由一直扩张演变成减少为 2229 家，较 2018 年减少 97 家，同时，2018 年 7 天系列酒店为 2326 家，较 2017 年减少 142 家。由此可以看出，7 天连锁酒店，包括其自身的其他品牌酒店共关闭 239 家门店。针对门店关闭问题，7 天连锁经济型酒店需要认真对待，查找原因，避免出现经营萎缩情况。

3. 市场份额被同类酒店挤占

随着外资酒店品牌进入中国市场，诸如速 8 和 Ibis 等品牌，他们具有较强的国际背景和竞争力，对 7 天连锁经济型酒店产生很大的竞争压力，2018 年如家、汉庭、7 天三大连锁酒店的市场占有率分别为 7.43%、6.88% 和 6.59%，而 2019 年三大连锁酒店的市场占有率分别为 5.62%、5.32% 和 4.85%，相较于去年，分别下滑

1.81%、1.56% 及 1.74%。今后，7 天连锁经济型酒店要在竞争中取胜，还要塑造品牌和竞争力。

附录

2019 年中国连锁酒店规模排名表

2019 年中国连锁酒店品牌规模 TOP10 排行榜				
排名	品牌名称	所属集团	客房数	门店数
1	如家酒店	首旅如家酒店集团	233 226	2253
2	汉庭酒店	华住酒店集团	220 646	2283
3	7 天酒店	锦江国际酒店集团	201 432	2326
4	维也纳酒店	锦江国际酒店集团	179 260	1183
5	格林豪泰	格美酒店集团	162 844	1881
6	锦江之星	锦江国际酒店集团	129 113	1088
7	尚客优连锁酒店	尚美生活集团	85 489	1621
8	都市 118	都市酒店集团	83 420	1392
9	城市便捷	东呈国际集团	75 935	887
10	全季酒店	华住酒店集团	72 370	553

数据来源:《2019 中国酒店连锁发展与投资报告》

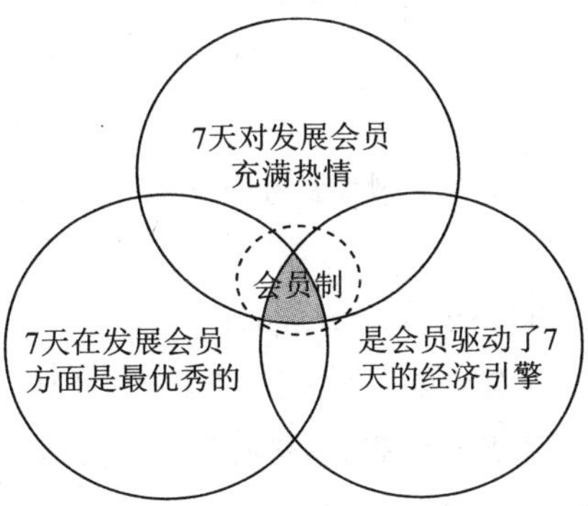

附图 1　7 天发展会员的理念

图片来源：信息整理自制

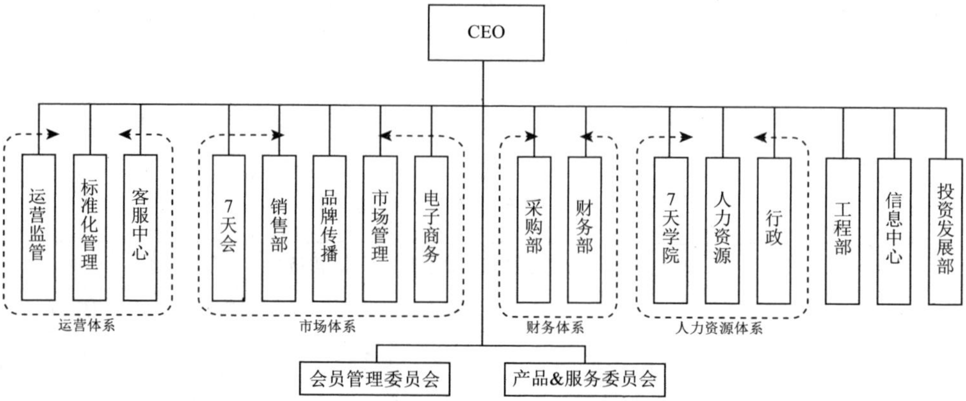

附图 2　7 天酒店集团组织架构

图片来源：公开资料整理

参考文献

［1］江美亮 .7 天连锁酒店，靠的是什么［M］. 广东：广东经济出版社，2016.

［2］林军 . 从不竞争：7 天连锁酒店自动自发成长法则［M］. 北京：中信出版社，2010.

［3］锦坤品牌研究院 . 如家模式［M］. 北京：中国经济出版社，2010.

［4］冯颖如 . 全球化视角：饭店经营与管理［M］. 北京：企业管理出版社，2008.

［5］杨歆璇 . 经济型连锁酒店差异化经营探讨［J］. 合作经济与科技，2016（10）：121–123.

［6］张小红 . 论经济型连锁酒店的网络营销——以西宁七天连锁酒店为例［J］. 中国报业，2013（06）：100–101.

［7］7 天连锁酒店官网：http://www.7daysinn.cn/.

［8］刁山荣 . 我国经济型连锁酒店品牌差异化发展研究［D］. 苏州大学，2014.

［9］中商情报网 .2018 年中国连锁酒店品牌规模排行榜：如家 / 汉庭 /7 天酒店位列前三［EB］. 中商情报网网站，2018–4–13.

［10］天鹅会 .2018 年前瞻 | 酒店旅游消费领域展望［EB］. 搜狐网站，2018–1–5.

［11］锦江之星 . 锦江和铂涛会员数据整合 超 1 亿会员体验升级［EB］. 搜狐网站，2017–1–17.

［12］WeHotel. 迈向 WeHotel 会员服务共享时代［EB］. 搜狐网站，2017–8–8.

［13］酒店投资 . 酒店大佬锦江集团再购铂涛股权 比例升至 93% 遂成行业巨无霸［EB］.

搜狐网站，2017–11–10.

［14］执惠 . 酒店业跨界融合，新三板住宿企业 5 大现状 4 大趋势［EB］. 搜狐网站，2017–6–9.

［15］观研网 .2018 年中国有限服务酒店行业发展现状及市场占有率：已步入成熟期 中端酒店占比逐年上升［EB］. 观研网网站，2018–7–6.

［16］中国市场调研在线 .2017–2023 年中国经济型连锁酒店行业发展现状调研与市场前景预测报告［EB］. 百度文库，2017–9–22.

教学笔记

七天连锁酒店经营的成与败

魏敏 等

一、教学目标

认识中国连锁酒店经营现状，了解其发展背景环境；

了解 7 天连锁酒店的发展历程，知道其经营之道，梳理其经营过程中的重大举措的优缺点；

分析 7 天连锁酒店面临的挑战与问题。

二、适用课程

酒店管理、旅游管理、企业管理、运营管理、战略管理等。

三、教学对象

本案例适用于 MTA、MBA、中高层管理人员等培训。

四、教学计划（90 分钟）

教学计划	时间分配
开场及背景介绍	10–15 分钟
问题 1：结合 7 天连锁酒店目前发展问题，分析其未来经营的挑战	20–25 分钟
问题 2：以 7 天为例，分析连锁酒店的核心特征	25 分钟
问题 3：根据案例中提到的和了解到的 7 天在经营过程中存在的问题，提出改善建议	20 分钟
总结	10 分钟

五、案例思考题

问题1：根据7天连锁酒店目前发展问题，7天未来经营的挑战有哪些？

问题2：以7天为例，连锁酒店的核心特征有哪些？

问题3：根据案例中提到的和了解到的7天经营过程中存在的问题，可行的改善建议有哪些？

六、课堂讨论与分析

研讨1：结合7天连锁酒店目前发展问题，分析其未来经营的挑战。

分析提示：

（1）境外连锁酒店集团涌入

随着旅游经济的发展，面对中国巨大的客源市场，境外一些有实力的酒店集团纷纷涌入，例如雅高、温德姆等集团，在中国树起了自家酒店旗号，并凭借其雄厚的资源、先进的酒店管理经验抢占较大市场份额，导致国内四星级以上的高星级酒店大多被境外酒店集团占据，对我国发展连锁酒店集团造成严重威胁，迫使我国酒店集团只能曲线经营，发展较为缓慢。

随着外资酒店品牌OYO进入中国市场，如家、汉庭和7天三大连锁酒店的市场份额也被大幅度挤占，2018年三大连锁酒店的市场占有率分别为7.43%、6.88%和6.59%，而2019年三大连锁酒店的市场占有率分别为5.62%、5.32%和4.85%，相较于去年，分别下滑1.81%、1.56%及1.74%。

截至2019年1月1日，OYO酒店门店数为5656家，客房270 785间，远超如家、汉庭及7天连锁酒店。有业内人士指出，随着不收加盟费的OYO酒店、各大在线旅游平台开拓民宿领域，传统连锁酒店的市场份额将不断被挤占，特别是对经济型连锁酒店的冲击更大。

（2）旅游酒店过剩

从20世纪80年代起，我国旅游酒店发展就迎来了一波高潮，大量的楼堂馆所被改建成为酒店，国外知名的酒店集团纷纷涌入，每年都有数百家酒店成立，并呈现持续增长的趋势。直到如今，在国内外投资者纷纷涌入的情况下，我国酒店市场出现了明显的供大于求的现象，旅游酒店相对过剩，客房利润率低下，导致酒店亏损日益严重。由于酒店过多，市场竞争越发激烈，酒店在尝试各种促销策略无果后不得不采取价格战，导致酒店行业的大面积亏损，我国酒店被收购、兼并甚至是破产倒闭的情况繁多，连锁酒店集团发展的难度不断增加。

（3）品牌将成为最重要的竞争砝码

酒店需要采取各种措施扩大品牌影响力和创新力。无创新思想的品牌，没有清楚标志的品牌和没有细分产品的小品牌将在未来的竞争力中不占优势。

对于顾客来说，品牌将在一定程度上取代地理位置，成为顾客选择经济型酒店优先考虑的因素。对某一品牌忠诚的客人就有可能在饭店逗留更长时间，进而提高消费额。这对连锁酒店的品牌承诺、客户关系管理和人力资源管理来说是一个极大的挑战。

研讨 2：以“7 天”为例，分析“连锁酒店”的核心特征。

分析提示：

主要特征为各地连锁酒店高度统一标准、预订方便快捷、价格透明、不需要前台议价、干净卫生、服务和安全有保障，性价比较高，所以连锁酒店是出差、旅游住宿的好选择，能够获得顾客的信任。

（1）标准是连锁酒店的核心，只有系统的标准统一才能体现出连锁的重要特征。标准不区分城市、个体或层次，由此客户的信任由标准的统一性而产生。连锁酒店是指以连锁经营模式运营的酒店，连锁酒店一般都具有全国统一的品牌形象识别系统、全国统一的运营体系、会员体系和营销体系。连锁酒店与单体酒店相比，无论在装修、服务和信任度上都有较大的竞争优势，处处挤压着单体酒店的生存和发展空间。

（2）成本节约，性价比高。“经济”其实就是价格便宜，但是在经济型连锁酒店客人支付相对便宜的价钱，却能享受到高素质的服务、高质量的住宿环境，也是经济型连锁酒店抢占市场的一大法宝。经济型连锁酒店的管理结构强调精简、高效，对人员进行了优化配置，酒店行政管理支出占整个酒店收入的比例要比高星级酒店低得多，管理层次能省则省，只有自身经营管理做到了“经济”，才可能使客人也“经济”，让客人觉得物超所值。

（3）功能简化。经济型连锁酒店紧扣酒店的核心价值——住宿，以客房产品为灵魂，把餐饮、购物、娱乐的功能压缩、简化、甚至不设，投入的运营成本大幅降低，一般来说，经济型连锁酒店只提供客房和早餐（Bed & Breakfast），一些有限服务酒店还提供简单的餐饮、健身和会议设施。

（4）产品和服务的优质性。与一般的社会旅馆不同的是，经济型连锁酒店非常强调客房设施的舒适性和服务的标准化，提高了产品与服务的质量，优化了产品组合，并且，经济型连锁酒店的清洁卫生、舒适方便等方面的特点是社会旅馆不具备的。

研讨3：根据案例中提到的和了解到的7天经营过程中存在的问题，提出改善建议。

分析提示：

（1）提高专门人才的培养质量和深度。虽然7天连锁酒店每个月都会招入一大批待岗店长，但这些新店长的成才率并不高。所以，提高培训学院的水平，提高培训店长的质量和深度必不可少。通过提高新店长的成才率，降低人员流失率，从而降低不断更换人员带来的动荡，从根本上提高7天连锁酒店的核心竞争力，同时这也是7天持续发展的一个核心动力。

（2）增强服务质量保障。经济型酒店参与市场竞争的核心体现主要是产品和服务，7天酒店也有一定优势，但也有劣势。为了有效控制各个分店的服务质量，7天连锁酒店集团需要对分店的综合好评率、管理质量评分、服务态度评分、分店的投诉量等指标进行定期的评比和实时监控，有奖有罚，建立完善的服务质量管理体系。

（3）完善硬件设施，实现技术创新。良好的环境能够给顾客留下不错的印象，相等价位的酒店，顾客当然会选择硬件设施更好一些的。7天连锁酒店可以对客房进行翻新改造，淘汰陈旧的设备，并且定期进行检查更新，当然也可以通过技术创新来降低整体的运行成本，如：从酒店的节能减耗开始做起，通过新技术来降低酒店的能源耗用，包括水、电等。

（4）制定卫生质量标准，强化员工教育。7天连锁酒店应制定完善的操作和质量标准，因为一定的服务规范和操作流程是确保客房清洁卫生的基础，也是对客房清洁人员的工作进行考核、监督的评判依据。另外，同时做好人员岗前及岗位培训工作，不管是管理人员还是清洁员，都要有负责任的思想。让员工树立起卫生第一、规范操作的意识，自检自查的同时，也要逐级检查。

教辅材料／预读或补充阅读材料

［1］江美亮.7天连锁酒店，靠的是什么：经济型酒店成功的标杆［M］.广州：广东经济出版社，2016.

［2］何建民.现代酒店管理经典［M］.沈阳：辽宁科学技术出版社，1996.

案例 4

林梧桐楼定位选择

伍晓奕；林壁属；闫震
（厦门大学管理学院 厦门，361005）

【案例摘要】在酒店市场竞争日益激烈的今天，各个酒店都在尝试占领市场中的空位，占领消费者的心智空位。林梧桐楼作为国内首家由“985”高校运营的酒店，相比于社会上的其他酒店有很大的特殊性，它不仅是一家日常经营的酒店，还是一个重要的教学实验基地，由此决定其定位也大有不同。酒店筹建者曾经非常彷徨，考虑究竟定位于针对普通消费者的经济酒店，还是能反映厦门大学特色与文化的精品酒店。酒店的筹备小组与设计团队为此投入大量精力，进行酒店的定位选择。本案例将通过描述林梧桐楼进行定位和设计的过程，展示酒店经营和教学实验获得的成果，以让学生更好地理解与应用市场定位有关的理论及知识点。

【关键词】教学酒店；市场细分；市场选择；定位

引言

2016 年 6 月 15 日，沐浴着初夏温暖的阳光，在厦门大学的大南校门旁，由马来西亚云顶集团董事局主席林国泰捐资建设的厦门大学林梧桐楼教学酒店举行了竣工典礼。被誉为“邮轮之王”的林国泰先生也出席了本次林梧桐楼的落成典礼。在典礼上林国泰先生表示：中华民族饮水思源的传统美德一直深印在他父亲身上，其父生前多次捐赠巨资建设学校、修路筑桥，这次捐赠，也是为了完成父亲的遗愿。这座大楼用其父林梧桐先生的名字命名。林家父子的奉献精神，继承了厦大校主“卖大厦，建厦大”的奉献精神。一年半后，国内第一家“985”高校管理的教学酒店正式营业。关于酒店的市场定位，筹建者曾经非常彷徨，到底是定位于针对普通消费者的经济酒店，还是能反映厦门大学特色与文化的精品酒店？最终历经两年的设计与装修，花费了许多心血，酒店效益最终达到了预期，既满足了旅游与酒店管理专业的教学实践需要，也充分展现了具有文化气息与历史情怀的酒店特色。

一、确定定位，经济酒店的重生

1. 最初定位

林梧桐楼为厦门大学国际学术交流中心（独立法人单位，下简称交流中心）所有，2015 年 8 月份收到捐赠后确定经济型酒店的经营模式，并依据经营模式进行设计，配合交流中心原有的逸夫楼酒店，由逸夫楼派遣员工进行经营，不配备餐饮功能。在定位之初，计划年收入 200 万，保本经营，回收投资。

2. 再次定位

2015 年 11 月 29 日校长办公会确定，将该物业作为管理学院的教学实验基地，为学生提供知行合一的实践平台。摆在实验基地筹建小组面前的最重要议题出现了，酒店物业的基建建筑已经施工完成，装修方案迟迟不能定下来，应该如何给实验基地进行再定位，若按照原定方案，略比招待所高级的经济型酒店既不能符合发展趋势，也缺乏餐饮设施，难以提高服务训练，也不能满足教学需求。

厦门作为经济特区，同时又是知名的海上花园城市，各类高档商务、会议及度假酒店数量众多，各具特色的精品酒店更是数不胜数。各类酒店在设计风格、服务质量上有所不同。有些酒店甚至进行了跨界合作，品牌联名，每个酒店都在寻找着属于自己的一部分市场。如果定位高端酒店，距离厦门大学 1 公里范围之内就有希尔顿旗下的高端酒店标杆康莱德酒店；如果定位会议酒店，80 间客房的规模实在太小。如何为教学酒店选择一个合适的定位，在顾客心中建立重点高校的形象成为了筹建小组最头痛的问题。提到丽思 · 卡尔顿，人们会想到奢华精致的服务，就像丽思 · 卡尔顿所说“我们是绅士和淑女，为绅士和淑女服务”。提到丽兹酒店，人们会想到绝对私人的高水准服务，丽兹代表了细致和周到。提到华尔道夫，人们会不禁穿越到历史长河，想象这里发生过的一切。提到林梧桐楼，人们应当怎么去思考这个名字呢，我们应当在消费者心中树立怎样的形象呢？

3. 市场分析

“要确定我们的形象，我们首先要考虑我们的客人喜欢什么样的酒店，我们能打造什么与其他酒店不同的形象”酒店营销经理如是说，“根据逸夫楼的历史数据，选择在学校住宿的有来学校开会、参加论坛、课程的人员，其次是校友、校内人员亲朋、赴厦门的游客等等。到学校参加各种论坛以及课程的客人通常有较高的文化水平，人文素养较高，有较高的消费水平，对服务质量也有较高的要求。同时，来到厦大观光的人，通常带着对大学的朝圣之心，他们不只冲着‘最美大学’这一称呼而来，更希望感受到大学里的人文气息，了解这里发生过的故事。有了这些，我们便有了确定形象的方向。”

旅游与酒店管理系主任说：“既然我们的顾客都有较高的文化素养，而我们又是国内首家坐落在‘985’高校内的教学酒店，我们与其他酒店最大的不同，就是独有的文化资源。即建校百年的厦大校园沉淀的人文气息，是厦门其他酒店无法拥有的。我认为，我们就从这个角度出发，让我们的酒店成为消费者心中厦门最具有‘人文气息’的酒店，争取把实践基地与对客服务两个方面都做到极致。”

二、设计取胜，多元文化的融合

1. 初稿难定

定位确定了，校方也立刻开始了招标工作。确定定位相对容易，可是如何通过设计来体现定位，就不是那么容易了。2016 年 1 月 20 日，一家来自深圳的设计公司中标。并约定两个月后拿出设计方案。时间很快来到了两个月之后，正当大家都期待着设计公司拿出一套体现人文气息的设计方案时。设计公司却辜负期望，没有提出一套可以满足要求的设计方案。融合哪些文化元素，怎样设计才能体现人文气息，这些问题如同一座大山，摆在了筹建小组的面前。同时因为最初的经济型酒店设计，酒店的客房及公共区域的预留空间都相对狭小，如何增大客房的空间感，以满足教学型主题酒店的定位，也是一个重要的问题。联系了众多设计团队和公司后，并没有找到合适的解决方案。最终，筹备小组找到台湾的一个顾问团队担此重任，提出设计方案，再由深圳公司完成酒店施工图设计。

2. 提出方案与实施

2016 年 3 月 25 日，设计团队开始首次接触教学实验基地，一番考察后，到了 4 月 5 日，设计团队便提出了样板房的初步设计方案。经过不断地修改，5 月 1 日，团队确定方案并开始进行样板房地装修。7 月 5 日，完成样板房装修并取得学校各级领导认可。在 10 月底，完成所有客房的装修设计。11 月 10 日，设计团队完成对公共区域的设计，2017 年 11 月正式完成装修。

3. 设计理念

经与筹建小组的沟通，设计团队提出该教学酒店应该融合闽南文化、学府底蕴、嘉庚精神三种人文精神，使其在东西方风格的碰撞中有机地结合。当然要达到这三种人文精神的巧妙融合，也并非易事。设计团队认为，厦门作为早期的通商口岸，原本就是东西方文明交流之地，亦中亦西的融合精神由来已久，蕴涵此精神将为酒店注入重要的内涵。 厦大作为拥有近百年历史的高等学府，人文精神无需赘述。充满书卷气息的校园，启发设计团队以书本作为概念发想，进行新的创作，让顾客感受到文化的沉淀。厦门大学拥有许多珍贵史料，设计团队将其作为设计素材做成图片在艺术长廊中展示，增添空间历史感与文化性。在地素材具有当地特色，反映风土特征与文化肌理，实验基地将其选用成为设计特色的一部分。传统的绳结十分具有东方色彩，设计团队撷取绳结语言进行材质转换，运用在不同的地方。酒店大堂前台正后方装饰有一幅巨大的烤漆画，这是厦门大学艺术学院教授的杰作，上面绘制建南大礼堂与上弦运动场，其布局精细巧妙，礼堂上特大的张灯结彩、垂珠彩帘图案的点缀，惟妙惟肖。建南楼群秉承嘉庚建筑的“一主四从”传统布局，五幢建筑呈弧形排开面向大海环抱美丽的上弦场。设计者把建南大礼堂的巨型烤漆画放在大堂一目了然的位置，其中一个原因就因为这是厦门市的标志性建筑，是厦门市古今、中西相结合、博采众长的一大独特景观。更为重要的是，建南大礼堂是陈嘉庚先生于20世纪50年代亲自参与设计、督建的学校大礼堂。为体现校主陈嘉庚先生“忠、公、诚、毅、闯”的精神，设计团队将嘉庚精神体现在酒店设计中，向大家讲述陈嘉庚先生爱国爱乡、兴学育才的光辉事迹。

设计团队在部分客房及餐厅包厢的设计中采用玻璃天花板的设计，增加了视觉上的空间感。另外在客房装修上大量使用木板，外面贴墙纸或者涂油漆，保证十年内不再进行大的装修改造。这样的装修方式，在将来需要对客房装修进行更改时，还可以提供很大的便利，这也符合了知识类消费者的环保理念。

三、市场反馈，客人的赞扬与不足

2018年3月20日，林梧桐楼开始试运营。会议厅艺文沙龙自试运营以来，以精巧的空间布置和高质量服务，获得了各界人士的一致好评。各种研修班活动、校友聚会、培训项目在艺文沙龙热烈开展，成为校内外人士聚集、知识交流的重要会场，为酒店的人文气息添上了浓墨重彩的一笔。

为了达到预期的定位，酒店除了在设计与装潢上下工夫外，在提升服务质量上也毫不含糊。餐饮部用精致的甜点，可口的菜肴，优雅的环境赢得了客人的交口称赞。一线员工也用热情的服务，收获了客人的认可。酒店为新入职的员工、实习的学生开展入职培训，为员工定期开展技能培训、轮岗培训。包括实习生在内，都可以接受到酒店组织的交叉培训，丰富自己的技能。总经理也会定期举行茶话会，倾听一线员工的建议，这不但让总经理可以更加了解酒店运营情况，也体现了酒店的人文关怀。除了酒店人员自身的努力，酒店还借助厦门大学旅游与酒店系师生的智慧，实践经验与科学理论相结合，开展各类教学实验，帮助酒店始终走在创新的路上，为客人创造更多价值。酒店所做的努力，也确实得到了客人的好评。

“酒店很不错，装修很喜欢，细节没得说，晚十一点赶到酒店，看到的是酒店赠送的小吃茶点，温馨。住在厦大校园里的感觉真得不一样。慢慢感受一下住在校园里林梧桐楼的感觉，一到门口就闻到一股股的花香！”一位住客在携程网站上，这样评价教学酒店。开业近两年来，酒店入住率从 2018 年的 60.49%，上升到 2019 年的 67.83%。两年均高于行业平均水平，在携程网上的住客点评得分也高达 4.8，酒店的装修和设计也得到了客人赞扬。在服务好客人方面，酒店前期定位的选择以及后期所做的努力，都收到了成效。

不过，客人对酒店的评价也不全是好评。“酒店太贵啦，不值这个价”；“除了进厦大不需要排队，也没什么好的”；“服务人员倒是蛮热情，但是厦大的保安太凶了，很让人无语”。部分宾客对于酒店还是有所不满。

“看来酒店目前的形象并没有深入到我们的客人心中。他们好像不能读懂我们的设计。得到好评最多的不是我们的设计，不是我们的服务，反倒是我们便于进入学校参观成为了好评中的主流，客人们认为我们的产品不值得这样的价格。我们的产品应当为我们的客人创造更高的价值，不然我们只能选择调整价格。”酒店的营销经理如是说，“另外在营销宣传上，我们要有的放矢，让我们酒店的形象定位更加深入人心。不能让客人想到林梧桐楼时，觉得我们是进入厦大校园的快速通道，而应让他们觉得我们这里是厦大人文气息的一个具体的体现与浓缩”。

人力资源经理补充道：“确实，我们的确应当花工夫去树立酒店的外在形象。但我们也需要花精力去建设我们酒店内部的企业文化。不仅从设计和产品上要让客人感受到我们酒店的人文气息，更应该让客人感受到我们员工身上的人文关怀。我们要内外兼修，酒店的形象首先要深入员工心中，才能深入到我们客人的心中。或许我们的培训不能只注重员工的实操技能，更应该注重员工软实力与人文精神的培训。”酒店的总经理十分认可两位经理的发言：“没错，我们不能只重面子，不重里子，要整合各种资源为我们的战略服务，好钢要用在刀刃上。利用好厦大的 IP，利用好学生和老师的创意，利用好我们的地理位置，发挥我们的各种长处，打造好我们的形象！”

其实教学酒店自筹备之初就在思考如何利用厦大的 IP，做好酒店的定位与品牌宣传。2016 年 6 月，教学酒店尚在装修之际，厦大旅游与酒店管理系就在全校范围内举办首届酒店设计创意大赛。这次比赛以“奉茶”为主题，要求参赛队伍设计出供酒店使用的含有嘉庚元素的茶具。参赛队伍将奉茶主题与嘉庚元素交织在一起，充分发挥了想象力，设计出了一系列具有文化气息的茶具。酒店筹备小组曾计划将大赛的优胜作品市场化，作为酒店房间独具特色的茶具器皿，同时也可以作为伴手礼进行推广。但由于制作工艺的问题，优胜作品并未正式上市。酒店正式营业之后，酒店的经营者也一直考虑过如何推出独具校园特色与文化的西点，不仅面向校内师生，而且面向进入厦大的大量游客进行销售。厦门作为国内著名的旅游城市，其伴手礼特产如老字号的南普陀素饼、鼓浪屿馅饼，以及新兴的苏小糖牛轧糖，在市场上一直热销。推出校园西点的主要目的不仅是出于利润考量，更重要的是推广厦大文化与人文底蕴。但应如何设计、包装与营销，让校园西点成为厦门著名的特产，体现人文底蕴，也是一个值得思考的问题。

四、知行合一，教学实验的开展

1. 多样课程

设计达到了要求，接下来最重要的，便是满足其作为教学实验基地的要求。

“如果林梧桐楼只能给学生提供实习机会，那与校外酒店还有什么区别呢？”旅游与酒店管理系主任如是说。如何利用好林梧桐楼，更好地促进教学与实践的发展，让学生获得最大程度的提升，是一个重要的议题。

经过讨论，酒店地下二层的烘焙工坊和巧克力工坊改为烘焙教室和巧克力教室，为学生提供更多样丰富的课程。艺文沙龙会议室为学生提供各种课外培训课程，如葡萄酒品鉴、学术讲座等等。开展多样性课程的同时，还为同学近距离了解酒店运作提供了机会。学生们不再是从书本和视频中了解酒店，而是可以直观进行实地观摩、演练与学习。

2. 见习经理

作为教学实验基地，林梧桐楼不但为低年级同学提供了暑期实习的机会，还为高年级同学提供了做见习经理的实训机会，相比于校外实习，学生可以更近距离接触酒店的管理岗位与职能，这是校外酒店无法提供的实训机会。这样为 20 多位学生提供了课余时间的锻炼机会，他们分别在前厅、客房、餐饮等多个对客服务部门进行见习经理的实践，极大增强了学生对酒店运营与实践的了解。

3. 课程结合

2019 年的第三学期（暑期小学期），旅游与酒店管理系邀请台湾知名教授为同学讲授创意旅游的相关知识。同时学生们组成小组，去为解决目前教学酒店在经营中遇到的各种问题进行了一期为期半个月的实践调研。每组由系里分配深耕于酒店管理不同职能的导师进行指导，同时与酒店各个部门的管理层合作，共同对学生提出的方案进行点评，并给予学生们反馈及改进意见。形成的最终方案，也在日后酒店的经营管理中实施。正所谓“实践是检验真理的唯一标准”，通过方案的实施成效，让学生们更好地发现方案的优缺点，更好地理解相关知识。课程与实践真正结合到一起，将经营者、导师与学生的智慧融合，做到真正的知行合一，格物致知。

2019 年下半年，旅游与酒店管理系一年级的研究生们也利用教学酒店完成了“实验法”这门课程的实践内容。课题包括“环保告示牌的积极程度对顾客环保行为的影响”“音乐节奏对就餐时间和餐厅消耗量的影响”“食物热量对不同饥饿程度消费者食物选择的影响”等多个选题。经过多次的课程实验，也使得知行合一的教学模式渐渐成熟，为将来的人才培养提供了借鉴。

五、前路漫漫，教学酒店的未来

开业近两年来，林梧桐楼虽然入住率超过同等级酒店的平均水平，但仍有很高的上升空间。虽然酒店有很好的区位优势，虽然能帮助客人更早地进入厦大，并不一定能够让客人们更早地了解厦大的文化，了解林梧桐楼的文化内涵。林梧桐楼还有很多努力提升的空间。

名字就像钩子，把品牌挂在潜在顾客心智中的产品阶梯上。好的名字，往往能让酒店形象更顺利地占据顾客心中的高地。关于酒店的取名，也有人有过不同的意见。有人认为，酒店取名应当具有自己的特色，试营业期间，酒店与厦大建校最初的校舍“群贤”同名，取“群贤毕至”之意，同时包含了校主对大学的企盼，蕴含了厦大文化和嘉庚精神。也有人认为，酒店应当铭记捐赠者，所谓吃水不忘挖井人，这也是厦大文化的体现。

如今，旅游市场越来越注重打造旅游产品的形象，以期占据客人的心智，赢得客人的认同。林梧桐楼的定位选择确实得到了一部分客人的青睐，但显然并没有让这一形象得到所有宾客与员工的认可，就像营销经理和人力资源经理所说，林梧桐楼在对外形象树立和对内文化建设的内外兼修的旅程上还有很长的一段路要走。

未来的酒店业将会发生什么样的变化，不得而知。有人认为，林梧桐楼酒店应当与时俱进，不断地去调整酒店的定位；有人认为酒店应当占据好顾客的心智，确定了，就不应当随意去更改。现在的林梧桐楼酒店定位是否成功呢？十年以后的林梧桐楼，会在顾客心智中占领一个什么样的位置呢？

附录

附录 1 厦门各酒店品牌数量占比

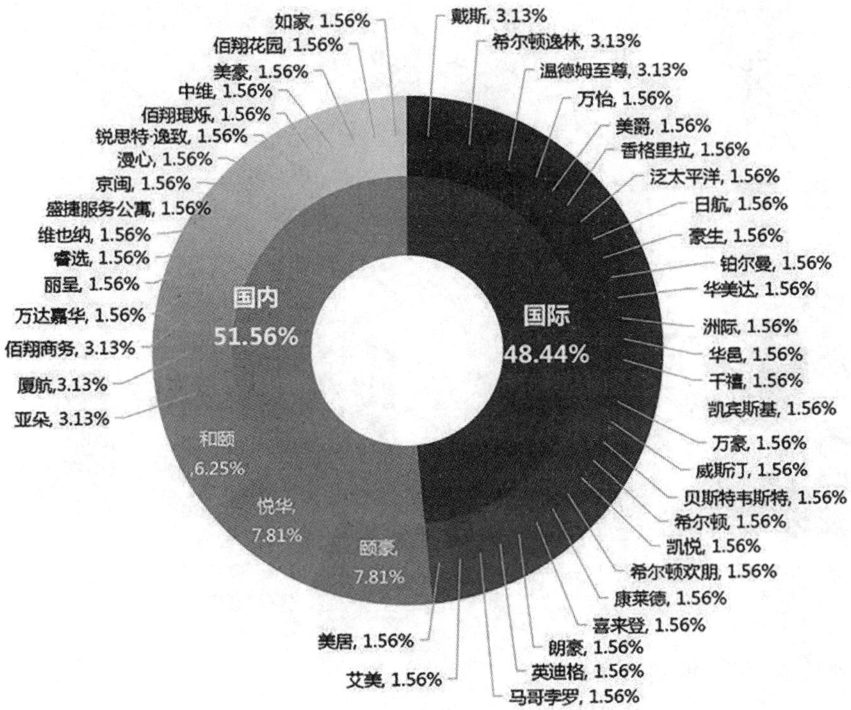

厦门各酒店品牌数量占比图

图片来源：迈点研究院

附录 2 林梧桐楼图片展示

酒店外观，右上角与厦大大南校门风格契合

酒店大堂，左右两侧为书简设计，墙上画作为厦门大学建南大会堂及上弦场

酒店走廊，左侧为厦门老照片，右侧为体现渔港文化的画作

艺文沙龙会议厅

酒店客房，玻璃反射提升空间感

西餐厅区域，左侧将厦门鹭岛元素以装置艺术呈现，活化空间氛围

附录 3　短学期实践课程课题

实践项目方案主题

项目序号	项目方案主题
1	林梧桐楼额外收入营收方案（例如伴手礼等）
2	林梧桐楼西餐厅下午茶、晚餐时段销售提升方案
3	特色烘焙、西点打造方案
4	中餐厅单客价提高方案
5	林梧桐楼品牌塑造及知名度提升方案
6	林梧桐楼整体服务质量提升方案
7	林梧桐楼人力资源绩效管理提升方案
8	淡季客房营销提升方案

附录 4　见习经理招聘

林梧桐楼在教学方面采取服务实操和管理体验的双重模式，充分给予实习生学以致用、轮岗实习体验和见习经理实习的机会，致力于把实习生们培养为理论与实践相结合的酒店业专业的高级管理人才。见习经理为学生提供以酒店部门经理岗位

角色参与酒店管理工作的机会，协助开展日常经营管理活动，在实践中提升自身专业技能。

招聘岗位及名额：房务部、餐饮部、营销部及采购部。要求本科三年级，每部门两位见习经理。红酒品鉴培训部本科二年级或三年级，共四人。

招聘形式：招聘会现场，首先由教学酒店总经理带领酒店各部门负责人与学生们见面认识，再由人事部负责人对本次招聘会进行详细介绍，然后根据部门和志愿意向分组进行逐一面试。在面试过程中，各部门负责人根据自身工作性质和工作重点考察同学各方面能力。面试结束后，各部门负责人进行商讨，选出合适人选，敲定最终名单。

附录 5　林梧桐楼经营情况

林梧桐楼 2018–2019 年经营情况表

内容	2018 年	2019 年
间夜数	22 631	26 560
出租率（占用房数 / 房数）	60.49%	67.83%
平均房价	580.59	587.95
每间可出租房收益	351.21	398.81
占用间夜数	13 690	18 016
可销售间夜数	22 102	25 776

附录 6　林梧桐楼 2019 年度客源情况

林梧桐楼 2019 年度客源情况表

来源	人次	房晚
合计	13 652	31 291
中国大陆	13 074	29 516
中国香港	91	250
中国澳门	11	12
中国台湾	93	236
美国	125	502
加拿大	27	101
日本	41	127
韩国	25	87
新加坡	15	29

续表

来源	人次	房晚
印度	2	10
以色列	10	34
英国	17	63
德国	18	49
法国	9	34

教学笔记

林梧桐楼定位选择

伍晓奕；林璧属；闫震

一、教学目的与用途

（1）适用课程：现代饭店管理、旅游市场营销、旅游产品设计等课程

（2）适用教学对象：旅游与酒店管理专业的本科生和硕士研究生、MTA 学员或高级经理人培训。

（3）本案例教学目的

- 了解如何在顾客心智中建立独特的形象。
- 掌握市场定位的相关的理论。
- 引导学生开拓思路，提出更多关于定位的创意想法。

（4）本案例理论解读

定位理论，主要知识点包括：

- 占据顾客心智。
- 市场细分。
- 目标市场选择。
- 市场定位。

二、启发思考题

（1）厦门的酒店市场基本状况是怎样的？林梧桐楼是怎样选择市场空位的，为何在提出定位时要强调是“最”有人文气息的酒店？

（2）林梧桐楼的客源是怎样的，如何对他们进行市场细分。

（3）如果让你来为林梧桐楼进行定位，你是否有更好的想法？

（4）你认为是否有必要更改教学酒店的名字？

（5）结合酒店业发展现状及趋势，谈谈十年后酒店是否需要更改定位？

（6）你觉得林梧桐楼怎样整合酒店内部运营的方方面面，来将这一形象植入消

费者的心智？

三、分析思路

本案例根据定位理论，介绍林梧桐楼通过市场分析，发现市场空位并结合自身资源优势确立自身定位，而后实施相关措施来支持定位的过程。旨在帮助学员理解对酒店进行定位的思路和过程。

教学思路

理论知识	案例情景	教学目的
市场细分与目标市场选择	市场分析	了解市场细分及目标市场选择的方法
形象定位	确定定位，教学酒店的重生	了解如何根据自身优势及市场空位确立形象
名字的威力	群贤酒店 -> 林梧桐楼	了解如何为酒店选择一个合适的名字
定位应当深入人心	是否需要更改定位	了解定位需要不断的积累

四、理论依据

1. 定位的重要性

商场如战场，好的战略比好的战术更加重要。而定位战略就是一项至关重要的战略。营销的终极战场既不是工厂也不是市场，而是心智。心智决定市场，也决定营销的成败。一家大型超市，里面摆放的商品种类数以万计。消费者并不能记住所有的品牌。信息爆炸，产品爆炸，想要进入消费者的心智，并占领其高地，是非常困难的，因此，我们必须为我们的产品，我们的酒店选取一个好的定位。

好的定位，可以激发品牌生产力，不仅是新创企业，即便现有组织的同一个品牌，在其他任何条件不变的情况下，通过定位的调整，生产力的差距也是惊人的。宝马通过定位为“驾驶”，从而充分利用了奔驰在顾客心中强势（尊贵）中的弱点（移动不方便），结果从濒临破产的品牌变为风行世界的强势品牌。好的定位，可以让你知道公司的资源应当向何处汇集，从而大大提升效率。

2. STP 理论

STP是营销学中营销战略的三要素。在现代市场营销理论中，市场细分（Market Segmenting）、目标市场（Market Targeting）、市场定位（Market Positioning）是构成公司营销战略的核心三要素，被称为 STP 营销。

市场细分的概念是美国市场学家温德尔・史密斯（Wendell R.Smith）于 20 世纪 50 年代中期提出来的，是指营销者通过市场调研，依据消费者的需要和欲望、购买行为和购买习惯等方面的差异，把某一产品的市场整体划分为若干消费者群的市场分类过程。每一个消费者群就是一个细分市场，每一个细分市场都是由具有类似需求倾向的消费者构成的群体。细分市场不是根据产品品种、产品系列来进行的，而是从消费者（指最终消费者和工业生产者）的角度进行划分的，是根据市场细分的理论基础，即消费者的需求、动机、购买行为的多元性和差异性来划分的。通过市场细分对企业的生产、营销起着极其重要的作用。

市场细分包括以下步骤：

- 选定产品市场范围。公司应明确自己在某行业中的产品市场范围，并以此作为制定市场开拓战略的依据。
- 列举潜在顾客的需求。可从地理、人口、心理、行为等方面列出影响产品市场需求和顾客购买行为的各项变数。
- 分析潜在顾客的不同需求。公司应对不同的潜在顾客进行抽样调查，并对所列出的需求变数进行评价，了解顾客的共同需求。
- 制定相应的营销策略。调查、分析、评估各细分市场，最终确定可进入的细分市场，并制定相应的营销策略。有效的细分市场应当具有可衡量性、可进入性、时效性和可行动性。

选择目标市场，明确企业应为哪一类用户服务，满足他们的哪一种需求，是企业在营销活动中的一项重要策略。

为什么要选择目标市场呢？因为不是所有的子市场对本企业都有吸引力，任何企业都没有足够的人力资源和资金满足整个市场或追求不切实际的目标，只有扬长避短，找到有利于发挥本企业现有的人、财、物优势的目标市场，才不致于在庞大的市场上瞎撞乱碰。评估好细分市场的规模和增长、结构性和吸引力、公司的目标和资源，选择目标市场。

市场定位是指企业针对潜在顾客的心理进行营销设计，创立产品、品牌或企业在目标顾客心目中的某种形象或某种个性特征，保留深刻的印象和独特的位置，从而取得竞争优势。识别产品的具体属性和优势，选择有效的竞争优势，并有效地向目标市场传达企业的定位意图。通过物质性差异、服务差异、人员差异、位置差异和形象差异来实施定位策略。

市场定位是20世纪70年代由美国学者阿尔・赖斯提出的一个重要营销学概念。所谓市场定位就是企业根据目标市场上同类产品竞争状况，针对顾客对该类产品某些特征或属性的重视程度，为本企业产品塑造强有力的、与众不同的鲜明个性，并将其形象生动地传递给顾客，求得顾客认同。市场定位的实质是使本企业与其他企业严格区分开来，使顾客明显感觉和认识到这种差别，从而在顾客心目中占有特殊的位置。

3. 形象定位

大部分选择相同细分市场的酒店所提供的服务都是十分同质化的服务。很多时候努力并不能带来成功，一定要选对努力的方向。因此确定细分市场后，酒店应当根据自身拥有的资源，运用各种营销组合，树立自己的不同形象，并为树立该形象而付出努力。由于饭店产品的无形性，消费者消费酒店产品时难以在消费前对其产品质量进行先验，所以好的形象也为消费者的选择提供了依据。

需要注意的是，树立形象应当顺应消费者的知觉，而不是简简单单的自我标榜。在很多情况下，人们的知觉并非基于真实，而是人们对真实的知觉。不论消费者的知觉是否准确，他们的购买决策所依据的都是自己的知觉。正是因为如此，旅游企业的营销人员更有必要围绕消费者的知觉去建设本企业的竞争战略。

4. 名字的威力

名字就像钩子，把品牌挂在潜在顾客心智中的产品阶梯上。例如你让去超市的朋友给你带一瓶“李施德林”，他一定知道你要的是漱口水。

美国品牌专家飞利浦·琼斯认为，品牌的某种附加价值是以某种形式存在于它的名称中的，一个好的名字应当便于消费者记忆，使人产生联想，符合企业形象，促进购买。反之则可能无法传达企业主张，浪费传播费用，从而影响购买。

5. 建立领导地位

历史数据表明，第一个进入人们心智的品牌，销量常常是第二的两倍甚至三倍，人们更容易记住第一的名字。消费者喜欢一种人人明白的等级制度。抢先进入顾客心智的品牌，往往也更容易建立自己的领导地位。1978 年，通用汽车的净利占据了美国汽车行业的 50% 以上。

（6）定位需要积累

定位需要长期的积累，需要依靠广告的长期效应。应对变化，我们需要长远的眼光，但是也要选择基本的定位，并坚持下去。企业几乎永远不应改变基本定位战略，能做的只有短期战术调整，不断让它备受瞩目。在顾客心中占据的定位如同价值连城的不动产，一旦放弃，很有可能再也拿不回来。

心智中的定位是一项十分重要的无形资产，是消费者进行消费的参考，对于旅游企业是十分重要的。应当运用企业内部外部的一切资源，支持企业的定位，让产品的实质符合产品的形象。

五、案例分析

（1）厦门的酒店市场是怎样的？林梧桐楼是怎样选择市场空位的，为何要突出一个“最”字？

厦门酒店市场竞争者众多，国内外知名酒店品牌及特色民宿数不胜数，却没有一家酒店可以建到厦大校园里。虽然迎合文艺青年口味的民宿很多，但没有酒店可以利用高等学府的文化资源，这对消费者来说，无疑是很好的吸引物。突出“最”字，则是为了让林梧桐楼更好地占据消费者的心智，利用首位效应，帮助酒店树立不可替代的形象，从而为酒店树立口碑，让最美大学中最有人文气息的酒店成为打卡胜地。

（2）林梧桐楼的客源是怎样的，如何对他们进行市场细分？

学校内酒店的特殊性则是酒店有很多校内协议单位，他们大部分教育水平高，消费能力较高，对服务质量要求也较高。据此对他们进行人口细分、心理细分、行为细分以确定其购买和消费习惯，了解目标市场，从而细化定位选择。作为校内教学酒店，来学校参加会议、学习课程的客人众多，市场具有规模。位置上酒店占据优势，拥有结构性吸引力。

（3）如果让你来为林梧桐楼进行定位，你是否有更好的想法？

开放性题目，学生可根据自己想法为酒店进行定位，言之有理即可。例如发掘特色，迎合消费者，利用竞争者进行定位等等。

（4）你认为是否有必要更改酒店的名字？

开放性题目。

（5）结合酒店业发展现状及趋势，谈谈十年后酒店是否需要更改定位？

酒店不应随意更改定位，应当利用好这一无形资产，为酒店创造更大的利润。酒店应该审时度势，采取不同的战术，让酒店时刻处于备受瞩目的状态，长期的基础定位不应随意更改。

（6）你觉得林梧桐楼应该如何整合酒店内部运营的方方面面，来将这一形象植入消费者的心智？

利用好厦大的 IP，利用好学生和老师的创意，利用好酒店的地理位置，加强酒店宣传，推出更多的营销活动，为顾客创造更多的价值，让顾客能更深入地了解厦大故事，了解嘉庚精神，了解厦门故事。做好内部营销，招聘与酒店的企业文化、企业形象相符合的员工，不断地培训他们，通过人员差异进一步强化形象差异。打造产品差异、服务差异、人员差异，结合位置差异，从而打造形象差异。

传播过程中，有的放矢，广告宣传要将最重要的信息传递给消费者。除了广告宣传还应当利用好与客人面对面接触的机会，为客人创造难忘的回忆，来强化酒店的形象和定位。

六、关键要点

（1）形象定位，在消费者心智中占领高地。

（2）市场细分，要在了解市场，了解消费者心智的基础上选择定位。

（3）资源整合，酒店方方面面的资源都应投入到建立定位上，包括设计、运营等等。

（4）名称营销，要让酒店名称符合酒店定位，让消费者容易记住。

七、建议课堂计划

本案例可作为随堂案例讲授，教师讲授专业课程后进行案例讲授。案例控制在30~45 分钟。

1. 课前计划

发放案例材料，请学生在课前完成初步阅读和思考。

2. 课中计划

- 简单开场白，明确案例主题。
- 案例总体介绍，提出启发思考题，客观讲述案例，提出分析线索。
- 小组讨论，每组 4~6 人，告知发言要求，要求各组学生在规定时间内完成讨论并形成一致意见。
- 小组汇报，每组派出代表展示讨论结果，其他小组成员进行提问。
- 引导全班进一步讨论，进行案例归纳总结，并对学生讨论结果进行点评。

3. 课后计划

如有必要，请学生用报告方式提出更加具体的方案，为后续章节内容做好铺垫。

背景信息

厦门大学（Xiamen University），简称厦大（XMU），是由中华人民共和国教育部直属、中央直管副部级建制的综合性研究型全国重点大学，国家“双一流”A类世界一流大学建设高校。

学校由爱国华侨领袖陈嘉庚先生于1921年创办，是中国近代教育史上第一所华侨创办的大学，国内最早招收研究生的大学之一，是首个在海外建设独立校园的大学，早期建筑入选全国重点文物保护单位和“首批中国20世纪建筑遗产”名录，被誉为“南方之强”“中国最美大学”。

1919年8月，陈嘉庚在上海聘任全国教育界名流蔡元培、黄炎培、余日章、郭秉文、胡敦复、黄琬、叶渊、邓萃英等10人为筹备员。

1919年10月召开私立厦门大学筹备委员会第一次会议，拟订《厦门大学组织大纲》，会议推举邓萃英为厦门大学首任校长、郑贞文为教务长、何公敢为总务长。

1921年4月6日，厦门大学借集美学校举行开校式，初创时为私立，设有师范（包括文、理科）、商学两部。

1921年7月4日，林文庆接受陈嘉庚先生邀请继任厦门大学校长，在林文庆校长掌校期间，陆续增设工学、新闻、法学、医药等科系，初步建成多学科的综合性大学。

2016年6月15日，在厦门大学的大南校门旁，由马来西亚云顶集团董事局主席林国泰捐资建设厦门大学“林梧桐楼”举行了竣工典礼。被誉为“邮轮之王”的林国泰先生出席了本次林梧桐楼的落成典礼。典礼上林国泰先生表示，中华民族饮水思源的传统美德一直深印在他父亲身上，其父生前多次捐赠巨资建设学校、修路筑桥，这次捐赠，也是为了完成父亲的遗愿。这座大楼用其父林梧桐先生的名字命名。

林梧桐楼筹建重要节点

2015年8月	初步定位于经济型酒店
2015年11月29日	厦门大学管理学院接手进行重新定位
2016年1月20日	深圳一家公司中标设计
2016年3月20日	深圳公司未能提出满足需求的方案
2016年3月25日	台湾顾问团队参与合作设计
2016年4月5日	提出样板房方案
2016年7月5日	完成样板房装修
2017年10月30	完成全部客房装修
2016年11月10日	公共区域方案设计
2017年11月	公共区域装修完成
2018年3月	试营业

参考文献

[1] 艾·里斯，杰克·特劳特 . 定位 [M] . 机械工业出版社，2002:1–314.

[2] 菲利普·科特勒，约翰·T. 鲍文，詹姆斯·C. 麦肯斯 . 旅游市场营销（第六版）[M] . 清华大学出版社：北京，2017：187.–213,251–271.

[3] 庞钰 . 主题酒店的文化定位与开发 [J] . 中国商贸，2011(13):78–79.

[4] 李天元 . 市场定位还是形象定位——旅游企业市场营销中的定位问题 [J] . 旅游学刊，2001(02):57–59.

[5] 李彦亮 . 企业市场定位及其营销战略 [J] . 金融与经济，2006(07):55–57.

[6] 李飞，刘茜 . 市场定位战略的综合模型研究 [J] . 南开管理评论，2004(05):39–43.

案例 5

智慧驱动梦想，科学点亮希望

——九寨沟景区“智慧旅游”建设

郑伟民；黄利瑶

（厦门大学管理学院，福建 厦门 361005）

【案例摘要】九寨沟景区位于我国四川省阿坝藏族羌族自治州，旅游资源丰富，地形以山地为主，地形复杂，生态系统薄弱。2002 年九寨沟管理局以信息化建设作为基础大力推进“数字九寨”项目，大大提高了景区数字化建设水平。2014 年九寨沟管理局把智慧旅游建设作为实现可持续发展的一个重要抓手，在“数字九寨”的基础上，对“智慧九寨”建设进行积极探索和实践。本案例对九寨沟景区“智慧九寨”项目进行详尽的叙述说明，可以引发学生从管理者的角度对旅游规划的深刻思考，训练学生解决现实矛盾冲突问题的能力。

【关键词】智慧旅游；信息化建设；数字九寨；九寨沟

引言

国庆节假期马上就要来了，王小明想要趁假期时间去领略九寨沟的奇特风景，这天他在网上浏览九寨沟的游玩攻略时，网上关于错峰游览的经验之谈非常多。王小明很担心国庆假期九寨沟景区人数爆满，降低游玩体验。“如果要是能够有实时景区信息动态发布或者景区视频就好了，这样我就能根据景区内各景点的人数选择自己的线路了”，王小明在心里畅想。

国庆节假期很快就到了，王小明一家自行驱车前往九寨沟景区，路程非常遥远，路上很枯燥，总感觉路上缺少了点什么，九寨沟景区与周边环境的界限很明确。看到九寨沟景区的购票窗口前排起的长队，王小明本以为用其他的方式订票能够避免现场排长队购票，快速进入景区，没想到的是，在验票时排队的长龙与购票不相上下。在游览过程中，王小明想与远方朋友分享九寨沟的秀丽景色，但是手机的无信号提示像一盆冷水一样浇灭了王小明想要分享的热情。玩了一天下来，王小明被九寨沟的景色深深迷住了，不过想起今天一天的经历，总觉得有些遗憾……

这篇旅游攻略被九寨沟管理局局长赵德猛看在眼里，思在心里，九寨沟自“数字九寨”项目以来，景区的管理水平和管理效率有了极大的提升，但是随着游客日益增多的游客体验需求，九寨沟游客满意度有所下降，这对赵局长来说是个不小的难题。激烈的市场竞争和环境变化，游客不断提高的满意阈值，赵局长等人经常要考虑如何进一步促进信息化改革以提高景区的智慧化；如何才能提高景区的管理效率；如何才能提高游客的满意度；如何才能提高景区效益……

一、九寨沟景区信息化建设发展概况

（一）九寨沟景区概况

九寨沟世界遗产地，是国家级风景区，位于我国四川省阿坝藏族羌族自治州，处于青藏高原向二级台阶山地过渡的结合部位。30 多年来，九寨沟景区在各级党委和政府的坚强领导下，在行业有关部门的关心和支持下，在一批又一批九寨人艰苦奋斗的基础上，九寨沟景区在探索中起步，在改革中创新，在发展中图强，旅游业从无到有、从小到大，完成了从荒野山谷到旅游胜地的华丽转身，实现了生态、经济和社会效益快速、协调发展，提出“保景富民”的理念，创造了中国自然保护和风景名胜区极具典范性的“保护型发展”模式。九寨沟景区是中国旅游产业迅速发展的一个典型，创造了中国旅游品牌的一个传奇。

九寨沟景区具有很鲜明的特点，首先从地理环境上来说，九寨沟景区山高沟深林密，地形复杂，生态系统比较脆弱，地理位置比较偏远。从景区管理上说，九寨沟景区发展的时间相对较短，尽管积累了一定的管理经验，但经营管理的积淀仍不足，信息化建设系统不足，存在信息孤岛且与实际业务关联不足。

（二）九寨沟景区信息化建设概况

从 2001 年开始，九寨沟就实施了以“资源保护数字化、运营管理智能化和产业整合网络化”为目标的“数字九寨”规划和建设。“数字九寨沟”一期项目包括如下部分：门禁票务系统、天气预报系统、智能监控系统、电力监控系统、GPS 车辆调度系统、电子商务网站、应急电话系统、LED 屏信息发布系统等。在建设部、科技部、四川省委、省政府的关心支持下，九寨沟管理局领导班子合理利用信息技术，搭建了促进景区资源“保护、科研、开发”的综合应用基础平台，并严格按照“统一规划、统一管理、分步实施”的要求，强力推进“数字九寨”的建设。

但是在旅游经济快速发展的同时，“数字九寨”项目存在一些问题。一是各子系统大多各自独立，互为信息孤岛，数据不能互联共享。除电子商务、门禁、票务系统实现集成外，其余均为信息孤岛。二是已有系统的功能已不能满足发展的需要，主要体现在设备老化、技术落后及功能不足等。随着智慧旅游的深入发展和旅游市场结构的变化，对九寨沟景区的信息化发展提出了新的要求。

赵局长逐渐意识到旅游市场结构已经发生变化，随着自驾游的兴起，游客团散比例发生变化，对九寨沟景区的服务和信息化建设都提出了与以往不同的新需求。打造阿坝州地区旅游的联动机制，是应对旅游无序发展、缓解九寨沟旅游高峰时期人满为患压力的有效途径，这就要求阿坝洲地区成为九寨沟景区旅游信息化建设的着眼点和切入点。九寨沟景区以往的信息化建设与业务关联相对不足，不能更好满足业务发展的需要。信息资源规划是消除信息孤岛，实现数据共享的前提，由于以往九寨沟信息化建设没有重视相关方面的工作，致使九寨沟景区信息化的进一步发展和数据共享存在巨大障碍。

以上种种发展现状使赵局长意识到“数字九寨”已经不能胜任当今九寨沟景区信息化建设需求，进一步改革迫在眉睫。

二、除旧布新——“智慧九寨”项目

在数字化的基石上，赵局长等人积极构建九寨沟智慧的未来。随着九黄机场扩建、途经九寨沟的兰成铁路、九环线公路升级改造、周边灾后旅游恢复基础工程的实施，九寨沟在不远的未来，游客规模将远超九寨沟现在的水平。因此，九寨沟将有可能碰到难以想象的、前所未有的挑战。面对可能到来的压力，赵局长等人着眼大局，立足景区工作实际，在“数字九寨”成果基础之上，提出建设智慧景区，通过建设智慧景区，不但解决九寨沟所面临问题，更是满足建设现代旅游服务业要求。

赵局长等人明确了九寨沟景区现阶段对信息化建设的基本需求，九寨沟需要一套基于集成理念的统一管理体系、营销体系和服务体系，即基于信息化基础，主要面向决策指挥、管理和服务人员，立足于解决九寨所面临的问题，通过分工协作、信息实时和集中控制，以预防为主，关注于重大及突发事件的应对，并最终为游客提供安全有序、优质高效的服务。

“智慧九寨”的提出顺应时代发展趋势，特别是《旅游法》的实施，九寨沟景区在赵局长的带领下，加快了“智慧旅游”的建设步伐，对智慧景区进行积极探索和实践。

三、包罗万象——九寨沟景区发展智慧旅游的具体内容

（一）智慧化管理

一是继续改造升级数字九寨的相关应用系统，尤其是“九寨沟景区门禁票务系统”的升级改造，尽管该系统已实现线上试运行，也实现了多票合一，增设了自助售取票机，扩展了售票终端，实现了分时售验票和错峰接待。在智慧旅游管理方面实现了新的突破，但尚需在售票便捷和验票准确快速方面继续改进。

二是先后承担了国家“十五”科技攻关项目、国家“863”计划重大项目、国家科技支撑计划项目、国家自然科学基金重大国际合作项目、国家国际科技合作专项等多个国家重大项目，通过这些项目的研究，实现新兴信息技术引领智慧九寨建设，下面应把这些成果很好地利用起来。

三是在旅游高峰管理中，深入探索移动互联网在景区的创新应用，现在已经将微信平台引入景区的运营管理中，建立了微信群指挥中心和景区数字化高清监控系统建设，实现上下车站点、特殊区域的游客秩序与安全的全天候监控，完成了对景区运营的可视化和与工作人员的可交互管理。

四是创建景区移动式管理系统，包括移动办公、移动监控以及景区内的移动式管理。

五是努力争取国家项目，其一是在资金方面获得支持，其二是在承担国家项目的过程中，弄清楚技术的发展水平、国家政策以及旅游消费者的要求，其三是也逐渐清楚需求，明确信息化建设的方向。

今后，九寨沟景区应当努力改进和完善已建系统，根据实际需要创建新的业务应用系统，大力推进大数据研究应用和云九寨建设。尤其是结合基于 RFID 的“时空分流”导航管理模型以及基于车载终端、景区 WIFI、游客服务 APP 以及视频人流量智能分析系统，及时全面掌握景区内车流、人流的时空分布状况，均衡游客时空分布；通过票务门禁系统对游客实施分时售票、分段进沟、分区游览，并探索实名制票务预订等方式，为游客提供吃住行游购娱整合式一条龙服务，以及舒适的游览环境。在生态检测方面，赵局长等人认为应该在水文、水质、土壤、大气、森林植被等现有监测基础上，开展生物多样性检测，通过对环境的全方面检测，为景区生态、社会、经济的良性互动提供决策依据，调和保护与发展矛盾，促进可持续发展。

同时将九寨沟县、阿坝州、四川省相关应用系统进行信息互通和功能联动。特

别是与四川省旅游数据中心、旅游电子政务网站集群、营销与咨询服务网站集群、电子商务网站集群、旅游运行监管及安全应急管理联动指挥平台、旅游行业管理平台、旅游标准化管理平台、旅游营销与咨询服务平台、旅游电子商务平台、G5高速（四川）“智慧旅游”示范工程等进行对接，消除信息孤岛，实现纵横贯通，上下联动，实现景区（企业）、县、市（州）、省一体的智慧旅游管理体系。同时加强物联网、云计算等新技术的应用研究，以准确掌握游客活动信息、景区经营信息，实现旅游管理由被动、事后管理向实时及全程管理转变，提高旅游科学决策和管理水平。

（二）智慧化营销

在智慧化营销建设方面，要更加注重借助新媒体的传播方式提升景区品牌，现已经搭建起了以官方网站、微信公众服务平台、官方微博为媒介的具有九寨沟景区特色的智慧化营销服务体系。

一是依托规模化的网站集群，立足于为游客提供更多样化、个性化的服务的基本出发点，以信息服务引导游客自助实现吃住行游购娱的旅游一条龙网上预订，方便游客出行。

二是完成了九寨沟景区在线实景项目建设，游客可通过点击九寨沟官方网站中的“九寨沟在线视频”栏目，观看珍珠滩瀑布、诺日朗瀑布、树正群海、火花海4个景点的实时在线实景。

三是启动微信公共服务营销平台，实现了景区导览、出行须知、景区动态、在线服务、特色旅游、景区介绍、人工服务、在线预订共八项智能化服务，游客只需扫描官方二维码，加入九寨沟景区官方微信平台，即可通过自主查询、自动回答的智能方式，快速了解有关九寨沟景区的各种服务信息，实现自助旅游。

四是利用新浪官方微博开展全年性的主题营销活动，及时传递景区最新信息，注重与游客之间的互动，提高了游客对景区的关注度，增强了游客发布九寨沟相关微博的积极性，实现了二次营销。

集群化的网站、智能化的微信平台、互动性强的官方微博共同促进了景区营销工作的智慧化。未来九寨沟景区的智慧营销将更加注重电子商务功能，依托“I Touch JIUZHAI”智慧营销系统，按照“吃住行游购娱”六个模块，为周边商家提供旅游商品展示及销售平台，并向游客提供权威的、引导性质的旅游信息服务。对地方上各旅游服务行业没有资金、技术和战略安排的状况进行支持，并为他们解决问题。

（三）智慧化服务

长期以来，赵局长等人本着“一切围绕游客，一切为了游客”的宗旨，开展游客服务。在九寨沟智慧旅游发展进程中，游客服务更是重要组成部分。

在 2014 年 4 月 1 日上线运行的“九寨沟景区门禁票务系统”，不仅实现了智慧旅游管理方面的新突破，在游客服务方面也迈上一个新的台阶。首先，分时错峰游览，确保了旅游服务质量；其次，智能终端（手机）与固定终端（电脑）结合预订票，固定站点与自助机结合购取票，拓宽了订、取、购票渠道，快捷灵活，大大方便了游客进入景区；第三，智能闸机与门票介质多样（一维码、二维码、二代身份证、RFID 卡、指纹与面部图像识别），游客网上订门票可以通过使用身份证、扫描二维码验证进去景区，实现对游客从预订到进入景区游览的无障碍服务。另外，重点改善景区通信条件，在重要游客集散点和景点为游客提供免费 WIFI，方便游客对外分享与外界联系。

依托九寨沟目前信息化现状，进行科学化、合理化分析，实现更加智慧化的服务。目前九寨沟完成了新一轮电子票务和门禁系统，根据全新升级的门禁系统和电子票务系统，可以实现快捷的购票方式和更加多样化的验票方式，目前正研发景区智能实景导航、智能官方消息推送、在线互动交流、游客位置轨迹记录、景区一键举报、投诉和呼叫等功能强大的游客服务型 APP，在该 APP 中将使用景区智能实景导航，独创实景 AR 指示和经典介绍，将成为九寨沟 APP 的功能亮点，给游客提供更加智能和便捷的导航服务功能。

总之，围绕游客行前、行中、行后的需求，开发服务于旅游全程的信息产品，推动传统旅游消费方式向现代旅游消费方式转变。加大对大数据、云计算等相关人才的培养和培训，提高数据分析能力，为基于大数据的决策提供科学支撑，更加重视新技术学习和应用，为游客和生态环境建设提供更好的服务。

四、千里之行，始于足下——“智慧九寨”的初步成果

（一）智慧旅游管理方面

一是先后升级了“数字九寨”应用系统，主要是智能监控系统和门禁票务系统。截至 2015 年 6 月景区数字高清监控摄像头共 100 多个，覆盖景区全部观光车上下车站点，该系统已与四川省旅游局应急管理平台对接，但仍存在盲区，还有待加强。2014 年 3 月底成功完成了“九寨沟景区门禁票务系统”的升级改造，并于 4 月 1 日上线试运行，实现了智慧旅游管理方面新的突破。

二是先后承担了国家“十五”科技攻关项目“数字九寨”、国家“863”计划重大项目、国家自然科学基金重大国际合作项目、国家科技支撑计划项目等多个国家重大项目，通过这些项目的研究，实现新兴信息技术引领智慧九寨建设。

三是在旅游高峰管理中，深入探索移动互联网在景区的创新应用，率先将微信平台引入景区的运营管理中，建立了微信群指挥中心，尤其是景区数字高清监控系统，实现了上下车站点、特殊区域的游客秩序与安全的全天候监控，完成了景区运营的可视化与工作人员的可交互管理。

（二）智慧旅游营销方面

在智慧营销建设方面，搭建起了微信公众服务平台等具有九寨沟景区特色的智慧化营销服务体系。九寨沟依托规模化的网站集群，以信息服务引导游客自助实现吃住行游购娱的旅游一条龙网上预订，方便游客出行。九寨沟景区启动的微信公共服务营销平台，实现了景区导览、出行须知、景区动态、在线服务、特色旅游、景区介绍、人工服务、在线预订共八项智能化服务。

完成了九寨沟景区在线实景项目建设，游客通过点击九寨沟官方网站中的“九寨沟在线视频”栏目，可以观看珍珠滩瀑布、诺日朗瀑布、树正群海、火花海4个景点的实时在线实景。

（三）智慧旅游服务方面

在九寨沟景区智慧旅游建设进程中，游客服务是更重要的一个组成部分。2014年4月1日上线运行的“九寨沟景区门禁票务系统”，不仅实现了智慧旅游管理方面的突破，在游客服务方面也迈上了一个新的台阶。首先，分时错峰游览，确保了旅游服务质量；其次，智能终端（手机）与固定终端（电脑）结合预订票，固定站点与自助机结合购取票，拓宽了订、取、购票渠道，快捷灵活，大大方便了游客进入景区；第三，智能闸机与门票介质多样（一维码、二维码、二代身份证、RFID卡、指纹与面部图像识别），游客网订的门票可以直接使用身份证、手机二维码等印证进入景区，实现对游客从预订到进入景区游览的无障碍服务。

五、小试身手——“智慧九寨”正在实施的项目

（一）智慧旅游管理方面

九寨沟管理局、“导航定位芯片与终端产业技术创新战略联盟”共同承担的国家“十二五”科技支撑重大项目“智能导航搜救终端及其示范应用”已于2015年

3 月通过科技部的最终结题验收，并获得了评审专家们的一致好评。该项目的实施，将导航与位置服务等现代智能服务技术应用到旅游景区的信息化、智能化管理中，集成综合服务、景区管理、应急处理、救援救助、游客监控等多方面功能，融合卫星导航、区域定位、移动通信、微电子、计算机等高新技术，应用智能管理型、搜救型、环境监测型等系列终端，实现景区游客调度与引导、应用管理和区域应急处理。在提升管理效率和服务质量的同时，为游客带来新的旅游体验，提高游客满意度，推动实现九寨沟以信息化促进景区旅游、经济、社会的和谐发展，促进低碳景区、低碳旅游的建设，促进景区可持续发展。

（二）智慧旅游营销方面

目前，九寨沟景区的智慧营销系统正在完善“I Touch JIUZHAI”的大数据、大服务构想，用于构建九寨沟景区的全套便捷信息服务和旅行目的地服务。“I Touch JIUZHAI”智慧营销包含了两大部分，分别是：一是九寨沟官网的 Touch 智能化开发上线，将来的九寨官网将变成同时拥有 PC 电脑界面、平板智能化设备以及智能手机设备三套系统并存互通，共用一个数据源的智能系统，届时各种智能终端都能直接通过访问官网实现智能自助切入 touch 界面；二是九寨微信订阅号、服务号的 touch 电子商务平台上线。融合微信用户群和官网的 touch 系统，使游客可以完全通过触摸，使订阅号变成一个九寨旅游 APP 互动平台及营销平台。同时，使游客可以使用微信在线支付，轻松订票、订酒店、订晚会票。

（三）智慧旅游服务方面

依托九寨沟目前信息化现状，进行科学化、合理化分析，实现更加智慧化的服务。截至 2015 年 6 月九寨沟完成了新一轮电子票务和门禁系统，根据全新升级的门禁系统和电子票务系统可以实现快捷的购票方式和更加多样化的验票方式，目前正研发集景区智能实景导航、智能官方消息推送、在线互动交流、游客位置轨迹记录、景区一键举报、投诉和呼叫等功能强大的游客服务型 APP，该 APP 中使用景区智能实景导航，独创实景 AR 指示和经典介绍，这些 APP 中的功能亮点，给游客提供了更加智能和便捷的导航服务功能。

六、赵局长面临的问题

虽然“智慧九寨”的信息化建设如火如荼，但是我国在以往的旅游信息化建设中缺乏合理的范式作为指导，赵局长等人只能探索性地推进“智慧九寨”信息化建设。从2010年到2015年6月，九寨沟已经成功举办五届智慧景区论坛。邀请知名院士、专家学者、企业精英、景区管理者等围绕“智慧景区建设”等议题展开了深入研讨。2012年1月，先后与北京大学数字中国研究院、南京大学、联合国教科文组织国际自然与文化遗产空间技术等签订战略合作协议；2014年，九寨沟与黄山、峨眉山、黄龙等景区共同发起并成立“中国智慧景区联盟”。但是即使这样，赵局长目前仍然面临以下难题：

（1）如何推进大数据研究与九寨沟景区结合起来，尤其结合基于RFID的“时空分流”导航管理模型、电信移动联通三家运营商在景区内的基站定位数据、专用设备对智能终端的数据采集以及基于视频人流量智能分析等办法，如何掌握景区内车流、人流的时空分布状况？

（2）在智慧营销方面，如何依托“I Touch JIUZHAI”智慧营销系统加强九寨沟景区的电子商务功能？

（3）九寨沟景区应该开发什么类型的服务产品？目的是推动传统旅游消费方式向现代旅游消费方式转变。

（4）如何利用微信、微博等APP的应用，加大数据技术的研究与应用，以分析客人的个人兴趣爱好，为他们提供更加精准的个性服务。

（5）目前九寨沟景区的专业化人才有所紧缺，在数据分析能力和云技术应用方面还不能更好地服务于游客和生态环境。

教学笔记

智慧驱动梦想，科学点亮希望

——九寨沟景区“智慧旅游”建设

郑伟民 黄利瑶

一、教学目的与用途

（1）本案例主要适用于旅游景区规划、旅游目的地管理和智慧旅游等课程中有关旅游景区规划与开发、景区核心能力培养和景区变革内容的学习。

（2）本案例主要适用对象为MTA学生以及具有一定管理经验的旅游从业人员。

（3）本案例的教学目的是通过实际案例的讨论，加深对旅游景区规划和智慧旅游建设理论的理解，训练学生解决现实矛盾冲突问题的能力。

二、启发思考题

（1）结合案例，请比较“智慧九寨”和“数字九寨”在景区信息化建设上的异同，通过比较，总结出智慧旅游的基本优势。

（2）九寨沟景区在智慧旅游建设过程中有哪些成功要素？有哪些成功经验是值得其他景区借鉴和学习的？

（3）通过本案例的分析，说明景区信息化建设可以从哪些方面着手？如何落地才能更好地推进智慧旅游景区建设？

（4）九寨沟景区信息化建设给其他景区规划有何启示？

三、分析思路

教师可以根据自己的教学目标，灵活使用本案例。这里所提出的案例分析，仅供参考。

（1）对比“数字九寨”和“智慧九寨”在景区信息化建设理念以及具体实施内

容方面的异同，引导学生思考二者之间的不同以及分析产生的背景。

具体实施方面的异同："智慧景区"建设是我国旅游景区抓住机遇迎接挑战的重要战略，是实现可持续发展的重要举措。近年来，九寨沟景区在"数字九寨"的基础上，积极开展"智慧九寨"的探索与建设。一是改造升级了"数字九寨"8个应用系统；二是改善了景区通信条件，在重要游客集散点和景点实现无线网络的覆盖；三是完成了九寨沟景区在线实景项目建设，游客可通过点击九寨沟官方网站中的"九寨沟在线视频"栏目，观看珍珠滩瀑布、诺日朗瀑布、树正群海、火花海4个景点的实时在线实景；四是完成了景区数字化高清监控系统建设；完成了基于可量测实景影像的九寨沟景区智能化管理与服务平台建设，该系统通过院士专家团队验收，成为全国第一家引入网络化管理系统的景区。

产生背景异同："数字九寨"的产生背景。1982年九寨沟被批准为首批国家级重点风景名胜区，1992年作为自然遗产被列入《世界遗产名录》，自此其旅游发展步入快车道。2001–2005年，九寨沟游客量年均增长率就达到14.05%，超出全国平均水平11.38%约3个百分点，超出四川平均增长率4.48%近10个百分点。由于发展初期管理部门缺乏对遗产保护的明确认识，在应该保护什么或者怎样保护方面严重缺位。在早期"沟内游，沟内住"的旅游方式下，很快显露出失控的旅游对自然遗产原貌的侵害威胁，使保护与开发两个子系统远离了平衡态。如何让无序走向有序？2001年，九寨沟管理局在采取"沟内游，沟外住"接待方式的同时，针对游客量的迅速增加，在全国景区中率先考虑游客限量保护管理策略，而解决的思路最终落在电子商务上。无疑，"数字九寨"肇事于这个关键性的思路，以此为开端，在"有效保护和整合自然遗产资源、优化资源配置、实现最优化综合效益"的目标下，逐渐形成了景区数字化建设项目规划方案。

"智慧九寨"的产生背景。九寨沟景区具有很鲜明的特点，首先从地理环境上来说，九寨沟景区山高沟深林密，地形复杂，生态系统比较脆弱，地理位置比较偏远。

从景区管理上说，九寨沟景区发展的时间相对较短，尽管有相当的管理经验，但经营管理在积淀方面不足，信息化建设系统不足，存在信息孤岛且与实际业务关联不足。随着智慧旅游的深入发展和旅游市场结构的变化，对九寨沟景区的信息化发展提出了新的要求。近年来游客团散比例的变化、自驾游的兴起，对于九寨沟景区的服务和信息化建设都提出了与以往不同的新需求。打造阿坝州地区旅游的联动机制，是应对旅游无序发展、缓解九寨沟旅游高峰时期人满为患压力的有效途径，这就要求阿坝州地区成为九寨沟景区旅游信息化建设的着眼点和切入点。业务是信息化建设的基础，也是决定信息化建设具备整合旅游资源的能力，增强旅游供给能力、提高旅游行业竞争能力和满足顾客需求能力的关键因素，九寨沟景区以往的信息化建设与业务关联相对不足，不能更好满足业务发展的需要。

为了改变这种情况，九寨沟景区需要能够制定一套行之有效的信息化总体方案，系统研发标准以及系统运行管理规范，并在此指导下对九寨沟景区的旅游信息化工作进行科学规划、合理设计、有效开发、稳妥实施，“智慧九寨”应运而生。

（2）对于旅游景区信息化建设的指导理念和具体内容，既可以立足本案例，直接从本案例中寻找，也可以遵循“一般到具体”的分析思路，即可以先分析景区规划的一般指导理念和具体内容，然后再结合具体景区实际存在的问题，制定合适的景区规划。

具体到一般：九寨沟景区智慧旅游建设是一个系统工程，工作量很大。要在梳理业务流程和梳理现有的系统功能基础上才能有的放矢地进行业务流程再造和信息资源规划，并在此基础上提出九寨沟景区智慧旅游整体规划。只有这样才能打破以往的传统做法，建设一个与业务紧密结合，具有创新性的智慧景区系统。要完成这个目标仅靠信息中心是不行的，要在局领导的高度重视下，景区全体管理人员的积极参与下共同组织完成。比如标准办负责业务的梳理、流程的再造、管理和服务等标准的制定；信息中心负责现有系统功能的梳理、数据标准的制定、信息资源规划、信息化整体规划草案的制定。既分工又合作，才能助力“智慧九寨”的建设成功。总结如下：真抓实干，不搞面子工程；领导层思想统一，相互支持；上下联动，全面配合；战略统领，业务引导技术；注意技术的先进性、经济性和实用性；全面规划，分步实施。

一般到具体：广义的“智慧景区”是指将科学管理理论同现代信息技术高度集成，建设人与自然和谐发展的低碳智能运营景区。这样的景区能够更有效地保护生态环境，为游客提供更优质的服务，为社会创造更大的价值。狭义的“智慧景区”是“数字景区”的完善和升级，指能够实现可视化管理和智能化运营，能对环境、社会、经济三大方面进行更透彻的感知、更广泛的互联互通和更深入的智能化的景区。狭义的“智慧景区”强调技术因素，广义的“智慧景区”不仅强调技术因素，还强调管理因素。广义的“智慧景区”内涵丰富，主要包括以下方面：

- 通过物联网对景区进行全面、透彻、及时的感知；
- 对景区实现可视化管理；
- 利用科学管理理论和现代信息技术完善景区的组织结构，优化景区业务流程；
- 发展低碳旅游，实现景区环境、社会和经济的全面、协调、可持续发展。

四、理论依据与分析

1. 旅游规划理论

旅游规划与开发是旅游学科和规划学科相结合的产物，它既是新兴学科也是一门多学科交叉的边缘学科。吴人韦教授认为旅游规划的理论基础由旅游系统的边缘组合特性所决定。旅游规划理论的基础涉及诸多领域，包括旅游经济学、闲暇与游憩学、旅游心理学、旅游社会学、旅游人类学、旅游政策学、旅游地理学、旅游生态环境学、规划学等学科。他将旅游规划理论定性为旅游系统及其规划范畴，以概念、原理等抽象形式进行普遍的、系统化的理性认识。旅游与规划的结合，不是两者理论的相加，而是至少同时需要旅游学、规划学、系统学三种以上的学科知识，并研究发展形成新的理论内容与形式。因此，旅游规划理论的属性应为交叉学科理论。该交叉学科理论的研究对象及研究目的显然是应用性而非基础性的，故可认为，旅游规划理论的性质是应用性交叉学科理论，是对于旅游系统在规划范畴的系统化认识。

经济板块的理论主要研究在旅游资源分配、旅游生产、旅游加工、旅游服务的生产过程中人与人相互作用的效益和效用关系。环境板块的理论涉及旅游地理学、旅游生态环境学、风景园林学、旅游工程学等。该板块研究旅游现象在地球表层的分布规律，旅游者与大气圈、生物圈、水圈、岩石圈的关系，旅游者与旅游资源、基础设施、服务设施、旅游项目的关系，从而使旅游者空间环境行为的组织及旅游空间的建设安排获得科学依据。人文板块的理论则涉及游憩学、旅游政策学、旅游社会学、旅游心理学、旅游文化学、历史学、考古学等。该板块关系到旅游的价值取向和吸引力品位的塑造，它通过研究价值和意义体系，树立人生或社会理想的精神目标或典范，塑造文化内涵，从文化层面激发旅游者的智慧、正气和创造性，引导旅游者去思考目的、价值，去追求人的完美化。该理论为旅游规划的人文资源评价、发展预测、旅游项目优化、线路选择、游览经历优化、社会关系协调、特色与品位的塑造等方面提供依据。规划板块的理论则使上述三大板块得以整合，如当代规划学、系统工程学、未来学、计算机科学等，它们为认识旅游系统的整体性和发展性，提高规划的科学性与合理性提供思想观念、理论方法和技术手段。

2. 景区信息化建设原理

景区信息化建设能够使景区发生巨大变化，信息化条件下的营销方式与传统的营销方式是截然不同的。信息化的市场营销不仅仅是宣传和销售，还包括产品策划、产品设计、产品包装、品牌认知推广和延伸服务等。旅游行业是典型的信息密集行业，行业是靠信息不对称寻找利润空间。但是，随着互联网包括移动互联网技术的普及，受众将随时随地得到及时、公平、公正的信息，在信息时代互联网将彻底打破这种信息不对称的瓶颈。这给传统的旅游业提出了新挑战，那么如何利用信息化工具实现景区的利润最大化和渠道的合理分配？怎样通过信息化促进自身的发展，整合新的资源？这些都是我们旅游业者需要认真思考的问题。

相对于其他行业而言，旅游业面向的客户群体最广，涉及的服务领域和内容最多，涉及的学科领域最杂，发展最迅猛，竞争也最激烈。无论是旅游管理部门，还是整个产业链中的各级企业，都面临如何提高管理水平，如何提供优质服务，如何不断创新，如何提高企业效益等一系列问题。

散客市场比例的逐年上升，使各大景区看到新的机会，其中互联网是一个不可忽视的渠道。但是，信息化或者说互联网能够给景区带来什么？目前的现状是景区仅仅把它看成是一个信息发布平台，其实这只是使用了它的一个基本功能。例如，旅游产品消费的最大特征在于“意见领袖”引导性特征，多数游客习惯在选择目的地时听听“专家”的建议，而由于网络的信息聚合功能和实效性，“专家”这一角色也从传统的纸媒转化为“网民”。因此信息技术的参与对旅游业影响重大，尤其是网络信息技术给旅游业的发展注入了新的力量。旅游业和互联网资源经过技术创新得到融合，并创造出了新的产品价值。

同时随着人们生活水平的提高和旅游消费需求日益多样化、个性化，对迅速准确获取、加工、利用信息提出了较高要求。网络和信息技术的发展，使旅游经营管理手段、服务方式都发生了革命性的变化。管理即是服务，这是社会变革的发展趋势。旅游景区对游客的管理更多的是要为游客提供一种服务，因此，围绕如何为游客提供方便而周到的服务成了一个非常重要的课题。景区信息化主要作用在景区管理和景区营销上，最终提升的是景区品质，受益的将是广大游客。景区信息化将不仅仅是工具，而是新时代背景下景区发展的一部分内容，换句话说，和景区资源、服务是一个概念。景区通过信息化发展，会形成一个全新产业链。传统的一对多的营销方式将被互联网时代多对多的营销方式所取代，这是传播的革命性进步，也是旅游目的地营销渠道的革命性改变。

3. 智慧景区理论

智慧景区的建设是信息化发展趋势的需要，现代科技发展迅猛，特别是信息技术的发展，使旅游景区管理手段、思维和方式都发生了革命性的变化。信息化建设已成为 21 世纪景区发展的内在要求和必然趋势。同时，信息技术的发展和广泛运用也给旅游景区带来了新的机遇，使旅游景区的深度、广度和高度都有长足的发展。智慧景区的建设能够打破数字景区建设的瓶颈。我国自本世纪开始数字景区建设以来，全国已有多家景区投入了大量的人力、物力，但是效果并不显著。其存在的瓶颈有：一是系统未能集成，无论是监测、运营还是景区内部管理，都是孤立系统；二是专业人员缺乏，不能有效进行系统维护和数据更新；三是缺乏资金，数字景区建设资金投入巨大，景区财政难以支撑。智慧景区的建设是可持续发展的需要，旅游景区的可持续，包括生态环境、社会和经济的可持续，只有旅游资源和景区生态环境可持续才能确保旅游经济的可持续性，最终实现景区社会的可持续。旅游资源和景区生态环境的可持续，长期受保护与发展之间的矛盾制约，但只要能及时、全面、准确获取景区旅游资源、生态环境、游客等方面的信息，旅游景区管理者就能做出准确的决策和调控，从而缓解该矛盾，实现人地和谐。因此，建立安全规范、高效、有序的信息化架构、优化业务流程、创建有创新能力的管理团队、建立集众家之长的战略联盟对实现旅游景区可持续发展有着特殊意义。智慧景区的建设是一个复杂的系统工程，既需要利用最新的信息技术，还需要将信息技术与科学的管理理论集成，更重要的是在建设过程中需要具有系统思考的能力。智慧景区的建设是对景区硬实力与软实力的全面提升，其建设举措主要包括信息化建设、学习型组织创建、业务流程优化、战略联盟和危机管理等。

五、背景信息

通过观看景区多媒体视频资料，了解相关背景。关于项目具体信息，案例正文已有相关介绍，在此不多赘述。

六、关键要点

（1）引导学生利用旅游景区规划理论，分析、归纳、总结旅游景区在建设智慧景区方面的管理和技术经验。

（2）了解智慧景区与数字景区之间的区别，掌握智慧景区建设的核心要点。

（3）了解智慧景区建设理论，理解九寨沟智慧景区建设过程中的独特性与一般性，归纳出其他景区在建设智慧景区时可借鉴的一般规律。

七、建议课堂计划

本案例可以在专门的案例讨论课中进行。如下是按照时间进度提供的课堂计划建议，仅供参考。整个案例课的课堂时间控制在90分钟。

1. 课前计划

提出启发思考题，请学员在课前完成阅读和初步思考。

2. 课中计划

● 暖场发言（2–5 分钟）。教师以简要的开场发言，将学员带入案例情境之中，然后抛出课堂的讨论问题，为小组讨论提供激励。

● 分组讨论（20 分钟）。告知学员发言要求，然后进入分组讨论阶段。

教师在此过程中应在各组间巡视，督导各小组的讨论。简要地总结九寨沟智慧景区建设与数字九寨建设之间的异同点，并分析智慧景区建设的必要性。

● 小组汇报。每组 5–8 分钟，总体控制在 30 分钟以内。

● 深度讨论（20 分钟）。小组汇报完后，教师可适当点评，之后带领全班进入深度讨论，教师与学员之间形成互动，尽量让每一个学员都能参与其中。

● 教师点评（10 分钟）。针对以上讨论，教师结合理论知识作出点评。

3. 课后计划

如有必要，请学员采用报告形式给出其他旅游景区智慧景区建设的案例，分析并总结智慧景区建设过程中的一般性问题和基础原理，为后续旅游规划章节内容做好铺垫。

八、案例的后续进展及其他教学支撑材料

该案例目前还在进一步的跟踪调查阶段，通过让学员定期到景区进行访谈和问卷发放，及时了解规划的实施效果和决策调整，与九寨沟管理局发布的统计数据进行比对，补充到案例资料中来，以加深对旅游规划案例的实践效果评价。其他教学支撑材料包括九寨沟景区的旅游风光录像带、景区幻灯片等视听辅助手段支持。

案例 6

贵州少数民族地区发展旅游的机遇和挑战

周波；陈子瑶

（厦门大学管理学院，厦门，361005）

【案例摘要】贵州是我国少数民族众多的省份之一，贵州少数民族人数占全省人口40%左右，主要的少数民族有苗族、布依族、侗族等。各有特色的少数民族文化，为贵州旅游业奠定了良好的基础，对贵州省旅游业未来的发展也具有重要的意义。由于贵州省地处中国西南部，并拥有优质的生态资源和自然资源，且贵州省旅游经济的轨迹在中国来说具有良好的代表意义。因此，我们很有必要深入了解，贵州少数民族地区旅游发展现状如何，存在哪些优势以及发展机遇，同时又面临哪些挑战。

本案例结合对贵州少数民族地区旅游发展现状的现场调查情况，探析了贵州少数民族地区旅游业发展存在的机遇与挑战。贵州少数民族地区拥有独特的自然及人文旅游资源，旅游资源类型相当丰富，对于发展旅游业来说具有得天独厚的优势。近年来贵州的旅游发展也实现了井喷式增长，旅游人数增速全国第一，在全国颇具知名度。可以说，贵州少数民族地区旅游业的发展是我国民族文化旅游发展的典型代表。因此，本案例以贵州少数民族地区旅游发展现状为起点，探析其发展面临的机遇与挑战，进一步思考我国民族文化旅游发展面临的相关问题：如何才能让民族文化的东西让更多大众所接受？民族文化旅游面临哪些机遇与挑战？地方政府如何提高少数民族地区旅游竞争力？

【关键词】少数民族；旅游业；机遇；挑战

一、案例背景

贵州省地处我国西南腹地，是世界知名山地旅游目的地和山地旅游大省，国家生态文明试验区，内陆开放型经济试验区。贵州省拥有独特的自然及人文旅游资源，旅游资源类型相当丰富，对于发展旅游业来说具有得天独厚的优势。境内山脉众多，重峦叠嶂，特别是喀斯特地貌发育十分典型，在这里我们可以体验到大自然所孕育出神奇景色的无穷魅力。同时贵州也是一个多民族共居的省份，全省有 3 个民族自治州，分别是黔西南布依族苗族自治州、黔东南苗族侗族自治州、黔南布依族苗族自治州，千百年来，各民族和睦相处，共同创造了多姿多彩的少数民族文化。独特的地貌环境与多彩的民族文化为贵州省旅游产业的发展提供了天然优势。近年来贵州的旅游发展也实现了井喷式增长，旅游人数增速全国第一，在全国颇具知名度，再加上这几年贵州省对发展旅游的重视，贵州省旅游产业抓住机遇取得了良好的发展，但同时，贵州省旅游产业的转型升级面临着挑战。

21 世纪初通过的《贵州旅游发展总体规划》中，提出短期内要优先考虑发展贵州省旅游中心带（以贵阳为中心的安顺—遵义—都匀 / 凯里三角带）。因此，该地区的旅游业受到高度重视，旅游营销和旅游设施建设等工作的持续推进为旅游业的快速发展创造了良好条件。

二、贵州少数民族地区旅游发展状况

总体而言，贵州少数民族地区的旅游经济较为发达。由黄果树瀑布景区、荔波小七孔景区和西江千户苗寨景区组成的“黄 – 小 – 西”经典旅游路线已成为贵州旅游的名片。该地区的旅游业发展得益于其优质的旅游资源，黄果树瀑布是写进教科书的顶级旅游资源，荔波小七孔是世界自然遗产，西江则是典型的大规模苗族村寨，苗族建筑和传统文化保存完好。经过近十几年的交通基础设施的持续改善，该地区的可进入性得到极大改善，旅游资源优势得以转化为旅游产品优势。但是，各县域之间的竞争与合作关系仍有待理顺。如在“黄 – 小 – 西”经典旅游路线中，荔波未能留住客人消费（主要是过夜消费），在旅游收入获取方面处于相对弱势的地位。另外，在这条旅游轴线附近的县域，旅游经济相对欠发达，如何获得这条旅游轴线的溢出效应，是值得研究的课题。各县域，尤其是旅游经济目前处于相对弱势地位的县域，应当根据本区域的旅游发展条件，在发展旅游过程中寻求差异化定位，发挥比较优势，积极寻找新兴的旅游市场机会。

但同时，各地区应当认识到旅游产业投资具有投资大、回收周期长、存在一定程度风险等特点。当前一些地区已经出现了政府债务负担过于沉重的资金问题。因此，各地区，尤其是旅游经济体量较小的后发地区，在对旅游产业经济进行布局时，务必谨慎估计本地区开发旅游的潜力和投入产出效益，理性布局产业投资，逐步推进旅游产业投资，以免在高负债发展模式下卷入资金困局，使得旅游发展不可持续，更有甚者，使得旅游产业发展陷入困局。

三、贵州少数民族地区旅游发展之优势与机遇

（1）政府重视。从省到市到县，各级政府充分认识到发展旅游的重要意义——包括政治意义和经济意义。首先，贵州各县市很好地抓住了国家开发贵州的政策窗口，将旅游业确立为支柱性产业，建立全域旅游示范区，每年举办旅游产业发展大会，丰富贵州旅游的生态和人文内涵，提升贵州旅游影响力；其次，在调研过程中，我们发现调研的贵州省各县市有自己的旅游发展规划、旅游宣传主题和经典景区，旅游管理部门领导和工作人员从实践中获得了有关旅游开发与旅游经济建设的独到看法和见解，各县市试图针对自身旅游发展的痛点创新发展思路。

（2）资源优势。就自然生态资源而言，贵州地处云贵高原，山地居多，素有“八山一水一分田”之说；且气候宜人，冬暖夏凉，是极好的避暑胜地。贵州现有国家级风景名胜景区 18 个，5A 级旅游景区 5 个，著名的黄果树瀑布、龙宫景区等为贵州带来了大量的旅游客流。就文化资源而言，贵州文化资源多元且丰富——贵州是少数民族聚居地，苗族、布依族等民族文化、民族风俗丰富多样；再者，贵州红色经典文化底蕴厚重，例如荔波是中共一大代表邓恩铭的故乡，这也为贵州的旅游发展助力良多；最后，贵州的美食文化源远流长，贵州菜又称“黔菜”，以酸辣著称，有“三天不吃酸、走路打蹿蹿”的民谣，“吃”亦是旅游的经典主题。贵州旅游资源分布范围广且类型多样，无论用国内还是国外的标准衡量，很多资源质量都很高，如得以合理利用，将能继续开发出更具广度和深度的旅游产品，也具有发展休闲度假旅游、民宿旅游、乡村旅游、自驾旅游等迎合市场需求的多样化旅游产品业态的潜力，这有助于贵州在国内外市场上与其他类似省份的竞争中更胜一筹。

图 1 荔波小七孔景区翠谷瀑布

（3）交通条件极大改善。贵州高铁－动车开通、机场启用、高速公路开通，极大地改善了区域的可进入性，使得游客大规模进入贵州在交通上成为可能；特别是 2014 年贵广高铁开通之后，贵州跨入“高铁”时代，之后沪昆高铁、贵南高铁相继开通，使贵州的游客接待能力大大增强，为贵州带来了大量的广东、广西、四川、重庆客源。贵州省邻近三个火炉地区（四川、重庆、湖南），与广东隔省相望，交通改进使得其“气候凉爽”的气候优势凸显，贵州可发展成为周边省市避暑纳凉地首选。

四、贵州少数民族地区旅游发展所面临的挑战

（1）产品升级乏力。在旅游业转型发展过程中，在休闲度假需求不断涌现的过程中，我们可以清晰地看到，能够吸引游客的已经不再是单纯的具有震撼力的独特景观，还可以包含那些独具浸润力的环境。气候、空气、生态、文化传统等都可以成为贵州吸引旅游者的金字招牌。目前贵州旅游产品仍以观光游览为主，满足游客休闲度假、康体养生、游学、科学考察等需求的业态不足，而且总的来说，贵州各地的旅游接待设施质量不高，各地的住宿设施档次一般，民宿旅游、乡村旅游目前“走量”，还未“走质”，没有真正实现品质旅游。贵州正处于“流量旅游经济”向“质量旅游经济”转变的关键时期，在旅游产品升级方面还有很大的改善空间。

图 2　当地苗寨建筑

（2）缺乏统筹。贵州省内各县市的旅游发展还未形成统筹布局、联合合作、有效竞争的局面，长此以往，对贵州旅游发展不利。首先，贵州省各县市生态文化资源具有较大的相似性，如若不联合合作，携手布局，差异化开发、差异化营销，资源重叠、品牌屏蔽、产品互斥效应将导致极大的资源浪费、客源浪费和机会浪费；

其次，恶性竞争可能加大贵州省内耗，造成贵州旅游声誉受损，客流量下降，不利于贵州旅游的可持续化发展，比如在调研过程中，我们发现——在荔波和西江的竞争中，荔波批评西江商业化，西江批评荔波没有玩头。面对这种情况，我们认为，贵州省或者自治州层面可出面牵头，鼓励各县市、各景区加强沟通，进而形成合作关系，实现合作共赢。

五、问题思考

结合现实背景，思考分析下列问题：

（1）请对贵州少数民族地区的旅游竞争力展开分析。

（2）我国民族文化旅游面临哪些机遇与挑战？

（3）如何提升少数民族地区旅游竞争力？

教学笔记

贵州少数民族地区发展旅游的机遇和挑战

周波　陈子瑶

一、教学目标

本案例以贵州少数民族地区旅游发展为起点，从中引发学生进一步思考我国民族文化旅游发展的相关问题，包括民族文化旅游概念的源起和核心思想、当前民族文化旅游所面临的发展机遇及挑战、推动民族文化旅游发展的力量、少数民族地区如何提升目的地竞争力等。引导学生讨论：如何才能推动民族文化旅游发展？

从案例分析和案例思考中，培养学生的逻辑思考能力、理论现实相结合分析问题的能力，引导学生对我国现阶段旅游行业发展作深入思考，提升认识。

二、适用课程

本案例适用于旅游产业分析、旅游经济学、旅游目的地管理等课程。

三、适用对象

本案例适用于旅游管理专业学生。

四、课前思考题

结合现实背景及相关理论基础，思考分析下列问题：

（1）请对贵州少数民族地区的旅游竞争力展开分析。

（2）我国民族文化旅游发展的机遇与挑战有哪些？

（3）如何提升少数民族地区旅游竞争力？

五、相关理论依据

1. 目的地竞争力

旅游目的地是一个整合各类旅游要素，引发旅游者旅游动机，生产旅游供给产品和服务的空间经济系统。旅游目的地竞争力是旅游目的地能持续为旅游者提供满意的旅游经历，并且能够不断提高旅游目的地居民生活质量和旅游目的地其他利益相关者福利的能力。其核心内涵一方面是提升资源利用效率、创造财富增加值、增加利益相关者实际收益的“经济能力”；另一方面则是针对不同竞争主体之间的强弱比较。区别于旅游企业竞争力和旅游产品竞争力等概念范畴，旅游目的地竞争力不仅是经济意义上的概念，它还需要考虑环境保护、旅游资源的永续利用和居民利益的综合福利。不同旅游目的地存在的旅游资源、人力资本、知识资本、物质资本等在内的禀赋条件差异，决定了旅游目的地的比较优势基础，而对旅游目的地资源禀赋有效利用和价值转化的能力决定了旅游目的地的市场竞争力。

2. 波特的钻石模型与竞争优势理论

波特的钻石模型用于分析一个国家某种产业为什么会在国际上有较强的竞争力。波特认为，决定一个国家的某种产业的竞争力有四个因素：

①生产要素——包括人力资源、天然资源、知识资源、资本资源、基础设施。

②需求条件——主要是本国市场的需求。

③相关产业和支持产业的表现——这些产业和相关上游产业是否有国际竞争力。

④企业的战略、结构、竞争对手的表现。

波特认为，这四个要素具有双向作用，形成钻石体系。在四大要素之外还存在两大变数：政府与机会。机会是无法控制的，政府政策的影响是不可漠视的。

根据波特的竞争理论，竞争优势是基于一定的要素资源，结合市场需求和相关产业支撑，与知识、管理、技术、制度、环境等因素充分融合、协调、互动形成的一种综合性优势。

3. 民族文化旅游

我国少数民族文化在不断发展传承中逐渐形成了具有鲜明特点的文化，文化的内容也更加多元化。在旅游发展过程中，特色的民族文化活动是进行旅游开发的关键，可以充分吸引游客的目光。通过开展丰富多彩的民族旅游活动，不仅可以提高旅游者对民族文化的认同感，同时还可以使游客对民族文化更加自信。在旅游的过程中，游客可以对不同的文化有正确的了解和认识，强化游客的民族意识，对本民族文化的精华进行发扬，促进个人的发展和完善。旅游资源在进行开发时，需要对民族文化资源进行全面整合，合理进行利用，加强保护力度，以文化的特殊魅力带动经济的发展。

六、教学计划

本案例运用于教学过程中的时间安排建议如下：考虑到本教学案例涉及的知识面较广，相关理论和文献较多，篇幅较长，包含的信息量较大，因此，建议学生课前提前阅读本案例，事先进行一定的了解和思考，课堂上可组织学生分组讨论，进行案例分析，由教师进行引导、评价和分析。亦可以将本案例作为学生的小组作业，要求其以小组报告的形式予以课堂展示，由教师负责引导讨论、评价和分析。

七、讨论分析

（1）请对贵州少数民族地区的旅游竞争力展开分析。

（2）我国民族文化旅游面临哪些机遇与挑战？

（3）政府如何提升少数民族地区旅游竞争力？

八、关键要点

本案例分析的关键要点如下：

（1）了解熟悉与本案例相关的背景信息。

（2）了解熟悉与本案例相关的基础理论，包括：民族文化旅游、目的地竞争力、波特钻石模型及竞争优势理论。

本案例锻炼学生理论现实相结合分析问题的能力，亦需要学生对旅游行业有足够的认识和了解，需要学生具备综合分析问题的能力。

案例 7

锦江股份的海外并购扩张之路

黄海玉 等

（厦门大学管理学院，厦门，361005）

【摘要】本案例描述了锦江股份如何在2010年通过重大资产置换，将公司转型为以经济型酒店业务和连锁餐饮投资业务为主；而后立足本土，放眼全球，在前期海外合作的基础上，通过精心的国际并购交易结构设计，于2015年成功收购了欧洲卢浮酒店集团的过程。成功的并购和整合正是锦江股份贯彻国际化发展战略，稳健向前的关键。本案例对酒店集团的扩张和国际化探索具有一定的借鉴与参考意义。[①]

【关键词】兼并收购；锦江股份；国际化战略

引言

2015年3月2日，上海锦江国际酒店发展股份有限公司（简称锦江股份[②]）董事会发布关于收购卢浮集团100%股权完成交割的公告："2015年2月16日，公司的全资子公司卢森堡海路投资有限公司与 Star SDL Investment CoS.àr.l. 签署与本次收购卢浮集团100%股权交易。"根据锦江股份2015年3月1日发布的《重大资产购买实施情况报告书》，此次购买标的资产估值情况为："根据东洲出具的沪东洲资评报字［2014］第1156044号《企业价值评估报告书》，本次收购的交易标的企业价值评估值为1 484 410千欧元，按照中国人民银行公布的评估基准日（2014年6月30日）汇率中间价（1欧元对人民币8.3946元）折算后，折合人民币1 246 103

① 本案例由厦门大学管理学院的黄海玉副教授，厦门大学管理学院郑琳倩、黄鹂鸣、林菁同学共同编写。本案例只供课堂讨论之用，并无意暗示或说明某种管理行为是否有效。

② 证券代码：600754（A股）证券简称：锦江股份（A股）；证券代码：900934（B股）证券简称：锦江B股（B股）。

万元；扣除净财务债务后，股东全部权益价值（扣除少数股东权益）为 636 469 千欧元，折合人民币 534 291 万元。”至此，锦江股份将欧洲第二大酒店集团收入麾下。截至交割日，该项目是国内酒店业最大一笔海外并购，是中国证监会于 2014 年第四季度放开上市公司现金并购审批以来，交易金额最大的一起并购案例，也是当时境内 A 股上市公司交易金额最大的一起海外并购。本次重大海外收购，是锦江股份贯彻“全球布局、跨国经营”战略的重要一环。卢浮集团拥有成熟的国际化管理团队、管理体系以及全球化酒店管理经验，其酒店布局和业务规模，都对锦江股份现有业务具有良好的补充效应。通过本次交易，锦江股份可期与标的资产在经营、管理、财务、技术、营销、品牌和文化等方面进行融合，实现优势互补，发挥资源协同效应，从而提高锦江股份的国际化管理水平。

一、公司简介

上海锦江国际酒店发展股份有限公司（简称锦江股份），原名上海新亚（集团）股份有限公司（即新亚股份），成立于 1993 年 6 月 9 日。1994 年 12 月，新亚股份发行境内上市外资股（B 股，900934），于 12 月 15 日在上交所上市交易。1996 年 9 月，新亚股份发行境内上市人民币普通股（A 股，600754），于 10 月 11 日在上交所上市交易。2003 年 6 月 9 日，由于上海市委市政府的促成，原上海锦江集团（之前已经合并了华亭集团）和上海新亚集团在国有资产重组基础上，组建锦江国际（集团）有限公司（简称锦江国际集团）。同年 8 月，上海市国有资产监督管理委员会将上海新亚（集团）有限公司国家所有者权益整体划转至锦江国际（集团）有限公司。为此，2003 年 9 月 3 日上市公司名称变为：上海锦江国际酒店发展股份有限公司，股票简称由“新亚股份”变更为“锦江酒店”，2006 年 8 月变更为“锦江股份”，2019 年 8 月再次变为“锦江酒店”；“新亚 B 股”变更为“锦江 B 股”。

锦江股份的控股股东原来为上海新亚（集团）有限公司，2005 年 7 月变更为上海锦江国际酒店（集团）有限公司（简称锦江酒店，成立于 1995 年 6 月 16 日）。2006 年 12 月 15 日，锦江酒店在港交所上市。2007 年底锦江股份和锦江酒店之间的股权关系图如下：

基于公司未来业务定位及经营发展的需要，以及减少关联交易、避免同业竞争的考虑，锦江股份于 2010 年上半年与锦江酒店集团实施了重大资产置换及关联交易。在这次交易中，锦江股份置入及购买的资产为锦江之星 71.225% 股权、旅馆投资 80% 股权和锦江达华 100% 股权；置出包括星级酒店和酒店管理公司等在内的 11 家公司的股权或资产及负债净额。同时，公司向锦江之星管理层购买 8.775%

股权。截至 2010 年期末，锦江股份分别拥有锦江之星、旅馆投资公司和锦江达华 100% 股权。通过重大资产置换，锦江股份主营业务由“酒店投资营运、星级酒店管理和连锁餐饮投资”转变为“**经济型酒店业务和连锁餐饮投资业务**”，并在报告期内开始逐步显现自身的管理和资源优势，为股东创造更大的价值。

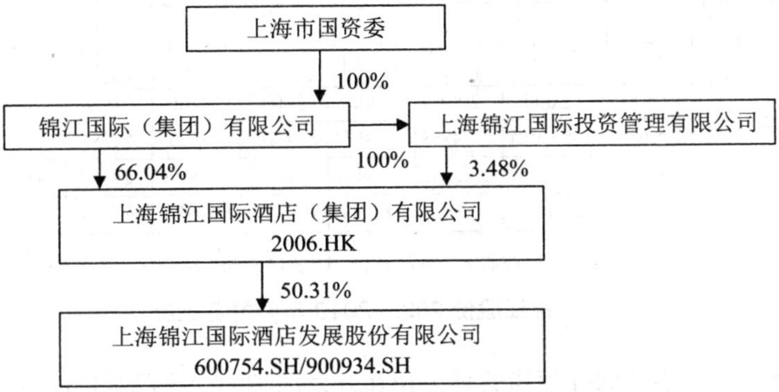

图 1　2007 年末锦江股份控股股东关系图

二、整合并购，积极布局

从图 2 可以看出，2003–2009 年间，尽管锦江股份资产规模在不断增长，但其营业收入和净利润比较平稳，增速不大，这和当时国内旅游处于大众消费加速增长期，入境游进入新的高速发展期的背景有些相背离。因此，锦江股份为了继续保持锦江之星在国内经济型酒店行业标杆地位，在确保质量的同时加快了市场拓展，重点向网点较少的并具有高潜力的省会城市、大中型空白城市以及经济发达的地级与县级城市拓展，以期进一步提升在“管理、品牌、网络、人才”等方面的核心竞争能力。

1. 国内收购整合

2010 年和 2013 年，锦江股份进行了三次较小规模的收购，以扩张国内市场份额。山西太原金广快捷连锁酒店成立于 2006 年，2010 年 9 月锦江作价约 1 亿元收购其 70% 股份，收购时金广快捷在太原拥有 11 家旅馆，公司于 2012 年完成剩余 30% 的股权收购。

时尚之旅为“万达广场综合体”的配套中端商务连锁酒店，在万达快速扩张之际，时尚之旅为追赶开店速度，举债开业，最终陷入资金链困境。锦江股份于 2013 年 4 月出资 7.1 亿元收购了时尚之旅酒店，随后将原时尚之旅酒店集团旗下 18 个城市万达广场商圈内的 21 家时尚之旅酒店更名为锦江都城酒店。

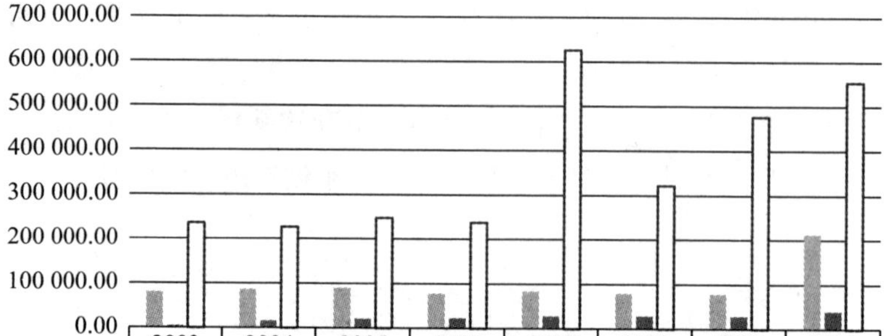

	2003	2004	2005	2006	2007	2008	2009	2010
营业收入	79 692.33	86 370.05	90 245.98	77 693.70	83 476.03	79 362.58	78 255.72	212 454.06
净利润	4 388.65	16 014.69	20 759.45	23 030.88	27 960.43	28 854.79	28 660.99	39 909.17
资产总额	236 145.37	227 197.20	247 822.60	238 204.17	626 249.38	322 195.04	476 243.62	553 629.40

营业收入 净利润 资产总额　　单位：万元

图 2　锦江股份 2003–2010 年间财务概况

城市客栈是华侨城国际酒店管理公司在开发高端酒店产品的同时开发的经济型主题精品酒店品牌。随着经济型酒店市场回报率的下降，华侨城决定专注于中高端酒店的发展，出售城市客栈酒店。2013 年 9 月，锦江出资 7000 万元收购了华侨城旗下城市客栈 10 家门店的物业使用权，并更名为公司旗下的金广快捷酒店等品牌。

2. *早期海外拓展*

2011 年 9 月 2 日，锦江股份的全资子公司锦江之星旅馆有限公司（简称锦江之星）与 CSI Hotels Incorporated、上好佳（国际）有限公司（系担保人）签署了《锦江之星连锁酒店品牌授权经营合同》。自 2011 年 9 月 2 日起至 2026 年 9 月 1 日止，锦江之星授予 CSI Hotels Incorporated 在菲律宾共和国境内经营“锦江之星”品牌连锁酒店的独家权利和许可，CSI Hotels Incorporated 根据合同约定的发展任务指标授权经营期限内可发展自营店和加盟店。通过品牌输出的方式跨出国门，锦江股份成为中国经济型酒店品牌走向海外的第一例。

2011 年 11 月 22 日，锦江之星与 Louvre Hotels Group S.A.S.（简称“卢浮酒店集团”）举行《品牌合作框架协议》的签约仪式。锦江之星在中国境内的直营酒店中挑选 15 家“锦江之星”品牌连锁酒店作为合作酒店，卢浮酒店集团在法国境内的直营酒店中挑选 15 家“Campanile”（坎帕尼莱）品牌连锁酒店作为合作酒店。15 家“锦江之星”品牌连锁酒店分布于上海、北京、杭州和西安四个城市；15 家“Campanile”品牌连锁酒店分布于巴黎、尼斯、里昂、马赛、普罗旺斯和波尔多六个城市。协议期限为三年。此次锦江之星与卢浮酒店集团的合作，有利于实现“锦江之星”品牌进入欧洲市场，扩大“锦江之星”品牌的影响力，提升欧洲对“锦江之星”品牌的关注度和知晓度，并吸引更多的欧洲客人入住“锦江之星”品牌连锁酒店。同时，也可与卢浮酒店集团交流经济型酒店运营经验和最佳实践。

2012 年 3 月 13 日，锦江之星旅馆有限公司与卢浮酒店集团在法国巴黎举行品牌联盟揭幕仪式，15 家“锦江之星”品牌连锁酒店分布于法国的巴黎、尼斯、里昂、马赛、普罗旺斯、波尔多六个城市，公司经济型连锁酒店品牌率先进入法国市场。同时，15 家“Campanile”品牌连锁酒店分布于中国的上海、北京、杭州和西安四个城市。

2012 年 6 月 5 日，锦江之星旅馆有限公司在上海与韩国 SANG WON HOUSING CO.LTD 签署了《锦江之星连锁酒店特许经营合同》。此次合作采取的是单店特许经营的方式，首家特许经营店将由 SANG WON HOUSING CO.LTD 按照锦江之星的海外标准，在韩国首尔投资建造。

3. 引入战略投资者

锦江股份作为老牌国企，为响应 2013 年底上海市出台的国企改革政策，完善公司治理结构，2014 年锦江股份通过定向增发引入战略投资者——弘毅投资。

2014 年 6 月 13 日，锦江股份与弘毅（上海）股权投资基金中心（简称弘毅投资）、控股股东锦江酒店集团公司三方签订《附条件生效的非公开发行股份认购协议》。锦江股份拟非公开发行 20 127.70 万股 A 股股票，发行价格为 15.08 元 / 股，发行对象为战略投资者弘毅（上海）股权投资基金中心（有限合伙）和本公司控股股东上海锦江国际酒店（集团）股份有限公司，其中向弘毅（上海）股权投资基金中心（有限合伙）发行 10 000.00 万股，向上海锦江国际酒店（集团）股份有限公司发行 10 127.70 万股。本次发行新增股份已于 2014 年 12 月 3 日在中国证券登记结算有限责任公司上海分公司办理完毕登记托管手续。

2016 年锦江股份公司再次进行定向增发，弘毅投资也再度参与；截至 2017 年底，弘毅投资持有公司 12.56% 的股份，为第二大股东。

表 1　弘毅投资参股锦江股份

发行日期	解禁日期	发行价格（元）	认购股数（万股）	出资额（万元）	锁定期（月）
2014.11.26	2017.12.06	15.08	10000.0	150 800.00	36
2016.07.27	2019.08.05	29.45	2032.6	59 860.07	36

资料来源：公司公告及 wind 数据库

弘毅投资成立于 2003 年，是联想控股成员企业，拥有协助国企改革的丰富经验，先后参与了中联重科、石药集团、城投控股、锦江股份、中国巨石等行业领先企业的改制。锦江股份是弘毅投资在上海继 SMG 尚世影业、城投控股之后以战略投资者身份参与的第三个混改项目。

入股以后，弘毅投资将在锦江股份的国内国际并购、移动互联发展等方面提供诸多帮助，多元化的资本结构也助于锦江股份改善公司治理，加速扩张。

三、收购卢浮酒店集团

喜达屋资本（Starwood Capital Group）成立于 1991 年，是国际领先的房地产投资基金，其国际投资者包括美国一些最大型的国家及企业退休金、储蓄保险及基金会，以及世界各地的家族基金投资者。2005 年，喜达屋资本通过标的公司卢浮集团收购卢浮酒店集团。其相关资料包括详细投资人构成情况、下属企业情况以及详细财务资料属于其核心商业机密，为非公开信息，因此未在公开文件披露过 GP 和 LP 的股东信息。喜达屋资本集团作为产业基金，其入主卢浮集团（GDL）本身是一个投资、产业整合、退出等惯常的资本运营的行为。在 2014–2015 年，根据该基金的相关约定，喜达屋资本必须出售卢浮酒店集团。喜达屋资本集团一宣布出售卢浮集团（GDL），当时就有 66 家潜在对手参与竞争，最后经过几轮筛选，留下来 6 家，包括欧洲第一大酒店集团雅高和众多私募机构。

1. 与喜达屋资本达成协议

得知喜达屋资本要出售卢浮酒店集团，锦江国际集团认为这是一个进一步推进公司国际化发展战略的好时机，以往较多的是“引进来”，此次是一个“走出去”的机遇。

考虑到和喜达屋资本之前在经营管理和资本投资等方面已建立多年的合作关系，包括 2011 年双方建立的品牌联盟以及喜达屋资本集团是锦江酒店集团 2006 年香港 H 股上市的基石投资人之一，锦江国际与喜达屋资本单独直接进入 实质性股权转让合同谈判。2013 年 3 月 21 日，锦江国际与喜达屋资本签署保密协议，对卢浮酒店集团信息备忘录做初步估值分析。2013 年 5 月 8 日，项目取得上海市国资委的项目备案通知，2014 年 6 月，项目取得了国家发改委《境外收购或竞标项目信息报告确认函》。

从 2014 年 10 月 29 日起，锦江国际与喜达屋资本约定 5 天实质性谈判，喜达屋资本与其他 6 家潜在买家的谈判并不因此放弃。2014 年 11 月 3 日，双方就协议达成了一致，锦江国际随即发函通知旗下 2 家经营酒店的上市公司锦江酒店与锦江股份，保证锦江股份收购快速推进。同时，本次海外并购过程中涉及国家发改委，商务部、国资委以及与银团协调融资贷款事宜，在并购主体明确之前，相关流程同步推进，进一步加快了收购的进程。

2014年11月12日，锦江国际集团和美国喜达屋资本集团联合公布，双方已就喜达屋资本出售卢浮集团和全资子公司卢浮酒店集团（LHG）100%股权签署相关协议。锦江国际集团与其谈判完成后，向旗下经营酒店的上市公司锦江股份发函征询是否作为收购方参与该项目。锦江股份决定收购并在上市公司履行完成法定程序后即与喜达屋签署了《股份购买协议》。

在长达两个月的停牌后，锦江股份于2015年1月14日发布公告，拟以百亿人民币巨资收购卢浮集团100%股权。1月30日，锦江股份股东大会以高达99%的赞成率高票通过此项并购案。对此，锦江股份方面称，此番收购有利于其拓展国际化战略。

表2　锦江国际的收购流程

2013年3月21日	锦江国际与喜达屋资本签署保密协议，对卢浮酒店集团信息备忘录做初步估值分析
2013年5月8日	取得上海市国资委的项目备案通知
2014年6月	取得了国家发改委《境外收购或竞标项目信息报告确认函》
2014年7月–2014年10月	尽职调查阶段
2014年10月29日–2014年11月3日	实质性谈判阶段，锦江国际集团与喜达屋资本正式签署了《卖出期权协议》和《保证金托管协议》
2015年1月30日	锦江国际集团受让锦江股份进行收购，锦江股份股东大会通过该议案

由集团而非上市公司进行收购谈判的好处在于，如果一开始就由上市公司谈判，早期即要进行信息披露，很难确保成功率。

2. 卢浮酒店集团

卢浮酒店集团（LHG）成立于1976年，是欧洲领先的酒店集团，尤其在经济型与中档酒店行业拥有超过38年的行业经验以及极具竞争力的地位。截至2014年6月30日，集团旗下拥有四大系列，共计七大品牌。在全球46个国家拥有、管理和特许经营1115家酒店，91 154间客房。已形成了一套较为完善的酒店管理体系，核心管理团队成员人均拥有6 年以上在卢浮酒店集团工作的经验。卢浮酒店集团拥有强大的综合预订平台，于2012年推出自助服务终端Ariane Kiosk，顾客可通过此客户端进行自助登记入住及退房。在锦江股份收购卢浮酒店集团之前，卢浮酒店集团的100%股权由喜达屋资本通过旗下私募股权基金持有。

3. 低成本的收购融资方案

（1）交易价款

本次交易上市公司需要购买卢浮酒店集团100%的股权，并于交割日，根据拟签署的应收账款转让协议受让交易对方和其关联方对标的公司及下属公司的应收账款净值（5.4 亿欧元），根据拟签署的 SPA 协议结清标的公司及下属公司欠付的借款协议偿付金额（2.9 亿欧元），合计需支付金额约 13 亿欧元。具体组成如下表所示：

表 3 收购卢浮酒店集团交易价款详情

项目	金额
100% 股权的购买价款	约 13 亿欧元，减去交割净财务债务的余额
截至 2014 年 6 月 30 日，标的公司净财务债务（以下二者之和）	8.28 亿欧元
截至 2014 年 6 月 30 日，交易对方和其关联方对标的公司及下属公司的应收账款净值	5.40 亿欧元
截至 2014 年 6 月 30 日，借款协议偿付金额（主要为银团贷款）	2.90 亿欧元

资料来源：公司公告及 wind 数据库

锦江股份在此次并购中选择了使用全额现金来支付价款，这也是中国证监会于 2014 年四季度放开上市公司现金并购政策以来，交易金额最大的一起并购案例。现金支付无疑是促进这次并购活动成功的关键因素，收购之初竞争对手数量大、实力强，而锦江立刻决定以全额现金收购的方式作为潜在购买者参与竞争，加上二者前期的合作基础，使得锦江成功绕开了传统收购流程与喜达屋进行接触谈判。不言而喻，锦江的诚意是此次成功收购的保证。

（2）融资方式

虽然现金支付的方式具有快捷、保留收购方原有股权等优势，但该种支付方式也是对收购方融资能力的考验。锦江股份此次收购价款的资金来源为自有资金及银行贷款，其中自有资金不低于 30%。

自有资金约 50 亿元人民币，主要包括：① 2013 年锦江国际集团和旗下香港上市公司锦江酒店出售的国内两家酒店资产，包括锦沧文华大酒店 100% 股权和银河宾馆主楼和裙楼；② 2014 年锦江股份定向增发引进弘毅资本的资金。接下来，锦江股份充分利用筹集的 50 亿元人民币作为担保，运用内保外贷的融资模式在境外担保贷款了相当于 102 亿元人民币的欧元，贷款利率为 1.3%–2.4%，平均控制在 2% 以下。

直接从境内汇款受到外汇管制，102 亿元人民币的巨额汇款无法汇出。而办理内保外贷则无需事前获得外汇局审批。担保人为银行的，则直接向外汇局报送信息；担保人也可以是非银行的机构，则在签订合同后 15 个工作日内到外汇局办理签约登记，外汇局需做程序性审核。其次，即使无外汇管制，锦江股份也无法使用全额现金进行对价支付。其融资能力和额度的限制，令其不得不选择内保外贷的融资方式。使用内保外贷，并且在自有资金不低于 30% 的情形下，能够让其控制财务杠杆与风险，进而保持融资能力；而发行欧元债券，一是能够使债务成本较小，平均控制在 2% 以内，二是直接使用欧元作为对价，能够避免货币兑换和未来汇率变动的不确定性带来的汇率风险。这样的好处是既解决收购需要的资金，又降低财务成本，规避汇率风险，获得内存外贷息差。

4. 精心设计的国际交易架构

对于上市公司而言，直接进行海外收购，可以直接获得标的资产，但是不得不面临较为严格的审批、停牌、信息披露等要求以及较大的资金压力。因此，锦江股份通过设立境外子公司（SPV）作为投资主体的交易架构间接取得了卢浮酒店集团的股份。

锦江股份通过新成立于上海自贸区的锦卢投资管理有限公司将资金汇入香港设立的壳公司，再在卢森堡设立工具公司（卢森堡海路投资有限公司），香港公司将资金再汇入卢森堡海路投资有限公司。最后由卢森堡海路投资有限公司与 SDL 签订《股权转让协议》并进行最后的股权交割。收购完成后的股权结构如下所示：

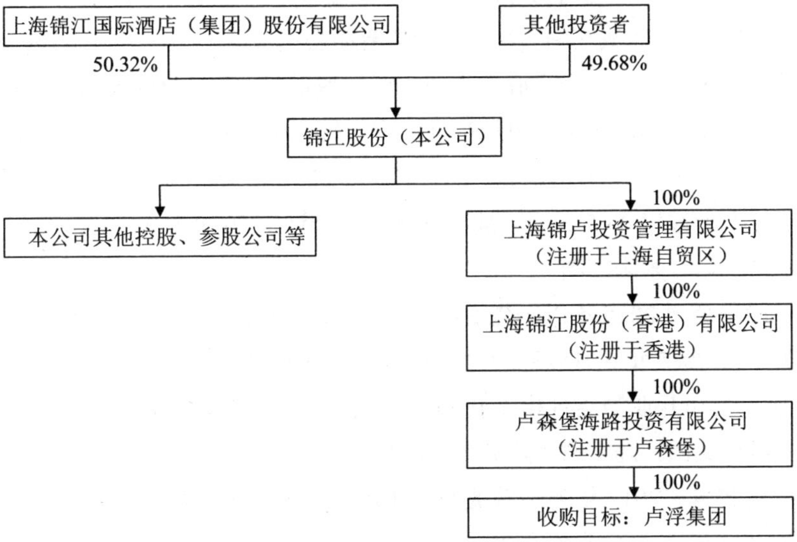

图 3 锦江股份收购完成后股权结构

四、并购扩张效应初现

1. 趁势收购，领军中端市场

2015 年 10 月锦江股份发布公告，拟以现金支付的方式，收购铂涛集团 81.0034% 的股权，保留股东何伯权先生以及郑南雁先生合计持有铂涛剩余的 18.9966% 股权。本次交易的支付对价为 855 492.00 万元，以现金收购，资金来源为自有资金及银行贷款，其中自有资金不低于 30%。2016 年 2 月 26 日，该交易完成股权交割，铂涛集团正式划入合并报表范围。2017 年 10 月，锦江股份又以现金 12.048 亿元收购何伯权先生所持有的铂涛酒店集团 12.0001% 股权，2018 年 1 月交易完成后，公司的持股比例上升至 93.0035%。铂涛集团成立于 2013 年，其前身为 2005 年创立的 7 天连锁酒店。7 天酒店于 2009 年在纽交所上市，2013 年 7 月退市，完成私有化战略，并组建铂涛酒店集团。铂涛集团业务涵盖酒店、公寓、咖啡连锁、艺术品公益平台等，旗下拥有约 20 个品牌。此外，公司还于 2015 年与携程、腾讯等企业一同收购了艺龙，持有艺龙 21.87% 的股份。截至 2015 年 6 月 30 日，铂涛开业酒店 2291 家，开业客房 21 万多间，覆盖国内外 300 多个国家。

2016 年 4 月 28 日锦江股份宣布以 17.488 亿元现金收购黄德满先生得让人持有的维也纳酒店有限公司合计 80% 股权，收购资金来源为银行贷款及自有资金，并于 2016 年 7 月 1 日完成交割。维也纳酒店有限公司成立于 2004 年，是国内中端商务酒店领先连锁品牌，已经形成在营的 5 个品牌系列，包括维纳斯皇家酒店、维也纳国际酒店、维也纳酒店、维也纳智好酒店、维也纳 3 号酒店。截至 2015 年 12 月 31 日，维也纳酒店在全国超过 20 个省直辖市、70 多个大中城市拥有开业酒店 303 家，拥有已开业客房 48 575 间，拥有各类会员合计 1250 余万人。

2. 业绩亮眼，未来可期

锦江股份公司 2015 年以来先后收购了卢浮、铂涛及维也纳后，酒店数量规模大幅提升。在 2015 年 3 月收购卢浮之前仅有约 1000 家酒店、近 12 万间客房。至 2017 年底，公司开业酒店规模增长到 6694 家，共 67 万余间客房，为国内规模最大的连锁酒店集团。随着酒店业务体量的扩大和企业集团的并购整合，公司营业收入规模快速提升，2017 年公司营业收入 135.8 亿元，其中酒店业务营收 133.28 亿元、占比 98.14%，餐饮业务营收 2.54 亿元、占比 1.87%，可以看出酒店业务持续增长，贡献了营业收入中的绝大部分。2017 年公司净利润为 9.90 亿元，同比增长 37.69%。

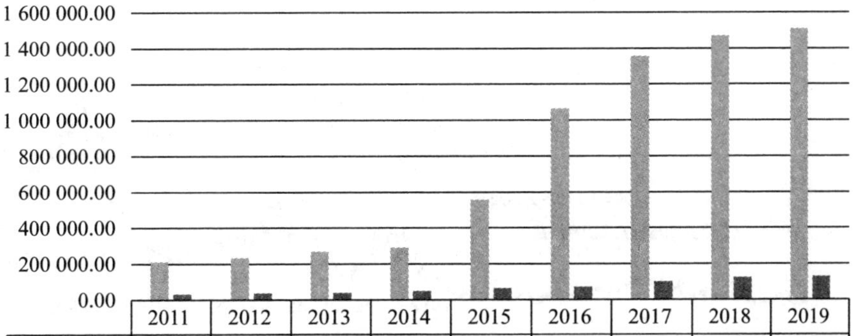

	2011	2012	2013	2014	2015	2016	2017	2018	2019
营业收入	211 607.82	233 599.22	268 441.09	291 310.48	556 270.31	1 063 554.43	1 358 258.36	1 469 742.00	1 509 902.45
净利润	32 430.73	37 165.84	38 215.03	49 017.65	64 148.56	71 886.05	99 006.15	122 768.05	127 911.95

营业收入　净利润　　单位：万元

图 4　锦江股份 2011–2019 年营收简况

3. 同业竞争对手比较

华住、首旅等酒店集团近年来也相继开始采用了并购扩张的战略模式。2015 年 12 月首旅酒店收购如家酒店集团，2017 年 2 月华住酒店收购桔子水晶，酒店业一系列并购整合行为使得行业集中度进一步提高。通过对锦江股份及其主要竞争对手近年来收购情况的对比，可以看出，锦江在投资规模以及投资时点上都处于相对领先的位置。锦江股份在并购卢浮、铂涛、维也纳以后，也获得了资本市场的认可，市值迅速增加。

表 4　部分酒店业收购情况对比情况（2015–2017 年）

收购时间	收购方	收购标的	价格（亿元）	收购股份比例	收购方式
2015 年 3 月	锦江股份	卢浮集团	125.92	100%	现金
2015 年 9 月	锦江股份	铂涛	82.69	81%	现金
2015 年 12 月	首旅酒店	如家	110.51	100%	发行股份及现金
2016 年 4 月	锦江股份	维也纳	17.49	80%	现金
2016 年 8 月	岭南控股	花园酒店	15.25	100%	发行股份及现金
2016 年 8 月	岭南控股	中国大酒店	8.41	100%	发行股份及现金
2016 年 10 月	海航旅游	希尔顿酒店	440	25%	现金
2017 年 2 月	华住酒店	桔子水晶	36.5	100%	现金
2017 年 10 月	锦江股份	铂涛	12.05	12%	现金

资料来源：各公司公告

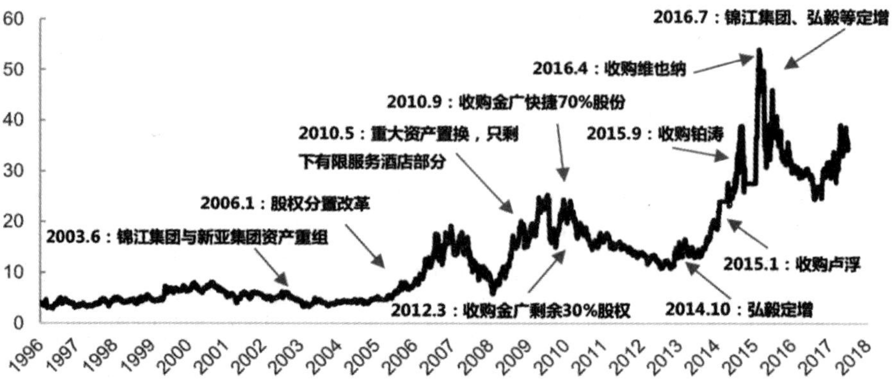

图 5　锦江股份大事与股价趋势图

五、结束语

2019 年 8 月 2 日，锦江酒店（02006）发布公告，其注册名称已由上海锦江国际酒店（集团）股份有限公司（ShanghaiJin Jiang International Hotels (Group) CompanyLimited)“变更为”上海锦江资本股份有限公司（Shanghai Jin Jiang Capital Company Limited)。2019 年 8 月 22 日，锦江股份公司董事会同意将公司名称“上海锦江国际酒店发展股份有限公司”变更为“上海锦江国际酒店股份有限公司”。公司 A 股证券简称由“锦江股份”变更为“锦江酒店”，英文名称缩写由“JINJIANG SHARES”变更为“JINJIANG HOTELS”,B 股证券简称、A 股证券代码、B 股证券代码保持不变。可以预见，面对行业发展的转型升级期，在机遇与挑战并存的经营环境下，锦江国际集团及锦江股份公司将坚定不移地执行“深耕国内、全球布局、跨国经营”发展战略，积极实施变革整合等措施，稳步发展。

背景信息

锦江国际集团简介

2003 年 6 月 9 日，由原上海锦江集团和新亚集团组成的锦江国际（集团）有限公司成立。成立于 1984 年的上海锦江集团公司，主营宾馆、饭店业，在上海及国内各地拥有、参与投资或管理数十家宾馆饭店，并在旅游、客运、金融、商贸、房地产和物业管理等行业都有投资。锦江集团当时在上海全权管理的有锦江饭店、和平饭店、国际饭店、静安宾馆、龙柏饭店、锦江金门大酒店、锦江达华宾馆、青年会宾馆和新锦江大酒店、华亭等一批知名酒店，在全国 14 个省区市经营和管理着 71 家酒店和商务楼。合并前，锦江集团旗下有上市公司新锦江（A 股 600650，新锦 B 股 900914）。新亚集团也成立于 1984 年，经营酒店、餐饮、食品和旅游四大支柱产业，也是一家 A、B 股同时挂牌上市的公司，（A 股新亚股份 600754，新亚 B 股 900934）。新亚集团除了在上海控股拥有扬子江万丽、新亚汤臣洲际、海伦等高星级酒店外，还在国内投资管理 30 余家酒店。

锦江集团和新亚集团均为上海市国资委所属的大型国有旅游企业，核心饭店资产分别由政府接待办和市饮食服务公司所属企业划归组建，两者的核心业务、经营地域、管理模式也存在高度的一致性。这些一致性意味着区域市场竞争不可避免，对外拓展的能力也将因此受到削弱。在当时上海地区已经挂牌的 20 家五星级酒店中，60% 由希尔顿、喜达屋、香格里拉、凯悦、万豪等国际酒店管理集团管理。两大集团合并，既是国有企业改革的需要，更是为了促进国内酒店业和国际同行的竞争。上海市政府面对“国内竞争国际化和国际竞争国内化”的局面采取了“聚变”抗衡的策略，组建了锦江国际集团。组建后的锦江国际集团是当时全国规模最大的旅游企业集团，注册资本为 20 亿元人民币，总资产规模达 150 亿元，其中，国有净资产为 60 亿元，员工人数达 3.6 万。

2003 年 4 月 8 日，证监会批复上海市国资委将其所持有上海中国国际旅行社股份有限公司（国旅 B 股 900929）的国家股股份全部划转锦江国际集团，锦江占比 50.21%。2006 年，锦江国际集团将旗下星级饭店、经济型酒店锦江之星以及餐饮板块纳入上海锦江国际酒店（集团）股份有限公司，公司于 12 月 15 日在港交所上市，上市代码 2006，公开发行 11 亿 H 股，并以 29.53 倍的市盈率上限定价，每股发行价格为 2.2 港元。此时，锦江国际集团已是一家在全国饭店市场具有绝对竞争力，在国际市场也具有一定影响力，以饭店产业为中心的旅游企业集团。

锦江国际集团官网[①] 简介如下：锦江国际集团是上海市国资委全资控股的中国规模最大的综合性酒店旅游企业集团之一，注册资本 20 亿元。拥有酒店、旅游、客运三大核心主业和地产、实业、金融等相关产业及基础产业；控股（或间接控股）“锦江酒店”（2006HK）、“锦江股份”（600754、900934）、“锦江投资”（600650、900914）和“锦江旅游”（900929）四家上市公司。目前，集团三大核心主业营收占比超过 90%，初步形成了以酒店为核心的旅行服务产业链。“锦江”是具有 80 多年历史的中国民族品牌，中国驰名商标、上海市著名商标，获中国商标

① 数据来源：锦江国际（集团）有限公司，http://www.jinjiang.com/about/

金奖，品牌价值超过 415 亿元。

……

附录

附录 1　股权结构图

截至 2019 年 12 月 31 日，锦江国际集团与旗下主要上市公司的控股结构图如下：

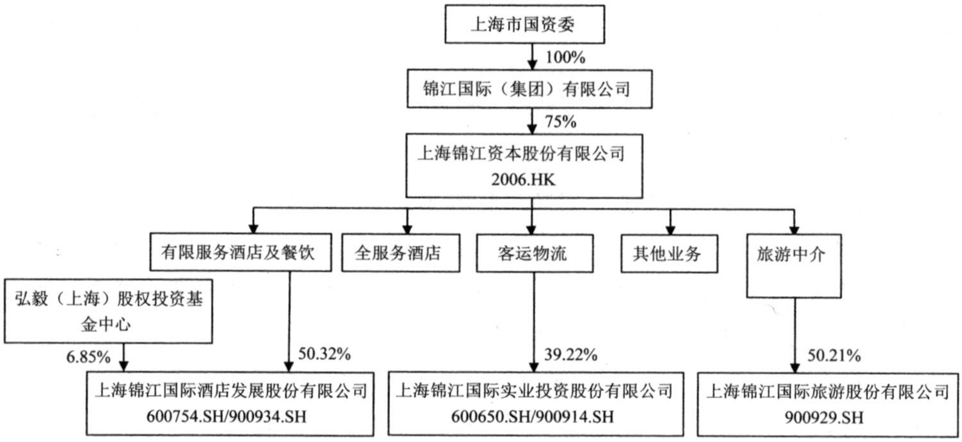

图 6　锦江国际集团旗下上市公司股权结构简图

附录 2　集团品牌

卢浮酒店集团（LHG）各品牌情况见下表。

表 5　卢浮酒店集团各品牌情况

品牌	酒店数量（2015 年 12 月 31 日）	占比（%）	品牌描述
Premiere Classe	259	22.39	成立于 1989 年，在法国经济酒店市场上保持着极具竞争力的地位
Campanile	378	32.67	成立于 1976 年，在法国以及酬经济酒店市场上具有快速的增长力和强大竞争力
Kyriad 系列	250	21.61	成立于 2000 年，作为标准化经济酒店的补充，Kyriad 系列品牌酒店为非标准化运营的经济型酒店

续表

品牌	酒店数量（2015年12月31日）	占比（%）	品牌描述
Golden Tulip 系列	270	23.33	Golden Tulip 系列品牌是2009年喜达屋资本收购并入卢浮酒店集团，提供中高档酒店服务
总计	1157	100.00	—

附录3 集团发展历程

表6 锦江股份收购卢浮酒店集团历程

时间	重要事项
2014年11月3日	交易对方（喜达屋资本集团）管理人员通过决议，批准了卢浮集团（GDL）100%股权的出售以及相关协议的签署
2014年11月3日	锦国投与交易对方签署了POA协议及保证金托管协议
2015年1月6日	锦国投授予本公司关于本次交易的受让选择权
2015年1月14日	锦江股份召开第七届董事会第三十次会议审议并通过决议，同意行使锦国投授予本公司关于本次交易的受让选择权及本次交易方案
2015年1月21日	上海市自贸区管委会对本次交易境外投资的备案完成
2015年1月27日	国家发改委对本次交易境外投资的备案完成
2015年1月28日	锦江股份收到上海市国有资产监督管理委员会及其授权机构出具的《关于同意上海锦江国际酒店发展股份有限公司收购卢浮集团的通知》《国有资产评估项目备案表》
2015年1月30日	锦江股份股东大会审议通过本次交易方案
2015年2月9日	本公司召开第七届董事会第三十三次会议审议并通过决议，同意本公司及全资子公司与工商银行签署过桥借款相关协议，过桥借款金额不超过15亿欧元，到期日为2015年6月22日，利息及相关费用不超过3个月EURIBOR + 200BPS，并授权本公司经营管理层具体操作相关事宜
2015年2月12日	Star SDL Holdings 董事会批准签署《应收账款转让协议》
2015年2月13日	SDL向本公司发出行权信函，决定行使卖出期权
2015年2月16日	锦江股份召开第七届董事会第三十五次会议审议并通过决议，同意批准卢森堡海路投资与SDL及其相关方签署本次交易相关交易协议，并授权卢森堡海路投资任意一名董事代表卢森堡海路投资签署《股份购买协议》等交易协议并批准具体操作相关事宜
2015年2月16日	卢森堡海路投资与SDL签署《股份购买协议》
2015年2月25–27日	锦江股份的交割工作团队（成员包括公司部分董事、高级管理人员，项目经办人员以及相关中介机构人员），与交易对方及其聘请的中介机构，在谢尔曼律师事务所的法国巴黎办公室，就交割相关事项进行磋商。双方决定交割日为2月27日，并就交割时应当移交的股权转让证明文件、资金划付流程、预估购买价款等事项确认一致

续表

时间	重要事项
2015 年 2 月 27 日	卢森堡海路投资与 SDL 及相关方签署《交割托管协议》《应收账款转让协议》
2015 年 2 月 27 日	卢森堡海路投资支付标的公司 100% 股权的预估购买价款 475 089 654.17 欧元；偿付交易对方和 Star SDL Holdings 对标的公司及下属公司的应收账款净值 521 391 975. 85 欧元；结清标的公司及下属公司的银团贷款合同偿付金额 280 500 742.96 欧元。最终购买价款可能会根据《股份购买协议》约定的价格调整机制而相应调整
2015 年 2 月 27 日	交易对方向卢森堡海路投资交付了标的公司 100% 股权已经转让的证明文件。根据谢尔曼于 2015 年 2 月 27 日出具的境外法律意见书，于 2015 年 2 月 27 日，通过 SDL 按照股份转让书中包含的指示将卢浮集团 100% 股权出售给卢森堡海路投资这一事实登记入卢浮集团的股份转让登记簿以及卢浮集团的相关股东个人账簿的方式，卢浮集团 100% 股权的无他物权负担的所有权已被转让给卢森堡海路投资
2015 年 5 月 23 日	锦江股份披露《上海锦江国际酒店发展股份有限公司备考财务报表及专项审阅报告（2014 年 12 月 31 日止年度）》和《上海锦江国际酒店发展股份有限公司购买的 Groupe du Louvre 非奢侈型酒店业务专项审计报告及模拟财务报表（2013 年 12 月 31 日止年度及 2014 年 12 月 31 日止年度）》
2015 年 2 月 27 日	支付相应价款，在律师的鉴证下，完成本次重大海外收购的交割

附录 4 重大并构

锦江股份的重大兼并收购事件（2010–2019 年）：

2010 年 5 月，锦江股份与锦江酒店集团进行重大资产置换，置换出星级酒店相关资产，置入锦江酒店下属经济型酒店资产，主营业务转为经济型酒店 + 连锁餐饮投资。

2010 年 9 月，锦江股份并购金广快捷酒店。

2013 年，锦江股份先后并购时尚之旅（中端商务连锁酒店）、城市客栈酒店（经济型主题精品酒店）。

2014 年，锦江股份通过定向增发引入战略投资者弘毅投资。

2015 年 1 月，锦江股份收购喜达屋资本拥有的卢浮集团 100% 股权。

2015 年 9 月，锦江股份收购铂涛集团 81% 的股权。

2016 年 4 月，锦江股份收购维也纳酒店 80% 的股权。

2016 年 7 月，弘毅投资再度认购，持股比例由 12.43% 上升至 12.56%，成为公司第二大股东。

2017 年 10 月，锦江股份再次收购铂涛集团 12% 的股权。

2018 年 11 月，锦江股份再次收购铂涛集团 3.5% 股权，于 2019 年 1 月 14 日，完成了各项交割工作，股权比例由 93% 上升至 96.5%。

附录 5 锦江股份 2014–2019 年财务报表

资产负债表

各年末合并资产负债表　　　单位：万元

项目	2014	2015	2016	2017	2018	2019
流动资产：						
货币资金	355 161.49	474 184.16	778 924.08	988 305.01	735 467.20	591 968.61
应收账款	8842.06	43 728.88	63 361.87	94 002.79	99 548.37	115 717.12
预付款项	3656.38	6150.41	30 986.23	32 721.47	27 923.96	21 054.48
应收股利	204.22	1012.19	1512.97	2021.59	2355.52	1778.30
应收利息	127.25	3495.32	14 243.31	40 939.94	961.61	1155.89
其他应收款	6236.83	15 887.90	45 328.13	47 398.26	49 213.09	48 203.42
存货	2898.13	5070.58	7716.26	7560.37	8544.20	9362.79
划分为持有待售的资产				919.40		
一年内到期的非流动资产		164.00	900.00			
待摊费用						
其他流动资产	271.12	16 236.76	25 746.48	27 067.56	33 239.22	35 198.82
流动资产合计	377 397.48	565 930.20	968 719.35	1 240 936.39	983 519.20	849 601.84
非流动资产：						
可供出售金融资产	238 918.17	135 119.86	132 321.97	110 891.83	74 007.75	
长期股权投资	13 132.88	24 410.99	33 230.94	41 651.86	40 506.17	50 244.80
固定资产	279 311.12	655 462.98	680 811.41	674 731.76	663 416.02	643 156.34

续表

项目	2014	2015	2016	2017	2018	2019
在建工程	36 752.91	67 494.89	67 157.58	67 915.14	53 948.60	50 470.61
无形资产	23 949.51	245 594.53	734 066.93	747 230.12	733 362.99	726 101.93
商誉	9569.80	421 647.24	1 091 454.48	1 134 807.25	1 142 635.38	1 138 002.44
长期待摊费用	141 892.30	149 935.23	295 246.94	267 282.77	248 588.12	226 504.52
递延所得税资产	9169.19	40 039.66	54 972.42	61 499.79	62 952.45	67 964.66
其他非流动资产	6157.35	397 002.28	361 624.51	9022.71	10 313.42	10 136.66
非流动资产合计	758 853.23	2 136 707.65	3 450 887.17	3 115 033.24	3 029 730.91	3 037 825.28
资产总计	1 136 250.71	2 702 637.85	4 419 606.52	4 355 969.63	4 013 250.10	3 887 427.12
流动负债：						
短期借款	80 000.00	520 909.15	412 792.71	101 583.35	1257.25	1864.06
衍生金融负债		636.01	615.82	439.12	278.08	93.98
应付账款	51 176.62	93 813.94	205 369.67	213 702.50	202 685.43	200 653.88
预收款项	15 195.75	19 439.71	67 514.26	87 322.45	94 761.65	99 848.12
应付职工薪酬	8616.05	33 070.30	66 971.31	91 097.66	121 057.94	115 915.70
应交税费	18 147.89	24 723.77	32 993.87	41 011.12	38 997.58	52 148.75
应付利息	55.96	2011.66	4886.53	3349.49	2815.19	1562.32
应付股利	37.12	58.91	42.93	46.30	50.24	6554.46
其他应付款	20 563.12	34 797.75	107 884.43	128 236.34	172 228.44	161 222.36
一年内到期的非流动负债	496.41	2109.38	307 519.93	27 068.54	170 872.18	121 506.26
流动负债合计	194 288.92	731 570.56	1 206 591.46	693 856.87	805 003.99	761 369.88

续表

项目	2014	2015	2016	2017	2018	2019
非流动负债：						
长期借款	450.00	931 317.93	1 493 547.05	1 899 676.62	1 550 754.18	1 411 641.28
长期应付款	573.05	15 206.40	14 551.10	25 525.69	27 332.80	25 607.14
长期应付职工薪酬		16 186.35	4900.96	5911.27	7364.78	8958.74
预计负债		5834.13	4992.19	5859.80	7719.72	5218.94
递延所得税负债	65 461.70	147 136.26	251 461.38	243 447.20	219 738.15	224 038.51
递延收益 – 非流动负债	2717.41					
其他非流动负债		7935.68	11 762.66	20 118.46	15 532.27	14 987.19
非流动负债合计	69 202.16	1 123 616.76	1 781 215.35	2 200 539.05	1 828 441.90	1 690 451.79
负债合计	263 491.08	1 855 187.33	2 987 806.81	2 894 395.92	2 633 445.88	2 451 821.67
所有者权益（或股东权益）：						
实收资本（或股本）	80 451.77	80 451.77	95 793.64	95 793.64	95 793.64	95 793.64
资本公积金	448 209.75	448 209.75	884 486.42	871 056.53	804 368.75	786 512.84
其他综合收益	163 927.39	90 847.21	60 125.93	49 672.97	25 484.90	2455.87
盈余公积金	52 921.57	57 926.37	62 039.89	65 387.89	65 964.95	65 964.95
未分配利润	124 369.34	150 944.79	177 672.35	216 519.26	270 543.76	374 784.90
归属于母公司所有者权益合计	869 879.83	828 379.90	1 280 118.25	1 298 430.29	1 262 156.01	1 325 512.20
少数股东权益	2879.80	19 070.63	151 681.46	163 143.42	117 648.22	110 093.25
所有者权益合计	872 759.63	847 450.53	1 431 799.71	1 461 573.71	1 379 804.22	1 435 605.45
负债和所有者权益总计	1 136 250.71	2 702 637.85	4 419 606.52	4 355 969.63	4 013 250.10	3 887 427.12

利润表

各年度合并利润表　　单位：万元

项目	2014	2015	2016	2017	2018	2019
营业收入	291,310.48	556,270.31	1,063,554.43	1,358,258.36	1,469,742.00	1,509,902.45
减：营业成本	30,841.07	49,483.95	100,485.93	129,529.45	152,846.85	152,682.51
税金及附加	14,990.39	15,127.63	18,413.53	16,676.54	17,220.61	16,385.11
销售费用	153,666.57	303,392.01	624,329.43	732,311.53	753,796.31	768,912.20
管理费用	67,672.79	134,556.10	236,638.93	330,765.23	406,476.60	407,692.60
研发费用					2,533.73	2,784.62
财务费用	6,962.38	17,465.07	38,675.80	41,844.24	37,194.73	33,913.16
其中：利息费用					46,845.54	36,847.72
减：利息收入					14,458.19	7,954.53
加：其他收益				2,631.21	5,094.58	9,360.54
投资收益	46,232.13	51,897.39	47,523.37	30,242.04	52,276.07	24,157.14
其中：对联营企业和合营企业的投资收益	−988.86	4,618.46	9,551.48	9,385.80	12,514.79	14,154.87
公允价值变动净收益					−1,985.97	11,739.48
资产减值损失	−0.32	2,518.11	6,754.47	8,745.88	5,920.07	−3,296.07
信用减值损失						−503.66

续表

项目	2014	2015	2016	2017	2018	2019
资产处置收益				–3,697.11	5,873.55	7,348.15
营业利润	63,409.72	85,624.81	85,779.71	127,561.63	155,011.32	176,337.82
加：营业外收入	3,547.87	4,457.18	15,115.16	3,347.62	4,892.03	4,762.55
减：营业外支出	397.79	2,069.67	3,085.84	3,249.45	3,502.91	5,191.56
其中：非流动资产处置净损失	303.18	945.02	1,574.16			
利润总额	66,559.80	88,012.33	97,809.03	127,659.79	156,400.43	175,908.81
减：所得税	17,542.15	23,863.76	25,922.98	28,653.64	33,632.38	47,996.87
净利润	49,017.65	64,148.56	71,886.05	99,006.15	122,768.05	127,911.95
持续经营净利润				99,006.15	122,768.05	127,911.95
减：少数股东损益	300.83	387.61	2,428.10	10,830.30	14,522.04	18,662.04
归属于母公司所有者的净利润	48,716.82	63,760.95	69,457.94	88,175.85	108,246.01	109,249.91
加：其他综合收益	107,333.70	–72,722.47	–27,489.47	–9,145.13	–23,376.54	192.98
综合收益总额	156,351.35	–8,573.91	44,396.58	89,861.01	99,391.51	128,104.92
减：归属于少数股东的综合收益总额	300.83	745.31	5,659.92	12,138.12	15,333.57	18,607.71
归属于母公司普通股东综合收益总额	156,050.52	–9,319.22	38,736.66	77,722.89	84,057.93	109,497.21
每股收益：						
基本每股收益	0.7857	0.7925	0.7998	0.9205	1.1300	1.1405

现金流量表

各年度合并现金流量表　　单位：万元

项目	2014	2015	2016	2017	2018	2019
经营活动产生的现金流量：						
销售商品、提供劳务收到的现金	292 897.06	560 667.94	1 104 563.94	1 420 816.38	1 578 694.39	1 578 784.50
收到的税费返还		2273.23	1813.59	1835.75	336.19	697.74
收到其他与经营活动有关的现金	3674.61	7167.94	15 428.62	25 081.93	73 094.04	22 998.33
经营活动现金流入小计	296 571.67	570 109.11	1 121 806.14	1 447 734.05	1 652 124.63	1 602 480.57
购买商品、接受劳务支付的现金	70 828.34	132 342.73	244 167.46	330 762.68	416 937.73	345 108.24
支付给职工以及为职工支付的现金	81 130.04	162 337.09	319 129.83	396 579.44	458 254.58	506 864.48
支付的各项税费	32 191.33	52 421.03	77 786.66	98 998.93	113 212.03	99 151.57
支付其他与经营活动有关的现金	56 499.00	110 582.14	252 524.52	296 214.52	312 199.19	387 564.48
经营活动现金流出小计	240 648.71	457 682.99	893 608.47	1 122 555.57	1 300 603.53	1 338 688.76
经营活动产生的现金流量净额	55 922.97	112 426.13	228 197.68	325 178.48	351 521.11	263 791.81
投资活动产生的现金流量：						
收回投资收到的现金	51 477.09	67 533.52	37 280.73	14 695.69	39 290.15	2231.51
取得投资收益收到的现金	5435.11	5658.67	12 719.78	17 429.30	20 848.58	23 750.62

续表

项目	2014	2015	2016	2017	2018	2019
处置固定资产、无形资产和其他长期资产收回的现金净额	1302.18	148.02	3886.78	2115.65	12 588.05	9845.28
处置子公司及其他营业单位收到的现金净额		52 706.34		727.52	1993.05	
收到其他与投资活动有关的现金		252.20	47 318.04	7600.00		384.37
投资活动现金流入小计	58 214.38	126 366.75	101 205.32	42 568.16	74 719.83	36 211.78
购建固定资产、无形资产和其他长期资产支付的现金	39 216.18	65 906.72	93 646.02	80 268.06	101 960.17	113 184.13
投资支付的现金	900.00	900.00	2382.12	10 757.38	29 154.56	11 180.05
购买子公司和其他经营单位支付的现金净额	6825.41	295 686.77	818 661.52	45 164.46	3823.60	
支付其他与投资活动有关的现金		10 779.52	47 970.69	899.91	305.76	440.08
投资活动现金流出小计	46 941.59	373 273.02	962 660.36	137 089.81	135 244.09	124 804.27
投资活动产生的现金流量净额	11 272.79	–246 906.27	–861 455.03	–94 521.65	–60 524.25	–88 592.49
筹资活动产生的现金流量：						
吸收投资收到的现金	302 825.59	827.44	453 501.66			
其中：子公司吸收少数股东投资收到的现金		827.44	2873.27			
取得借款收到的现金	303 450.00	2 971 572.37	2 172 500.00	1 438 874.40	52 710.00	94 790.00

续表

项目	2014	2015	2016	2017	2018	2019
收到其他与筹资活动有关的现金		13 307.06	6612.27	477 887.03		
筹资活动现金流入小计	606 275.59	2 985 706.88	2 632 613.93	1 916 761.43	52 710.00	94 790.00
偿还债务支付的现金	356 000.00	2 282 992.42	1 632 774.95	1 690 659.48	367 803.31	277 895.60
分配股利、利润或偿付利息支付的现金	30 123.43	69 203.22	102 974.61	106 750.11	107 435.35	103 330.74
其中：子公司支付给少数股东的股利、利润	437.60	2675.22	1174.29	4204.30	7038.71	2480.30
支付其他与筹资活动有关的现金	67.21	479 880.09	11 065.98	1698.64	121 840.11	33 099.49
筹资活动现金流出小计	386 190.64	2 832 075.73	1 746 815.54	1 799 108.23	597 078.78	414 325.84
筹资活动产生的现金流量净额	220 084.95	153 631.15	885 798.39	117 653.20	–544 368.78	–319 535.83
汇率变动对现金的影响		5400.47	3555.21	3826.92	731.77	205.52
现金及现金等价物净增加（减少）额	287 280.71	24 551.47	256 096.24	352 136.96	–252 640.16	–144 130.99
期初现金及现金等价物余额	67 880.78	355 161.49	379 712.96	635 809.21	987 946.16	735 306.01
期末现金及现金等价物余额	355 161.49	379 712.96	635 809.21	987 946.16	735 306.01	591 175.02

教学笔记

锦江股份的海外并购扩张之路

黄海玉等

一、教学目的与用途

1. 适用课程

本案例主要适用于旅游投资与财务管理、国际酒店管理概论等课程的教学工作。

2. 适用对象

本案例主要为MTA、MPAcc、MBA开发，适合有一定工作经验的学生和管理者学习，也可以用于工商管理各本科专业相关课程教学。

3. 教学目的

帮助学生理解并掌握国内酒店集团国际化发展环境分析、国际化战略选择、海外并购等相关理论和运作要点。具体的教学目标是要求学生掌握：

- 酒店集团资产重组整合的必要性与合理性；
- 分析酒店集团国际化运作前的国际市场宏微观环境，培育国际品牌的资源能力与环境支持，以及进行国际化的动因和契机；
- 海外并购的风险分析及交易结构设计的技术与考量。

4. 案例类型

描述型案例。

二、启发思考题

（1）请分析锦江股份与锦江酒店集团进行重大资产置换的原因。

（2）请分析锦江股份的国际化驱动因素，其国际化探索阶段的目标以及面临的主要问题是什么？

（3）锦江股份为什么选择卢浮酒店集团作为收购对象？

（4）锦江股份并购卢浮酒店集团时的交易结构是如何设计的？该交易结构设计

有何优点？

（5）海外并购存在哪些风险？应该如何应对？

三、分析思路

教师可以根据自己的课程内容和教学目标，灵活使用本案例。此处分析思路仅提供参考。

对本案例的分析需紧密围绕着“锦江股份国际化动因——海外国际市场进入路径选择——选取海外并购对象——海外并购交易涉及事项——海外并购风险识别与规避”这一思路开展。

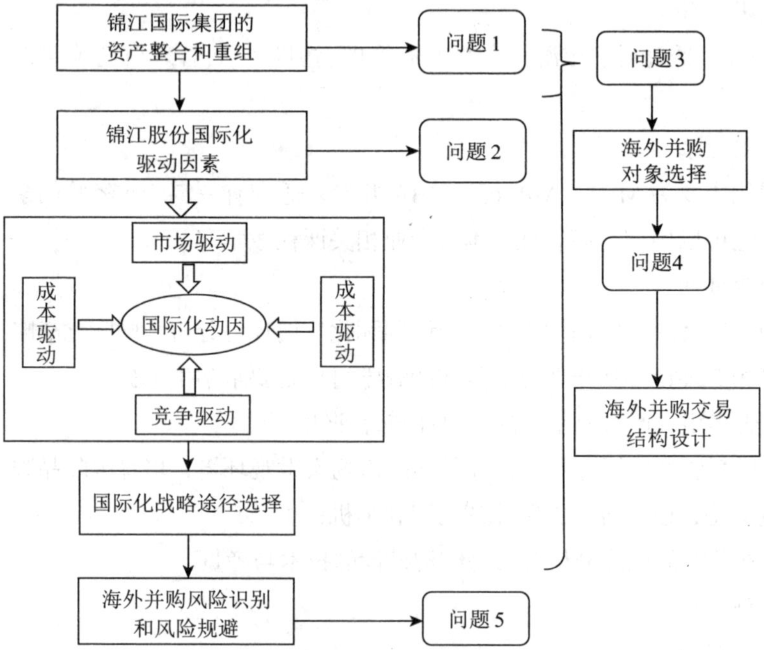

图 1　案例分析思路图

四、理论依据与分析

（1）锦江股份与锦江酒店集团进行重大资产置换的原因是什么？

①理论依据

● 协同效应

协同效应，指的是公司整体的价值大于其各组成部分价值的简单相加，也即每个独立的经济实体的效益之和小于这些经济实体整合之后产生的效益。协同效应可进一步细分为内部要素和外部环境的协调统一，实现组织资源的优化配置，内部要素包括人员、组织制度、各种资源等，外部环境包括供应商、竞争者、顾客等。在协同效应下，企业被视为是一个系统，对企业内的各部分的整合，如对人力资源、财务资源、技术资源等资源的整合，对采购部门、研发部门、生产部门、销售部门等部门的整合，以达到企业价值的最优。企业的各部分不是孤立存在的个体，而是相互联系、相互影响，并且可以按一定的规则连接成合适的整体，发挥更大的作用。协同效应可以促使企业思考资源的有效配置，提高资源管理效率、使用效益，帮助公司整体价值的提高。

对于企业集团来说，协同效应类型主要包括经营协同效应、管理协同效应、财务协同效应等。经营协同效应表现在经营上，包括产品质量改善、客户满意度提高、市场占有率扩大、技术水平进步等。管理协同效应表现在管理上，包括管理成本节约、管理效率提高等。财务协同效应表现在财务上，包括资金使用率提高、资本成本降低、合理避税、流动性提高等。

● 交易成本

交易成本，又称交易费用，是指在完成一笔交易时，交易双方在买卖前后所产生的各种与此交易相关的成本。美国经济学家科斯在《企业的性质》一书中指出交易成本包括各种各样的成本，如签约成本、价格机制产生的成本、信息搜集成本、执行和维持交易的成本等。交易成本，会在一定程度上造成企业资源的不必要浪费，降低企业的运作效率。降低企业的交易成本，相当于提高企业的利润。

市场的复杂多变、信息不对称、外部性，使得市场上的交易成本较高，而企业的出现正是为了将外部的市场交易成本内化为企业内部的交易成本，进而减少交易成本，但是不能一味追求降低交易成本而不断扩大企业的规模，企业的运作也需要成本，应权衡交易成本和组织的运营成本。

节约交易成本往往是企业并购的主要原因之一。并购分为横向并购、纵向并购、混合并购。纵向并购，就是具有纵向协作关系的企业间的并购。纵向并购，可以将与供应商、客户的交易成本，即原本属于外部的上下游交易成本转化为内部交易成本。横向并购，就是产品相同或相似的企业间的并购。通过横向并购，企业规模扩大，内部分工可进一步细化和专业化，降低生产成本和管理成本，即降低交易成本。既不是上下游关系，也不具有相似或相同产品的企业间的并购称为混合并购。混合并购下，并购企业可以较低的交易成本进入一个新的经营领域，无需较大的固定资本就可实现多元化经营，并且可利用目标公司原有经验减少失败带来的损失。

②案例分析

2003 年锦江股份与锦江国际（集团）有限公司进行资产置换，确立以酒店、餐饮业为核心的产业框架。2010 年 5 月，锦江股份与锦江酒店集团进行重大资产置换，置换出星级酒店相关资产，置入锦江酒店下属经济型酒店资产，主营业务转为经济型酒店 + 连锁餐饮投资。2010 年 9 月，锦江股份并购金广快捷酒店。2013 年，锦江股份先后并购时尚之旅（中端商务连锁酒店）、城市客栈酒店（经济型主题精品酒店）。

锦江股份与锦江酒店集团进行重大资产置换，一是为了减少同业竞争，避免不必要的交易成本。在星级酒店业务方面，锦江股份与锦江酒店之间存在着一定程度的业务重叠。同时，锦江股份的下属子公司还与锦江酒店之间存在着关联交易，子公司为锦江酒店提供酒店管理服务、销售酒店物品，并收取少量的管理费用。通过此次资产置换，锦江股份将专注于经济型酒店业务市场，而锦江酒店则以星级酒店业务为主，双方在一定程度上避免了同业竞争。二是为了凸显主营业务，满足差异化融资需求。锦江股份置出成长性相对不足的星级酒店业务，置入锦江酒店发展迅猛的经济型酒店资产。通过此次资产置换，锦江股份可以充分利用锦江酒店已积累的境内客源和自身较强的融资能力，进一步扩大目标市场，专注发展经济型酒店业务，增强竞争能力，达到突出主业、满足差异化融资等目的。锦江酒店也可以进一步整合星级酒店市场，增强运营能力，减少外部关联交易，提高管理效率。双方都可以在不同的细分市场领域优势互补、共同发展。

同时，资产置换后，锦江股份和锦江酒店的关联交易大大减少，节省了管理费用、时间成本等，减少了企业内部的生产经营成本。此资产置换不仅仅只是资产的“一对一”的交换，更实现了“1+1>2”的协同效应。

在 2010 年锦江股份调整主营业务为“经济型酒店业务和连锁餐饮投资业务”后，接连并购金广快捷、时尚之旅、城市客栈等主要是为了占领国内市场，属于是国内横向并购。系列国内并购扩大了企业规模，竞争实力增强，利于优化资源配置，减少竞争对手，提高市场占有率，降低了国内的各项交易成本。而后锦江股份酒店运营与餐饮业务收入剧增，企业毛利润出现显著提高。（教师引导学生讨论时，也可以结合背景资料里有关锦江国际集团内部整合的历程，讨论锦江股份在锦江酒店集团里的战略地位。）以锦江之星资产作为整合开篇，既是力避同业竞争所需，又为锦江股份提供了未来的业绩支撑。

（2）请分析锦江股份的国际化驱动因素，其国际化探索阶段的目标以及面临的主要问题是什么？

①理论分析

在全球化经济形势下，具有一定国际化能力的企业集团，以全球市场为目标，将世界作为公司经营活动的舞台，根据世界经济的发展状况，在世界范围内寻求利润最大化的全球市场的份额和世界经济地位。企业集团国际化的驱动因素通常包括以下四个方面：

- 市场方面：国内市场饱和、国内消费增速放缓、国家市场规模巨大、国际市场有较大增长潜力等；
- 成本方面：具备行业经验、充足的资金支持、国际市场较低的成本、国际市场较低的投资风险、适宜的国际物流能力；
- 行业竞争方面：国内行业发展减缓、国内行业竞争激烈、国际新兴市场机遇、企业自身具有一定国际竞争力等；
- 政策方面：国内政策支持、国外当地政府支持、国际统一的技术标准、国外消费者的积极态度等。

（教师也可以进一步拓展第一个思考题的理论中的协同效应和交易成本理论应用。）

②案例分析

自 2014 年我国酒店行业的发展步入“新常态”以来，各大经济型酒店品牌竞争激烈，不管是酒店布局还是市场占领都已趋于饱和。日趋饱和的国内酒店市场与激烈的国内市场竞争迫使酒店产品、服务提升，成本上升，在同样的盈利水平下的交易成本上升。作为行业领先者的锦江酒店集团已经完全不能依靠内生增长来满足自身的快速发展需求。随着全球经济的持续增长，越来越多的人选择出境旅游，欧洲作为长期以来接待游客人数最多的地区，众多的游客给欧洲的酒店行业带来了巨大的市场前景。

锦江股份业绩一直较为稳定，从 2014 年起，锦江股份的战略目标开始发生转变，由之前的占领国内市场转向进军海外市场。公司首次将“全球布局、跨国经营”的目标纳入其发展战略，并着眼于提升国际竞争力和国际市场占有率，志在将企业打造成为占据国际领先地位的本土跨国企业。

除了拓展业务规模，提高市场占有率外，锦江股份的国际化发展战略，有利于引进和借鉴国际先进管理经验，整合境内外资源，实现区域优势互补，充分发挥协同效应，提升公司酒店资产价值，加强品牌竞争力。

然而跨国公司进行国际扩张时会遇到因为不熟悉当地市场而产生巨大交易成本的挑战，文化差异越大挑战越大，甚至会影响到国际扩张的成败和企业的生存。锦江股份执行国际化战略的初期阶段，目标应为扩大本土品牌知名度，让东道国消费者接纳外来品牌。但当时的锦江股份国际知名度并不高，直接进入国际市场的成本高昂。尽管锦江股份在国内本土市场上有强大的竞争优势，但由于差异挑战，他们可能难以在国际市场上实施其竞争优势。为了克服外来的不利因素，锦江必须获取东道国的知识和协助，将其作为在新市场生存和成功的关键资源，以便融入国际市场。相对于直接进入国际市场，通过收购东道国酒店可以借助后者的品牌效应、管理体系、顾客资源、信息资源、营销模式等，实现经营管理和运营共享的本土优势，通过协同效应极大地降低进入国际市场并立足当地市场的成本。因此在锦江股份的国际化初期阶段，寻找合适的合作对象或者收购对象是其当时所面临的主要问题。

（3）锦江股份为什么选择卢浮酒店集团作为收购对象？

①理论分析

跨国并购已经成为我国对外直接投资的重要方式，以对外直接投资的方式向东道国扩张，迅速渗透到东道国市场，并通过直接控制其在各东道国的企业和分支机构以适应在全世界范围内从事经营活动的要求，从而不断扩大它在世界市场中所占的市场份额。收购对象的选择，是整个并购计划需要考虑的第一步。跨国并购最重要的目的是能够最大程度地发挥自身的竞争优势和比较优势，积极参与国际产业经济的整合，从而增强自身的国际竞争能力并从微观上使公司获得最大收益。特别地，酒店行业所属的第三产业高度依靠其服务对象的地理分布，这就要求并购的区位需要有数量较大的服务对象。收购对象的选择需要权衡收购对象所在国际区域市场的吸引力，如市场空间、人均旅游消费金额高低和收购对象品牌的竞争能力。在确定了合适的区位后，就要进行具体收购目标的搜寻，最基本的一些考虑包括：收购目标的价值、过往业绩、所处行业的地位、市场份额、管理层的经验与业绩、完成收购后与买方现有资源的整合等。

②案例分析

从收购目标的选择角度来分析，收购目标的选择应当契合锦江股份的发展战略，通过获得协同效用来实现跨国经营。

● 区位定位于欧洲

从区位的选择角度来分析，可观的游客基数，为欧洲的饭店行业带来了巨大的市场，符合酒店行业对于区位的要求。锦江股份此次的收购活动选取了欧洲作为其收购区位，这是因为欧洲作为世界旅游热点，近年来接待游客数量逐年上升。首先，根据世界旅游组织统计的数据显示：欧洲接待旅客数连续四年第一，2011–2014 年四年间欧洲旅游的人数分别为 5.03 亿、5.36 亿、5.63 亿、5.85 亿，并且预计以后年度还将继续增长。可观的游客基数，为欧洲的饭店行业带来了巨大的市场，符合酒店行业对于区位的要求，因此锦江股份将此次的并购区位选在了欧洲。其次，根据国家旅游局统计的数据，中国赴欧洲旅游的人数亦呈上涨趋势，欧洲是中国游客出游选择第二多的地方。锦江作为中国本土的企业，在中国游客心中具有较高知名度，对于出门在外的中国游客来说，更有可能选择锦江旗下酒店下榻。拥有众多的中国消费者基础，是锦江股份选择欧洲作为并购区位的另一方面原因。卢浮酒店集团（LHG）成立于1976年，是欧洲领先的酒店集团，截至2014年6月30日，LHG旗下共计1115家酒店。以卢浮为标的主要考虑了欧洲的市场前景和LHG的竞争优势。LHG的酒店业务立足于法国，覆盖欧洲主要国家，如意大利、英国、荷兰等。与此同时，LHG也在不断拓展全球市场，已进入美国、中东、非洲、亚洲等区域，并在当地拥有市场影响力。

- 经营协同效应（曾光、钟潇，2015）

LHG在经济型与中档酒店行业拥有超过38年的行业经验，旗下拥有四大系列，共计七大品牌，其中Première Classe、Campanile、Kyriad系列（Kyriad和Kyriad Prestige）主要集中在经济型和中档酒店领域。由于二者的品牌契合度较高（从定位来看，Campanile比较接近锦江之星，Kyriad类似于金广快捷，Premiere类似于百时快捷），因此，通过人员交流和运营共享，锦江股份收购卢浮酒店可以获得一定的协同效应预期。同时，卢浮酒店以加盟为主，直营为辅，这与锦江股份的酒店运营模式也较为一致。而锦江全资子公司锦江之星早在2011年已经与LHG签署了《品牌合作框架协议》，为“锦江之星”品牌进入欧洲市场积累了经验，且实际控制人喜达屋资本集团又是锦江酒店集团2006年香港H股上市的基石投资人之一，长期良好的战略合作伙伴关系为公司未来整合及发展奠定了坚实的基础，实现公司目前现有业务与LHG业务之间的优势互补和协同效应，充分利用LHG现有海外业务平台，发挥海外渠道资源优势，有助于公司拓展国际市场。换言之，前期良好的合作使彼此有了初步的了解，有助于收购后的整合和管理协同。

其次，锦江在中国客源方面的优势有助于卢浮酒店更好地吸引赴欧洲旅游的中国客人。从目前欧洲旅游市场来看，由于欧洲旅游市场发展较成熟，度假游盛行，欧洲本土客人对中高端酒店的青睐程度相对更高；经济型酒店和中档酒店竞争相对激烈，加之欧洲经济等大环境影响，卢浮酒店经济型酒店此前入住率相对一般，集中在60%-70%之间，相比国内经济型酒店80%+甚至90%以上的入住率差距明显。但是，由于旅游发展阶段的不同，经济型和中档酒店却备受中国赴欧旅游游客青睐（性价比较高）。加之赴欧旅游的中国游客近几年持续增加，掌握这部分客源可以有效提升欧洲经济型酒店的入住率和盈利水平。在这种情况下，锦江的入主一是可凭借其中方背景有效拓宽卢浮酒店的中国客源，从而改善其盈利能力；二是凭借其既有服务中国客人的经验，改善卢浮酒店的运营管理，增加对中国客人的吸引力。

其三，本次收购可以有效强化锦江股份在欧洲酒店市场的布局。欧洲拥有全球最大的酒店市场，共有约 600 万间客房，在客房数量上排名世界第一，相当于全世界三分之一的客房总量。且 2009 年以后，欧洲酒店可租客房平均收入（RevPAR）开始复苏，经济 / 中档型酒店市场需求反弹。从区域分布来看，卢浮酒店旗下 87% 的酒店都集中在欧洲（尤其以法国为主），中东、美洲、非洲、亚洲及环太平洋地区占比仅在 3%–4%。并且，对欧洲本地人而言，由于消费习惯的差异，欧洲人更为青睐欧洲本土的品牌。因此，收购卢浮酒店也有助于锦江系在欧洲的布局和渗透。欧洲游是中国出境游仍将快速发展的潜力市场。

锦江股份本次收购卢浮酒店较此前跨国品牌输出有了实质性的提高，是公司走出去战略的有效升级，代表着公司海外扩张进入一个新的阶段。

（教师也可以进一步拓展第一个思考题的理论中的协同效应和交易成本理论应用。）

（4）锦江股份并购卢浮酒店集团时的交易结构是如何设计的？该交易结构设计有何优点？

①理论分析

确定收购对象之后，接下来就是收购价格的谈判，以及支付方式的选择。大型并购涉及到的金额巨大，因此，支付方式的选择通常需要结合融资方式的考量，最后形成交易架构的设计。

● 收购价格的确定

收购价格是指并购各方根据自己的切身利益商谈的收购目标最终产权出售定价，它是并购方在并购活动中支付的成本或费用，它在整个并购活动中和双方的利益紧密相连，同时也是最重要的关键点。

通常来说，海外并购包括一对一谈判的非竞购交易和公开竞标交易。

非竞购交易指卖方与某一特定买方进行接触、谈判确定交易价格完成收购。在公开竞标交易的情况下则是卖方通过委托投资银行邀请多家潜在买家进行投标、谈判，通过多次投标筛选出提出最优收购条件的买方。在非竞购交易下，符合条件的买方将与收购目标方进行排他性的沟通与交流，在前期沟通顺利的情况下，买方便可以进入尽职调查阶段（尽职调查的范围包括深入了解收购目标的资产、业务、财务、法务与合规、税务、人力资源、环境保护等）。在尽职调查后，买方提出意向收购价格，而最终的价格则由买卖双方一对一协商后确定。

公开竞标交易的情况下则是卖方通过委托投资银行邀请多家潜在买家进行投标、谈判，通过多次投标筛选出提出最优收购条件的买方。一般情况下，公开竞标交易需要先后签订备忘录、意向书，进行尽职调查，再签订合约，最后股权交割。买卖双方往往要进行多轮谈判，卖方要对买方进行多次筛选，在经过多方评估后，卖方要挑选出一个自己最中意的竞标买者并进入交易谈判阶段。在这种方式下，众多买方为了成为卖方企业的“意中人”，在价格的确定中会陷入多方博弈的状况。一方面，叫价不能过低，否则很可能提早出局；另一方面，叫价亦不能过高，否则最终收购价格中将包含有失公允的、过高的溢价。

● 支付方式的选择

目前国内上市公司并购重组采用的支付手段主要有三种，即现金支付、资产置换和股份支付，其中股份支付是我国境内并购重组交易中最主要的支付手段。相较而言，上市公司境外并购采用的支付方式主要为现金支付、股权支付以及现金和股权混合支付。

在股权支付方式下，并购方以自己的股权作为对价，通过与目标公司的股东进行股权交换，从而获得目标公司的控制权。这样的方式虽然能避免企业在短期之内筹集大量资金，但存在着以下几个方面的缺陷：

◆ 由于增发新股在一定程度上改变了上市公司的股权结构，稀释了原股东的所有权，甚至可能使某些老股东失去控制权；

◆ 股本扩张可能稀释每股收益，导致股价下降；

◆ 股票发行手续繁琐、迟缓使得竞购对手有时间组织并竞购。与股权支付方式相比，现金支付具有简单、迅速的特点，并且不会造成收购方的股权稀释。

现金支付方式在我国跨境并购的实务中广受欢迎，究其原因，除了现金支付本身具有直接、简单、迅速的特点外，下列因素是造成我国上市公司境外收购支付方式单一化的真正原因：

第一，监管制度的限制。根据《外国投资者对上市公司战略投资管理办法》的规定，只有符合特定条件的外国投资者经过商务部严格的审批程序后方可成为上市公司的股东，同时其持有的上市公司股份比例不得低于 10%，且必须锁定三年。如此严格的监管导致上市公司的股票缺乏流动性，这是造成目前上市公司境外收购支付方式单一化的主要原因。

第二，我国资本市场成熟度的限制。目前我国资本市场相对不成熟，国际化程度低，波动较大，通过股权支付的方式往往使境外交易相对方面临巨大的交易风险。

第三，严格的股份发行审批程序的限制。目前上市公司股份发行需要受到证券监管部门以及其所在证券交易所上市规则严格的监管限制，繁琐、费时的发行审批程序极易使上市公司在瞬息万变的海外竞标中错失良机。特别地，在 2014 年第四季度，证监会正式取消了上市公司现金并购的行政审核，使得选择现金作为支付方式的企业能够更加快速地完成交易。

然而，现金收购却对收购方的资金筹措能力提出了更高的要求，因此在选取现金方式作为支付手段后，往往需要考虑配套的资金筹措方案。

● 融资方式的选择

融资方式主要包括内部自有资金融资、外部股权融资和债权融资，大额并购所需资金量较大，通常需要银团融资、杠杆融资和资产证券化等综合设计。

● 跨境交易架构的设计

跨境并购的交易架构可简单划分为直接投资架构和间接投资架构。直接投资架构，就是指境内的投资公司直接向境外的被投资公司投资。相对于直接投资架构，间接投资架构是指投资者在境外投资时，通过其他国家或地区设立的中间控股公司间接持有投资地公司的投资模式。

在全现金收购方式下，跨国并购通常通过设立境外子公司（特殊目的实体，SPV）的方式来实现。这是一种间接收购的方式，实际进行收购操作的是 SPV。通常而言，设立 SPV 的一般地域根据投资并购目的地不同而不尽相同，比如非洲通常为毛里求斯，欧洲通常为比利时、荷兰、卢森堡，东南亚通常为新加坡等，而且实践中出于避税或隔离法律风险目的会设多层的 SPV 结构。该方案操作具体如下图：

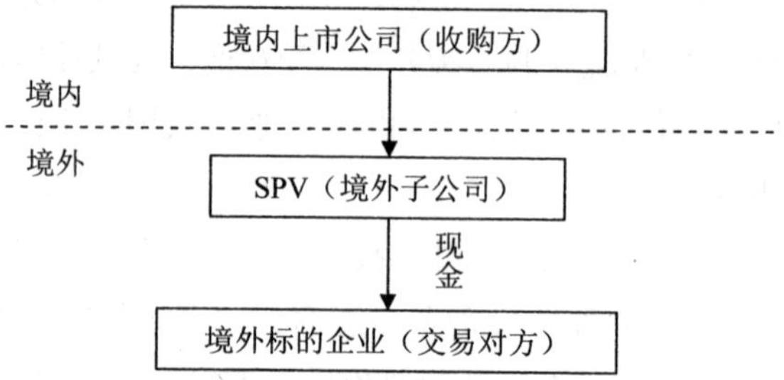

图 2　跨境间接收购设计简图

该方案主要有下列优势：缩短境外审批部门对并购交易审核的时间；可利用控股子公司（SPV）所在地政策享受税收上的优惠，节约税收成本；可利用控股子公司（SPV）隔离风险并可方便退出；对于有资产变现需求的出售方而言，全现金收购具有相当的竞争力。

②案例分析

跨境并购的交易架构可简单划分为直接投资架构和间接投资架构。锦江股份并购卢浮集团时的交易结构是间接投资结构。

锦江股份此次跨境并购的交易架构的设计是通过设立境外子公司（特殊目的实体，SPV）的方式来实现。锦江股份首先在上海自贸区设立了锦江资本管理公司，又在香港设立了壳公司，最后是卢森堡的工具公司，以上三个公司均为此次收购的

SPV。锦江股份将资金汇入锦江资本管理公司，再由锦江资本管理公司汇入香港壳公司，最终汇入卢森堡海路投资，由卢森堡海路公司完成对卢浮酒店的并购。卢森堡是全球税收最低的地区之一，由卢森堡海路公司作为本次交易的直接购买方，能够极大降低交易成本；而通过自贸区汇出境外资金，跨境并购的审批将更加高效、快捷、便利，其收购很快通过批准，是对现有政策的最大限度利用。

锦江股份成功设计交易结构的原因：其一，跨境并购趋势愈烈，有例可循。各种跨境并购先例为锦江股份交易框架设计提供了可借鉴的经验。其二，战略投资者的协助。弘毅投资拥有丰富的经验，助力锦江股份更好地进行交易结构设计。其三，降低财务成本。卢森堡是全球税收最低的地区之一，能够极大降低交易成本。其四，降低法律风险。SPV 是独立的法律实体，可以承担一些契约责任，从而实现与中国境内母公司的法律责任隔离。其五，节约时间。避免复杂的行政报告程序，SPV 在境外进行再投资，无需向国家外汇管理局备案，是对现有政策的有效利用。

锦江股份斥资约 13 亿欧元购买喜达屋旗下卢浮集团 100% 的股权，并以现金支付的形式支付了全部对价。案例中，锦江股份采取了内部融资与外部融资相结合的融资方案。内源性融资为 50 亿元的人民币自有资金（包括 2013 年锦江国际集团和旗下香港上市公司锦江酒店出售的国内两家酒店资产及 2014 年锦江股份定向增发引进弘毅资本的资金）；外部融资则是通过自筹的 50 亿元内存资金作为担保，以内保外贷的形式在境外担保贷款相当于 102 亿元人民币的欧元。

内保外贷是债务融资的一种特殊形式，指由企业内部的总公司给银行担保，银行在外部给企业解决贷款问题的一种形式。内保外贷分两部分：一是“内保”，一是“外贷”。“内保”就是境内企业向境内分行申请开立担保函，由境内分行出具融资性担保函给离岸中心；“外贷”即由离岸中心凭收到的保函向境外企业发放贷款。具体操作方式如下图所示：

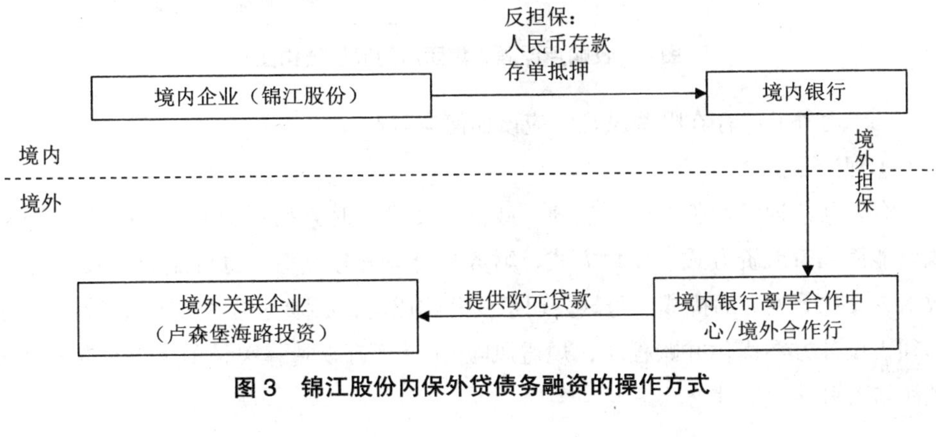

图 3 锦江股份内保外贷债务融资的操作方式

在该种操作模式下，不但解决了收购所需要的全部资金，还能够带来以下好处：首先，卢森堡海路投资公司直接取得境内银行离岸合作中心 / 境外合作行的贷款，从而有效规避了资金从中国境内汇出所导致的汇率风险。其次，锦江股份将 50 亿元人民币存入银行，境外关联企业卢森堡海路投资公司则向银行借款，存贷的利息不同，整个集团能够获得一笔存贷利息差，进一步降低收购的财务成本。再次，锦江股份没有选择使用股权作为对价的原因，一来是现金具备较强流动性；二来是锦江股份为国有企业，不使用股权对价能够避免自身股东的股权稀释和每股收益稀释问题，维持公司现有股权架构；三来是发行股票会导致股票价格的下降，从而可能导致其股价不稳定和市值受到影响；四是并购期间锦江股份的股票价格没有被高估，使用股票对价无法获得较大利益，此外 2013–2014 年间公司股票波动较大，使用股票作为对价也存在较大风险。

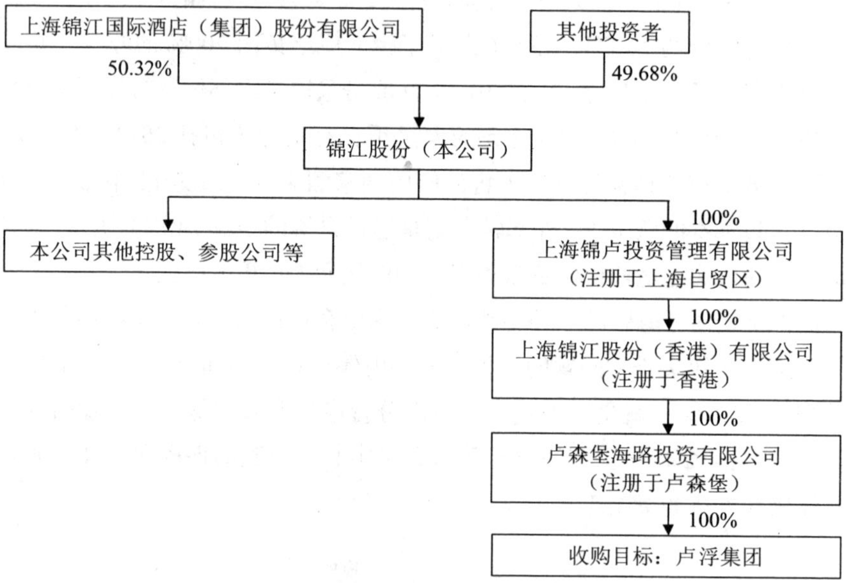

图 4　收购卢浮酒店集团后的股权结构图

（5）海外并购存在哪些风险？应该如何应对？

①理论分析

海外并购通常面临经营、法律、政治、文化、财务和并购后整合挑战等风险。既可能面临着融资方式、支付方式、财务整合等财务风险，也可能面临来自法律、政治、文化等方面的挑战。跨国公司想要并购成功，必须尽力去解决这些难题，也必须去设计方案优化并购程序，规避风险。（教师可以选择关键的财务风险和整合挑战切入引导学生讨论。）

● 并购的财务风险

企业的并购财务风险指的是企业由于并购过程中的定价、融资、支付、整合等所造成的财务危机，表现为并购失败、并购收益小于并购成本、并购企业股东财富减少等。企业的并购财务风险通常被视为是企业并购中最为重要的风险之一。并购的财务风险贯穿并购的整个过程，一般分为以下几类：

第一，价值评估风险。当并购企业对被并购企业进行价值评估时，由于存在双方信息不对称、被并购企业粉饰财务报表等问题，被并购企业的价值评估结果与实际价值之间可能存在巨大差异，如果价值评估结果过高易导致交易价格过高。

第二，融资风险。并购的交易价格通常较高，需要企业通过融资来应对，不同的融资渠道和融资方式带来的融资风险不同。融资渠道可分为内部融资和外部融资，内部融资的资金来源是企业自有资金，成本低、简便，但其金额可能不足以支持企业的并购行为，并且大量占用自有资金可能影响企业的正常运营。外部融资主要是指债务性融资和权益性融资。债务性融资是指通过贷款或发行债券等方式融入资金，金额相对可观，但资金成本也相对较高，会损害企业的流动性，企业需考虑偿债能力。权益性融资是指用发行股票的方式来筹集资金，没有债务性融资偿还借款的压力，但是会稀释原股东的控股权，门槛也较高。

第三，支付风险。企业并购支付对价的方式主要有三种：股权支付、现金支付、混合支付。由于所采用的支付方式不同，产生的支付风险也各不相同。当企业在并购中通过现金进行支付时，这种方式简单、快捷、支付的金额较为明确，也不会受到市场波动的影响而发生变化，更不会稀释原有股东的股权。但是，采用现金支付必然会加大企业资金压力，从而在无形中降低了并购企业的资金流动性。当企业通过股权进行支付时，虽然减少了在现金支付中会带来的巨大资金压力，并且有效规避了估价风险的发生，但是通过股权支付将会稀释并购企业原股东的股权。而混合支付方式一方面不会为企业由于并购带来过重资金负担，并且保证了企业资金的流动性，同时还在很大程度上规避了企业并购出现的股权稀释问题。

第四，财务整合风险。企业并购成功后，形成更为复杂多层的委托代理结构链条，增加了对企业集团财务管控的难度，因此要对被并购企业的财务状况、人员状况、企业文化等进行迅速地调整和整合，最终实现企业预期的收益目标。并购后整合风险是跨国并购的关键所在。跨国并购整合风险不同于国内并购的整合风险，其中最为关键的就是文化背景差异的整合。这个文化差异，不单指企业文化，它还指民族文化差异，包括双方管理风格、行为差异、思维方式差异。解决这个问题的关键在于如何使企业自主化，如何做到求同存异。文化是企业控制权的根本标志，企业通过文化整合才能形成共同的规则，而要把一个异质文化的实体有机地纳入自己的文化体系中，是件非常重要、复杂的事。解决这个问题就需要管理层要有高瞻远瞩的目光，要有开放的思维，做到求同存异。而财务整合风险主要是指企业在被并购后对企业的财务人员、财务资源、财务制度等由于不能及时进行有效整合而最终导致企业的实际利益与预期收益之间存在背离，从而增加并购企业风险的一种可能性。企业在并购过程中并不是简单地完成支付过程就完成了整个项目的并购，实现并购后的整合是企业并购环节的最后一个部分，但这一部分也是非常重要的。这也就是通常所说的“并购容易整合难”，当在并购后期整合中出现了问题必然会对企业未来的运转效率、盈利能力等带来影响，如不能及时纠正，必然会导致并购的失败。

②案例分析

2015 年，锦江股份收购卢浮集团后，股价显著上升，表明市场看好锦江股份的国际收购。

基于会计研究法，锦江股份的盈利能力显著提高。自 2015 年国际并购后，营业毛利率相较于以前也有所提升，2015 年起，锦江股份的营业毛利率稳居 90% 以上，均高于其 2003–2014 年的数值。

● 理论视角：开放式问题

● 案例分析：案例分析了锦江股份逐步重组和国际化的过程，但重组后仍有一系列的整合工作，尤其是国际并购。锦江股份从一家专注于国内市场的上海国企发展为国际化的企业，除了财务风险外，还面临着诸多的整合风险，包括经营整合风险、人力资源整合风险、文化整合风险等。同时还需注意锦江股份在应对这些风险的时候如何既保持住中国企业本身的文化元素又展现国际化。

● 关于海外并购的财务风险及锦江股份如何应对方面

并购中的财务风险有价值评估风险、融资风险、支付风险、财务整合风险等。

锦江股份在并购卢浮酒店时，面临多种财务风险。

价值评估风险方面，锦江对卢浮集团的估值严谨而周全。在估值程序上，锦江采取了初步估值分析、资产尽职调查、邀请专业化的国际中介等。同时，也以保证性托底条款及高额违约金来进一步确保卢浮集团价值的真实准确性，减少价值评估风险。

融资风险方面，锦江股份选择了低成本的融资风险。一方面利用酒店的资产，另一方面也进行贷款。自有资金方面，一是来源于拍卖锦沧文华大酒店股份和银河宾馆主楼和裙楼的资产，二是来源于弘毅资本，自有资金约有 50 亿人民币。贷款方面，锦江股份主要采用内保外贷的模式在境外担保贷款，金额约 102 亿人民币，平均利率在 2% 以下。既解决收购需要的资金，又降低财务成本，规避汇率风险，获得内存外贷息差。

支付风险方面，锦江股份选择 100% 的现金支付，快捷便利，不影响股权上的控制权。但其现金绝大多数来源于借款，因此锦江股份面临着较大的偿债压力。此外，锦江股份也采取了巧妙的国际交易结构节约支付成本。锦江股份借助壳公司和工具公司，实现了合理避税。此外，锦江酒店在国际扩张之路上，在酒店市场成熟、稳定的地方，采取重资产扩张；在酒店市场环境较差的地方采取轻资产扩张。这种双重模式既可以避免过高负债压力，降低流动性风险，又可立足长远发展，保持盈利能力。

财务整合风险方面，锦江股份面临着较大的偿债风险。并购后，锦江股份的资产负债率和财务费用率显著提升，表明公司偿债能力下降，锦江股份应进一步提高盈利能力，削减不良资产，减少并购后的财务整合风险。

五、关键要点

本案例分析关键要点在于对锦江股份实施国际化战略的动因、海外并购对象选择以及如何设计海外并购交易结构的深入理解和把握，教学中的要点包括：

（1）经济全球化发展背景下，锦江股份的国际化战略；

（2）锦江股份海外并购对象的选择和准备；

（3）海外并购交易结构设计和风险识别与规避。

六、建议课堂计划

本案例可供独立的案例讨论课使用，以下是按照时间进度提供的课堂计划建议，可供参考。整个案例课的课堂时间控制在 135 分钟左右（3 课时）为宜。

1. 课前计划

发放案例正文，请学生在课前完成阅读，了解锦江股份卢浮酒店集团实施国际化战略的历程，可提示学生可以查找有关锦江股份公司年报和重大公告等资料，形成对本案例的初步认识。

2. 课中计划

● 课中时间安排

课程用时控制在 90 分钟之内，完成系列知识教学环节：案例综述、分组讨论、延伸问答、归纳总结，细致时间安排见下表所示。

案例课堂讨论计划

序号	内容	教学内容	时间
1	简要引导 知识点 铺垫	老师就本案例背景进行简单介绍（案例主题、主要理论、课堂形式）	30 分钟
2	案情回顾	随机提问各组学员，对案例主要情节进行回顾，使得学员对案例有一个整体的把握	20 分钟
3	分组讨论	分小组对案例启发思考题进行讨论，在组长的引导下，形成最终答案	30 分钟
4	小组发言	采用点名与小组推荐代表相结合形式对相关启发思考题进行发言，其他小组成员可以提出问题与补充	30 分钟
5	案例总结	老师根据各组回答和理论知识点进行总结，同时启发对锦江股份海外并购案例的进一步思考	15 分钟

3. 课后计划

请查阅锦江股份 2015 年后其他并购案例，简要分析系列并购对其国际化战略实施的影响，字数 3000—5000 字。

参考文献

[1] 戴斌．集团化进程中的政府行为与市场取向——评锦江国际（集团）有限公司的成立[J]．饭店现代化，2003(3):5–8.

[2] 上海证券交易所．锦江股份收购卢浮集团：酒店业巨资的高效并购[J]．证券法苑，2017, 19(1).

[3] 毛付根，林涛．跨国公司财务管理（第 3 版）．东北财经大学出版社，2016

[4] 谢沂，王志华．锦江股份与锦江酒店资产置换并购的估值分析[J]．财务与会计（理财版），2014(12).

[5] 余炳炎．解读锦江国际（集团）有限公司[J]．饭店现代化，2003(3):4–5.

[6] 曾光，钟潇．锦江股份（600754）：走出去战略升级，收购卢浮集团品牌意义大于业绩贡献．国信证券公司研报，2015–01–19.

案例 8

在体验经济中脱颖而出的创意餐饮模式

——黔元傩的文化体验餐饮之旅

苏勇[1] 吕逸婧[2]

（1 复旦大学管理学院，2 厦门大学管理学院）

【案例摘要】黔元傩文化体验餐厅抓住当前餐饮市场上不重视用餐环境、不重视餐饮体验的市场空白，以“文化渗透餐饮、餐饮展示文化”的文化体验餐饮模式作为主打经营战略，成为时下餐饮业的全新产物。作为当时餐饮市场上的稀缺产品，黔元傩文化体验餐厅靠着自身的资源积累与文化创意，成为行业内一家品质型、创新型的餐饮企业。黔元傩文化体验餐厅坚持把品质、创新、用心摆在企业文化的首要地位，十年如一日地恪守品牌理念，深耕细作，稳步发展。对这些经营理念的坚守使得集团旗下所经营的每一家文化体验餐厅都颇为成功。然而，随着市场上竞争对手蜂拥而入，长乐集团的这些品牌基因与文化名片能否为其带来持续的竞争优势？对品质与文化的坚守又是否能够有助于集团的可持续发展？这还需要长乐集团在后续的经营过程中为我们给出解答。①

【关键词】文化体验餐厅；品质坚守；持续创新

2020 年初，新型冠状病毒席卷全球，为数众多的企业在这场疫情中受到重创，餐饮行业更是遭受到不小的冲击。面对客源的骤降以及众多的限制性要求，许多餐饮企业停业止损。一项由中国饭店业协会开展的调研表明，疫情期间，餐饮企业的营业额整体同比下降超九成，客单价同比下降超六成，开源路径不畅，现金回流艰难。如此严峻的疫情之下，有这样一家餐饮企业，积极响应国家稳岗稳员的号召，

① 本案例由复旦大学东方管理研究院院长、管理学院企业管理系主任苏勇教授，厦门大学管理学院旅游与酒店管理系吕逸婧助理教授根据企业调研和公开发表资料编写。案例仅作为教学和研究资料供课堂讨论使用，不代表对本案例所含相关内容的认可，亦不作为原始数据的来源。

与员工共患难，不减岗、不减员，并推出特产大礼包及特产提货套装积极增收。疫情趋于平稳后，企业及时通过扩容用餐空间、隔间开放包厢等形式恢复营业，在确保安全的前提下获得一批忠实客户的支持，迎来较高的堂食复工率。这家餐饮企业就是来自贵州的黔元傩文化体验餐厅。黔元傩文化体验餐厅究竟有何魔力，能够在激烈的餐饮业竞争中立于不败之地？又缘何能够赢得广大消费者的信任，坐拥一批忠实客户？答案就在其创意无限的文化体验餐饮模式中。

走进位于贵阳机场附近黔元傩文化体验餐厅的大门，扑面而来的是一股质朴典雅的气息：黑白相间的传统建筑，一字排开的迎宾铜鼓，郁郁葱葱的参天大树，小桥流水，曲径通幽。园林和宅居风格相融，内外装修质朴大方，别具神韵。这一幅世外桃源的景象，着实难以令人相信这是一家集现代化三维立体投影技术与传统歌舞戏剧于一身的文化体验餐厅。贵州黔元傩文化体验餐厅始建于 2014 年，占地 20 亩，建筑面积 3000 平方米，投资 8000 万元。体验餐厅依湖而建，掩映在钟灵毓秀的香樟园区内，集风景灵气、建筑精华与文化精髓于一身，以对贵州非物质文化遗产的挖掘、研究、保护、创新、应用和弘扬传播为己任，为各方来宾提供了一个展示黔文化、传播黔文化的综合平台。这家与众不同的文化体验餐厅，和人们较为熟悉的黔香阁餐厅出自同一门下，是长乐集团的第四代文化体验餐厅，也是集团旗下的第六家文化体验餐厅。从上海、北京到贵阳，长乐集团将具有浓郁地方特色的黔系菜肴与黔文化带到了宾客的面前，并将这一地方菜系与传统建筑和传统文化相结合，在用餐过程中为来宾营造出集视、听、味、嗅、触于一体的感官盛宴。

一、体验创意初现

“当时的餐饮行业，整体仍处于一个较为低端的状态。客户对餐饮行业的要求仅仅停留在吃饱、吃好的阶段，对就餐环境、服务体验等并没有太高的要求。”抓住了这样一个商业契机，长乐集团的董事长李建忠先生决定涉足餐饮行业，为时下中国的餐饮行业注入更多的文化内涵与生机活力。

眼下，“黔香阁”与“黔元傩”均为长乐集团旗下的集团化餐饮企业，其商业模式可谓独辟蹊径，文化景观渗透特色餐饮，同时引入“体验”的概念，在中国餐饮业掀起了一股不小的文化体验餐饮风潮。早在 1996 年，李建忠董事长注册成立长乐集团。基于李董 1990 年下海后从事精装修行业的丰富经验，李建忠最初将公司的主营业务定位为装饰装潢设计，并在这一领域获得了成功。随着业务大幅提升，资金逐渐充裕，作为一名古建筑爱好者的李建忠，开始涉足古建筑的保护、开发与再利用，并逐渐形成将这一个人爱好与商业、文化相结合的理念。出于对家乡餐饮的热爱，自小生长在贵州的李建忠先生初步萌生了在古建筑中开办黔菜餐厅的想法。在他看来，餐饮本身就是文化的重要组成部分。由于贵州封闭性的地理环境，黔文化虽然保存了丰富而独特的民族文化资源，却也在传播与推广上受到了一定的阻碍。李建忠说："古建筑保护也好，创建餐厅也好，这里面有一种使命感。如果能够借此机会将家乡的菜品及文化推广到全国各地，并受到大众的认可，那我们为什么不试一试呢？"正是出于对家乡文化的这份热爱与认同，李建忠先生开创了独一无二的"文化渗透餐饮、餐饮展示文化"的文化体验餐厅。

经营战略的准确制定为长乐集团的餐饮经营找准了方向。抓住当前餐饮市场上不重视用餐环境、不重视餐饮体验的市场空白，长乐集团进军餐饮市场，以"文化渗透餐饮、餐饮展示文化"的文化体验餐厅作为主打经营战略，成为时下餐饮业的全新产物。作为当时餐饮市场上的稀缺产品，长乐集团的黔香阁文化体验餐厅成为行业内一家品质型、创新型的餐饮企业，并逐渐在发展中站稳脚跟，成为颇受大众关注与认可的餐饮企业。

二、在体验中坚守品质

将文化引入餐饮，说起来容易，真正实践起来却有不少难处。其一，引入怎样的文化元素，如何将文化与餐饮产品、环境、过程具体结合？其二，注入文化元素，如何获得顾客的真正认同？在20世纪末，这种模式能否真正起到实效？其三，也是最重要的，文化引入餐饮，势必会增加成本，此举能否带来良好的盈利？

2000年的上海市陆家嘴商城路，一家与众不同的"博物馆餐厅"悄然开张，这就是长乐集团的第一家文化景观餐厅——黔香阁。"第一家餐厅开业时，我们就有了非常清晰的定位，我们要做品质。"长乐集团董事长李建忠如是说。从创建伊始，董事长李建忠先生对黔香阁的定位目标就是将其创办为一家"百年老店"。不同于其他餐厅草草装修便急于开张盈利的情况，定位清晰的长乐集团在博物馆餐厅的开张过程中，光改造装修就前前后后斟酌了长达大半年的时间。当时的餐厅，口味的满足便是成功经营的主要因素，还很少有餐饮企业开始关注用餐环境的提升。长乐集团可谓是第一批吃螃蟹的勇士，他们花费了大量的时间和精力，在第一家博物馆餐厅中融入了中国传统的三雕（石雕、木雕、砖雕）设计、字画古董陈列以及天圆地方等传统环境因素的考量，力图使客户在获得美妙味蕾享受的同时，也能在视觉和用餐环境上获得极佳的体验。

张瑞敏说，在经营中要争取成为先驱，不要成为先烈。刘永好也说，我们只领先半步。在20世纪末，黔香阁超前的商业模式，并没有立刻就获得顾客的认可，这样一种令人耳目一新的概念与设计，并没有让定位新颖、稳扎稳打的第一家黔香阁餐厅在上海地区一炮而红。开业以来，第一家黔香阁餐厅在长达半年的时间里始终处于亏损的状态。经过多方的调查与咨询，长乐集团发现了问题的症结所在：在产品上，过于纯正的黔系辣菜让吃惯了甜口的上海和江浙客户着实难以接受。在文化环境上，习惯了吴侬软语的江浙顾客对于重口味的黔文化还有一个熟悉接纳过程。找到了问题的关键，黔香阁一方面开始了漫长的菜品改良和调整过程。董事长李建忠每天与厨师们一道加班加点，基本上每天专攻一道菜品的口味改良。五六个师傅同时烹饪一道菜肴，由所有员工一块品尝，提出意见，几番品评比较之后，最终确定这道菜品的口味与做法。每天餐厅打烊之后，这样的做菜、试菜流程才正式拉开帷幕。所有的餐厅管理者与员工们一道加班加点，毫无怨言，终于完成了所有菜品的改良与调试。经过一段时间的改良，黔香阁逐渐确定了辣度适中并符合大众审美的菜肴口味，开始成为颇受追捧的新式黔菜馆。从原先的经典贵州菜，到创新贵州菜，乃至结合了东部地区口味的海派贵州菜，口味上的改良升级让黔香阁进一步走入了大众的视野。另一方面，公司适当调整了餐厅的环境布局，并通过增加宣传册、文字说明等方式加大对黔文化的宣传，以让顾客得以更快、更深入地了解黔文化。菜品与口味的改良升级以及文化环境的改进措施，让黔香阁在度过长达半年的亏损期后逐步扭亏为盈，并开始受到上海地区消费者的追捧，在就餐高峰期常常出现排长队的景象。

值得一提的是，即使处于长达半年的亏损状态下，长乐集团依然如他们所坚称的那样，自始至终坚持对产品品质的坚守。从前期装修的精雕细琢，到菜品原材料的精细把关，这一切的选择和坚守背后都是巨大的成本投入。集团运营总经理张建山谈道：“我认为在这个过程当中，是一个有智慧人的坚守，我们的董事长坚持要做品质，他的这种坚守非常可贵。”也正是这番对品质的坚守，让第一家黔香阁餐厅逐渐战胜了诸多竞争对手，以优质的菜品、服务以及良好的就餐环境赢得了大众的好评与青睐，成为上海知名的黔菜馆。对于餐厅经营过程中成本与收益的权衡，李建忠董事长坦言，他从未因为利润的考量而放松过对黔香阁餐厅的高标准严要求。“起步的时候我就非常清楚，我们当然希望餐厅能盈利，但是我觉得这里面有一种使命感。贵州的文化是相对弱势的，我希望通过我们小小的努力，让贵州的文化在全国强势起来。”这种致力于推广和弘扬贵州文化的使命感，一步步推动着长乐集团走到了今天。

长乐集团对品质的坚守还表现在许多其他方面，例如餐饮公司成本损耗最大的一块——原材料，长乐集团就始终坚持从贵州空运新鲜食材。包括重要的调味品例如菜籽油、辣椒等，为了保证口味的纯正，长乐集团也始终坚持采用产自贵州的调味品。此外，对菜谱的印制，黔香阁采用贵州非物质文化遗产古法造纸生产的纸张，印刷上采用现今唯一在用的象形文字水书，整本菜谱具有浓厚的古典黔文化韵味，力图从每一处细节体现出“文化渗透餐饮”的公司战略。

三、永不止步的创新意识

有了第一家黔香阁餐厅的成功，脚步稳健的长乐集团在2006年才开始进一步的扩张。从上海虹桥店、上海碧云店到北京郡王府店，长乐集团开始主打文化体验餐厅的概念，并在餐厅中启用董事长的多年珍藏——古建筑构件。出于对传统文化的热爱，长乐集团董事长李建忠收藏了上百栋中国传统建筑的构件。在这几家新开张的门店中，长乐集团大胆启用古建筑形态作为餐厅的主体，让来宾置身于古香古色的徽派建筑就餐环境中，不仅体现了对中国传统建筑的保护、开发与再利用，也实现了对中国传统文化的弘扬与传承。在体验餐厅的装修过程中，古建筑的迁移与重建无疑是一项浩大的工程，既要在迁移过程中保障每一个建筑结构的完好无损，又要保证不丢失任何一个建筑模块。每一家这样的古建筑餐厅，长乐集团都用了长达一年多的时间进行迁移、修缮和装修。精雕细琢，精益求精，经过反复的打造与实验，长乐集团真的实现了让宾客们在古建筑中用餐的大胆构想，也实现了中国餐饮业的一大文化创新。

除了古建筑的起用与再开发，长乐集团进一步在公司新一轮的战略转型升级中融入了全新的文化元素，力图将“文化渗透餐饮”的经营战略发挥到极致。2014年，一家升级版的贵州非物质遗产文化体验餐厅开始进入人们的视野。贵州是全国非物质文化遗产项目最多的一个省份，全省上下共有六百多项非物质文化遗产，其中国家级非物质文化遗产就高达六十多项。以贵州省的多彩贵州城项目为依托，全球首个中国古建筑创新再应用项目、贵州非物质文化体验中心——黔元傩文化体验餐厅就此诞生。多彩贵州城是贵州省产业投资集团打造的一个大型旅游综合体，意在集中贵州省的大量旅游资源，让游客们得以在多彩贵州城内领略贵州省的总体旅游资源概貌。“今后这个地方（多彩贵州城）就是我们贵州旅游的一个母港，也是省会城市贵阳的一个城市客厅，还是我们多彩贵州风的一个风景眼。”贵州省产业投资集团董事长翟逸先生如是说道。以此为契机，主打“文化渗透餐饮、餐饮展示文化”的黔香阁餐厅作为展示贵州传统文化与黔菜文化的文化体验餐厅，成功吸引了贵州产业投资集团的注意，并成为多彩贵州城的一个重要合作项目。

长乐集团将这一全新升级改版的文化体验餐厅定名为黔元傩。在黔元傩里，一步一景，每一幢建筑每一个细节，都有中国传统文化的踪迹可循。黔元傩的三栋主建筑取自康熙年间丁宝桢的故居桢樌阁、谷丰故居都统楼以及嘉庆年间黎庶昌的故居英华楼。英华楼里的半壁文化景观墙，用装置艺术和现代多媒体手法，由点到面地展示了贵州 17.6 万平方公里的民族风情和文化风貌。桢樌阁里，设有国内第一家多媒体、情景式非物质文化遗产体验餐厅。20 道帷幕和 24 台多媒体投影机组成的三维立体投影感官舞台，让宾客们得以全方位地享受傩戏与傩文化带来的视听盛宴。古戏台始建于咸丰三年，经过现代化技术处理，可以实现 360 度旋转，充分满足观众全方位欣赏歌舞戏曲的需求。在这里，宾客们可以在用餐之余欣赏到贵州最具代表性的傩戏、侗族大歌、芭沙枪舞、八音坐唱等戏剧歌舞表演。中庭的 25 米长桌则源自于贵州民间的长桌宴，长桌上摆放着由苗族头饰演化而来的餐盖、贵州非物质文化遗产牙舟陶演化而来的餐巾托以及为了让宾客们更好地融入歌舞戏曲表演中的傩戏面具等。此外，长桌上摆放的菜谱用纸是由贵州丹寨县古法造纸所出产的，上书现今唯一在用的象形文字水书，为宾客们详细介绍每一道菜肴的来源与出处。长桌正上方设有投影仪，随着菜色的变化投射不同的光影，在精致的餐具和可口的美食上方，为每位宾客呈现五彩缤纷的影像变幻。整场餐宴共 11 道黔系菜肴，结合三维立体的投影成像及贵州传统傩戏歌舞，为宾客呈现出风味盎然的全方位文化体验。

至此，长乐集团实现了对旗下文化体验餐厅的全新战略转型升级。为了保持市场的领先地位，从第一家博物馆餐厅到眼下的非物质文化遗产体验中心，长乐集团不断对旗下餐厅的经营模式进行着升级换代的创意改造，确保集团餐厅时刻流动着新鲜的血液。“其实从黔香阁到黔元傩，我们一直都是引领着餐饮市场的。当大家都还在说吃得饱的时候，黔香阁就有了博物馆餐厅的概念；当大家刚开始要求有环境的时候，黔香阁已经提出了文化餐饮；而当大家都开始关注文化的时候，我们已经到了体验的一个高度，它始终是领先的。”这种永不止步的创新意识也为长乐集团带来了可观的经营收益。尽管长乐集团并不以市场营收为经营公司的首要目标，但这种领先市场、客户为重的经营方式仍然为集团每年的营业收入带来了显著的增长。

“拿来主义永远无法禁止，要保持在市场上的领先地位，就要求经营者不能固守停留在原来的层面或水平，而要不断地去创新。”长乐集团执行董事戴黔锋如是说。面对着越来越多到黔香阁前来取经的同行业者，长乐集团始终警钟长鸣，一刻也不敢在漫长而艰辛的创意升级之路上停下脚步。自第一家注重用餐环境的博物馆餐厅成功开业以来，长乐集团相继拿出了董事长李建忠先生多年珍藏的中国传统建筑，大胆启用这些传统建筑作为餐厅的主体结构，让消费者置身于原汁原味的古典用餐环境当中。在这样一种前所未有的用餐环境中，客户得以真正身临其境，亲身体会到古香古色的传统建筑风采，并切身感受传统古典文化的魅力。这些以传统建筑为依托的文化体验餐厅相继在上海虹桥店、上海碧云店以及北京的郡王府店取得了成功。自此，长乐集团不仅实现了对中国传统建筑的保护、开发与再利用，也实现了对中国传统文化的弘扬与传承。文化体验餐厅的战略转型升级也并没有让长乐集团放慢继续创新的步伐。经过周密而完善的规划与筹备，黔元傩非物质文化遗产体验餐厅进一步以现代化的多媒体投影设备结合贵州传统的歌舞戏曲表演，让消费者们在用餐之余享受全方位的视听盛宴，真正做到了体验至上，打造出行业内少有的、极具创意的文化体验综合体。

与此同时，一些与黔香阁餐厅同时起步的餐饮企业却陷入了因经营战略不当所导致的失败局面中。某家在起步阶段风靡一时的高端餐饮公司，在经营过程中过度追求经营的规模化，盲目进行快速的门店扩张，同时逐步放缓甚至停止了对创意菜品的研发与创新，加之时下大量中高端餐饮涌入市场，又有非市场因素所导致的市场疲软走弱，这家公司终于在经历了疯狂扩张遇挫、股权转让、融资上市失败、资金链紧绷等一系列的经营战略滑铁卢之后，逐渐让出了中国高端餐饮的一把交椅。

长乐集团则有所不同，他们很早就意识到，疯狂扩张和止步不前的状态只会让消费者逐渐对集团的产品失去兴趣。在经营发展的过程中，脚步稳健的长乐集团始终十分关注市场的需求，并据此逐步调整集团的规模与发展，从大而全趋向小而优，在市场的洪流中坚守品质，深耕细作。这种稳步发展的经营态势无疑为长乐集团的成功奠定了坚实的基础。此外，随着时代的发展变化，固守现有的经营模式很可能使黔香阁在不断涌现的各类新式餐厅中成为历史或为时代所淘汰。因此，对创新的不懈坚持也成为长乐集团能够长期在市场上领先的一个重要原因。“我们肯定是要求自己要不断地进步的，否则你势必会被客户和市场淘汰。现在黔元傩可能是全国首创，是最有文化、最有特色的，但过一年半年，可能就会有更多更好的创意出来，如果我们不进步的话一定会落后的。”黔元傩文化体验餐厅的总经理杨玉敏谈及集团的创意升级战略时说到。可见，黔元傩这一极具创意的文化体验模式也并没有让长乐集团止步不前。眼下，长乐集团又放眼到了一个更广阔的领域。据董事长透露，长乐集团的下一步计划，是进一步升级集团的文化体验创意。据悉，长乐集团拟运用在上海世博会参展的五栋古建筑，打造一个融音乐演出、非遗展示、特色餐饮、精品酒店等为一体的高端文化体验项目，为客户提供包括舞台剧表演、传统美食、非遗体验民宿、民俗文化体验、艺术品及收藏鉴赏等多种类型的综合文化体验，让传统文化真正融入人们的生活体验中。董事长李建忠表示：“你一定要不断地推陈出新，要不断有创新意识，与时俱进，跟上客户群体的变化。”与餐饮公司不同，这种大型综合体验项目对集团的要求无疑会更高。因此，这一计划也势必为长乐集团带来不少的挑战。然而，长乐集团早已对创意升级所带来的挑战毫不陌生，他们已为此做足了准备，正期待着这一全新的经营模式带领长乐集团更上一层楼。

四、未来的挑战

长乐集团在经营过程中的一丝不苟与全情投入令人印象深刻，其对品质的坚守与源源不断的创意升级也让长乐集团走在了市场的前端。不计成本地坚守品质与公司的盈利能力一定是背道而驰的吗？长乐集团的成功似乎给出了一个否定的答案。

起源于弘扬贵州饮食、宣传贵州文化这样一个初衷的长乐集团，从一开始就把使命感看得比公司利润更为重要。董事长李建忠表示："实际上从第一家黔香阁餐厅开始，我们就有这样的理念，觉得应该把贵州的饮食文化和全国的朋友们一起分享。这里面有一种使命感，要把贵州的文化推出来。"李董是这么说的，也是这么做的。从黔香阁到黔元傩，长乐集团旗下每一家餐厅的开张都经历了漫长的规划与筹备，为了追求餐厅的文化感与体验感，集团不计盈亏，尽力将环境装饰做到尽善尽美。在经营过程中，集团同样在亏损的状态下坚守食材的品质，坚持原汁原味的餐饮理念。放慢脚步、做到最好，长乐集团在这样的理念指导下并没有被巨大的经营成本所打倒，相反，其所经营的体验式餐厅在上海、北京、贵阳等几座城市都有所盈利并赢得了消费者的认可。

对品质的坚守也让长乐集团放慢了扩张和发展的脚步。一些和黔香阁同时期起步的餐厅，不断地扩张、上市，甚至一口气在全国做了三百多家连锁餐厅，而长乐集团到目前为止仍然只经营着六家体验餐厅，并始终坚持根据市场的需求调整规模。长乐集团的经营理念不在于疯狂扩张，店满天下，而是更加关注餐饮的品质。相较于大而全，长乐集团更希望自己的经营模式是小而优。"说句老实话，有很多企业家都想拿黔香阁的品牌去开分店，而我们一直没有往这方面去做品牌的拓展，或者让别人来加盟。你的品牌给了别人，万一理念不同，这么多年的品牌就砸了。"为此，长乐集团谢绝了许多加盟方的申请与邀约，坚持自己经营自己的品牌，只为坚守品牌理念，保障品牌形象。"一个人的能力是有限的，有多大能力就做多大的事，但做了就一定要做到最好。"

与此同时，管理团队的文化建设也为餐厅的成功经营打下了良好的基础。在长乐集团内部，最典型的企业文化支撑就是以董事长为标杆。长乐集团的董事长李建忠先生总是事必躬亲，凡事走在第一线，做出最好的表率与典范，成为管理者和员工们最好的学习榜样。"李董本身是一个精益求精的人，他真的是做每一件事情都要求尽善尽美。我在他身上学到的一个最重要的习惯就是走到哪里就看到哪里，想到哪里，用发现的眼光去寻找问题并解决问题。”黔元傩总经理杨玉敏表示，“李董总是能看到我们看不到的地方，其实并不是因为他的视力好，而是因为他用心。”这样一位事必躬亲、处处用心的董事长自然而然以自己的表率作用，带出了一批又一批注重集团长远发展，处处以集团为先的管理团队。

著名日本企业家稻盛和夫在《领导者的资质》一书中写道：“领导者的优秀资质是什么呢？我认为可以归纳为以下五点：第一，具备使命感；第二，明确地描述并实现目标；第三，挑战新事物；第四，获取众人的信任和尊敬；第五，抱有关爱之心。”黔香阁和黔元傩的发展历程，非常确切地印证了这些要点。“我认为餐厅的文化从某种意义上来说是天生的，就像是蕴含于企业的基因一样，而我们公司企业文化的基因实际上还是来源于李董，因为他做事要求非常高，而且有文化品位。”根据张建山运营总经理的介绍，长乐集团董事长李建忠先生在每一家黔香阁餐厅开业时都全力参与其中。从装修伊始，李建忠董事长就全面参与到设计、选材的过程中。一旦装修出来效果不好，就推倒重来。为了达到理想的文化体验效果，全程一丝不苟，毫不懈怠。除了装修过程中的全程参与、精雕细琢，餐厅菜谱的印制也一步步经由李董事长严格把关。“他做这本菜谱的时候，对颜色、排版都很认真。我们的第一本菜谱是试营业期间的菜谱，因为菜并不多，应该说可以做得简单一点。但李董不认可，他专门请了许多餐饮行业的朋友来征求意见。最后设计出了这种古文化的菜谱，采用古法造纸，竖版排字，线装成册，精美中透着古韵。”李董事长的用心还体现在餐厅经营的许多方面，包括餐厅的定名、题字等等，他都花了很多心思，专门咨询了许多文化名人，并且专程请到上海书法家协会的老师为餐厅的招牌题字。

董事长李建忠先生的这种态度不仅赢得了公司员工的尊敬，而且在潜移默化中塑造着企业文化，在无形中感染着长乐集团的管理者和员工们。“我们当时开浦东店的时候，员工来自五湖四海，餐厅卫生环境的系统性管理实际上还是比较困难的。在李董言传身教的感染下，员工们在几个月就迅速适应了制度化的规范管理流程，在餐厅卫生环境的保持与维护上形成了良好的习惯。可以这样说，浦东店现在虽然比较旧了，但它的卫生环境依然是一流的，因为这都是一种传承。”此外，员工的服务品质也处处体现出高度的用心。员工们都能够知晓并熟记餐厅主体传统建筑的来源与出处，以及与传统建筑有关的文化名人，从而能够更好地为宾客介绍餐厅的情况。“李董都这么尽心尽力地努力工作，我们又有什么理由不努力呢？”可以说，董事长李建忠先生亲力亲为的行事风格在集团内部形成了一股强大的榜样力量，使得精益求精、用心尽职成为集团员工所共同奉行的企业文化。

坚守品质不容易，坚持创新有难度，在坚守品质与持续创新上永不止步更是难上加难。然而长乐集团在经营过程中，时时秉承“文化渗透餐饮、餐饮展示文化”的经营战略，并坚持把品质、创新、用心摆在企业文化的首要地位，十年如一日地恪守品牌理念，深耕细作，稳步发展。长乐集团的这些经营理念使得集团旗下所经营的每一家文化体验餐厅都颇为成功。眼下，黔香阁餐厅已成为当代中国黔菜领导者品牌，并多次被评为“最佳餐厅”“最受欢迎的时尚餐厅”。目前，长乐集团关于品质、创新与用心的品牌基因无疑为其带来了良好的口碑与经营业绩。然而，市场上蜂拥而至的竞争者与模仿者是否会对长乐集团的成功经营构成威胁？长乐集团的这些品牌基因与文化名片又是否能够为竞争对手所复制？餐饮业的残酷竞争是否会造成“劣币驱逐良币”的局面？坚守品质和持续创新的文化从长期来看是否会对企业盈利产生影响？我们也十分期待长乐集团在后续的经营过程中对这些问题给出解答。

附录

附录 1　贵州黔元傩文化体验餐厅实景

资料来源：调研企业提供

附录 2　贵州黔元傩文化体验餐厅中的非物质文化遗产元素

牙舟陶餐盘和丹寨古法造纸菜单

苗银头饰吊灯

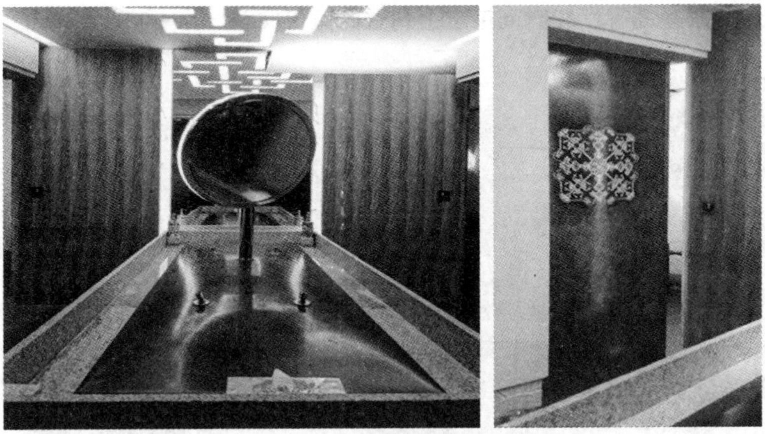

钟表式旋转梳妆镜和大方漆器工艺自动移门

资料来源：调研企业提供

附录3 贵州黔元傩文化体验餐厅的三栋古建筑

一、都统楼

都统楼建于清朝康熙七年（1668年），徽派风格，一进格局。此房原址是宋朝一代词宗晏殊之后晏卿的琴房。1673年由晏卿入赘之夫谷丰重建。谷丰因追随康熙平乱名臣姚启圣平定三藩之乱有功，升为都统，故当地人都称其为都统楼。谷丰系贵州习水土城人。从小习武从商，武艺高强，在与吴三桂的作战中屡立战功。此楼木料精良，木雕鱼龙和双重卷棚都极有霸气。

二、英华楼

英华楼建于嘉庆元年（1796年），重修于光绪年间。楼名由清代名臣曾国藩的亲笔题词“英华钟秀”演化而来。此楼系中国清代著名外交家、文学家、贵州遵义人氏黎庶昌在江苏吴江任职时花重金买下并重修。重修后的这幢雕花楼，木雕、石雕、砖雕艺术都达到了当时的最高水平。因黎庶昌是“曾门四弟子”中最有影响的人物，也是曾国藩的得意门生，故曾国藩亲笔题写了“英华钟秀”四个大字刻在门楣上，此楼一度是桐城文人的活动中心，在江苏极具名气。

三、桢榥阁

桢榥阁建于康熙三年（1663年），门楣上“厚德载福”四个大字系康熙御笔。原楼中堂有一副对联，上书“扶铉人家金银轻，青瓦门第宸翰重。”其中，“扶铉人家”是宰相暗喻，“宸翰”即皇帝的文章或亲笔。这幢建筑面积达到五百多平方米的雕花楼，是典型的徽派浙式风格，在光绪年间系清代中兴名臣、贵州平远人氏丁宝桢之子丁体常在广东任布政使时的官邸。“桢榥阁”典出《后汉书·卢植传》“古之楷模，国之桢干”。

资料来源：调研企业提供

附录 4　黔香阁餐厅在时尚杂志上刊登的宣传文章

资料来源：调研企业提供

附录 5　黔香阁餐厅所获部分奖项

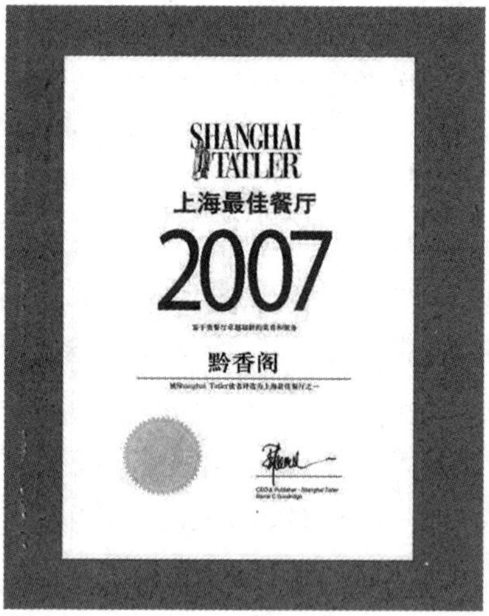

资料来源：调研企业提供

教学笔记

在体验经济中脱颖而出的创意餐饮模式

——黔元傩的文化体验餐饮之旅

苏勇　吕逸婧

一、案例概要

“黔香阁”与“黔元傩”均为长乐集团旗下的文化体验餐厅，其商业模式可谓独辟蹊径，在文化景观中渗透特色餐饮，同时引入“文化体验”的概念，在中国餐饮业掀起了一股不小的文化体验餐饮风潮。早在 1996 年，李建忠董事长于新加坡注册成立长乐集团。基于李董 1990 年下海后从事精装修行业的丰富经验，李建忠最初将公司的主营业务定位为装饰装潢设计，并在这一领域获得了成功。随着业务大幅提升，资金逐渐充裕，作为一名古建筑收藏爱好者的李建忠，开始涉足古建筑的保护、开发与再利用，并逐渐形成将这一个人爱好与商业、文化相结合的理念。抓住当前餐饮市场上不重视用餐环境、不重视餐饮体验的市场空白，长乐集团一举进军餐饮市场，以“文化渗透餐饮、餐饮展示文化”的文化体验餐饮模式作为主打经营战略，成为时下餐饮业的全新产物。作为当时餐饮市场上的稀缺产品，黔香阁与黔元傩文化体验餐厅在长乐集团董事长李建忠先生自身的资源积累与文化创意之下，成为行业内一家品质型、创新型的餐饮企业，并逐渐在未来的发展中站稳脚跟，成为颇受大众关注与认可的餐饮企业。

对于黔香阁而言，文化体验与持续创新是企业发展的重点方向。长乐集团时时秉承“文化渗透餐饮、餐饮展示文化”的经营战略，并坚持把品质、创新、用心摆在企业文化的首要地位，十年如一日地恪守品牌理念，深耕细作，稳步发展。长乐集团的这些经营理念使得集团旗下所经营的每一家文化体验餐厅都颇为成功。眼下，黔香阁餐厅已成为当代中国黔菜领导者品牌，并多次被评为“最佳餐厅”“最受欢迎的时尚餐厅”。然而，随着市场上竞争对手蜂拥而入，长乐集团的这些品牌基因与文化名片能否为其带来持续的竞争优势，对品质与文化的坚守又是否能够有助于集团的可持续发展，还需要长乐集团在后续的经营过程中为我们给出解答。

二、教学目标

（1）通过黔元傩文化体验餐厅的文化创意餐饮案例，了解组织的商业创新模式；

（2）通过分析黔元傩与黔香阁餐厅在发展历程中面临的挑战和困境，探讨文化体验餐饮模式的战略要点；

（3）通过评价黔元傩与黔香阁餐厅的文化体验餐饮模式与管理体系，探讨未来餐饮企业可行的创新发展模式。

三、适用课程

服务企业创新模式、服务企业战略管理、餐饮经营管理、餐饮企业运作管理等。

四、教学对象

本案例适用于 MTA、MBA、EMBA 等教学培训课程。

五、教学计划（135 分钟）

教学计划	时间分配
通过案例的讲授与分享，让学员了解基本的组织及其商业模式的相关理论知识，了解企业的品质坚守与管理团队文化建设的要点及动因	10 分钟
安排学员分组讨论，由各组学员代表对案例讨论的结果进行分享，对建议问题提供解答，同时也可针对案例中涉及的其他方面进行讨论	70 分钟
每个小组介绍完毕后进行问答互动环节，由教师在整个讨论过程中整理记录分享要点，并做适度引导	30 分钟
教师对学员的汇报成果及讨论意见进行整理归纳，补充讨论中未涉及的部分。同时邀请学员分享其他企业在创新商业模式中的经验和挑战	15 分钟
总结该企业在案例介绍时间点之后的实际运作及发展情况，以此验证案例讨论中的思路是否与管理实践相符合	10 分钟

六、预读思考题

问题1：分析黔香阁与黔元傩餐厅的商业模式。

问题2：探讨黔香阁与黔元傩餐厅在发展过程中实施文化体验餐饮模式的动因与优势。

问题3：基于黔香阁与黔元傩餐厅的发展现状，为其规划出切实可行的文化体验餐饮模式转型升级战略。

七、课堂讨论与分析

讨论问题1：什么样的商业模式可以称为有价值的商业模式？

商业模式指的是为实现客户价值最大化，把能使企业运行的内外部要素整合起来，形成一个完整、高效且具有独特核心竞争力的运行系统。商业模式的创立往往能够通过最优的实现形式满足客户需求，实现客户价值最大化，同时使组织达成持续的盈利目标。在哈佛大学教授约翰逊（Mark Johnson）、克里斯坦森（Clayton Christensen）与SAP公司CEO孔翰宁（Henning Kagermann）所共同撰写的《商业模式创新白皮书》中，商业模式的三大要素包括客户价值主张、资源与生产过程以及盈利公式。常言道，有了好的商业模式，组织的成功就有了一半的保证。随着市场需求日益清晰，社会资源日益得到准确界定，组织的商业模式将日益超脱其基本的准则与形式，逐渐演变为以创意为重。这些商业创意往往会演变成系统化的商业模式，在组织中加以定型，成为引领组织在竞争者中脱颖而出的商业逻辑。

成功的商业模式通常被认为需要具备以下三大特征：首先，要能够提供独特的价值，这可能是新的思想，或是新的产品组合。无论是新的思想或是产品组合，都应该能够为客户提供额外的价值；其次，成功的商业模式应该是难以模仿的，通过建立难以模仿的商业模式，企业得以建立行业的准入门槛，从而得以保证自己的利润来源不受侵犯；最后，成功的商业模式还应该是脚踏实地的，保证产品品质，精耕细作，以品质的优胜赢得客户的青睐与回购。

在案例中，黔元傩与黔香阁餐厅引入文化体验餐饮的全新商业模式，大胆启用古建筑作为餐厅的主体，同时融入地方特色的歌舞戏曲，辅以现代三维立体投影技术，让宾客在全方位的文化体验中享用同样充满特色的黔系菜肴，为其创造了独特的体验价值。这种文化体验餐饮的商业模式打破了原有餐饮市场大多只关注菜品和环境的传统观念，以一种领先的姿态占据了餐饮市场的重要地位。然而，这一全新商业模式的创立并没有让黔香阁餐厅固步自封。自第一家黔香阁博物馆餐厅成功开业以来，长乐集团始终抱有危机意识，不断在文化体验餐饮的路上倾注心血，持续发展创新，力图不断创造餐饮市场上的新兴商业模式，成为竞争者难以模仿和超越的领航者。

黔元傩与黔香阁餐厅的文化体验餐饮模式有助于企业在行业中建立出众的市场地位，为客户提供独特的市场价值，具有对客户的持续吸引力，并建立可持续的竞争优势，实现组织的长远发展。同时，对于这一创新商业模式的不断升级则保持了企业内部的活力，使组织整体维持在高速发展创新的轨道上。为了与不断升级的文化体验餐饮模式相匹配，企业的组织结构、运营方式和文化建设也需要不断改良升级，这也为企业持续发展与创新带来动力。

讨论问题 2：企业对品质的坚守是否会带来过重的经营压力与负担？

现阶段，中国企业的发展模式正面临重大的转型，从早年间"效率优先，兼顾公平"的思路准则，正逐渐过渡到"注重品质，公平优先"的经营理念上来。作为消费者需求的核心，产品与服务的品质无疑是企业的职责所在。品质的保证犹如客户在消费过程中的一道保障，让消费者的合法权益得以最大化。企业通过有效地调整和控制员工的行为，以优良的品质提供赢得消费者的信任，提升其满意度。品质的保证有助于提升消费者对企业的信赖感和回购率。同时，对品质的坚守无疑有助于维持企业与消费者之间的良好关系，相互信任，协同发展。

起源于弘扬贵州饮食、宣传贵州文化这样一个初衷的长乐集团，从一开始就把产品和服务的品质看得比公司利润更为重要。从黔香阁到黔元傩，长乐集团旗下每一家文化体验餐厅的开张都经历了漫长的规划与筹备，为了追求餐厅的文化感与体验感，集团不计盈亏，尽力将环境装饰做到尽善尽美。在经营过程中，集团同样在亏损的状态下坚守食材的品质，坚持原汁原味的理念。

对品质的坚守也让长乐集团放慢了扩张和发展的脚步。一些和黔香阁同时期起步的餐厅，不断地扩张、上市，甚至一口气在全国做了三百多家连锁餐厅，而长乐集团到目前为止仍然只经营着六家餐厅。长乐集团谢绝了许多加盟店的申请与邀约，坚持自己经营自己的品牌，只为坚守品质与品牌理念。放慢脚步、做到最好，长乐集团在这样的理念指导下并没有被巨大的经营成本所打倒，相反，其所经营的餐饮公司在上海、北京、贵阳等几座城市都有所盈利并赢得了消费者的认可。

讨论问题 3：企业管理团队的文化建设会在企业内部形成什么样的影响？

团队文化是指团队成员的共同价值观体系，它使组织独具特色，并能够显著地区别于其他的组织。这种价值观体系是组织所重视的一系列关键特征，也是本质所在。优秀的团队文化建设首先离不开优秀的团队领导。在建立良好的管理团队文化中，先锋型的领导者往往身体力行，试图通过榜样的力量传授给团队成员同样的品质与信念，他们往往强调对现有资源进行激发，关注领导对团队的要求；而赤字型的领导者则善于根据团队的薄弱环节进行补差，强调为团队成员提供发挥才智的空间，关注团队对领导的要求。在管理团队的文化建设中，除了领导者的重要作用，团队员工的素质同样不可忽视。优秀的团队文化要以优秀的队伍素质为基础。要营造良好的团队文化，就要求团队成员都有着统一的目标与较高的标准，注重自身学习的加强与提升，提高自身修养。

长乐集团董事长李建忠先生便是一位典型的先锋型领导，凡事走在第一线，做出最好的表率与典范，成为管理者和员工们最好的学习榜样。这样一位事必躬亲、处处用心的董事长自然而然以自己的表率作用带出了一批又一批注重集团长远发展，处处以集团为先的管理团队。董事长李建忠先生的这种态度不仅赢得了公司员工的尊敬，同时在潜移默化中塑造着企业文化，在无形中感染着长乐集团的管理者和员工们。在董事长的带领下，来自五湖四海的员工在几个月之内就迅速适应了制度化的规范管理流程，在餐厅卫生环境的保持与维护上形成了良好的习惯。此外，员工的服务品质也处处体现出高度的用心。员工们都能够知晓并熟记餐厅主体传统建筑的来源与出处，以及与传统建筑有关的文化名人，以此更好地为顾客介绍与餐厅有关的情况。可以说，董事长李建忠先生亲力亲为的行事风格在集团内部形成了一股强大的榜样力量，使得精益求精、用心尽职成为集团员工所共同奉行的企业文化。

案例 9

全域旅游的实践与效果

——基于婺源的案例

周波，张迎

（厦门大学管理学院，厦门，361005）

【案例摘要】 2016 年 1 月 29 日于海口召开的全国旅游工作会议上提出：2016 年，我国旅游要从“景点旅游”向“全域旅游”转变。这意味着中国全域旅游发展的序幕正式拉开。江西省婺源县作为首批全域旅游示范区创建单位，被外界誉为“中国最美乡村”。婺源县全域旅游的现状与发展如何？它的实践能对我国其他区域发展全域旅游带来哪些启示？又能引发我们对我国全域旅游发展的哪些思考？

【关键词】 全域旅游；婺源；文化价值

一、案例背景

“全域旅游”的提法一直都有，但之前并没有引起学界的过多关注；直到 2016 年，在我国政府、国家旅游局开始接受“全域旅游”的概念之后，“全域旅游”迅速成为旅游研究热点，学术界对“全域旅游”的解读也日渐丰富，现在基本观点趋于一致。

2013 年以前，“全域旅游”只是出现在各地区规划或报道性论文中；对于“全域旅游”是什么，既没有统一的认识，也没有明确的界定。在 2010 年，大连市委曾提出“全域城市化”战略。2013 年，厉新建等在其论文《全域旅游：建设世界一流旅游目的地的理念创新——以北京为例》中对全域旅游的内涵进行解读，首次明确提出全域旅游的概念，全域旅游的“四新”理念和全域旅游的“八全”结构图。厉新建等提出全域旅游的概念——各行业积极融入，各部门共同管理，居民游客共同享有，充分挖掘目的地的吸引物，创造全过程与全时空的旅游产品，从而满足游客与居民全方位的体验需求。也就是说，全域旅游所追求的，不再停留在旅游人次的增长上，而是旅游质量的提升，追求的是旅游对于人们生活品质提升的意义。2015年是全域旅游指导乡村旅游规划大发展的时期，将全域旅游的思维应用于乡村旅游中。

2016年被认为是全域旅游发展的转折点。2016年1月29日于海口召开的全国旅游工作会议上提出：2016年，我国旅游要从“景点旅游”向“全域旅游”转变。以2016年2月国家旅游局发布的《全域旅游大有可为》的文章为标志，中国全域旅游发展的序幕正式拉开。文章对全域旅游概念的解释：全域旅游是指在一定区域内，以旅游业为优势产业，通过对区域内经济社会资源尤其是旅游资源、相关产业、生态环境、公共服务、体制机制、政策法规、文明素质等进行全方位、系统化的优化提升，实现区域资源有机整合、产业融合发展、社会共建共享，以旅游业带动和促进经济社会协调发展的一种新的区域协调发展理念和模式。自2016年开始，我国政府开始接受“全域旅游”的概念，迅速推进“国家全域旅游示范区”的创建，迅速制定“全域旅游示范区创建的验收标准”，快速推动全域旅游成为我国旅游业发展的一项中长期战略，并上升为国家战略，成为一项国策；学术界对全域旅游的解读日渐丰富，全域旅游包含的含义也非常丰富，但是其基本观点趋于一致。

总而言之，全域旅游要实现从单一景点景区的建设和管理到综合目的地的统筹发展转变，实现从“门票经济”向“产业经济”的转变，实现从“封闭的旅游自循环”发展方式向“开放的‘旅游+’”发展方式的转变，将一个区域整体作为功能完整的旅游目的地来建设。

二、婺源全域旅游的发展——政府的动作

“全域旅游”正式提出，至今时间虽然不长，但江西省婺源县从2000年开始，就按照“全域旅游”的构想，致力于把全县整体打造成为全国一流、世界著名的旅游目的地。

2001年，“婺源文化与生态旅游区”被评为国家3A级旅游景区；2005年，将旅游口号“中国最美乡村婺源”升级为“建设中国最美乡村”，并将其作为全县工作总任务；2008年，致力于把全县2967平方公里地域打造成为“世界文化生态大公园”。2013年，江湾景区被评为国家5A级旅游景区，婺源全县拥有5A级旅游景区1家、4A级旅游景区11家，是全国4A级旅游景区最多的县份，也是全国唯一一个以整个县命名的国家3A级旅游景区。

2016年，江西省上饶市被国家旅游局列为首批全域旅游示范区创建单位，婺

源，作为上饶市的重点旅游县，将“发展全域旅游，建设最美乡村”作为其发展任务。2017 年，婺源实施“发展全域旅游，建设最美乡村”战略，获评全省唯一的“首批中国优秀国际乡村旅游目的地”。

2017 年 12 月委托专业公司编制的《婺源县全域旅游发展总体规划》通过评审；该规划的主要内容：以创新、协调、绿色、开放、共享的五大发展理念引领婺源全域旅游发展，拓展旅游产品类型，开发七大战略核心产品、十二大全域支撑产品、六大产业融合产品体系；从全域旅游产品规划、产业融合发展、旅游服务体系打造、区域旅游合作模式等多角度全方位树立婺源全县域旅游规划的国际典范；基于中国最美乡村的定位，由田园山水衍生大地艺术，打造上饶婺源“山水原乡、田园梦土、艺术圣地”的一张世界级名片。

根据2018年婺源县政府工作报告[①]，婺源县将全力实施“发展全域旅游，建设最美乡村”战略，以项目建设为抓手，着力推进转型升级。政府工作报告中，关于“实施全域旅游战略，推动旅游转型升级”的工作计划如下：

设立 1.5 亿元全域旅游发展扶持资金，力争筹资 5 亿元设立旅游产业引导基金，认真实施《全域旅游发展规划》，推进五大工程，力争全县接待游客 2300 万人次，旅游综合收入 200 亿元。

一是品牌创建工程。新增国家 5A 级景区 1 个，4A 级景区 1 个，江西省 5A 级乡村旅游点 1 个，4A 级乡村旅游点 3 个。

二是旅游综合体和特色小镇建设工程。深化与国开城市交通基金、上旅集团、山水文园四方合作，推动婺源旅游综合开发项目尽快落地，加快特色小镇建设，催生旅游新业态。

三是旅游设施配套工程。全面深化旅游厕所革命，新建和改扩建旅游厕所 50 座。按规范化、国际化、人性化要求，统一设置婺源旅游标识。推进城乡客运一体化，促进高铁站、长途客运站及景区景点间的快速连接和高效循环。鼓励发展共享单车、新能源汽车、汽车分时租赁等互联网共享出行新模式，引进城市公共自行车和景区自行助力车项目，形成互联互通的旅游交通体系。推进“智慧旅游”建设，逐步实现一部手机游婺源、一部手机管旅游。

四是民宿农家乐标准化、品牌化工程。充分发挥民宿行业协会作用，整合民宿资源，严格民宿标准，挖掘本土文化，突出特色主题，强化品牌营销，打造中国乡村民宿“婺源样板”，建设中国徽派民宿体验目的地。鼓励农家乐参与评星评级，引导农家乐从“住农家房、吃农家饭、干农家活”，向精致化、特色化发展，积极

---

① 注：文中楷体部分为 2018 年婺源县政府工作报告原文，后文同。

打造农家乐“升级版”。

五是旅游投融资体制创新工程。通过政府引导扶持、企业重组联合、社会资本参与，推动旅游企业组建大集团，以资本为纽带，统筹旅游资源整合和产业化发展，争取旅游企业三年内上市，实现旅游业证券化发展的历史性突破。

政府工作报告中，提到的一个与婺源旅游业发展密切相关的战略是“实施弘扬徽文化战略”，其工作计划如下：

设立 1000 万元文化产业扶持资金。编制实施文化产业发展规划，推进两大工程，全力推进国家徽州文化生态保护实验区建设。

一是文化产业扶持工程。打造一批天然影视基地、摄影基地、写生基地、文学创作基地，打造一条文化创意特色产业街区，培育一批砚台、三雕、纸伞生产企业，引进一批设计、影视、文创行业总部，内外结合、捻粗捻长文化产业链。

二是文化事业发展工程。编写一批乡土文化丛书，申报一批非物质文化遗产，培养一批非物质文化遗产传承人，建设一批文化公园、文博馆，保护一批徽派古民居，打造一批徽文化景观村，申报一批中国历史文化名村、中国传统村落、全国重点文物保护单位。传承历史文脉，展示人文韵味，留住梦里老家的悠悠乡愁，在新时代再一次激发朱子乡人的文化归属感和自豪感。

政府工作报告中，提到的另外两处与婺源旅游业发展密切相关的战略是“实施城乡提升战略，打造徽派建筑大观园”，和“实施茶业振兴战略，推动绿色农业发展”，力图推进茶业与文化、旅游业的深度融合。①

在探索发展“全域旅游”的实践中，婺源县力图形成县域全面打造、业态全面兴旺、队伍全面壮大、保障全面落实、效益全面提升的“五个全面”发展模式（詹显华，婺源县人才常委副主任，2017 年），走出一条发展全域旅游的“婺源之路”。

（一）县域全面打造

围绕“发展全域旅游，建设最美乡村”战略，婺源县着力打造“村村秀美、家家富美、处处和美、人人淳美”的新婺源，努力营造“人人是旅游形象，处处是旅游环境”的大氛围——这些思路显然和全域旅游的发展理念高度吻合。据悉，婺源县曾先后三轮修编《旅游发展总体规划》和 20 多个景点的《旅游规划》，开发了多个 5A、4A、3A 级景区。同时，婺源县的旅游通道建设成效显著，实现了全部通村公路硬化。从 2006 年到 2014 年，共投入资金 40 776.3 万元，重点建设了 263

① 由于篇幅原因，此处不一一列举出与该战略相关的详尽政府工作计划。若读者感兴趣，可阅读《2018 年婺源县政府工作报告》获取详尽信息。

个新农村建设点和 18 个景观村、36 个特色村、54 个田园村，努力实现“景点内外一体化”和“空间全景化”。

（二）业态全面兴旺

在发展旅游主体业态方面，首先是以旅游业为核心，推进一、二、三产的产业深度融合。瑶湾、江岭花海等休闲农业示范点在生产农产品的同时，也为游客提供休闲观赏体验。华龙徽雕厂文化产业园既生产工业产品，同时也是“国家文化产业示范基地”“国家级非物质文化遗产徽州三雕生产性保护示范基地”，传承经典，为游客提供文化体验活动。其次是按照“旅游 + ”理念，大力促进旅游与商贸、文化、教育、艺术、体育、养生等行业的融合。比如连续举办了九届获得文化部群星奖的“乡村旅游文化节”。引资 2.2 亿元打造的大型山水演艺《梦里老家》。天禧温泉的主题是“旅游 + 养生”；熹园景区的主题是“旅游 + 文化”“旅游 + 教育”。婺源还多次举办国际和国家级马拉松赛事，包括为赛事建设锦绣画廊自行车道，是为“旅游 + 体育”。

在发展旅游配套业态方面，经过婺源县政府和人民的共同努力，形成了相对较为完备的旅游配套服务业体系。据悉，截至 2017 年，全县已拥有四星级饭店 6 家、三星级饭店 9 家，宾馆床位近 2 万张、乡村农家乐床位达 1.8 万余张，社会餐馆 300 余家，旅行社 32 家，旅游购物场所 400 余个，娱乐场所 40 余家。

在发展旅游衍生业态方面，婺源县政府试图重点培育六大行业。一是旅游食品生产与供应业。目前已形成酒类、茶类生产集群以及特色小吃生产厂家。二是旅游商品生产加工业。“三雕”工艺品、砚台、纸伞等形成了较大规模。2011 年江西省发改委批准立项的江西省旅游商品生产基地项目正在建设中。三是旅游装备制造业。半球公司专业生产户外旅游活动用品，2016–2018 年这三年纳税达 2186 万元。四是旅游信息化产业，基本实现移动通信信号遍布城乡，并基本实现了城区、景区无线网络的全覆盖。五是旅游金融业。旅游投融资持续红火，每年新增贷款 5 亿元以上。六是旅游教育培训业。2018 年 3 月 30 日，江西省人民政府发文同意设立江西婺源茶业职业学院，为专科层次普通高等学校，首批开设茶艺与茶叶营销、茶树栽培与茶叶加工等专业。

（三）队伍全面壮大

首先是扶持旅游企业做大做强。2007 年，在政府倡导下，通过资产重组，由各企业自愿组合组建成立婺源旅游股份有限公司。注册资本为 1.88 亿元，一举改变了旅游企业小、散、弱的状况。组建旅游集团，是实现婺源旅游资源的重组整合，规范旅游市场行为，树立婺源旅游品牌的需要。其次是引导组建各种类型的乡村旅游专业合作社、理事会，并促进这些组织成为旅游发展的中坚力量。目前，查平坦村、庆源村、虹关村等已成立旅游专业合作社。在实现“全域旅游”的发展中，全县涌现出诸多的农家旅馆经营者、农民导游、农民服务员等。以老邱农庄、“余地主”写生基地、“查记酒坊”为代表的农家企业逐渐得到市场的认可。据悉，2015 年，婺源县获国家旅游局表彰的“乡村旅游模范户”有 1 户、“金牌农家乐”有 7 户，“乡村旅游致富带头人”有 7 人。

（四）保障全面落实

以旅游产业为核心来推进婺源县体制机制等的保障落实。为增强旅游部门的协调职能，进行体制创新和改革，把旅游局改为旅游发展委员会，成立旅游经济发展中心，组建旅游市场联合执法调度中心（简称“旅游 110”）。在资金投入保障方面，县财政每年安排旅游发展专项资金，用于重大急需项目和对旅游产业发展有突出贡献的公司、个人奖励，2012 至 2016 年，共安排 7360 万元；设立专项金融产品“旅游信贷通”，一年半来，共发放扶持旅游业贷款 1.21 亿元。

（五）效益全面提升

在“建设最美乡村，发展全域旅游”的路上，婺源县试图坚持旅游业的经济效益、社会效益、环境效益三者有机统一、同步提高的原则，已取得的成绩如下所示[①]。

经济效益上，从单一的门票收入，发展到多业态的综合收入。门票收入从 2000 年的 26 万元，提高到 2016 年的 4.3 亿元。旅游综合收入，从 2000 年的 1902 万元，提高到 2016 年的 110 亿元。旅游业为核心的第三产业增加值占 GDP 比重达到 53.9%。旅游业已经成为县域经济的重要主导产业。社会效益上，发展全域旅游，为“三农”问题的解决和文化遗产的保护传承提供了一条全新的路径。全县旅游业从业人员达 8 万多人，占总人口的 20% 多。县财政每年安排专项资金（2016 年达到 600 万元）奖补维修古建筑的村民。近年来，共维修保护古建筑近千栋，各级各类“非遗”代表性传承人达到 104 人。在环境效益上，2007 年县人大作出在全县范围内十年禁伐天然阔叶林的决议，全县森林覆盖率高达 82.6%。全面禁止电鱼、毒鱼、炸鱼和河面采砂，实行“河长制”，山塘水库禁止使用化肥、农药养鱼。

---

① 有关婺源县政府在经济、社会和环境效益上取得成绩所采用的描述及数据来自婺源县人大常委副主任詹显华于 2017 年发表的文章《发展全域旅游的“婺源之路”》中的原文表述；由于詹显华的职务为婺源县人大常委副主任，我们认为其描述及数据比较准确可靠地反映了婺源县政府的动作。

从 2009 年开始，县财政每年安排 600 万元，在全县 1487 个自然村实施了农村清洁工程，开展“六清”行动，意图实现“水源清洁、田园清洁、道路清洁、溪河清洁、景区清洁、家园清洁”的目标。并持续开展针对所辖区域污染的“十大整治”行动，使婺源城乡空气和地表水环境质量均好于国家二级标准，全年空气污染指数 API 小于 100 的天数为 100%。

三、婺源全域旅游的发展——游客视角

以下是我们从游客的角度实际感受到的婺源全域旅游的发展现状。本文将从我们感受到的婺源全域旅游发展的成功经验和我们感受到的不足这两个方面呈现现场调查的结果。

1. 成功经验

婺源的景致自然、清新、美丽，自有特色。初到婺源，便见境内云雾缭绕，山峦重叠，溪涧纵横，依山傍水间黑瓦白墙的徽派建筑古雅简洁，于山水梯田间错落有致，给人宁静平和之感，恍若人间仙境。婺源的景致既给人视觉上的美感，也给人的心灵带来宁静平和的感觉，营造出一种轻松、贴近自然的氛围。婺源的景致美丽而又自有特色，这一方面得益于婺源得天独厚的地理环境和历史文化：婺源属丘陵地貌，地势大致由东北向西南倾斜，森林覆盖率 82%；气候温和、雨量充沛、霜期较短、四季分明；另外，婺源土地面积 2967 平方公里，其中有林地 378 万亩，耕地 32 万亩，素有“八分半山一分田，半分水路和庄园”之称。而婺源县是古徽州六县之一，代表文化是徽文化，素有“书乡”“茶乡”之称，精美典雅的徽派建筑也为婺源县的景致增色不少。另一方面得益于婺源县政府和当地居民对环境和古建筑村落的共同保护：2007 年婺源县人大作出在全县范围内十年禁伐天然阔叶林的决议；全面禁止电鱼、毒鱼、炸鱼和河面采砂，实行“河长制”，山塘水库禁止使用化肥、农药养鱼；从 2009 年开始，婺源县财政每年安排 600 万元，在全县 1487 个自然村开展了农村清洁工程，开展“六清”行动，包括“水源清洁、田园清洁、道路清洁、溪河清洁、景区清洁、家园清洁”；县财政每年安排专项资金（2016 年达到 600 万元）奖补维修古建筑的村民。下面附上婺源的典型景观图。

图 1　婺源典型景致 1

图 2　婺源典型景致 2

图 3　婺源典型景致 3

婺源境内古建筑、古村落的数量较多且保存较为完好。来到婺源境内，会发现婺源明清时代的徽式建筑几乎遍布全县各乡村。走进古村落，小路蜿蜒，小巷幽深，颇有历史感的粉墙，正值白雪点缀的黛瓦，飞檐斗角的精巧雕刻，剥落的雕梁画栋和门楣。古村落的居民建筑群，依山而建，面河而立，户连户，屋连屋，鳞次栉比，灰瓦叠叠，白墙片片，黑白相间，布局紧凑而典雅。颇有一种“门前听水响，山外闻鸟鸣”的悠然自得之意。相关资料记载，婺源古村落的建筑，是当今中国古建筑保存最多、最完好的地方之一；全县至今仍完好地保存着明清时代的古祠堂 113 座、古府第 28 栋、古民宅 36 幢和古桥 187 座。婺源居民中的“三雕”（石雕、木雕、砖雕）是中国古建筑中的典范，在婺源古建筑中也体现的淋漓尽致。做工复杂精美，风格独特，造型典雅，让人印象深刻。在汪口村，在导游的带领下，我们拜访了号称“江南第一祠”的汪口俞氏宗祠，其梁、柱、窗上的浅雕、深雕、浮雕、透雕、圆雕形成的图案各异，刀工细腻，工艺精湛；据导游描述，各种图案达到 100 多组，很多石雕、砖雕、木雕等在“文革”时期受到破坏，而有些梁、柱上的木雕之所以能够保存下来是由于当时的主人极有远见巧妙地将其遮盖，这些艺术品才得以幸免于难。导游说，现在的雕刻技艺已很难达到当时的水平。

庆源古村的古宅客栈，亦是两栋徽式建筑的宅子，一栋是两百多年的古宅，一栋是20世纪80年代建的，中间有宽敞的院子相互连接。跨过青石门槛，进入古宅，抬头看见天井上一片天空，光线投射在四周的雕梁画栋和被岁月染得漆黑的门板，感觉有如走进了一段历史。楼下房间的窗子古色古香，上有精美的木雕，但雕刻的人物都被铲掉了，只有花鸟虫鱼这些没有政治色彩的被保留了下来。古宅的主人没有选择去恢复或者复原这些木雕，因为他觉得这同样也是一段历史。据主人介绍，这古宅自从他家80年代建了新房后，就空在那里了，随着婺源旅游的发展，这一栋栋老宅又重新焕发了生机。在之前筹备古宅客栈开业的时候，他花了一个多月的时间，请人把这老宅上上下下打扫清洗了一遍，用于接待客人住宿。而且，因为这是他家祖传的宅子，所以他会尊重、爱护这个古宅，因为这是他作为主人作为子孙应该承担的责任和义务。可能正是由于旅游业的发展，以及古宅、古建筑的私人产权所有制，婺源县的古村落、古建筑才得以更好地保存下来。在我们走过的这些地方，我们发现有些祖传老宅即使外界出高价意欲购买也不对外出售，个中原因耐人寻味。在浙源乡，亦有一栋百年历史的古宅，古色古香。据主人描述，曾经有人出高价购买，叫价甚至高达上千万，但是他们不卖，因为在他们看来这栋古宅是他们家族的福地；换句话说，他们认为他们家族之所以人丁兴旺、人才辈出的原因就在于这栋老宅的风水很好，这是出多少钱都不能卖的，如果卖了，会影响子孙后代的福祉。另外，还有一些年代更为久远的古宅只能说保存下来了，比较破败，没有进行开发。在当地老伯的带领下，我们有幸见到一栋千年的古宅，古宅外已十分破败，古宅上锁，不得入内，很有故事感。

图4 婺源古村落

图5 婺源古建筑

图 6　汪口俞氏宗祠

图 7　庆源村古宅客栈

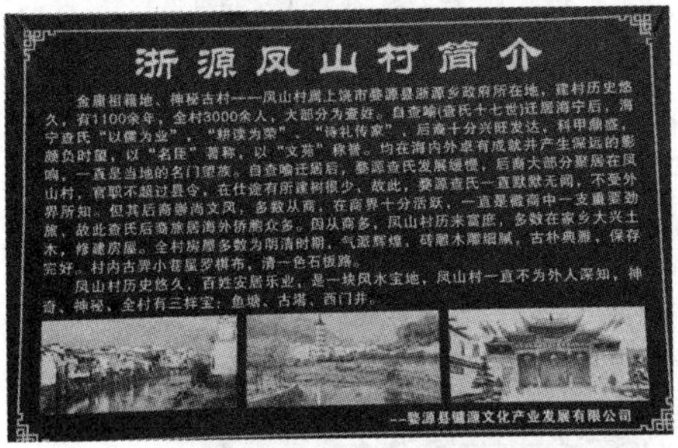

图 8　浙源凤山村简介

婺源境内的新旧建筑群非常协调。远远望去，青瓦白墙，新建筑与古代建筑交相辉映，建筑风格极其统一。在与当地居民的交流中，我们得知只要新建的房子保持原有明清建筑的外形，就可以得到政府的一定补贴。根据县政府的文件显示，县财政每年也会安排专项资金（2016 年达到 600 万元）奖补维修古建筑的村民。近年来，共维修保护古建筑近千栋，各级各类“非遗”代表性传承人达到 104 人。

图 9　婺源新旧建筑协调 1

图 10　婺源新旧建筑协调 2

婺源县内各村落之间、单独的景区之间的道路连接网络建设得比较好，基本实现了全部通村公路硬化，各景区、景点之间的互联互通，为外界游客进入提供了可达性，也为自驾游创造了条件。

婺源县想要发展智慧旅游，推进智慧旅游建设，我们当时所感受到的能体现智慧旅游的一个方面是景区检票采用的是“刷脸”的方式。但是这距离婺源县政府想要实现的“一部手机游婺源、一部手机管旅游”的智慧旅游发展目标仍有一段路要走。要实现“一部手机游婺源”的目标，婺源县的方方面面、角角落落都要经过梳理并录入电子系统之中。

图 11　婺源智慧旅游之景区“刷脸”

婺源自然清新的大环境，保存完好的古建筑、古村落，相对完善的基础公路网络连接婺源各村落，当地居民流露出来的对发展旅游产业的热情与期待……这些均让我们感受到婺源县政府对于发展旅游、发展全域旅游的高度重视。

2. 不足

婺源县是古徽州六县之一，面积达 2900 多平方千米。婺源各个村落气候相似，地理环境相似，历史文化也相似，清一色的明清风格徽派建筑。婺源境内的各个村落景区之间出现资源同质化的现象，表现为有些村落缺乏自己的核心吸引物和特色。这种“同质化”可能会让游客产生审美疲劳，让他们没有强烈的欲望玩完婺源的所有村落，因为“各个村落看起来都差不多”。而且，由于同质化，最终吸引游客来游览的可能并非“全域”，而仍旧是个别的热点或者“明星”景区，比如李坑村。这可能也会进一步加剧各个村落旅游业发展的不平衡。

婺源境内与全域旅游相配套的基础设施和服务还不够完善，有些设施和服务甚至在及格线以下。就餐饮业而言，刚从高速进入婺源境内时，道路两旁的餐馆数量并不少，但是我们只能通过餐馆的名字凭直觉选择一家就餐，我们没有足够快捷与可靠的途径去了解这些餐馆的信息与服务品质；另外，很多餐馆都是由当地居民所开，他们在自家房屋中招待客人，就餐环境比较简陋，最主要的是卫生环境不见得过关。在这种情况下，客人就餐只是为了填饱肚子，真的说不上是一种愉悦的农家乐体验。在婺源县古村落里面，想要找到一处干净整洁舒适的就餐环境就更加不容易了。一是餐馆或者就餐区的标识不明确，二是餐馆卫生环境有待改善。在浙源乡凤山村一个小餐馆就餐，从桌子、碗筷、厨房等来看，其卫生条件明显不达标。另外，在公共厕所、旅游商店这些基础设施服务方面，婺源做的可能还远远不够。首先是公厕的数量严重不足，至少在我们现场调查的几个村落没有看到公厕；其次当地的商店都是规模比较小的居民超市或者小卖铺，旅游商店的分布不够便捷，没有明确的标识，种类不够齐全——尤其缺乏反映当地文化特色且具有创意的旅游纪念商品。就婺源境内大景观的美丽程度而言，虽然政府和居民都做出了努力，开展农村清洁工程，进行污染整治，但裸露的土地、农村垃圾的随意处理、污染的河道和空气、居民生活设施破旧、居民举止行为的粗俗这些现象的存在均会破坏婺源大尺度上的审美体验。基于游客在域内的大尺度移动以及游览路线的随机化安排，愉悦的旅行需要大尺度的景观美，包括旅游走廊美、优美的自然风光、清新的空气等。就婺源境内智慧旅游的建设而言，域内的网络服务、相关旅游信息的发布、信息的梳理并录入电子系统这些环节还远远做得不够好；要发展“智慧旅游”，仅仅景区“刷脸”是明显不够的。就婺源境内的交通体系而言，虽然各个村落之间的道路硬化基本实现，但是各个村落、景点景区之间旅游通道建设和交通网络分布还有待加强。在婺源境内游览时，我们当时并没有发现各村落、景区之间有班车接送。现在的婺源旅游网上已经公布各村落、各景区之间的公共交通工具和租车、包车相关的信息。婺源县内的交通体系是否足够便捷实现游客的转移非常重要，比如婺源各村落里基本都是比较窄的小路，游客从大路上自驾游过来，车停在哪里将是一个问题，在哪里加油也是问题，自驾车出了故障怎么办，游客涉险怎么办，我们在途中也没有发现针对游客、自驾车的安全救护站和安全救护系统。虽然各地区之间高速公路的连接可达性较高，但是与租车相关的服务可能并不是很完善，高速公路上限速、指示标识不是很明确。我们自驾选取的是互联网租车的方式。因为行驶超速我们被罚200元——事实上道路两旁并没有清晰的限速标志，而且缴纳罚款的过程较为复杂、自驾游的隐性成本很高。从这些方面来看，现在婺源发展自驾游的时机可能还不是很成熟：一是相应的基础配套设施跟不上，二是自驾游的成本相对较高，包括租车费、油费以及一不小心可能就会遭遇的交通罚金。

图 12　婺源居民生活设施破旧

图 13　婺源农村垃圾没有得到妥善处理

由于是婺源旅游的淡季，加上行程的紧凑，我们只接触到了婺源几个旅游相关的从业人员。但给我们的感觉是他们的综合素质不够高。一个是汪口村的导游。中年人，当地居民。她戏称自己是“汪口第一的‘黑’导游”，“她称第二，没人敢称第一”。暂不论汪口导游的衣着打扮是否专业，也不看其讲解技巧和语言，只说她讲解的知识点，很多明显是错的，导游职业技能的规范性和专业性还不够。另一个让人印象不好的是李坑村门口的保安。在前往李坑村之前，我们并不知道李坑村当时处于封闭整修状态。当到达李坑村门口时，保安直接挥手示意我们掉头离开，便转身而去，不做任何解释更无致歉。

当时到清华镇寻找彩虹桥景区的时候，可是费了好一番工夫。首先必须用手机导航，而且越靠近目的地，反而越觉得好像走错路，不像是要去彩虹桥景区。这一方面是因为清华镇道路两旁并没有明确统一的景区标识或者说指路牌；另一方面是由于越靠近彩虹桥景区，四周的景致反而越凌乱破败，到了彩虹桥景区门口，下车，破乱不堪的环境让我们依然难以置信我们已经到了目的地，直到一抬头看到“彩虹桥”的牌匾，我们才敢相信，原来真的到了彩虹桥。进入景区，山水林木交相辉映，游鸭戏水，风车静卧，青阶石板蜿蜒向前，还是极美的。谁能想到一个彩虹桥景区内外的差别竟能如此之大呢？

图 14　婺源彩虹桥景区 1

图 15　婺源彩虹桥景区 2

婺源县的旅游发展还有一个问题是它受到季节、天气的限制。当然，这并不是婺源旅游发展所面临的独有的问题，几乎大多数的旅游目的地都会面临这个问题。由于我们调研婺源的时间是在冬季，当时寒风冷雨、雨雪交加；除了彩虹桥景区，我们去的时候是有其他游客在的，其他的古村落、景点景区里面都只有我们这群“游客”。

图 16　婺源 1 月风雪交加的天气 1

图 17　婺源 1 月风雪交加的天气 2

婺源县对于宗祠、建筑这类文化资源的保护较为完好，但是婺源县在保护开发文化名人资源这一块可能做得还不够。婺源县卢坑村是詹天佑先生的祖居所在地，设有詹天佑纪念馆。当来到卢坑村詹天佑故居时，首先映入眼帘的是大片裸露的黄土地上立有一尊孤零零的詹天佑铜像，明显不具美感，让游客有一种失落感。另一处位于浙源凤山村的金庸祖居则相对来说做得好一些，设有统一标识，祖居建筑保存完好，但是对金庸祖居本身缺乏充分的介绍，其文化价值没有得到发掘。值得一提的是，婺源县政府在 2018 年的政府工作报告亦提出“实施弘扬徽文化”战略，设立 1000 万元文化产业扶持资金，包括文化产业扶持和文化事业发展。无论是文化遗产的传承，还是文化价值的挖掘和开发，历史文脉，人文韵味，都需要资本的注入和扶持。孤零零的詹天佑铜像何时能焕发生机？金庸祖居所蕴含的文化价值何时能熠熠生辉？婺源县以全县域发展全域旅游，每个村都需要建设和发展，各个方面都需要加强和完善，那么相应的投资从何而来？文化资产的建设和发展是否会因为资金问题而成为婺源全域旅游发展道路上的一大缺憾？

图 18　婺源詹天佑铜像

图 19　婺源金庸祖居 1

图 20　婺源金庸祖居 2

婺源各村落里中老年人较多，年轻人很少。在庆源古宅客栈，客栈经营者是一位老爷爷，他有两位年轻的帮手。在村落里穿行时，无论是居民还是小店铺的经营者，能见到的大部分都是中老年人，年轻人非常少。这一方面说明可能婺源旅游业的发展带来的就业岗位和机会还不够多；另一方面这可能也是婺源旅游从业人员群体中年化、综合素质不高、缺乏活力的原因。旅游的发展、全域旅游的发展需要更多年轻人、尤其是接受过系统教育的年轻人的加入。

四、问题思考

结合现实背景，思考分析下列问题。

（1）请分析中国非全域旅游的原因，以及非全域旅游可能带来哪些问题。

（2）推动区域旅游全域化的主要力量是什么？

（3）基于婺源的实践，你认为全域旅游得以形成的条件与标志是什么？

（4）以婺源为例，分析发展全域旅游特定区域可能会面临哪些挑战？

（5）以婺源为例，讨论文化资产的建设和发展或者说文化价值的挖掘和开发是否会因为资金问题而成为区域全域旅游发展道路上的一大缺憾？应该如何解决资金缺口问题？

教学笔记

全域旅游的实践与效果

——基于婺源的案例

周波 张迎

本案例以时下最热门的旅游发展理念——全域旅游为背景，结合对婺源县全域旅游发展现状的现场调查情况，分析婺源县全域旅游的现况与发展，包括婺源县全域旅游的具体内容、中长期目标、成功经验、不足。2016 年，江西省上饶市被列为首批全域旅游示范区创建单位，婺源县亦是上饶市的重点旅游县。因此，本案例以婺源县全域旅游的发展现状为起点，进一步思考我国全域旅游发展的相关问题，包括全域旅游概念的源起和核心思想、中国非全域旅游的原因及当下非全域旅游带来的问题、推动旅游全域化的力量、全域旅游得以形成的条件与标志、发展全域旅游的挑战等。发展全域旅游到底只是一个时髦概念，还是说可以真正提升特定旅游目的地的旅游竞争力？

一、教学目标

本案例以婺源县全域旅游的发展现状为起点，从婺源全域旅游的发展中，引发学生进一步思考我国全域旅游发展的相关问题，包括全域旅游概念的源起和核心思想、中国非全域旅游的原因及当下非全域旅游带来的问题、推动旅游全域化的力量、全域旅游得以形成的条件与标志、发展全域旅游的挑战等。引导学生讨论：发展全域旅游到底只是一个时髦概念，还是说可以真正提升特定旅游目的地的旅游竞争力？

从案例分析和案例思考中，培养学生的逻辑思考能力、理论现实相结合分析问题的能力，引导学生对我国现阶段旅游行业发展的重大问题进行思考，提升认识。

二、适用课程

本案例适用于旅游产业分析、旅游经济学等课程。

三、适用对象

本案例适用于旅游管理专业学生。

四、课前思考题

结合现实背景及相关理论基础，思考分析下列问题。

（1）请分析中国非全域旅游的原因，以及非全域旅游可能带来哪些问题。

（2）推动区域旅游全域化的主要力量是什么？

（3）基于婺源的实践，你认为全域旅游得以形成的条件与标志是什么？

（4）以婺源为例，分析发展全域旅游特定区域可能会面临哪些挑战？

（5）以婺源为例，讨论文化资产的建设和发展或者说文化价值的挖掘和开发是否会因为资金问题而成为区域全域旅游发展道路上的一大缺憾？应该如何解决资金缺口问题？

五、分析思路

本案例可从以下几个方面进行思考分析：

（1）全域旅游概念的源起和核心思想。可从全域旅游的定义思考相关问题。

（2）可从我国政府的旅游发展理念、旅游产业发展的基本思路着手，分析中国非全域旅游的原因，西方为什么没有提出“全域旅游”的概念，以及当下非全域旅游带来的问题。

- 1949–1978 年　外事接待型旅游发展理念；
- 1979–1995 年　旅游产业化理念（尤其是改革开放初期，发展旅游服务于国家的创汇需求）；
- 1996–2014 年　入境旅游、国内旅游、出境旅游平衡发展理念；
- 2015 年 –　全域旅游发展理念。

（3）可从旅游需求理论、旅游产业融合理论、旅游产业集聚理论来思考分析：推动旅游全域化形成的力量，发展全域旅游可能带来的挑战。

（4）全域旅游资金缺口的解决可以从政府财政、民间资本导入、居民自筹等渠道加以解决。

六、相关理论依据

1. 旅游需求理论

人们的旅游需求正发生着变化：越来越多的游客从传统的观光游转向休闲度假，人们的出行方式也在发生着变化。旅游消费的高度个性化。旅游目的地的每一个元素均可能引发旅游者的兴趣。旅游的需求一向是综合性的，无法单一化，游客需求的边界亦是模糊的、移动的。其含义在于：目的地需要寻找或发掘更多的资源，更加丰富的产品组合，“放对了位置的旅游目的地要素”——青蛙鸣叫、废弃民居——均可以成为旅游资源。

2. 产业布局理论

点轴理论——增长极理论的延伸。从区域经济发展的空间过程看，产业，特别是工业等集中于少数空间，成为区域经济的增长点。随着经济的发展，工业的增多，点与点之间由于经济联系的加强，必然会建设各种形式的交通线路使之相联系，这一线路即为轴。轴线一经形成，对人口和产业就具有极大的吸引力，吸引企业和人口向轴线两侧聚集，并产生新的增长点。从而由点到轴，由轴带面，最终促进整个区域经济的发展。全域旅游理念下旅游业的发展是否吻合产业布局的“点－轴－域面”的空间发展规律?

3. 产业关联理论

产业关联理论又称产业联系理论，侧重于研究产业之间的中间投入和中间产出之间的关系。这些关系可以通过里昂惕夫的投入产出方法进行度量。分析旅游产业关联的另外一个工具是旅游乘数。旅游乘数可以全面地度量旅游活动对于就业和收入的影响，以及判断是否能够通过区域旅游产业来统筹区域经济的全面发展。

4. 产业融合理论

产业融合是指不同产业或同一产业不同行业相互渗透、相互交叉，最终融合为一体，逐步形成新产业的动态发展过程。产业融合是一种发展趋势，亦是产业发展的现实选择。值得思考的问题是：能否以旅游产业为龙头、或者纽带，实现旅游与其他产业的高度融合，进而最大化区域要素资源的市场价值?

5. 波特的钻石模型与区域产业集聚理论

波特的钻石模型用于分析一个国家某种产业为什么会在国际上有较强的竞争力。波特认为，决定一个国家的某种产业竞争力的有四个因素：

①生产要素——包括人力资源、天然资源、知识资源、资本资源、基础设施。

②需求条件——主要是本国市场的需求。

③相关产业和支持产业的表现——这些产业和相关上游产业是否有国际竞争力。

④企业的战略、结构、竞争对手的表现。

波特认为，这四个要素具有双向作用，形成钻石体系。在四大要素之外还存在两大变数：政府与机会。机会是无法控制的，政府政策的影响是不可漠视的。

旅游产业集聚即那些面向同一目标游客提供不同产品的企业在特定区域内形成的空间聚集现象。产业集聚通过诸多企业的集中，实现依托于特定空间位置的特殊资源禀赋的价值最大化。导致旅游产业集聚的特殊资源包括独特的交通条件，悠久的文化传统，稀缺的自然条件，吃住行游购娱六个旅游要素的供给集中。

七、教学计划

本案例运用于教学过程中的时间安排建议如下：考虑到本教学案例涉及的知识面较广，相关理论和文献较多，篇幅较长，包含的信息量较大，因此，建议学生课前提前阅读本案例，事先进行一定的了解和思考，课堂上可组织学生分组讨论，进行案例分析，由教师进行引导、评价和分析。亦可以将本案例作为学生的小组作业，要求学生以小组报告的形式予以课堂展示，由教师负责引导学生讨论、评价和分析。

八、讨论分析

（1）中国非全域旅游的原因以及非全域旅游可能带来哪些问题?

中国非全域旅游的原因：

● 当地具有独特观赏价值资源的稀缺，圈地收钱的发展模式——门票经济；

● 旅游发展初期，投入旅游产业经费不足，导致难以大规模、在更大的空间建设旅游基础设施；

● 接待规模太小，过去的客源结构中观光游客是主体，休闲和度假游客太少；“走马观花”者为主体，深度体验者为少数。

当下非全域旅游带来的问题：

● 景区这些传统的旅游空间难以满足大规模游客深度体验、感受和观察某个旅游目的地的需求——即形成旅游需求的空间规模约束。

● 以单一景区为核心构建旅游空间，无法完成我国旅游从“小众旅游”向“大众旅游”的转型。

● 非全域旅游无法匹配自助旅游、自驾旅游等主流的现代旅游方式。这些旅游方式在更为广大的空间自由地发生着，如果一个区域仅仅关注景点、酒店的单体质量，而忽视综合性的环境质量，游客难以满意。景点内和景点外“两重天”，酒店内和酒店外“两重天”。

（2）推动区域旅游全域化的主要力量是什么？

● 散客游取代组团游，自由行、自驾游成为主流的旅行方式：这些旅游方式占据 60% 以上的市场份额。散客游背景下对旅游路线、对驻留点的框定、对吸引力的字典式标准化解读，就失去了意义，游客在更大范围内移动、扩散和体验。游客势必和旅游目的地的各种要素进行多角度、全方位的互动。

● 为了更加自由的旅行，需要把整个城市空间或者整个乡村空间打造成一个功能完整的旅游专门空间。

● 由于空间的扩大，旅游产品的互补和丰富化就不可避免了。民宿、营地、自驾服务系统、特色小镇的特色文化，这些成为度假性旅游的必需品；旅游街区、旅游风景道、旅游综合体，这些成为休闲度假旅游的必需品。

● 从基于旅游发展带动区域相关产业的思路出发，需要从封闭的旅游自循环体系走向开放的“旅游 +”体系。

● 全域旅游可能蕴含的巨大福利：

对游客而言：观察点、审美源更丰富、多样化；游客可以长时间逗留、重复而深度地欣赏某个旅游目的地；得益于区域旅游生产的专门化，游客获得更高的旅游品质——持续的高强度的审美愉悦和精神放松。

对目的地而言：突破“门票经济”；基于深度旅游激发游客更多、更高强度的花费；打破单一景区接待的模式，能够实现更大规模的游客接待；实现区域内旅游基础设施的全面提升；获得机会重新定义旅游资源和激活旅游资源之间的空间互补性；对自然资源或文化资源的保护提出更高要求；旅游发展的焦点从“小空间”转移到“大空间”，最终将放大旅游产业容量，为大资本全方位进入旅游产业提供条件；“旅游 +”，旅游元素充分渗透到其他行业或者产品当中，带动全区域的产业提升与产品提升。

对当地居民而言：全域旅游的发展可以全面提升当地居民的人居环境和生活品质，进而提升当地居民的幸福指数。

（3）基于婺源的实践，你认为全域旅游得以形成的条件与标志是什么？

● 全域旅游需要一个有效的系统，将游客可能游览、可能光顾、可能使用的全部景点、休憩点和停留点连接起来，这个系统至少包括：

➢ 便捷的交通体系——定期的交通实现游客的便捷转移；

➢ 统一而优美的旅游标识；

➢ 厕所、餐饮企业或者旅游商店的便捷分布；

➢ 旅游信息的集中发布——全域旅游信息化、智慧旅游；

➢ 域内的网络服务；

➢ 域内针对游客的安全保护、救助系统——例如对于自驾车的故障救助、自由行游客涉险救助；

➢ 域内同一的服务标准、旅游纠纷处理。

● 基于游客在域内的大尺度移动以及游览路线的随机化安排，愉悦的旅行需要大尺度的景观美，包括旅游走廊美、优美的自然风光、清新的空气。当下裸露的土地、农村垃圾的随意处理、污染的河道和空气、居民生活设施破旧、居民举止行为的粗俗，均破坏大尺度审美。

● 居民不得不介入到旅游活动中，居民成为演员、居民的态度成为旅游者是否满意的重要变量，居民的生活场景是否美、是否有意思、是否激发旅游者兴趣？在这种情况下，居民能否直接从旅游服务中受益，关系到全域旅游的成败。

● 在全域旅游的背景下，景区同质化问题可能凸现。由于同质化，最终吸引游客游览的并非“全域”，仍旧是个别的热点景区。

● 在全域旅游的背景之下，当地文化、当地文化资源和传统（比如民居、宗祠、宗教场所、古街道）能够获得更高的旅游市场价值。

（4）以婺源为例，分析发展全域旅游特定区域可能会面临哪些挑战？

● 区域旅游管理不再是旅游局一个部门的事情，从单一的行业管理过渡到全区域的社会管理。

● 如果设定一个比较大的空间来发展全域旅游，比如将整个海南省设定为一个全域旅游空间，相关管理部门将会面临比较大的挑战，最终结果是这样的空间难以发展出真正意义的全域旅游。将一个区、县或者镇设定为全域旅游的建设空间，可能更加有效。

● 需要突破行政边界的限制，依据旅游的需求，根据山系、水系等自然地理单元，或者方言区、文化区等人文地理单元，跨区域构建旅游功能区，打造跨区域的全域旅游。例如黄金自由游览路线、新安江沿线黄金自驾游区、厦门本岛。

● 在全域旅游背景下，哪些部分为公益性供给（公共产品）——例如公共博物馆，哪些产品为商业性供给（私人产品）——例如私人博物馆，前者占比过大将导致旅游公共投入回收期过长、投资规模不足，成为一个重要的问题。道路两边的风景是“有主人的”，是有产权的？

思考保证平衡性供给：公益性供给提供有品质的氛围，吸引大规模人流；商业性供给创造现金流，吸引差异化的需求个体。

● 什么样的区域具有发展全域旅游的潜质？区域条件诸如：旅游资源密集，旅游业能够成长为该区域的支持产业；便捷的市场进入，尤其是接近大规模的客源市场，黄山即是例子；既有的市场口碑良好。

● 地方官员的执政周期（政绩诉求）与区域旅游需要长期奋斗、长期建设的客观要求冲突。

● 全域整体一致的氛围与具体景点、境域的特色结合，避免千篇一律、千村一面的问题。

● 旅游投入受制于区域经济发展的总体水平和外部资本的投入规模，过度的超前可能无法保证旅游投入的回报。

（5）以婺源为例，讨论文化资产的建设和发展或者说文化价值的挖掘和开发是否会因为资金问题而成为区域全域旅游发展道路上的一大缺憾？应该如何解决资金缺口问题？

● 建设文化资源，多为政府主导，缺乏民间力量的加入，导致严重的资金缺口和资金使用效率的低效；

● 市场力量、民间力量的加入——尤其是文化学者、文化爱好者——的介入，比如重建民间博物馆、民间艺术馆，通过产权形式对他们的投入进行保护，将会迎来地方文化的复兴，重建地方文化的魅力。黄山屯溪老街的万粹楼即是例子。

九、关键要点

本案例分析的关键要点如下：

（1）了解熟悉与本案例相关的背景信息。

（2）了解熟悉与本案例相关的基础理论，包括：旅游需求理论、产业布局理论、产业关联理论、产业融合理论、波特的钻石模型与区域产业集聚理论。其中，最为重要的是产业集聚理论。

本案例需要学生理论与现实相结合分析问题的能力，亦需要学生对旅游行业有足够的认识和了解，需要学生具备综合分析问题的能力。

案例 10

高房价难，高入住率难，多歧路，今安在？

李慧颖
（厦门大学管理学院 厦门，361005）

【案例摘要】在如今竞争激烈的酒店行业中，每家酒店都试图通过与竞争对手房价和入住率的比较，来衡量绩效的优劣，坐落于厦门大学校内的林梧桐楼也不例外。近三个月来，林梧桐楼的入住率一直低于其主要竞争者。林梧桐楼迫切需要重新评估目前的定价策略，并制定新的定价策略以在寒假来临前改善目前的状况。本案例将通过对现有定价策略及所提方案中收益指标的分析来帮助林梧桐楼提升经营绩效，并让学生更好地理解与酒店绩效评估相关的指标计算及定价策略分析。[①]

【关键词】酒店绩效评估指标；市场细分；定价策略

引言

2019 年 11 月 30 日，带着会后的疲惫，Monica Chen（林梧桐楼市场销售总监）与 Shan Gao（林梧桐楼财务总监）两人瘫坐在椅子上，脑子里仍然不停地在思考林梧桐楼目前首次遇到的运营问题：在厦大周边，林梧桐楼的入住率这几个月一直低于其主要竞争者——国际学术交流中心、厦门宾馆与泰谷酒店。Shan Gao 也觉得自己真得需要听取收益管理月度会议上同事们的建议，重新评估林梧桐楼目前的定价策略，以便为即将到来的 2020 年做好充分的补救工作。

① 本案例由厦门大学管理学院的李慧颖撰写，在写作过程中得到了林梧桐楼的支持。该案例目的是用来做课堂讨论的题材而非说明案例所述策略是否真实有效。

一、城市及酒店

1. “海上花园”——厦门

厦门，又称鹭岛，是一座拥有“海上花园”之称的东南沿海城市，隶属于福建省，是中国四大经济特区之一，约有 411 万人口（2018 年数据）。厦门毗邻中国台湾省，与金门岛隔海相望，得天独厚的地理位置使它成为了东南国际航运中心及海峡两岸贸易中心。厦门主要由厦门本岛、半岛及岛外内陆组成，目前拥有厦门站、厦门北站、厦门高崎国际机场、厦门港等交通枢纽，运送来自国内外的游客 8900 多万人（2018 年数据）。厦门海岸线绵长、气候宜人、旅游资源丰富：“世界文化遗产”——鼓浪屿、“千年古刹”——南普陀寺、“中国最美大学”——厦门大学、“八闽门户”——胡里山炮台、“世界最美马拉松赛道”——环岛路等景点吸引着国内外游客前来。

2. “中国最美大学”——厦门大学

厦门大学是一所直属中华人民共和国教育部的综合性研究型全国重点大学、国家“双一流”A 类世界一流大学建设高校，素有“南方之强”之称。位于厦门本岛南端的厦门大学本部，毗邻胡里山炮台，坐拥白城海滩，南普陀寺近在咫尺；校园内风光秀丽，芙蓉湖、芙蓉涂鸦隧道、情人谷、嘉庚楼群、建南楼群等均是游客热衷打卡的景点。作为“中国最美大学”之一，除了会接待每年络绎不绝的游客，厦门大学也成为国内外各重要学术会议、中小学研学的不二之选。

3. 融合闽南特色及厦大元素的教学酒店——林梧桐楼

2018 年，凭借优越的地理位置、便捷的交通，结合厦门大学的品牌优势、区位优势和校友优势，以“古典 + 文艺”为设计概念，融合厦大元素，辅以“嘉庚建筑”特点，厦门大学管理学院教学科研实验基地——林梧桐楼正式对外营业。设计之初，林梧桐楼就定位于厦门大学附近的高档型酒店，坐落于静谧的校园内，却不失一份高档及精致，期望宾客能舒缓身心、享受细致服务、感受校园人文情怀。

酒店地上建筑面积为 6789.76 ㎡，楼高 3 层。共有客房 80 间，包括标准双人房 44 间，标准大床房 27 间，豪华双人房 6 间，豪华套房 2 间，无障碍房 1 间。所有房间都带有独卫，基础设施如空调、液晶电视、迷你酒柜、保险箱、电吹风、WIFI、高速上网端口等。酒店致力于让顾客满意，除了基本服务外，还提供更细心的个性化服务，如加床、外借小件物品、洗衣、提供棋类休闲娱乐用品等。

酒店配有中餐厅和西餐厅。其中，中餐厅有 169 个座位，以地道的闽南风味美食、粤菜等当季果蔬菜肴为主；西餐厅有 86 个座位，提供融合了欧陆式与东南亚风味的美食。中西餐厅提供的各种佳肴，均由专业厨师精心研发，既有闽南地区的淳朴风味，又有西方国家特色的精致料理。

酒店目前拥有2个会议室：艺文沙龙和国泰厅，主要用于各企业机构举办交流培训会及公司会议。其中，艺文沙龙还会不定期举办各种文艺类活动，是宾客放松身心、陶冶情操的良好选择。

二、客源分布

林梧桐楼的住客大致可以分为以下几种类型：商务散客、无预订散客、OTA散客、旅行团、商务团队、社会团体及其他。

根据2019年1月至11月数据来看（见附录1），OTA散客的收入占到了酒店收益的46.1%。由于林梧桐楼优越的地理位置——坐拥厦门大学，背倚南普陀寺，毗邻白城沙滩；同时，由于厦门作为旅游城市，并未有明显的淡旺季之分，因此，未来几年内，该细分市场的客源增长仍可预期。

另外一个主要的客源来自于商务散客，其收入占到了酒店收益的30.4%。这一细分市场的客户具有预订量大、连续数日、时间固定等特点，并有着明显的周期性：学校放假期间到访的商务散客相对来说较少。

校友会协议散客与校内其他协议团队占比相似，分别为10.10%和10.70%，这两部分群体具有客源稳定、提前期短、不确定性高等特点，但仍然是林梧桐楼相对稳定的客户来源之一。

厦门大学管理学院自付协议客及管理学院个人散客尽管占比很小，但仍不容忽视，管理学院每年接待的海内外学者是林梧桐楼的重要客户，同时也是做出口碑、无成本宣传的重要途径之一。

然而，对于旅行团，由于房价过高、发票开具政策不一致等原因，目前林梧桐楼旅行团的订单尚未达到预期。

三、房价及定价策略

林梧桐楼的定价是基于星级、设施、地理位置及需求而设定的。在目前的价格体系中，其房价略高于其主要竞争对手——厦门宾馆及国际学术交流中心。由于开业时间较短（不到两年），价格还未做任何调整。林梧桐楼秉承着“不让选择林梧桐楼的任何一位住客流失”的经营理念，设置了不同的价格区间，按照客源类型，林梧桐楼价格体系设置如下：

1. 散客市场

这一细分市场主要包含四种类型的价格。普通的游客是无法获得该市场下价格体系的具体内容的，而较低价格也只提供给那些与酒店有协议的机构散客。分类具体如下：

①门市价（Rack Rate）。即挂牌价，这是酒店能够提供给所有客人的最高价格。在这一价格区间中，标准大床房 / 双床房售价：1680 元 / 间・夜；豪华双床房售价：1980 元 / 间・夜；套房售价：2580 元 / 间・夜。酒店管理层力求以接近门市价的价格向外出售客房，这样能显著地提高平均房价，进而提高收益。

②无预订散客价格（Walk-ins）。这是价格体系中次高的价格，主要针对没有任何预订的直接走进酒店询价的顾客而设置的：标准大床房 / 双床房售价：880 元 / 间・夜；豪华双床房售价：980 元 / 间・夜；套房售价：1680 元 / 间・夜。

③网络散客价格（OTA Rate）。目前，林梧桐楼仅与携程网签订现付业务合同，在携程上的售价与无预订散客价格一致（不包括携程促销活动发放的各种优惠券）。

④协议散客价格（Contract Rate）。这一价格区间的受众主要为与酒店签订协议的各院系部门的个人，由于顾客所属院系不同，可执行的价格区间有所区别：

- 校友会散客价（CoR1）。该档价格向厦大校友提供：标准大床房 / 双床房售价：690 元 / 间・夜；豪华双床房售价：760 元 / 间・夜；套房售价：1390 元 / 间・夜。
- 学院个人散客价（CoR2）。该档价格提供给以个人名义订房的管理学院教师以及 MBA/EMBA/EDP 等学员：标准大床房 / 双床房售价：650 元 / 间・夜；豪华双床房售价：700 元 / 间・夜；套房售价：1180 元 / 间・夜。
- 校内其他学院散客价格。该档价格视销售情况而定，若处于旺季或预订量较少时，同校友会散客价（CoR1）；若处于淡季或预订量较大时，同学院个人散客价（CoR2）。

2. 团队市场

这一细分市场所有档的价格均只提供给与酒店签订协议的组织、机构或公司，主要包括两种类型：

①商务团队价格（Commercial Group Rate）。

- 会议团队协议价格（CoR2）。该价格适用于在厦大举办会议、与林梧桐楼签订协议的会议与会者。其价格为：标准大床房 / 双床房售价：650 元 / 间・夜；豪华双床房售价：700 元 / 间・夜；套房售价：1180 元 / 间・夜。
- 政府、企事业单位团队协议价格（CoR2）。该价格适用于在厦大举办的各类培训班、研讨班的参与者。其价格为：标准大床房 / 双床房售价：650 元 / 间・夜；

豪华双床房售价：700 元 / 间 · 夜；套房售价：1180 元 / 间 · 夜。

● 管理学院自付协议价格（CoR3）。该价格适用于管理学院院系部门的公对公转账，其价格为：标准大床房 / 双床房售价：590 元 / 间 · 夜；豪华双床房售价：660 元 / 间 · 夜；套房售价：980 元 / 间 · 夜。

● 其他学院自付协议价格（CoR4）。该价格适用于校内其他院系部门的公对公转账，其价格为：标准大床房 / 双床房售价：600 元 / 间 · 夜；豪华双床房售价：680 元 / 间 · 夜；套房售价：990 元 / 间 · 夜。

②休闲团队价格（Leisure Group Rate）。

● 旅行社团体订房价格（CoR1）。该价格适用于与林梧桐楼签订协议的旅行社团队，其价格为：标准大床房 / 双床房售价：690 元 / 间 · 夜；豪华双床房售价：760 元 / 间 · 夜；套房售价：1390 元 / 间 · 夜。另外，林梧桐楼不接受旅行团免费用房的规定。

③其他特惠价格（Special Rates）

● 钟点房（CoR5）。该价格仅适用于 8:00–17:00 时段下入住需求不超过 4 小时的客人，价格为 298 元 /4 小时。

四、市场环境分析

1. 竞争情况

目前，林梧桐楼三成左右的客户为到厦门大学参加培训、会议的商务散客，其大多要遵循福建地区城市的差旅报销标准。一般来说，厦门市的报销标准为 500–600 元之间。因此，林梧桐楼及其竞争对手在制定价格上都考虑到了报销标准；同时，其竞争对手为了消除地理位置的短板，往往还会为预订其酒店的客人提供免费往返巴士。这在一定程度上对林梧桐楼的入住率造成了威胁。

林梧桐楼目前的竞争对手主要可以分为两类：校内竞争对手与校外竞争对手。

厦门大学目前实行游客限量访问制度，因此，校内酒店由于位置的特殊性而成为彼此的竞争对手。目前，校内酒店仅有国际学术交流中心（又称逸夫楼）和林梧桐楼两家。国际学术交流中心，与林梧桐楼相距仅 1 公里，房间数量远超于林梧桐楼，可承接大批量的团队客户；但由于林梧桐楼刚刚建成，装修及设施新颖完备，舒适度上要远高于国际学术交流中心；价格方面，国际学术交流中心的房价视房型不同，低于林梧桐楼 100–300 不等（OTA 散客价为 550 左右；协议价为 500 左右）。

在校外 3 公里范围内，基于酒店的星级定位，林梧桐楼将厦门宾馆、泰谷酒店、佳逸希尔顿格芮精选酒店等作为校外竞争对手。这些酒店在基础设施方面与林梧桐楼相差无几，但在譬如泳池、健身房、免费停车等附加服务方面要优于林梧桐楼；价格方面，厦门宾馆和泰谷酒店在 OTA 散客价上要低于林梧桐楼 200–300 元左右，希尔顿格芮精选与林梧桐楼在 OTA 散客价上持平，在协议价方面，这些酒店均低于林梧桐楼 80–100 元左右。林梧桐楼与这些酒店相比，优势最明显的是：坐落在厦门大学内，游客可以减少预约不到的风险，培训人员则可以减少往返奔波的劳累。

2. 整体市场趋势

厦门市旅游发展稳定，近几年一直保持在增速 15% 左右（见附录 4），为酒店业提供了稳定增长的客源。目前，厦门大学周边酒店格局处于较为稳定的状态，近两年来尚无新建酒店规划，短时间内较难出现新的竞争对手。

面对不断增加的游客量，林梧桐楼近期却出现了入住率的低迷，如何吸引更多的顾客并满足其需求成为林梧桐楼迫切需要解决的问题。

五、目前的困境

林梧桐楼一直期望在入住率及平均房价达到预期目标的基础上，保持客房需求量的逐年增长。市场部每月直至每年度都会对这些数字进行记录和比较，同时也会与竞争对手的指标值进行比较，来分析酒店的收益表现。市场部销售人员的绩效也多依据入住率来发放的。

由于开业时间较短，目前价格还维持在开业时的定价，对于降价和升价对入住率产生的影响尚不明确。根据林梧桐楼的年度财务核算，目前，酒店客房可变成本约为客房收益的 15%。

在刚刚结束的收益管理月度会议上，除了 Shan Gao 对几项指标进行了把控，Monica Chen 在客户群体方面也做了深入的分析：

（1）商务客细分市场中，与其他竞争对手的优势在慢慢消失。对于同样位于校内、目标市场几近相同的国际学术交流中心，价格却低于林梧桐楼；另外，林梧桐楼的地理位置优势也因厦门宾馆等酒店免费提供接送服务而逐渐消失，这一点从近几个月入住率的不断下降可洞察一二。

（2）OTA 散客细分市场中，由于发票制度的限制及较少的客房数量，目前也只在携程一家上开放预订。对于收益较高的 OTA 散客，林梧桐楼在供房数量、代理渠道数量上，仍需要向竞争对手看齐。

林梧桐楼高层管理者也都意识到了问题所在，对定价策略进行修正势在必行。Monica Chen 与 Shan Gao 又一遍翻看了会议上同事们给出来的收益提升计划，总结出了以下几种策略：

（1）将所有房型的价格降低 10%–15%，以提高入住率；

（2）增设更多的价格区间，区分更多类型的散客；

（3）在寒暑假等商务客较少的时间段，对散客等价格敏感型客户进行降价宣传；

（4）利用地理位置优势及原本散客对价格的不敏感性，对除了商务协议客以外的客源进行提价 5%–10%，用提价带来的收益弥补入住率的下降。

由于新的一年即将来临，学校也要放寒假，林梧桐楼迫切需要制定一个新的定价策略以在寒假来临前改善目前的状况。

附录

附录 1　2019 年 1–11 月林梧桐楼客户细分

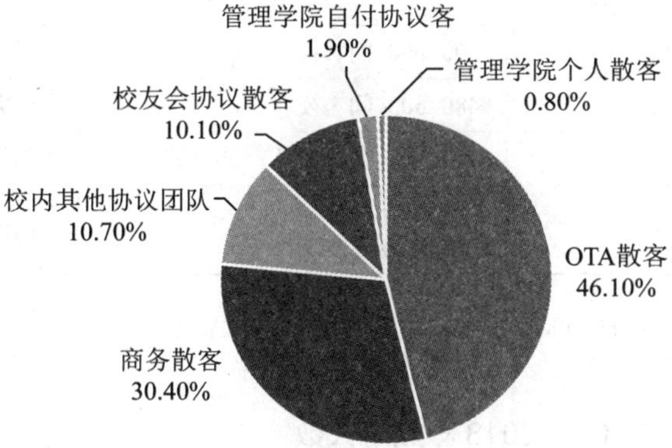

数据来源：林梧桐楼提供

附录 2　林梧桐楼价格体系

价格区间	客源	标准大床房 / 双床房	豪华双床房	套房
Rack Rate	门市价 / 挂牌价	1680	1980	2580
Walk-ins	无预订散客价	880	980	1680
OTA Rate	网络散客价	880	980	1680
CoR1	校友会散客价 校内其他学院散客价	690	760	1390

续表

价格区间	客源	标准大床房 / 双床房	豪华双床房	套房
CoR2	学院个人散客价 校内其他学院散客价 会议团队协议价 政府、企事业单位团队协议价	650	700	1180
CoR3	管院自付协议价	590	660	980
CoR4	其他学院自付协议价	600	680	990
CoR5	钟点房（4 小时）	298	–	–

数据来源：林梧桐楼提供

附录 3　林梧桐楼目前的竞争对手

酒店	位置	价格区间	是否提供接送服务
林梧桐楼	校内	¥590–690/ 间・夜	无需提供
逸夫楼	校内	¥480–500/ 间・夜	无需提供
厦门宾馆	校外	¥500/ 间・夜（最低、量大）	提供巴士接送
泰谷酒店	校外	旺季 ¥570/ 间・夜 淡季 ¥500–520/ 间・夜	提供巴士接送

注：目前客户报销价格在 500 元左右

数据来源：林梧桐楼提供

附录 4　厦门市 2016–2018 年旅游人数

	2016 年	2017 年	2018 年
游客人数（人次）	6770.16 万	7830.52 万	8900.32 万
较上年增长（%）	12.2	15.7	13.7

数据来源：厦门市统计局，厦门市国民经济和社会发展统计公报

附录 5　2018–2019 年林梧桐楼出租率及平均房价情况

月份	平均房价 ADR	出租率 OCC	RevPAR
2018 年 7 月	595.56	54.92%	327.08
2018 年 8 月	569.78	76.13%	433.77
2018 年 9 月	573.23	63.75%	365.43
2018 年 10 月	568.14	55.73%	316.62
2018 年 11 月	565.5	70.85%	400.66

续表

月份	平均房价 ADR	出租率 OCC	RevPAR
2018年12月	572.59	58%	332.10
2019年1月	581.14	45.16%	262.44
2019年2月	608.1	54.72%	332.75
2019年3月	523.5	75.40%	394.72
2019年4月	552.41	64.98%	358.96
2019年5月	578.39	66.53%	384.80
2019年6月	518.05	68.38%	354.24
2019年7月	545.87	79.66%	434.84
2019年8月	608.76	77.36%	470.94
2019年9月	571.23	67.56%	385.92
2019年10月	589.25	69.09%	407.11
2019年11月	586.19	68.98%	404.35

数据来源：林梧桐楼提供

附录6 近三个月林梧桐楼与其竞争对手对比情况

林梧桐楼			
月份	平均房价 ADR	出租率 OCC	RevPAR
2019年9月	571.23	67.56%	385.92
2019年10月	589.25	69.09%	407.11
2019年11月	586.19	68.98%	404.35

竞争对手平均			
月份	平均房价 ADR	出租率 OCC	RevPAR
2019年9月	569.57	73.28%	417.38
2019年10月	583.29	76.03%	443.48
2019年11月	578.19	72.82%	421.03

数据来源：林梧桐楼提供

附录 7　林梧桐楼组织结构图

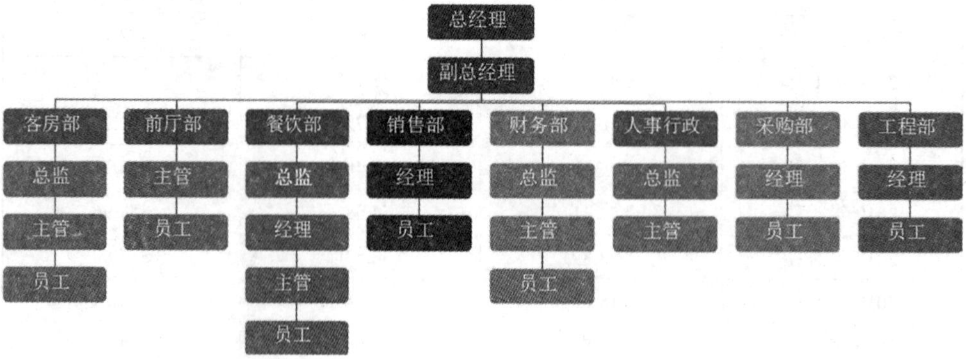

数据来源：林梧桐楼提供

教学笔记

高房价难，高入住率难，多歧路，今安在？

李慧颖

一、案例概要

2019 年 11 月底，Monica Chen（林梧桐楼市场销售总监）与 Shan Gao（林梧桐楼财务总监）非常关注林梧桐楼的平均房价及入住率。近三个月，林梧桐楼的入住率一直低于其主要竞争者。林梧桐楼迫切需要重新评估目前的定价策略，并制定一个新的定价策略以在寒假来临前改善目前的状况。

二、教学目的及用途

（1）本案例适用的课程：酒店收益管理。

（2）主要适用教学对象：MTA 及在职培训学员、酒店管理专业本科生、研究生。

（3）教学目标：

①了解酒店业的特殊性：固定成本高、可变成本低；

②掌握评价酒店绩效的相关指标；

③引导学生评价定价策略的优劣；

④拓展学习差别定价、价格歧视、细分市场定价。

（4）本案例主要知识点包括：

①酒店绩效指标：平均房价 ADR、入住率 OCC、RevPAR；

②利用指标评价酒店绩效。

三、思考题

（1）林梧桐楼应该提高入住率还是平均房价？对绩效会有怎样的影响？

（2）除了以上两个独立指标，还可以使用哪些指标来评估其绩效？

四、理论依据

为了便于学生进行有效的讨论，学生应该熟悉酒店业的 3 个主要绩效指标：

1. 入住率（OCC）

入住率 = 出租的房间数 / 可用的房间数（在某一时间段内，可以是天、周、月、季或年）

单独使用入住率评价绩效的局限性：

- 可能会因为价格下降而上升，如果单独考虑，无法反映出酒店总体收入；
- 无法反映出房间的出售价格；
- 无法衡量利润贡献；
- 没有考虑由酒店客人消费食品、饮料等额外收入。

2. 平均房价（ADR）

ADR = 客房总收入 / 实际客房售出数（在某一时间段内，可以是天、周、月、季或年）

单独使用平均房价评价绩效的局限性：

- 无法体现酒店资产的使用情况；
- 没有考虑入住率；
- 没有考虑由酒店客人消费食品、饮料等额外收入。

3. 平均每间可供出租客房收入（RevPAR）

RevPAR = 客房总收入 / 可供出租客房数

= 平均房价 × 入住率

RevPAR 是衡量酒店收益管理绩效的一个重要指标。价格和需求是成反比的，大部分情况下，很难做到入住率和平均房价的同时提升。所以只看入住率或平均房价都不能判断一个酒店的经营状况好坏，而 RevPAR 综合了入住率和平均房价两个方面来考察酒店的收益绩效，可以帮助我们相对全面地了解酒店的经营状况。

五、教学计划（90 分钟）

本案例作为专门的案例讨论课来进行，整个案例课的课堂时间控制在 90–100 分钟。如下是按照时间进度提供的课堂计划建议，仅供参考。

1. 课前计划

发放案例相关资料，请学生在课前完成阅读和初步思考。

2. 课中计划

（1）简要的开场白，明确主题。（5分钟）

（2）案例总体介绍，并提出启发思考题。站在公正客观的角度讲述案例，指出案例分析的一些线索。（5–10分钟）

（3）分组讨论。将学生进行分组，每组4–6人，理想分组数为4组左右。告知发言要求（本案例中，可以要求学生利用绩效指标对案例中酒店的月度表现进行计算及分析）。注意时间控制，要求在指定时间内各组需对提出的问题达成一致意见，并形成PPT文档，以便陈述讨论结果。（30–40分钟）

（4）小组汇报。每组代表进行成果展示，展示过程中可由其他小组成员进行提问。（每组5分钟，控制在30–40分钟）

（5）引导全班进一步讨论，并进行案例归纳总结，就学生讨论情况进行点评。（10–15分钟）

3. 课后计划

如有必要，请学生采用报告形式对案例中提出的4种策略一一进行定量与定性分析，为后续章节内容学习做好铺垫。

六、分析思路

问题1：林梧桐楼应该提高入住率还是平均房价？对绩效会有怎样的影响？

入住率与平均房价的比较

可用房间数＝房间数 × 天数

80 × 362 = 28960（假设每年每个房间需3天维修）

当前出租房间数＝入住率 × 可用房间数

0.7567 × 28960 = 21914.032（四舍五入至22000）

（使用最近即2019年11月的出租率75.67%，也可以使用2019年11个月的平均出租率68%）

客房收入＝当前出租房间数 × 平均房价

22000 × 586= 12892000元

（11月平均房价586元，也可使用11个月平均房价588元）

多数学生只关注酒店入住率增长与平均房价增长所带来的收入之间的比较。然而，应该比较的是贡献。

每间客房的利润贡献率＝客房利润 / 客房销售总额 ×100% ＝ 1– 可变成本率

1–15% ＝ 85%（假设可变成本为15%）

总利润贡献 = 每间客房的利润贡献率 × 客房收入

0.85 × 12892000 = 10958200 元

接下来，评估平均房价不变条件下，入住率增加 1% 时会发生什么：

额外出租的房间数= 1% × 可用房间数

0.01 × 28960 = 290

增加的收入=额外出租的房间数 × 平均房价

290 × 586= 169940 元

增加的利润贡献（毛利）=每间客房的利润贡献率 × 增加的客房收入

0.85 × 169940 =144449 元

换句话说，入住率每增加 1%，净利润贡献就会增加 144449 元。

为了通过提高平均房价来实现净利润贡献的增长（假设不改变容量利用率），须将 ADR 提高以下数额：

144449 / 28960 =4.988 ≈ 5 元

可让学生们这样考虑：通过将酒店的平均房价提高 4–5 元，可以使酒店的入住率降低 1%。ADR 的增加与 OCC 的降低之间的平衡点是 5 元 = 1%。也就是说，酒店每增加 1% 的入住率，ADR 减少不能超过 5 元。需要注意的是，这里并没有考虑到降低平均房价的其他可能的战略原因，比如：市场份额增加、掠夺性定价、大客户群体更换等；或由于以下原因以入住率为代价来提高 ADR：追求更高档的酒店形象，针对价格敏感性比较低的客户群体定价等。

问题二：除了以上两个独立指标，还可以使用哪些指标来评估其绩效？

由于 ADR 和入住率都是酒店收益管理中重要的指标，学生们应该考虑将这两个绩效指标结合起来考察总体绩效，即计算平均每间可供出租客房收入（RevPAR）。

RevPAR = 客房总收入 / 可供出租客房数

= 平均房价 × 入住率

用上面的公式，学生可以计算出当前的 RevPAR：

RevPAR = 586.19 × 68.98% = 404.35 元（使用 2019 年 11 月数据，也可使用 11 个月平均数据）

接下来，学生们可以评估在相同的 ADR 条件下，酒店入住率增加 10% 对 RevPAR 的影响：

RevPAR = 586.19 × 68.98% ×（1+10%）= 444.79 元

然后，他们可以分析在相同的入住率下，ADR 增加 10% 对 RevPAR 的影响：

RevPAR = 586.19 ×（1+10%）× 68.98% = 444.79 元

学生也可以来评估平均房价上涨 10% 和当前入住率分别下降 1%、5%、8.5%、10% 对 RevPAR 的影响（考虑到当前入住率的下降与价格上涨即弹性需求）：

RevPAR = 586.19 ×（1+10%）× 68.98% ×（1–1%）= 440.34 元

RevPAR = 586.19 ×（1+10%）× 68.98% ×（1–5%）= 422.55 元

RevPAR = 586.19 ×（1+10%）× 68.98% ×（1–8.5%）= 406.98 元

RevPAR = 586.19 ×（1+10%）× 68.98% ×（1–10%）= 400.31 元

结合 ADR 的增加与 OCC 的降低之间的平衡点，大致可以算出 ADR 上涨 10%，则 OCC 下降不能超过 8.5%，因此，可以比较以上四种情况，来设置未来的入住率目标。

学生可根据以上思路，分别讨论四种方案的可行性分析，并分别给出计算步骤及依据。

在方案讨论中需要加强学习的其他知识点：

制定一套合理的价格体系需要考虑的因素包括：

- 成本；
- 竞争；
- 不同部门和不同季节的需求；
- 需求弹性 / 客户细分市场的价格敏感性；
- 清楚不同细分市场的区分条件；
- 服务业中可能存在的（并且可接受的）价格歧视；
- 公平性；
- 复杂性；
- 可解释性。

在固定成本与可变成本比率较高的企业中：

- 通过降低价格的方法来提高房间入住率，会有一定的压力；
- 可以通过某些“附加产品”来增加收入；
- 收益具有易逝性（例如酒店每日的客房收益、航班上每个座位的收益）。

定价策略在连结产品 / 服务与目标细分市场选择中起着至关重要的作用，酒店要清楚各个细分市场的需求、可能的出租率、可能的利润等。

在服务业中，差别定价是一项被广泛采用并易实现的策略。

根据不同的季节，为各个客户细分市场制定不同的房价及入住率目标，有助于提高各个细分市场的季节性绩效。此外，酒店要保持好在每个细分市场客户中的企业形象。

绩效指标要能够明确地反映出经营目标，并且易于数据的汇总和细化。此外，一般的经营决策也多是通过分析这些绩效指标而得出的。因此，理解 ADR、OCC、RevPAR 等绩效指标之间的权衡关系在酒店收益管理中显得至关重要。

附 录

部分课堂板书展示

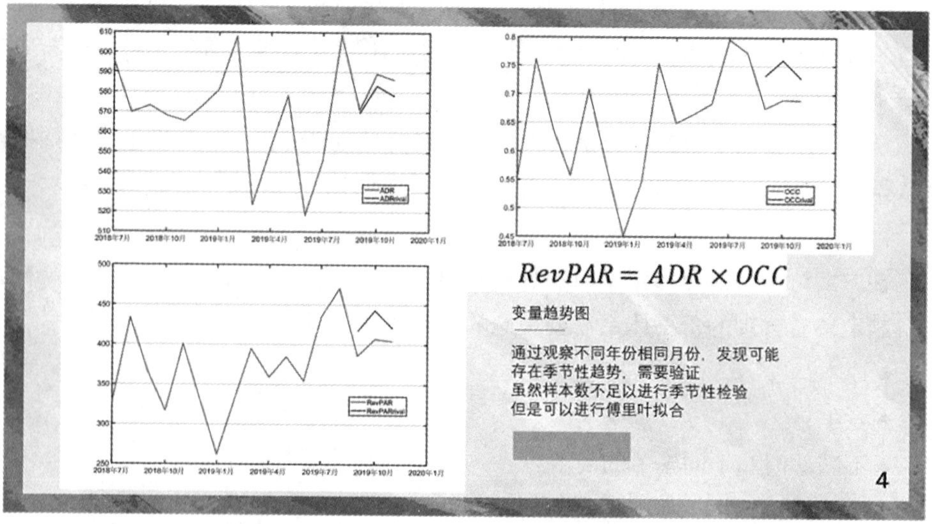

入住率－平均房价

入住率OCC=出租的房间数/可用的房间数　　66.32%

平均房价ADR=客房总收入/支付的间夜数　　569.62元

可用间夜=房间数x天数=80 x362=28,960间夜（假设每年每个房间需3天维修）

当前出租间夜=入住率x可用间夜=66.32%x28,960≈19,206间夜

出租收入=当前出租间夜x平均房价=19,206 x569.62=10,940,121.72元

每房间边际贡献=客房利润/客房销售总额x100%=1-可变成本率=1-15%=85%

总贡献（总利润）=每房间净利润率x出租收入
=85%x10,940,121.72=9,299,103.462元

*说明：入住率和平均房价数据为梧桐楼2018年12月到2019年11月入住率和平均房价的均值。

入住率－平均房价

当入住率以相同的平均房价增加1%时，会发生什么？

额外出租的房间=1%x可用间夜=1%x28, 960≈290间夜

增加的收入=额外出租的房间x平均房价=290x569. 62=165, 189. 80元

增加的利润贡献（毛利）=增加的收入 x每房间利润率
=165, 189. 80 x 85%=140, 411. 33元

换句话说，入住率每增加1%，净利润就会增加140, 411. 33元。

为了通过提高平均房价（假设不改变容量利用率）实现净贡献的类似增长，必须将ADR提高以下数额：140, 411. 33 / 19, 206 ≈ 7. 31元

也就是说，ARR的增加与OCC的降低之间的平衡点是7. 31元~1%，每增加1%的入住率，酒店可以承受的平均房价减少不超过7. 31元。

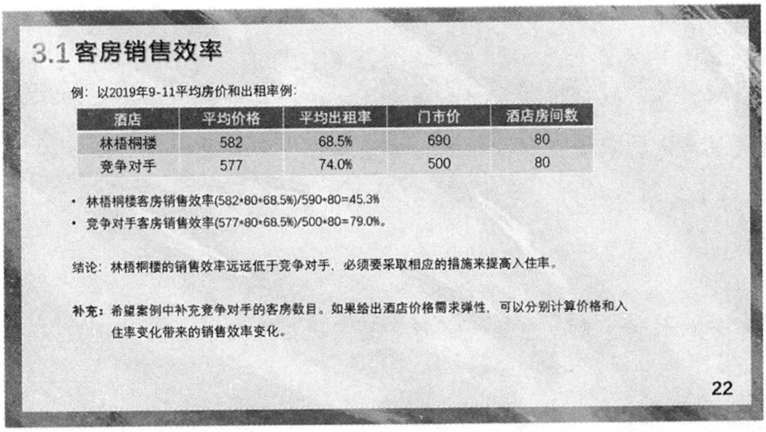

3.1 客房销售效率

例：以2019年9-11平均房价和出租率例：

酒店	平均价格	平均出租率	门市价	酒店房间数
林梧桐楼	582	68.5%	690	80
竞争对手	577	74.0%	500	80

- 林梧桐楼客房销售效率(582*80*68.5%)/590*80=45.3%
- 竞争对手客房销售效率(577*80*68.5%)/500*80=79.0%。

结论：林梧桐楼的销售效率远远低于竞争对手，必须要采取相应的措施来提高入住率。

补充：希望案例中补充竞争对手的客房数目。如果给出酒店价格需求弹性，可以分别计算价格和入住率变化带来的销售效率变化。

22

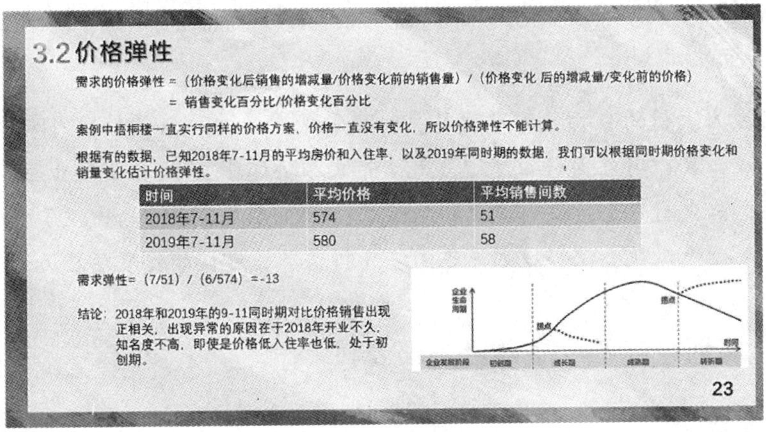

3.2 价格弹性

需求的价格弹性 =（价格变化后销售的增减量/价格变化前的销售量）/（价格变化 后的增减量/变化前的价格）
= 销售变化百分比/价格变化百分比

案例中梧桐楼一直实行同样的价格方案，价格一直没有变化，所以价格弹性不能计算。

根据有的数据，已知2018年7-11月的平均房价和入住率，以及2019年同时期的数据，我们可以根据同时期价格变化和销量变化估计价格弹性。

时间	平均价格	平均销售间数
2018年7-11月	574	51
2019年7-11月	580	58

需求弹性=（7/51）/（6/574）=-13

结论：2018年和2019年的9-11同时期对比价格销售出现正相关，出现异常的原因在于2018年开业不久，知名度不高，即使是价格低入住率也低，处于初创期。

23

案例 11

岩太乡村旅游可持续发展之路

林壁属；郑伟民；赵顾凌志；申莉莉
（厦门大学管理学院，厦门，361005）

【案例摘要】乡村振兴离不开旅游，旅游不能缺少应有的旅游资源。旅游资源的唯一性和稀缺性只能是旅游开发成功的基础。唯有以资源为基础、市场为导向，开发利用科学有序，再辅以优良规划方案才可能实现乡村旅游的可持续发展。岩太乡村旅游发展案例的典型性和复杂性，很值得作为经典案例加以深入挖掘和分析。

【关键词】乡村旅游；土楼旅游；可持续发展

胜日寻芳泗水滨，无边光景一时新。等闲识得春风面，万紫千红总是春。

——选自《春日》

引言

永定乡岩太村的乡村旅游定位与乡村旅游规划是由林壁属教授团队于2016年下半年完成，2017年1月评审通过。龙岩市文旅集团于2017年3月开始筹资建设。时隔三年，岩太村野奢度假村建设初见成效，但在开发实践中也出现了一些值得探讨的问题。但是纵观全局，规划始终围绕乡村旅游的可持续发展层层展开。

一、规划缘起——旅游目光聚乡村

2015年中国旅游经济发展光彩夺目，全年共接待国内外旅游人数超过41亿人次，旅游总收入突破4万亿元，同比2014年分别增长10%和12%，中国国内旅游、出境旅游人次和国内旅游消费、境外旅游消费均列世界第一。中国旅游产业对GDP综合贡献10.1%。全面完成发展目标，实现了“十二五”时期旅游发展的漂亮收官，并开启了旅游发展的新时代。

随着人们消费观念的改变和体验经济的到来，人们更加向往旅游的返璞归真。每一个憧憬极乐的灵魂，都期望摆脱人山人海的旅游大潮，走入更加静谧和独立的空间。传统乡村的经济开发和人文传承之间的碰撞也随之面临新的考验。乡村旅游作为解决三农问题的一个重要方向，各地以各种升级版的乡村旅游为主题进行开发。

古往今来，数不尽的口口相传的田园风光诗就是乡村旅游存续的证据。成都郫县诞生的中国第一家农家乐，象征着乡村旅游 1.0 版开启，乡村旅游就是游至乡村吃农家菜。四川成都锦江区三圣乡的“五朵金花”、红砂村的“花乡农居”、幸福村的“幸福梅林”、驸马村的“东篱花园”、万福村的“荷塘月色”和江家村的“江家菜地”代表着乡村旅游升级至 2.0 版，乡村旅游演变为乡村赏美景、尝美食、找故事。而江浙一带民宿经济的蓬勃发展则推动着我国乡村旅游进入 3.0 时代。民宿的魅力在于生态旅游资源的禀赋能够补足城市及城市居民的需求。民宿热正是代表了一种情怀，一种具有原真性的生活状态，一种追求自由洒脱、纯粹自在、心灵回归的生活方式。以民宿为载体，“春赏山花烂漫，夏聆溪水潺潺，秋醉满山红叶，冬观银装素裹”成为多数游客最简单的旅游诉求。在此背景下，2016 年 5 月，龙岩文旅集团和永定区旅游局提出了针对永定岩太乡村发展的规划工作。

二、资源研判——美丽田园美景珍

美丽田园——岩太村位于福建省龙岩市永定区陈东乡，地处山区，整个村落分布在海拔 750–1100 米的山腰上，西傍永定第一名山——东华山，东临金丰第一高山——奇石山，村内群山巍峨起伏，紫气缭绕，高山环抱，遍野青翠，山间多磐石，村民背石而居。村口距离国道约 7 公里。村中高处与山脚形成 400 米左右的海拔落差。从主干道自驾车沿山盘旋而上需 15 分钟。交通不便形成其与人潮的天然屏障，犹如深山中的秘境一般遗世独立。

岩太村的山地面积有 11 000 亩，人口 1570 余人，是一个典型的客家土楼村。村内有世界最大的土圆楼——福盛楼，直径 81.6 米，楼内有山、楼外有楼、层层叠叠、辉映成趣，与大自然融为一体，构成秀丽的田园风光。村内拥有耕地 1630 亩，园地 451 亩，林地 8155 亩，其中竹林 4000 亩。农业生产主要是种植水稻和培垦毛竹林，村中多为老人和儿童，大部分劳动力外出，家庭的主要收入来源为外出劳务及经商。村里原有十八姓氏，解放后统归于林姓，与另一林姓村庄——土楼王子振成楼所在的湖坑镇洪坑村系血脉兄弟村，至今两村仍沿袭传统节日相隔一天以敬上亲的优良习俗。

岩太村还蕴含着典型的客家文化，作为客家文化旅游地的组成板块，其所在区域内的客家旅游景区形成较大竞争。岩太村内主要的核心资源为秀美的梯田景观和保存完好的土楼景观，其自古延续的本地民俗也可纳入旅游核心吸引物的开发体系中。岩太村旅游资源以魅力梯田与土楼景观最为突出。2014 年，岩太村被农业部评为“中国美丽田园”，尚未开发就吸引着各地的游客慕名前来。

在福建，客家人的数量居于广东、江西、广西之后，主要分布于西部和南部的龙岩、三明、漳州等地区。现有以客家为主题的成熟景区四个，永定、三明、漳州分别各拥有一个 4A 级景区。现存客家文化旅游景区主要以民居（即客家土楼及名人故居）作为核心吸引物，饮食文化作为配套服务，在客家民俗、宗教文化、民间艺术、民居建筑艺术等方面应用及开发相对滞后。从全国客家旅游分布图上看，目前具备全国市场影响力的客家旅游景区也寥寥无几，景区内生活方式类、创意建筑类、古建改造类住宿产品开发较少，安缦酒店、帐篷客酒店、悦榕庄酒店等成熟古村落开发类型产品尚未进入福建市场。

三、主题选择——野奢度假定位准

从龙岩市的景区类型来看，现有景区多以民居、建筑、历史事件、自然景观为核心吸引物，景区多分布于客家地区。其中 4 处景区依托客家文化资源（包括建筑、饮食、历史文化），3 处景区依托自然资源（地质地貌、山水资源）。除漳平九鹏溪以度假观光为主题外，其余景区多以观光游览、饮食配套为主要盈利项目，建议游玩时间均为半日游或一日游。通过对龙岩市内景区类型进行研究之后，如何将岩太村与龙岩市其他景区区别开来？如何在不破坏岩太村原有生态环境的基础上实现该地的可持续发展？这些都是规划团队面临的重点难题。

2016 年 6 月，规划组进驻岩太村，进行了为期 5 天的现场调研和访谈。为了给岩太村找到合适的定位，规划团队一次又一次对岩太村进行实地考察，但都没有找到一个令众人都满意的答案。在一次例行总结会议上，林璧属教授听到汇报——龙岩市各景区为厦门分流游客或是周边游客，周边游市场以省内各地市自驾游客为主，各景区自厦门出发车程均为 2–3 小时——顿时眼前一亮。厦门市作为福建省快速发展的城市之一，生活节奏快，日益加重的生活压力催生了都市人群对野外的向往，“走向荒野”变成了有经济实力又讲求时尚生活方式的高端人群所热衷选择的一种度假方式。他们追求的是一种原生态的生活方式，与世隔绝的感受，户外探险体验以及当地文化体验等全新的经历。反观岩太村，海拔较高，可以营造出一种遗世独立的感觉，与此同时，岩太村又盛产竹林、木材、石材，水源又非常充沛，在休闲设施、交通设施规划建设过程中可以就地取材，坚持乡村旅游可持续，打造野趣之美。

林教授当即提出野奢度假村为岩太村乡村旅游的旅游规划主题，这一提议也得到了团队成员的一致认可。该规划将岩太村定位于“野奢度假村”，目标是打造龙岩市首个由客家古村落改造而成的奢华度假综合体。紧紧围绕可持续发展这一基本理念，规划团队根据资源、目标市场和发展趋势，决定以“野趣”“奢华”为核心亮点，打造龙岩市“清新福建 · 快乐龙岩”的知名野奢度假村，实现“度假为主，游览为辅”“一个村庄就是一个野奢度假村”的全新度假模式，并建议以轻奢民宿为岩太乡村的开发重点。

在规划中，团队以可持续发展为基本理念，力图体现岩太旅游度假村以“居”为主以“游”为辅的新型产品功能，以度假产品吸引高端、相对稳定的目标市场，以实现投资者、乡村的互利共赢。让岩太村在旅游发展的过程中，不断加强乡村旅游接待设施与环境的融合建设，完善村内休闲设施、降低观光产品的可到达难度，丰富村内的文化产品内容，以“地中海度假模式”延长游客的平均停留周期，通过各类文化产品、文化活动的植入引导当地剩余劳动力从事现代服务业，实现乡村旅游度假与村庄经济的共生发展，促进农民增收，实现乡村旅游的可持续发展。

四、发展规划——原汁原味求共生

2016 年 7 月份，规划组完成岩太村旅游发展规划大纲，并征求地方政府和龙岩文旅集团的意见；9 月底，完成规划征求意见稿，并进行了现场征询，同时，向村两委和村民代表征求意见。在这之后，规划团队紧紧围绕可持续发展这一基本理念，从自然环境和历史文化两个角度，对岩太村的旅游发展进行全方位的设计。

2016 年 12 月底，完成总体规划评审稿和控制性详细规划征求意见稿；2017 年 1 月，在永定区人民政府主持下进行了规划评审。同年 2 月提交了正式规划文本、说明书和图件。岩太野奢度假村规划重点在于开发民宿、高端住宿产品，配合村庄水系、客家建筑修缮，在与当地文化的融合的同时，最大程度上保存原始建筑风貌和文化风貌。力求在保护中建设，在传承中创造，实现岩太村旅游可持续发展的目标。

在自然环境方面，强调保护是建设的前提，要在保护真山真水的前提下做好风景旅游资源的适度开发建设和休闲娱乐设施、接待服务设施的合理导入。岩太村的原始景观具有一定的独特性，“野奢度假村”项目规划主要依托原有景观，充分利用岩太村原始风貌造景，停止开山采石辟路，根据实际地形进行针对性生态恢复和造景，逐步形成原始景观，限制造成生态退化的不利生产、生活和土地利用方式。加强对自然景观、人文景观及生态圈的保护，主要保护人与自然和谐景观，禁止与自然景观不和谐的建筑物进入、禁止任何破坏原始风貌的游客活动、禁止过度砍伐和无序种植造成对生物多样性和植被分布的破坏，除安全提示和主题导视及部分休闲设施外不建设人造景观。重点提升岩太村的内部设施，同时积极开发岩太文化产品、原始景观产品。这种弱化园林景观设计的方法，一方面可以有效降低项目投建成本，另一方面也有利于最大限度保存自然天成的景观。

在历史文化方面，岩太村的客家建筑是打造“野奢度假村”的主要载体。客家建筑是客家文化的核心，当地的堪舆文化、建筑文化、造景文化、家族文化都从不同角度体现了对客家文化的传承。翻看客家人的族谱，或是观看每一座客家民居的门联，都可以发现客家人对家族的守望和对未来的向往，崇文重教、耕读传家、守望相助，岩太村内每一块青石板、每一座土楼背后都有着让人回味的动人故事。在保持古村落原始风貌、建筑风格统一的要求下，对岩太村内现存土楼进行修缮，同时深入挖掘土楼轶事植入土楼各种展示面中，游客在村内游走时可随处挖掘村落历史故事，从而打造分散式文化博览园。

五、功能分区——设计布局心思巧

功能分区和布局是岩太乡村旅游规划设想的细节展开，如何围绕风貌极野、设施极奢、文化极野、体验极奢的目标，将岩太村打造成可持续发展的“野奢”度假胜地，是林璧属规划团队面临的又一大难题。在实地探访的基础上，团队采用航拍等高科技手段，针对岩太村的地形地势不断地进行设计打磨，深挖岩太村所蕴含着的深厚的历史文化与人文情怀，重点打造了五大板块：游客服务中心，感受宾至如归的客家之礼；野趣休闲景观带，感受四季分明的客家之美；客家发现之路，传承客家文化之魂；云间漫步休闲区，享受客家之乐；田园牧歌度假区，体验林栖谷隐的客家之居。

1. 游客服务中心

游客服务中心的具体场景规划通过景区大门设计展现客家建筑元素，在色调和材质上沿用客家传统建筑风貌，让游客一进入景区就有明显的界限感却无违和感。同时通过划定民居集中建设区域，以便可以统一提供物业服务和基础设施服务来保障村民起居便利性，在民居建设过程中要引导村民保持统一建设风格以呈现现代山村风貌。

为了增加游客服务中心的人文元素，团队通过烟花秀和乡村邻里节来打造情景。秋天是岩太最美的季节，天气逐渐转凉，林间茶座和暗夜观星人气都相对转淡。一年一度的岩太烟花节将为游客展示令人震撼的炫彩烟花秀，以不同主题吸引国内烟花创作人才，运营成熟后可形成节事并打造为知名赛事。岩太村现有农事、农田景观都为自然天成的产物，为延续"最美梯田"景观代代相传，通过一年一度乡村邻里节促进邻里沟通并共享产业发展收益，保障旅游开发与原住民和谐共处，实现绿色发展，可持续发展。

2. 野趣休闲景观带

野趣休闲景观带利用环山漫步道将十个观景平台串联，游客可骑行、步行至不同最佳景观点一览全村，看日出日落，观竹林云海，赏梯田胜景。环山漫步道始于游客服务中心，经村落绕后山至西面山体，就地取石板、木材、竹子铺就环山漫步道，将游客服务中心、村落、高尔夫练习场、竹林、花海、梯田串联，终点置于镇龙塔西面山体，利用石径台阶打造环线。田间野奢茶座规划建于福盛楼外围，凌驾于梯田之上，可 180 度欣赏梯田胜景，村内石刻、老茶座分布于此，景观设计时一方面参照村内原有服务设施建设手法，另一方面充分借景，以鸟笼、摇篮等就地取材，以可持续发展作为设计理念，游客可体验到与大自然更加紧密的融合。

梯田的四季之美是岩太村的核心自然景观，除农民耕种、春耕秋收的田间农事外，精心设计的休闲农业设施能够更加衬托梯田四季之美，各类景观小品布置和小型休闲设施的嵌入赋予梯田除观光功能外的休闲体验功能。同时利用"最美岩太"主题摄影大赛、富氧瑜伽和最美梯田真人任务比赛来打造新亮点。

3. 客家发现之路

深入挖掘岩太村的家族故事、村民故事、建筑艺术和民俗文化，以村分布的各具特色的土楼民居为载体，建设分散式的客家文化博览园。通过延伸、修复村内青石板路并做好水景，将民俗生活馆、东倒西歪楼、小布达拉宫、林氏宗祠、土楼民居等人文景观串联，游客可步行、骑行、电瓶车观光，发现客家、了解客家文化。客家发现之路通过客家文化、博览园山茶花剧场、牛郎酒吧和福龙民俗生活馆进行场景规划。

同时打造"重走客家路"岩太客家寻根之旅来进行情景规划。村庄的发展史，就是客家先民的成长史，每一块石碑、每一根石旗杆、每一对楹联都是客家民系成长的见证。"重走客家路"的全国性寻根谒祖活动，既是对客家文化的广泛传播之举，也是对分散世界各地客家人亲情纽带关系的强化。

4. 云间漫步休闲区

作为度假村的"居""游"模式的核心产品之一，云间漫步休闲区旨在在村落制高点打造集住宿、休闲、观光于一身的休闲板块，可以鸟瞰岩太村、遥望奇石峰，白天挥杆运动，夜晚探索星空，幽居于此仿佛漫步云间。

云间漫步休闲区主要通过山地高尔夫练习场、观星民宿、暗夜公园和云顶庄园来进行场景规划。选取岩太村制高点丘陵地带的开阔缓坡地建设占地约20公顷的高尔夫练习场，保留原始坡度和山泉水源作为球场的天然屏障。观星民宿将以光为邻的概念做为整栋建筑的设计重心，让自然光影与框景互动创造出不同时段的采光变化，绝佳视野的地理位置，让人白天欣赏岩太全景、夜间仰望星空入睡，民宿内配备专业观星设备，让人流连忘返。将山坡打造为云顶庄园，以茶园、中草药为主要梯田植被，中心区域建设少数民宿，打造云顶庄园民宿。与此同时，还打造荧光夜跑活动、云顶庄园神农体验以及“花海星空”亲子观星科普夏令营，为休闲区增添无限生机与活力。

5. 田园牧歌度假区

田园牧歌度假区也是度假村的“居”“游”模式的核心产品之一，该板块坐落于清澈平缓的小溪边，与云间漫步休闲区遥相呼应。该区域地势平坦，四周梯田环绕，可纵览岩太村景。春天看农民往梯田里灌水育苗，夏天在溪边品饮有机茶，秋天尽情享受空气中的稻香，冬天期待油菜花的漫山金黄：俨然一幅田园牧歌的美妙景象。于此体验回归自然的妙趣和融入大自然的意蕴。

根据该区域的地理特点打造岩太仙境精品酒店、仙境溪谷、兴龙廊桥以及金色花海等场景，同时打造“暮鼓晨钟”生活仪式和“牵手花海 情定岩太”最美新娘评选活动。每年油菜花盛开的季节可在岩太组织集体婚礼，打造“牵手花海 情定岩太”最美新娘评选活动，吸引周边团队客流。充满温情的白纱和手捧花的融入更让油菜花田多了一份甜蜜。台湾休闲农业创意大师利用梯田高差打造“爱情迷宫”，利用步道满足游客入花海拍照的愿望，打造创意十足的大地景观。

6. 德兴楼——野奢度假村重点打造的土楼民宿

德兴楼保存完整且住户较少，中庭部分无其他建筑物，位于岩太村海拔较低处，沿用“大自然是最好的邻居”的概念打造一年四季的窗外即景。在德兴楼边河道两侧搭架种植佛手瓜、葡萄、百香果，既可为步行者避暑遮阳，不同时节的瓜果花叶景观又野趣横生。将岩太当地一年四季的在地生活仪式打造成不同文化产品嵌入酒店的居住体验中，追求“风貌极野 设施极奢 文化极野 体验极奢”的真谛。一千个人心中有一千个“小桥流水人家”的场景，村口的兴龙桥在扩建过程中掩盖了原有的古石板，在原址边搭建廊桥，廊桥搭配一汪清泉及镇龙塔夜景，一方面记载旧址历史，一方面可以从入口处打造出小村生活的惬意感。远离尘世喧嚣，每日伴着晨钟早起，在仙境溪谷旁晨练漫步、午后闻着稻香饮茶、伴着暮鼓在村间小道里寻找客家的故事：这是岩太仙境精品酒店住客的一天。仰望楼外青山，感受村民田间活动的仪式感将让酒店居住体验更加难忘。

六、开发建设——深思现状把路寻

2017 年 3 月龙岩文旅集团启动了“野奢”度假村项目。该项目预计总投资 1 亿元人民币，分三期建设，建设期三年，至 2020 年 3 月竣工。其中第一期项目主要建设游客服务中心、环山漫步道、特色民宿和观景台，预计第一期总投资 2800 万。

2019 年 11 月 30 日，规划团队带领旅游与酒店管理系师生重返岩太村调查开发建设情况与经营现状。经过近三年的建设，道路等旅游基础设施建设进展明显，总投资 3766 万元、全长 5.4 公里的省道通村三级水泥公路于 2019 年 10 月主体贯通，可通行大巴车。属于第一期规划建设的游客服务中心、环山漫步道以及观景台并未完全建好，其他部分项目更是处于停工或者半停工的状态。对照总体规划，基本依照规划进行建设，兴建了观景长廊、牛郎酒吧，建造了牛郎民宿，并已成为全国知名的旅游民宿。为了促进该地旅游的发展，吸引附近城市的居民前往旅游，2018 年 9 月 28 日，福建省龙岩市永定区第二届农民丰收节暨岩太乡村旅游文化节在岩太村进行，主要内容为晒丰收、庆丰收、享丰收，但是活动并没有起到较大的宣传作用，岩太村的人流量并未达到预期。通过与当地村民沟通，由于龙岩文旅集团进行改组合并进入龙岩文旅汇金集团，原有投资暂停，工程处于停滞状态。

在规划之初，为了管控乱盖乱建，政府也一同进行了控制性详细规划，严厉禁止乱盖乱建。但在实际执行过程中，村民为了在本村旅游发展过程中获得收益，纷纷装修自己的民居，更有甚者直接兴建民居创办民宿，这些举措使岩太村原有的恬静田园风光大打折扣，村民修房子盖民宿的场景随处可见，不少农户家还在外墙贴上白色瓷砖，夹杂在小洋楼旁边的古老石房，与周围环境显得格格不入。古朴的乡村味道被钢筋水泥毁掉了一半，影响了原有的生态自然环境。

截至 2019 年底，岩太村乡村旅游出现的问题是：首先，投资暂停；其次，游客量有限，即便有全国知名度的牛郎民宿，也不知能支撑多长时间；再次，村民在发展旅游过程中对其自身民俗传统文化也表现出诸多消极行为；第四，为了获得更大的经济效益，当地村民不顾整体村落环境，肆意建造房屋，对旅游基础设施的过度开发反而使得当地客家建筑与客家文化失去原有韵味，丢失了其原有的文化内涵，进一步降低了游客的感知价值；第五，在当地走访调查中可以清晰地发现，留在村庄的村民多数是老人和儿童，村中的青壮年几乎都背上行囊外出打工，不愿再留下来继续耕种，大批乡土人才外流，使得当地的民俗文化难以再现。

岩太村内有多家农户在做农家乐，经营方式很简单，主要是经营客家农家饭菜，外来客人大都尝完农家饭便走，其文化内涵很低，其中生意较好的也只有几家而已。是否经营“农家乐”以及“农家乐”经营状况的好坏，其收入差距相当明显。其余的村民一般只有通过向游客出售当地土特产例如茶叶、大米等来获取利益，由于游客量不足，乡村旅游为岩太村村民带来的经济收益有限，村民还无法融入这一产业的发展之中。

岩太村目前面临的困境，其实也是不少乡村旅游普遍存在的问题，但其核心还是如何实现乡村旅游的可持续发展问题。如今的岩太村处于半开发的状态，它将如何迎来新的转机，成为现阶段岩太村旅游可持续发展的一大难题。

附录

附录 1　岩太村旅游资源评价表

序号	景点名称	资源类型	资源等级
1	奇石峰	地质景观	3 级
2	梯田	生物景观	5 级
3	福盛楼	建筑与设施	4 级
4	福龙楼	建筑与设施	4 级
5	德昌楼	建筑与设施	3 级
6	林氏宗祠	建筑与设施	3 级
7	德兴楼	建筑与设施	3 级
8	土楼群	建筑与设施	4 级
9	镇龙塔	遗址遗迹	3 级
10	兴龙桥	遗址遗迹	3 级

注：以上评价根据国家旅游资源分类及评价标准打分评级

资料来源：2020-06-01 取自永定区陈东乡岩太野奢度假村总体规划

附录 2　永定区陈东乡岩太野奢度假村总体规划封面

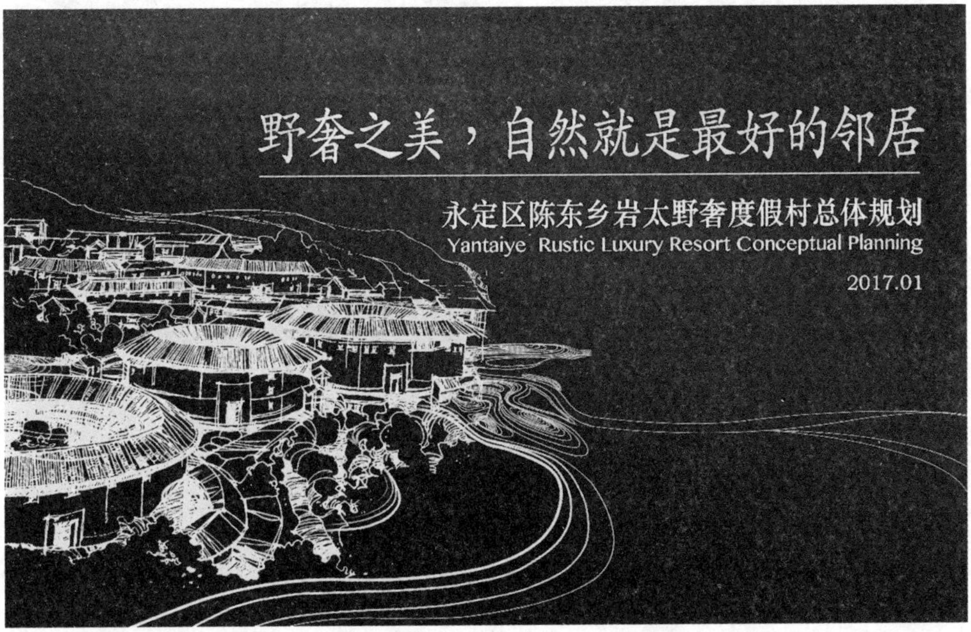

资料来源：2020-06-01 取自永定区陈东乡岩太野奢度假村总体规划

附录 3　岩太村旅游资源分布图

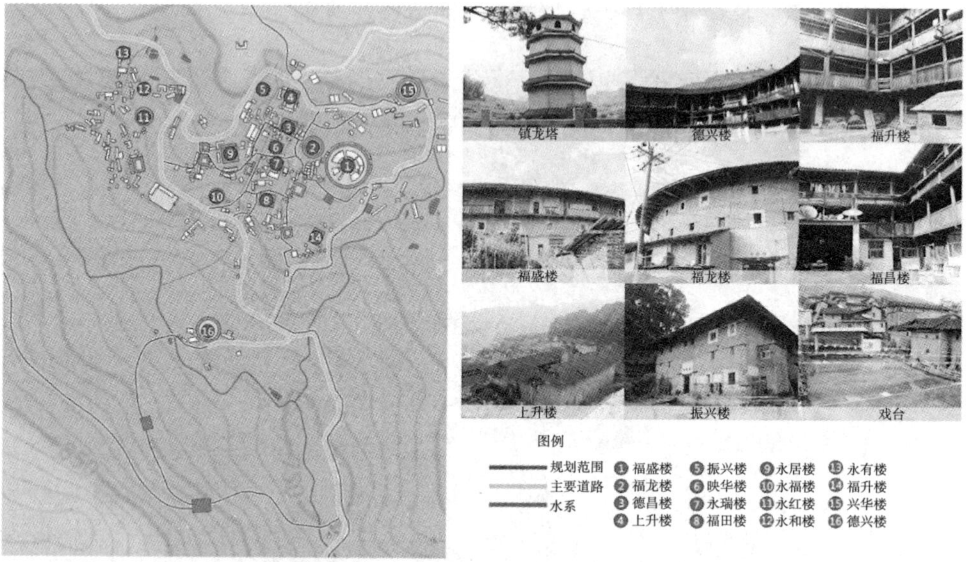

资料来源：2020-06-01 取自永定区陈东乡岩太野奢度假村总体规划

附录 4　岩太度假村规划总平面图

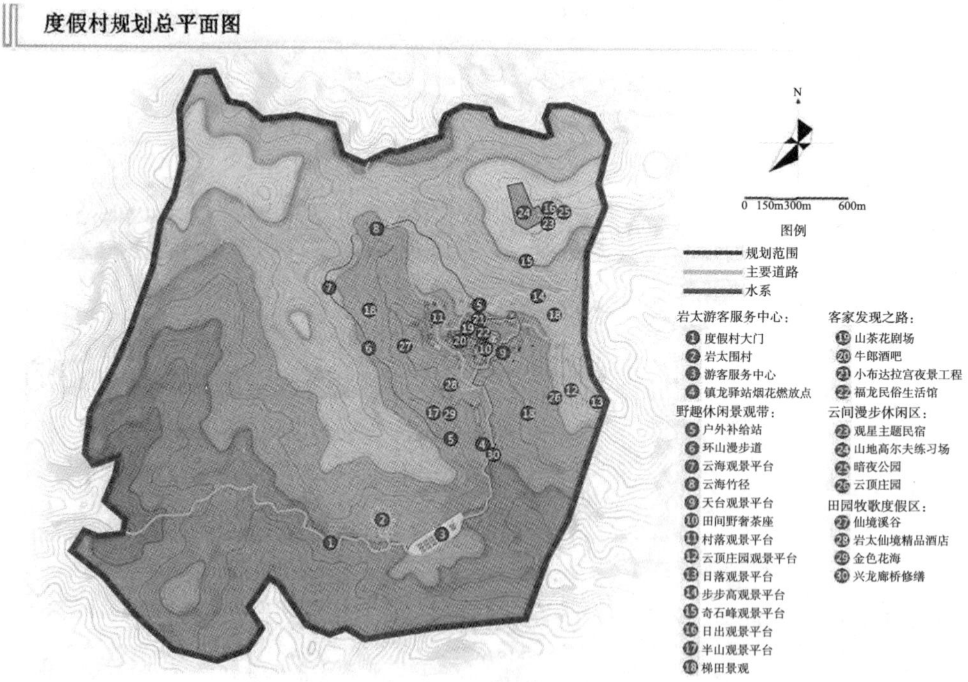

资料来源：2020-06-01 取自永定区陈东乡岩太野奢度假村总体规划

附录 5　岩太度假村功能分区规划图

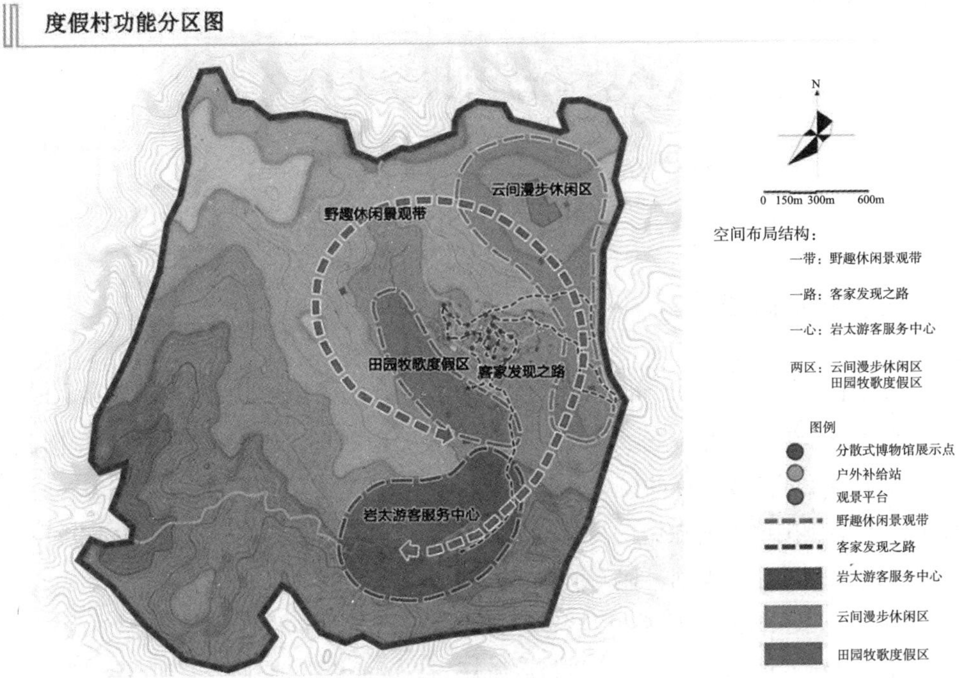

资料来源：2020-06-01 取自永定区陈东乡岩太野奢度假村总体规划

附录 6　岩太度假村德兴楼民宿设计图

资料来源：2020-06-01 取自永定区陈东乡岩太野奢度假村总体规划

教学笔记

岩太乡村旅游可持续发展之路

林壁属；郑伟民；赵顾凌志；申莉莉

一、案例概要

当今世界，人类物质文明高度发达，但是生态和资源遭到严重的破坏，不可持续的经济畸形增长的生产模式和消费模式使人类生存与发展面临严峻挑战。因此，人们开始寻找可持续发展的模式，即在提高经济效益的同时，又能保护资源，改善环境。本案例围绕乡村旅游的可持续发展理念，引入岩太野奢度假村的建设过程，从具体的规划缘起、规划过程、项目定位、功能分区和项目配置以及在开发实践中存在的一些问题来展开案例，以期在旅游资源开发、旅游规划等课程教学中培养学生要在可持续发展的理念指导下进行旅游规划，以便更好地利用当地资源，发挥当地特色。

二、教学目标

本案例的教学目标如下：

（1）了解可持续发展的概念、特征和原则；

（2）认识到可持续发展在旅游规划中的重要性；

（3）掌握基于可持续发展的理念，在进行旅游规划时如何利用当地资源，发挥当地特色；

（4）熟悉旅游规划者在可持续发展的理念下是如何利用场景布局、情景规划来影响心境塑造；

（5）引导学生思考为什么岩太村的现状和持续发展为何与规划相比差别如此之大，并引导学生思考岩太村的未来之路在何方。

三、教学课程

本案例主要适用于旅游资源开发、旅游规划等课程。

四、适用对象

旅游管理专业本科生和硕士研究生、MTA 或高级经理人培训。

五、教学计划（90 分钟）

课堂进度	序号	内容	教学内容	时间
课堂	1	简要引导	老师就本案例进行简单介绍（案例主题、主要理论、课堂形式）	5 分钟
	2	案情回顾	随机提问各组成员，对案例主要情节进行回顾，使得成员对案例有一个整体的把握	15 分钟
	3	分组讨论	分小组对案例启发思考题进行讨论，在组长的引导下，形成最终答案。	30 分钟
	4	小组发言	采用点名与小组推荐代表相结合形式对相关启发思考题进行发言，其他小组成员可以提出问题与补充。	25 分钟
	5	案例总结	老师根据各组回答和理论知识点进行总结，同时启发对岩太村的可持续发展之路的进一步思考	15 分钟

授课老师可以根据自己的教学目标灵活地调整课程计划，这里提出的教学计划仅供参考。

六、预读思考题

（1）可持续发展和旅游可持续发展的概念是什么？在岩太村的旅游规划中是否体现了旅游可持续发展？

（2）可持续发展的具体特征有哪些？对岩太村进行旅游规划定位时是否体现了可持续发展的特征？具体如何体现的？

（3）坚持旅游可持续发展的原则具体有哪些？岩太村在进行旅游规划时是否遵循了旅游可持续发展的原则？

（4）从旅游可持续发展的角度出发，岩太村的现状和规划发展不符的原因有哪些？

（5）实现旅游可持续发展的具体途径有哪些？岩太村是否可以通过践行旅游可持续发展的途径改变现状？如果可行具体如何做？

七、建议阅读材料和理论依据

1. 建议阅读书目

- 陈秋华，纪金雄等. 乡村旅游规划理论与实践. 中国旅游出版社，2014.
- 王云才，郭焕成，徐辉林. 乡村旅游规划原理与方法. 科学出版社，2006.
- 李天元. 中国旅游可持续发展研究. 南开大学出版社，2004.
- 蒋满元. 基于区域扶贫开发视野的乡村旅游可持续发展问题研究. 中南大学出版社，2016.

2. 理论依据

- 理论阅读一：可持续发展的概念及旅游可持续发展的概念

20 世纪是人类物质文明最发达的时代，但也是生态环境和自然资源遭到破坏最为严重的时期。不可持续的经济畸增的生产模式和消费模式使人类生存与发展面临严峻挑战[1]，于是，可持续发展思想应运而生。世界环境与发展委员会（1987）认为，可持续发展是既满足当代的需求，又不对后代满足其需求能力构成危害的发展[2]。

旅游的生存和发展既依赖于环境，同时又可能损害甚至破坏环境。旅游需要可持续发展，旅游与可持续发展之间有着一种天然的耦合关系[3]。在可持续观念影响下，人们提出了旅游可持续发展的概念，1993 年，世界旅游组织（WTO）对旅游可持续发展的定义是：旅游可持续发展是一种经济发展模式，它被用来达到如下目的：改善当地社区的生活质量；为游客提供高质量的经历；维护当地社区和游客所依靠的环境的质量[4]。杜江和向萍（1999）认为旅游的可持续发展应当同时包括生态的可持续发展、社会和文化的可持续以及经济的可持续，并把这一种思想运用于乡村旅游的发展中[5]。同时，又有学者提出了乡村旅游的可持续发展，如张朋（2005）在文章中指出乡村旅游的可持续发展是一种生态合理、经济可行、社会适宜的旅游活动，是一种高效低耗、无公害的旅游活动，它在推动旅游业向前发展的同时，可以维持乡村旅游资源的合理、永续利用，保护和改善乡村生态平衡[6]。

- 理论阅读二：可持续发展的特征

可持续发展具有以下几个特征：一是可持续发展鼓励经济增长，因为它体现国家实力和社会财富。可持续发展不仅重视增长数量，更追求改善质量、提高效益、节约能源、改变传统的生产和消费模式，实施清洁生产和文明消费。二是可持续发展要以保护自然为基础，与资源和环境的承载能力相适应。因此，发展的同时必须保护环境，包括控制环境污染，改善环境质量，保护生命支持系统，保护生物多样性，保持地球生态的完整性，保证以持续的方式使用可再生资源，使人类的发展保持在地球承载能力之内。三是可持续发展要以改善和提高生活质量为目的，与社会进步相适应。可持续发展的内涵均应包括改善人类生活质量，提高人类健康水平，并创造一个保障人们享有平等、自由、教育、人权和免受暴力的社会环境[7]。

因此，可持续发展的特征具有生态持续、经济持续和社会持续，它们之间互相关联而不可侵害。生态持续是基础，经济持续是条件，社会持续是目的。人类共同追求的应该是自然—经济—社会复合系统的持续、稳定、健康发展。

● 理论阅读三：旅游可持续发展的原则

实现旅游的可持续发展要坚持以下几个原则[7]：

◆ 系统性原则。人类赖以生存的地球是由自然、社会、经济、文化等多方面因素组成的复合系统。它们之间既相互联系，又相互制约。其中任何一个方面功能的削弱或增强都会影响其他部分，进而影响可持续发展的进程。旅游业是社会系统的组成部分之一，与系统的其他部分既相互独立，自成体系（子系统），又相互依存。推进旅游可持续发展，必须考虑旅游业在区域发展中的功能以及与相关子系统在功能上的匹配。

◆ 合理性原则。旅游业的发展对人类和自然遗产等旅游资源有着很强的依赖性，旅游资源的开发潜力和可利用程度是旅游业发展的基本前提。应针对旅游资源的不同特点与属性，协调资源开发，保证人类旅游业发展的需求。科学合理地规划、开发与保护好珍贵的旅游资源，使之能最大限度地发挥其应有的价值并尽可能地延长其使用寿命，促进旅游资源的持续利用。

◆ 公平性原则。旅游业的发展应在满足当代人需求的同时，杜绝掠夺式开发旅游资源，保证后代人能公平享有利用旅游资源的权利，满足后代人发展旅游业的需求，为其提供同样的机会，保护和增进后代人的利益。

◆ 协调性原则。旅游业要实现可持续发展，不仅应考虑旅游业与经济社会发展水平的协调，还要兼顾生态环境对旅游业发展规模、档次的承载能力，同时对旅游业自身的各要素如旅游资源的结构、等级、客源市场以及旅游相关产业等基本情况进行分析综合，保持适度发展规模，促进旅游协调、稳定、健康、持续的发展。

● 理论阅读四：实现旅游可持续发展的具体途径。

旅游可持续发展要求旅游与自然、文化和人类生存环境融为一体。生态环境和人文环境是旅游业赖以存在和发展的客观基础。旅游可持续实质上是自然、社会与经济发展之间的协调与平衡。到目前为止，我国旅游基本上是数量增长型，旅游人数逐年增加，旅游收入亦如此。但这种数量增长型的旅游造成的一个结果可能是不可持续的。旅游可持续发展是我国旅游发展的必由之路。因此，我国旅游业可持续发展应当建立以政府、旅游企业和旅游者为主体的生态－社会－经济复合系统[8]。

要实现旅游可持续发展要坚持三个基本理念和实现三个措施的保证。三个基本理念是指要将发展放在首位、以人为本和依靠科技创新。旅游可持续发展的首要问题是发展，这对于中国的贫困地区尤为重要。贫困地区，比如边远的山区也往往是景色秀丽的地方，我们在进行地方和区域旅游规划的时候，就应该以科学发展观为指导，将这两个因素结合起来。发展的目的是为了每个人的幸福和利益，包括当代人和后代人。要实现发展目标必须坚持以人为本，实现人与自然、人与社会的和谐[9]。单纯保护并不是真正的可持续发展，要走健康的可持续发展，亦即在创新基础上的可持续发展。科技创新表现在旅游活动的各个环节，这里的科技创新一方面指进行自然科学与工程技术方面的创新，开发的新景观，增添的旅游设施必须符合环境保护要求等；另一方面是充分利用人文与社会科学知识进行创新。

要实现三个措施的保证。首先，适度开发。从一定意义上说，旅游可持续发展实际上是适度发展，而不是大力发展。因为大力发展有可能造成环境承载力的饱和，以至于难以接纳更多的旅游者，或者因为接纳了过多旅游者而不能持续下去。适度开发也是为了保证旅游目的地自然和文化风貌的完整性。

其次，管理和教育利益相关者，保证有关各方的活动不会造成自然和文化特性的破坏。对于利益相关者的教育，可以通过开展不同形式的活动，使得可持续观念能够深入人心，使人们的行为方式自觉符合可持续发展的要求。加强各种形式的教育对旅游的可持续发展带来巨大的促进[10]。

再次，要加强政府的协调职能。在旅游发展和环境保护之间的确存在着很大矛盾。一方面，旅游要发展，要对当地经济作出贡献，要改善当地居民的生活质量，就需要扩大接待能力，吸引更多的游客。另一方面，游客的增多会对当地环境造成不利影响。影响旅游地可持续发展的消极因素，如何在最短时间内消除，要依赖政府作出及时的反应，其中包括迅速制定各种政策。

八、课堂讨论与分析

讨论问题（1）：可持续发展和旅游可持续发展的概念是什么？在岩太村的旅游规划中是否体现了旅游可持续发展？

- 理论视角：可持续发展的概念和旅游可持续发展的概念。

● 案例分析：

可持续发展是在社会、经济、人口、资源、环境相互协调和共同发展的基础上，既满足当代人需求，又不对后代人满足其需要的能力构成危害的发展，可持续旅游就是指建立在自然和人力资源基础上的旅游。旅游可持续发展是一种经济发展模式，它被用来达到如下目的：改善当地社区的生活质量；为游客提供高质量的经历；维护当地社区和游客所依靠的环境的质量。

衡量一个旅游规划可持续性可以从规划过程、规划内容来看是否反映可持续发展思想的基本要求。在岩太村的旅游规划设计中，从规划过程到规划内容都反映了岩太村环境、经济和社会可持续发展的综合要求。

从规划过程来看，在旅游开发的可行性论证阶段、调查分析阶段都坚持了可持续发展的理念。在旅游开发的可行性论证阶段，规划团队对岩太村的自然资源条件和社会经济背景进行了全面的分析，并且对岩太村的区位条件和旅游开发条件进行了评估，从可持续发展的角度论证了岩太村适合进行旅游开发。在调查分析阶段，规划者深入实地调查获取一手资料信息，并在满足促进岩太村经济发展和保护当前生态环境不受破坏的基础上进行深入地分析和评价，确定旅游区规划的范围、性质、目标和发展方向等总体定位问题，为后面的规划方案和决策提供基础。

从规划内容来看，规划将岩太村打造成五大板块：游客服务中心、野趣休闲景观带、客家发现之路、云间漫步休闲区、田园牧歌度假区。通过板块分区就可以发现规划重点凸显规划项目遗世独立、自然天成、土楼神韵、文化传承的核心特点。野趣休闲景观带度假村利用环山漫步道将十个观景平台串联，游客可骑行、步行至不同最佳景观点一览全村，看日出日落，观竹林云海，赏梯田胜景，旨在打造自然、清幽、天然、淳朴的形象。客家发现之路注重保留岩太村的客家特色，深入挖掘岩太村的家族故事、村民故事、建筑艺术和民俗文化，以村内分布的各具特色的土楼民居为载体，建设分散式的客家文化博览园，坚持保留建筑和文化的原生态。云间漫步休闲区将村落的制高点打造成住宿休闲区，尽最大程度保存村庄古朴自然的原貌。田园牧歌区着重围绕村间梯田打造田园牧歌之景，注重保留大自然的天然意蕴。

讨论问题（2）：可持续发展的具体特征有哪些？对岩太村进行旅游规划定位时是否体现了可持续发展的特征？具体如何体现的？

● 理论视角：可持续发展的特征。

● 案例分析：

可持续发展具有三个特征：一是可持续发展鼓励经济增长；二是可持续发展要以保护自然为基础，与资源和环境的承载能力相适应；三是可持续发展要以改善和提高生活质量为目的，与社会进步相适应。

对岩太村进行旅游规划定位时体现了可持续发展的三个特征。首先，可持续发展鼓励经济的增长。当前城市生活的节奏较快，都市人群也有很大的生活压力，这就催生了人们对于野外生活的向往，“走向荒野”变成了有经济实力又讲求时尚生活方式的高端人群所热衷选择的一种度假方式。因此岩太村决定以“野趣”“奢华”为核心亮点，打造野趣之美。在打造野趣之美的过程中，需要丰富岩太村各类文化产品、文化活动，在这一过程中可以引导当地剩余劳动力从事现代服务业，实现旅游度假村与村庄经济的共生发展，促进农民增收，实现以旅游业带动人们脱贫致富，体现了可持续发展鼓励经济的增长。

其次，可持续发展要以保护自然为基础，与资源和环境的承载能力相适应。对岩太村进行规划时充分利用岩太村自身独特的资源条件打造龙岩市首个客家古村落改造而成的奢华度假综合体。如岩太村海拔较高，就利用岩太村的地理位置特点营造出一种遗世独立的感觉。同时岩太村又盛产竹林、木材、石材，水源又非常充沛，在休闲设施、交通设施规划建设过程中可以就地取材，打造野趣之美，体现了对岩太村的规划以保护自然为基础，在打造旅游基础设施过程中又充分利用自然资源，体现了资源和环境承载力的结合。

最后，可持续发展要以改善和提高生活质量为目的，与社会进步相适应。在规划中，团队以可持续发展为基本理念，力图实现岩太旅游度假村以“居”为主以“游”为辅的新型产品功能，以度假产品吸引高端、相对稳定的目标市场，以实现投资者、乡村的互利共赢。岩太村在打造野奢度假村的过程中带动了当地村民的就业，增加了农民收入，从而改善和提高了当地村民的生活质量，同时也促进了当前乡村旅游的发展，与社会进步相适应，实现了乡村旅游的可持续发展。

讨论问题（3）：旅游可持续发展的原则具体有哪些？岩太村在进行旅游规划时是否遵循了旅游可持续发展的原则？

- 理论视角：旅游可持续发展的原则。
- 案例分析：

旅游可持续发展的原则主要有以下四点：①系统性原则，人类赖以生存的地球是一个复合系统，推进旅游可持续发展在一个局部的社会经济系统中，必须考虑旅游与其他社会经济活动的关联作用；②合理性原则，旅游资源的开发潜力和可利用程度是旅游业发展的基本前提；③公平性原则，必须在本代人之间、代际以及区际公平分配有限的旅游资源；④协调性原则，旅游业要实现可持续发展，不仅应考虑旅游业与经济社会发展水平的协调，还要兼顾生态环境对旅游业发展规模、环境的承载能力，促进旅游协调、稳定、健康、持续的发展。

岩太村在进行旅游规划时遵循了可持续发展的系统性原则，将整体生态看作一个复合系统，秉持保护是建设的前提，并不断挖掘当地的堪舆文化、建筑文化、造景文化、家族文化，以便可以从不同角度传承客家文化。充分考虑旅游的开发对自然景观、人文景观及生态圈可能造成的影响，不仅认为岩太旅游可持续发展与自然资源和生态环境紧密相连，还肯定了其与社会文化及传统的变迁等其他社会经济活动的关联作用。

岩太村在进行旅游规划时遵循了旅游可持续发展的合理性原则。在规划中，一直秉持保护是建设的前提，要在保护真山真水的前提下做好风景旅游资源的适度开发建设和休闲娱乐设施、接待服务设施的合理进入。同时“野奢度假村”项目规划要求停止开山采石辟路，并且根据实际地形进行针对性生态恢复和造景，限制造成生态退化的不利生产、生活和土地利用方式。

岩太村在进行旅游规划时遵循了旅游可持续发展的协调性原则。规划加强保护人与自然和谐景观，禁止与自然景观不和谐的建筑物进入、禁止任何破坏原始风貌的游客活动、禁止过度砍伐和无序种植造成对生物多样性和植被分布的破坏，除安全提示和主题导视及部分休闲设施外不建设人造景观。这种弱化园林景观设计的方法，一方面可以有效降低项目投建成本，考虑到了岩太旅游业与经济社会发展水平的协调；另一方面也有利于最大限度保存自然天成的景观，兼顾了生态环境对岩太旅游发展规模、环境的承载能力，促进旅游协调、稳定、健康、持续的发展。

岩太村在进行旅游规划时遵循了旅游可持续发展的公平性原则。在本代人之间、代际间公平分配有限的旅游资源，强调旅游资源的开发与旅游业的发展应在生态系统的承载能力之内，保持生态生命支持系统和生物多样性，在保证可再生资源的持续利用的同时，使不可再生资源的消耗保持在最小限度之内。

同时，通过场景布局和情景规划打造五大板块来塑造岩太主题时，无不体现着旅游可持续发展的原则。如，开展乡村邻里节活动，促进了邻里沟通并共享产业发展收益，保障旅游开发与原住民和谐共处，这体现了旅游可持续发展的公平性原则；田间野奢茶座规划设计时一方面参照村内原有服务设施建设手法，另一方面充分借景，以鸟笼、摇篮等就地取材、可持续发展作为设计理念，这体现了旅游可持续发展的协调性原则；“重走客家路”的全国性寻根谒祖活动，既是对客家文化的广泛传播之举，也是对分散世界各地客家人亲情纽带关系的强化，这体现了旅游可持续发展的系统性原则。

讨论问题（4）：从旅游可持续发展的角度出发，岩太村的现状和规划发展不符的原因有哪些？

- 理论视角：旅游可持续发展的途径。

● 案例分析：

要实现旅游可持续发展要坚持“将发展放在首位、以人为本和依靠科技创新”三个基本理念，同时也要坚持适度开发，在管理好利益相关者之间的关系同时也要发挥政府的协调职能。

岩太村现状与规划发展不符的原因主要有以下几个方面：首先，旅游相关者对于旅游可持续发展的认知不足，没有将发展放在首位。由于旅游相关者没有科学的管理措施和正确的生态意识，岩太村的管理者及开发商在按照规划开发的过程中并没有充分理解可持续发展的内涵，在开发过程中不注意对原有自然环境的保护，未形成应有的氛围。当地村民对保护环境和维持村庄原有生态的认识不足，为了获取更多的利益私自乱搭乱建，破坏了原有的建筑风貌，使岩太村原有的恬静田园风光大打折扣，影响了原有的生态自然环境。

其次，没有协调好利益相关者之间的关系。当地村民为经济利益驱使，导致乱盖乱建。当地村民难以理解乡村旅游发展的科学性与整体效果，导致村民乱搭乱建或者对发展现状漠不关心，间接形成了当地旅游发展的阻力。

再次，外界环境对当地环境的影响。为了获得更大的经济效益，村中的青壮年几乎都背上行囊外出打工，不愿再留下来继续耕种，大批乡土人才外流，使得当地的民俗风貌文化都难以复现。

最后，没有发挥出政府的协调职能。政府和投资商之间没有很好地沟通，投资商的中途暂停也给岩太村的发展建设带来了严重影响。在进行了第一期的投资之后，2017 年之后的两年时间里前来岩太村旅游的游客数量仍然有限，而旅游投资的回报周期长，且本身投资资金有限，导致投资商暂停投资，使得岩太村的建设陷入僵局。

讨论问题（5）：实现旅游可持续发展的具体途径有哪些？岩太村是否可以通过践行旅游可持续发展的途径改变现状？如果可行具体如何做？

● 理论视角：旅游可持续发展的途径。

● 案例分析：

要实现旅游可持续发展要坚持“将发展放在首位、以人为本和依靠科技创新”三个基本理念。旅游可持续发展的首要问题是发展。岩太村位于福建省龙岩市永定区陈东乡，地处山区，发展对于岩太摆脱贫困尤为重要。2014 年，岩太村被农业部评为“中国美丽田园”，其以秀美的梯田景观和保持完好的土楼景观为核心资源，在对岩太进行地方和区域经济规划的时候，应始终以科学发展观为指导，让当地居民参与到旅游服务中，解决剩余劳动力的问题，从而增加他们的收入。坚持以人为本的理念就是要实现人与自然、人与社会的和谐，在开发过程中要注意对岩太村原生态的保护，在经济第一位的开发序列中，尤其要规范旅游开发者的行为，这就需要政府发挥协调者和监督者的作用，以规制利益最大化的旅游企业在开发过程中对乡村文化、环境所带来的负外部性。单纯保护并不是真正的可持续发展，要走健康的可持续发展，亦即在创新基础上的可持续发展，在旅游活动的各个环节都可以体现科技创新。首先，在旅游建设过程中开发的新景观，增添的旅游设施必须符合环境保护要求等；其次是充分利用人文与社会科学知识进行创新，建设本地供应链，鼓励地方工艺品生产，保证收益最大程度地保留在本地，确定开发力度在环境和社会承载力之内。

同时，要实现三个措施的保证。首先，适度开发。岩太村旅游发展要坚持旅游可持续发展的原则，就是要坚持适度发展，保证旅游目的地自然和文化风貌的完整性，确定开发力度在环境和社会承载力之内。

其次，管理和教育利益相关者，保证有关各方的活动不会造成自然和文化特性的破坏。对于利益相关者的教育，可以通过开展不同形式的活动，使得可持续观念能够深入人心，使人们的行为方式自觉符合可持续发展的要求，共同为发展岩太村的旅游而努力。

再次，要加强政府的协调职能。利益分配不均一直是乡村旅游开发过程中存在的问题，目前乡村旅游市场运作的利益分配格局中，居民利益容易被边缘化，从而导致投资者与村民的矛盾加剧。由于乡村居民话语权、资金、制度及组织形式的缺失或非对称，使原本作为乡村旅游的主人在乡村旅游开发中日益被边缘化，使乡村原始居民成为旅游收益中的弱势群体。特别是在政府主导的大力招商引资开发乡村旅游的过程中，由于保护居民利益的社会群体不完善，会使外来投资者成为乡村旅游的最大受益者，但是乡村居民却不得不承担起乡村旅游所带来的环境和文化的负外部性后果。在这种非均衡的模式下，乡村居民的利益和乡村旅游经济整体利益不能实现同步增长，他们自然不会审视村庄的价值，更不会主动保护。这个时候就需要发挥政府的协调作用，协调各方的利益，政府应确定合适的游客数量、评估旅游对岩太村的物质和文化影响，同时要保证乡村居民参与旅游，受益旅游的权利，充分提高乡村居民的物质和精神生活水准，充分发挥乡村旅游对乡村建设的反哺作用，拉动乡村的经济、社会与环境的全面发展，提高乡村居民的幸福指数。

九、案例讨论关键点总结

本案例从岩太村规划缘起、规划过程、项目定位、功能分区和项目配置以及在开发实践中存在的一些问题展开来讲述，围绕旅游的可持续发展这一核心理念，旨在旅游资源开发、旅游规划等课程教学中培养学生旅游可持续发展的意识，认识到可持续发展在旅游规划中的重要性以及掌握基于可持续发展的理念，在进行旅游规划时能够利用当地资源，发挥当地特色。

在案例分析的过程中要注重培养学生案例分析、系统思考和旅游规划的能力。教师可以带领学生思考和关注面对当前岩太村旅游发展与规划的出入，未来如何迎来转机。

附录

附录 1 案例问题所使用的理论知识点以及针对的案例情景

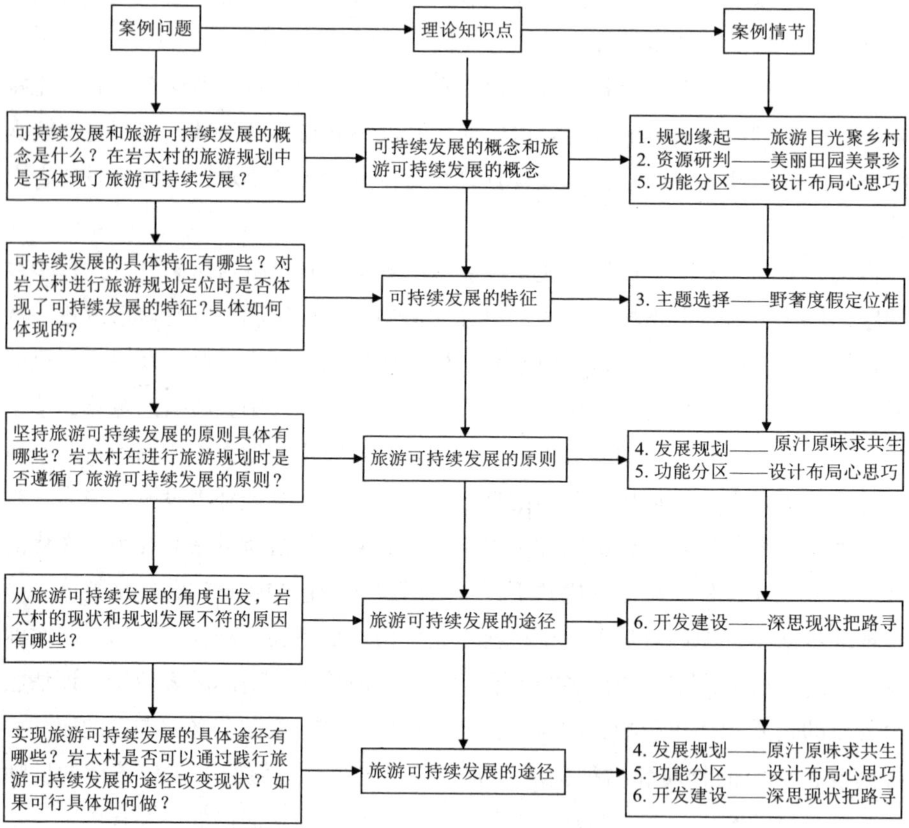

参考文献

[1] 郑向敏，谢朝武 . 我国奥运旅游的安全保障体系研究 [J]. 北京体育大学报，2003，26（06）：722–724.

[2] WCED. Our Commmmon Future. Oxford University Press，Oxford，1987：43.

[3] 魏小安．中国旅游业新世纪发展大趋势[M]．北京：中国旅游出版社，2000：65-67.

[4] Ryan，Chris（2002）. Equity，Management，Power Sharing and Sustainability-Issues of the 'New Tourism'. Tourism Management，2001（23）：17-26.

[5] 杜江，向萍．关于乡村旅游可持续发展的思考[J]．旅游学刊，1999，(01)：15-18.

[6] 张朋．论乡村旅游的可持续发展[J]．黔东南民族师范高等专科学校学报，2005，(01)：29-30.

[7] 万幼清．旅游业可持续发展的理论与实践[D]．华中科技大学，2004.

[8] 唐飞，陶伟．建立旅游可持续发展的复合系统[J]. 东北财经大学学报，2001(02)：28-30

[9] Esteben Bardolet. Sustainable tourism management. The International Journal of Tourism Research. Chichester，Jan/Feb 2001，3（01）: 89.

[10] Koh，Khoon. Designing the 4-year tourism management curriculum：a marked approach. Journal of Travel Research. Boulder，Summer 1995，34（01）: 68-73 .

案例 12

重组＝重生？

——张家界公司坎坷的振兴之路

黄海玉 等[①②]

（厦门大学管理学院，厦门，361005）

【案例摘要】本案例通过对张家界旅游集团股份有限公司上市以来披星戴帽，艰难重组到几近退市，而后摘星脱帽最终获新生的整个过程的描述，引导学生思考张家界公司两次重大资产重组的动因，分析和研究其财务危机的原因；关注在既有政策背景和现有行业环境下，旅游景区公司的健康发展之路；总结经验教训，从中得出现代企业财务管理和公司治理规范发展的相关启示。

【关键词】张家界；资产重组；财务分析；风险管理；公司治理

引言

1992 年 12 月，张家界市委、市政府审时度势，果断决策，充分利用青山绿水旅游资源的优势，组织张家界旅游开发总公司、张家界湘银实业公司、张家界土地房产开发公司等 7 家法人共同组建成立张家界旅游开发股份有限公司（张旅集团前身，简称张家界公司），并于 1996 年 8 月在深交所上市，成为中国旅游板块第一

① 本案例由厦门大学管理学院的黄海玉副教授、厦门大学管理学院江正涛、黄姚佳虹、杨念颖、王玥同学共同编写。

② 本案例只供课堂讨论之用，并无意暗示或说明某种管理行为是否有效。

家上市公司，被誉为“中国山水旅游第一股”。[①]

然而这个载满各种期待的山水旅游第一股，却在中国资本市场里沉浮跌宕，为了保住上市公司这个壳资源，历尽艰辛。

一、问题初现，步履艰难

1. 上市初期，踌躇满志

经中国证券监督管理委员会证监发字〔1996〕143 号和证监发字（1996)144 号文批准，张家界公司于 1996 年 8 月 13 日在深圳证券交易所挂牌上市，以每股人民币 6.80 元的发行价格向社会公开发行 1000 万股，总股本增加至 6000 万股（包括 500 万股内部职工股）。

张家界公司在招股说明书[②]中提及：本次股票发行成功并扣除各项发行费用后，预计可筹集资金 6350 万元；根据公司的发展规划，并在经过充分可行性论证的基础上，本次募集资金将投入“张家界腰子寨客运索道”项目及参股投资张家界国际大酒店。“张家界腰子寨客运索道”项目的投资总额为 4872.04 万元，其中建设投资为 4732.04 万元，流动资金为 140 万元。投资回收期为 3.37 年，营运期内平均年营业收入为 4047.52 万元，平均每年利润总额为 3314.35 万元，投资利润率为 68.03%。张家界国际大酒店的参股投资，公司计划投资人民币 2000 万元，占 20% 的股权；年投资回报率为 34%，投资回收期为 5 年。本次 A 股发行所募集的资金可基本上保证以上两项目投资所募资金；若有不足，公司将通过向银行举债等形式筹措。

公司上市当初，正逢张家界国家森林公园因为自 1991 年的森林保护节推广宣传、1994 年大庸市更名为张家界市等宣传之后处于名声逐步鹊起之时，因而公司被称之为山水旅游上市第一股，普遍对其给予较高的预期。

2. 募集资金项目难如人意

● 客运索道

张家界公司原来在招股说明书中提及募集资金将投入腰子寨客运索道建设

① 张家界旅游开发股份有限公司，原名大庸市房地产开发股份有限公司、张家界万众旅游开发股份有限公司，是经湖南省股份制改革试点领导小组湘股改字［1992］16 号文批准，由张家界旅游经济开发总公司、张家界土地房产开发公司、张家界市湘银实业公司（原大庸市湘报实业公司）、张家界市华发房地产综合开发公司（原大庸市华发房地产综合开发公司）、张家界市金龙房地产开发公司（原大庸市金龙房地产开发公司）、张家界市中兴房地产实业公司（原大庸市中共房地产实业公司）、中国工商银行张家界旅游经济开发区房地产公司（原中国工商银行大庸市旅游经济开发区房地产公司）等七家法人共同发起，以定向募集方式设立的股份有限公司。（摘自《张家界旅游开发股份有限公司人民币股票（a 股）招股说明书概要》，公告日期：1996-08-09）。

② 《张家界旅游开发股份有限公司人民币股票（a股）招股说明书概要》（公告日期：1996-08-09）。

里[①]，然而在其随后的1996年年度报告摘要里，腰子寨客运索道项目不再提及，也未见说明变更事由，募集资金使用改为参股投资黄狮寨客运索道：

“黄狮寨客运运道（以下简称索道）位于张家界风景区的中心地带——黄狮寨、天子山景区，观景地理位置绝佳。俗语云“不游黄狮寨，枉到张家界”。但徒步上下黄狮赛费时耗力，影响观景质量。因此，建造经营黄狮寨索道将有较大的利益保证。公司在募集资金到位后，即开始着手投资建造黄狮寨客运索道。该项目系三方投资，根据协议，合资占51%的股权，张家界森林管理处占14%的股权，公司占35%的股权。目前，该项目已基本建造完工，预计1997年7月份正式营业。到本年度底，公司按照协议尚未投入资金，1997年须投入资金1800万元左右。”[②]

张家界公司在1997年年度报告里对索道项目，只简单描述：

“张家界索道项目，因项目总投资增加及股东各方对该项目建设、经营等事宜未达成一致，故该项目尚未投入资金。”

张家界公司1998年度报告未再提及该索道项目，招股说明书中对该项目高收益的预期，在两年的变幻迷雾中，消失得无影无踪。

● 张家界国际大酒店

张家界公司原来在招股说明书中提及募集资金将投入张家界国际大酒店，在招股说明书里说明：

“公司计划投资人民币2000万元，占20%的股权。”[③]。

然而在1996年度报告摘要里提及该项目时有所变动，拟增持股权到51%，并计划增加投资3340万元。因为：

“后经可行性分析，公司董事会认为增加对该酒店的投资额有利于公司集团化经营和营利能力的提高，因而决定增加对该酒店投资，从而使公司占有该酒店股权达到51%的控股地位。有关股权转让的协议已于年底前签订并生效。详情请参见公司刊登在1997年1月25日《证券时报》上的公告。”

“张家界国际大酒店（以下简称酒店）原系由中旅（集团）、湖南中旅、香港中旅三家国际知名的旅游企业合资建造的四星级标准的涉外旅游酒店，坐落于风景旖旎的新兴国际旅游城市张家界市内；注册资金400万美元。占地面积约50亩，于1993年开始兴建。目前主楼已建造、装修完毕，预计1997年6月份可全面对外营业，净资产回报率预计为25%。在公司筹划公开发行股票时，经与酒店三方股东友好协商，公司拟把募集资金的一部分参股20%投资该酒店；后经公司董事会

---

① 张家界公司 IPO 募集资金使用见附件 6.1。
② 摘自《张家界旅游开发股份有限公司1996年年度报告摘要》（公告日期：1997-04-18）。
③ 张家界公司 IPO 募集资金使用见附件 6.1。

研究，决定增持该酒店的股权至51%。1996年12月，酒店原董事会与公司签订股权转让协议，公司以51%的股权派驻董事和主要经营人员，全面参与该酒店的运作。按照股权转让协议和酒店实际运作情况，到本年度末，公司已投入资金1370万元。以后仍将要投入3970万元，总计投资约5340万元。”

对于张家界国际大酒店项目的进展，张家界公司在1997年度报告里再次提及增持股权的原因是为了更好地经营大酒店，使之成为公司的一大利润生长点。然而对于该项目的进展：

“目前大酒店主副楼已建成，外装修已完毕，内装修、庭院布置及中西餐厅、商务中心、娱乐设施的建造正紧锣密鼓地进行，管理人员和各类服务人员正在强化培训。因装修标准、设施规格的提高，酒店将延期开业。”①

1998年度，张家界国际大酒店项目略有进展：

“本年度内公司增加投资1042万元，累计投资达3887万元。酒店目前尚未正式营业。”

2000年3月28日，张家界国际大酒店正式运营，此时张家界公司控股51%。张家界国际酒店为按照四星级标准修建的酒店，自1996年拟募集资金投入，直至2000年才实际投入运营，由于建设周期拖延太久，2000年当地的酒店生存环境已经发生了较大的变化，竞争变得更为激烈，其运营状况也自然较当初募集资金项目的预期差之甚远，开业当年就亏损严重，2000年度报告里对酒店第一年的经营情况是如下描述：

“由于筹备期过长造成历史包袱沉重，实收资本不足，财务费用和运营成本高企，客源受季节严重制约，目前处于亏损状态。本年度张家界国际酒店共实现业务收入16 143 860.55元，净利润-7 252 869.01元”。在当年年报的固定资产附注里提及：“张家界国际大酒店主楼的房屋产权证已抵押给张家界市农行开发区支行，用于该农行的3000万元抵押贷款。”

3. 新业务拓展无果

在募集资金预投项目进展不顺的情况下，张家界公司1997年和1998年积极寻求新的投资项目，拓展收入来源。

● 地产与酒楼项目

在前两个预定募集资金投资项目进展不顺的情况下，张家界公司1997年新增广州珠岛花园三期房产开发项目和珠岛酒楼项目，并在年报里对募集资金使用情况做了说明，见下表。

① 摘自《张家界旅游开发股份有限公司1997年度报告摘要》(公告日期：1998-03-07)。

表 1　1997 年度张家界公司承诺投资项目与实际投资项目比较（单位：万元）

项目	承诺总投资	实际总投资	已投入金额
张家界国际大酒店	2142	5340	2845
张家界索道项目	1700	0	0
珠岛花园三期开发	0	1359.1	1359.1
珠岛酒楼	0	508.8	508.8

资料来源：张家界公司 1997 年度报告

“珠岛花园三期项目投资回报 207.5 万元，开始预售，工程即将封顶；珠岛酒楼总投资 1060 万元，公司投入 508.8 万元，占总投资的 48%，投资收益 138.4 万元，营运情况良好。1996 年 8 月募集资金净额为 5838 万元，除以上投资以外，尚余 1125.1 万元用于归还银行短期借款和补充公司流动资金。”

1998 年度，张家界公司对原有投资项目又进行了重大调整，出让了珠岛花园三期项目，收回了对广州珠岛大酒楼的投资，向旅游产业和高科技产业回归。通过转让珠岛花园三期项目，公司实现利润 640.9 万元，占公司当年度利润总额的 21.22%。

● 增资收购会计软件公司

1998 年 8 月，张家界公司与湖南湘财实业发展公司共同投资组建了湖南湘财三门软件有限责任公司，注册资本 1000 万人民币，张家界公司投资 900 万人民币，占注册资本的 90%。1998 年度，湖南湘财三门软件有限责任公司实现税后利润 638 万元，张家界公司应分得 625 万元，占当年张家界公司利润总额的 20.69%。1999 年度，湘财三门软件公司再次为张家界公司带来了 1070 万元利润，但是到了 2000 年度，张家界公司年报里却如此披露：

“控股子公司——湖南湘财三门软件有限公司，由于所处行业竞争激烈，自身研发水平停滞不前，产品市场份额小，经营每况愈下。本年度软件共实现业务收入 5 602 614.01 元，净利润 -8 041 941.44 元。”

● 受让索张公路收益权

张家界公司于 1998 年 8 月与香港振升投资发展有限公司、中国湖南张家界旅游经济开发区武陵源旅游度假区开发总公司签订了“索（溪峪）张（家界公园）旅游公路权益”转让合同书，以 2367 万元（其中 207 万元系受让核心景区内土地使用权）的价款取得了“索（溪峪）张（家界公园）旅游公路”的收益权，公司受让的起始日期为 1998 年 7 月 31 日，终止日期为 2012 年 12 月 31 日。索张公路是张家界景区内唯一的高等级旅游公路，1998 年度就实现利润 528 万元，占公司利润总额17.48%。[①] 1999年度索张公路投资收益为4 889 745.00元，2000年11月19日，张家界公司将索张公路收益权及十里画廊8.1亩土地使用权转融给张家界振升旅游事业有限公司，转让价款总额为2543.75万元，转让索张公路收益权取得的收益为9 687 500.00元。

4. 股票首次被特别处理

张家界公司IPO募集资金最初拟用于腰子寨索道以及参股张家界国际酒店项目，其中腰子寨以及随后替换的黄狮寨索道，都是张家界旅游风景区核心景区国际森林公园的客运配套项目，但因多种原因，募集项目随后经历了多次变更，并未产生良好回报。而后公司也在不断尝试新的业务领域，但很快也陷入困境中。自上市以来代表公司旅游基础建设和旅游组团两大业务的万众国旅、万众建安2000年经营也难以维系：

“公司的全资子公司张家界万众国际旅行社有限公司和张家界万众建筑安装工程有限公司经营目前已经陷入停顿状态，管理混乱，债务缠身。其中万众国旅本年度实现业务收入6 962 000元，净利润-1 884 887.31元；万众建安本年度事先业务收入4 437 569.04元，净利润-25 657 398.09元。”

2000年，张家界公司第二大股东——湖南省天通置业有限公司[②]将所持有的湖南天农产业发展有限公司的6.18%的股权和现金895.16万元及长沙金蕾置业发展有限公司所持有的湖南天农产业发展有限公司的42.82%股权与张家界公司部分流动资产（应收账款、其他应收款等合计金额为人民币4253万元）进行等价置换，本次资产置换的目的在于调整产业结构，改善公司资产质量，确保公司可以持续稳定地发展，以更好的业绩回报股东。资产置换后，置换出的债权债务由天通公司和金蕾公司承担，公司将向高科技农业、观光农业领域发展，期望先进的经营机制、灵活的经营方式和高素质的人才，会使公司发展成为一家具有竞争优势的企业。

然后此资产置换的作用有限，对公司业绩并无实质改善，2000年度，张家界公司还是陷入了困境：

“2000年是公司经营最困难的一年，也是出现问题最多的一年，主要表现在：

---

① 后经证监会查处，1998年8月，张家界股份公司以2160万元价款从香港振升投资发展有限公司购得张家界地区索张公路的权益。按合同约定，该权益包括投资本金和投资利息补偿，且当年应收回591万元投资回收款。但是，张家界股份公司将591万元投资回收款全部计入了其他业务利润，在扣除了63万元的摊销费用后，差额528万元变成了虚增利润。网易财经 http://money.163.com/editor/011019/011019_64412.html.

② 天通置业公司还持有张家界公司第一大股东张家界旅游经济开发有限责任公司70%股权，为张家界公司的实际控制人。湖南省天通置业有限公司成立于1995年4月，注册资本1亿元人民币，公司经营业务以兴办各类实业，城市房地产综合开发经营，信息咨询服务，建筑装饰材料，五金交电为主。

A. 巨额账面资产不实，2000 年度公司通过清理资产，将总额为 51 903 760.71 元的账面资产全额计提坏账损失，并核销相应账面资产。

B. 债务负担沉重，截至 2000 年末负债总额 276 661 583.75 元，其中逾期借款 26 846 364.03 元。

C. 资产质量差，很大一部分资产已被抵押，资产变现能力差。

D. 潜在诉讼较多，公司为控股子公司的巨额银行借款担保，因主要控股子公司经营不善、濒临倒闭而面临潜在诉讼。

E. 经营非常困难，由于公司巨额账面资产不实、债务负担沉重、资产质量经营不善、管理混乱等原因，公司 2000 年经营举步维艰、难以为继，主要控股子公司均面临严重经营困难。”

2001 年 4 月 27 日，由于张家界公司 2000 年末的每股净资产为 0.502 元，低于股票面值，财务状况异常，根据《深圳证券交易所股票上市规则》(2000 修订本)第九章 9.2.1 节中的有关规定，深圳证券交易所公司股票实行特别处理，股票简称由张家界改为 ST 张家界。

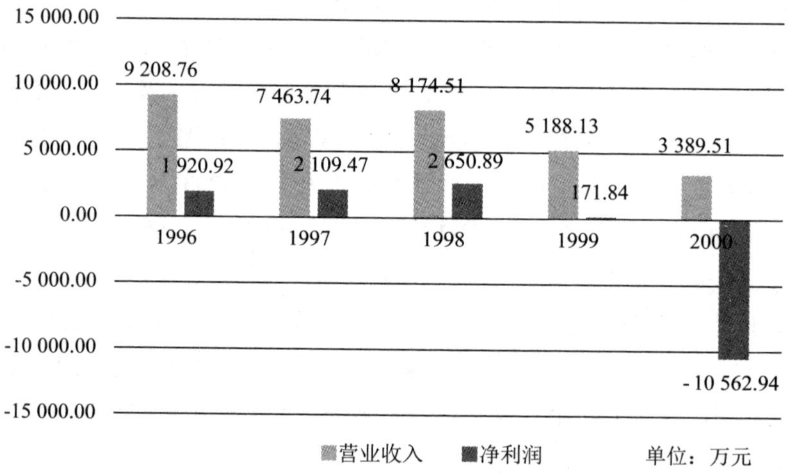

图 1　张家界公司上市后五年营收概况

数据来源：wind 数据库

二、鸿仪系入驻，好时光短暂

1. 鸿仪投资入主，回归旅游主业

张家界公司 2000 年因 1996–1998 年年报中披露虚假财务信息而受证监会调查，

3 年的年报中共虚构收入累计 12 261 万元，占 3 年累计营业收入的 49%；虚构其他业务利润 528 万元，虚增税前利润 4662 万元，占 3 年税前利润总额的 62%。公司运营实质已难以为继，重组迫在眉睫。

张家界公司 2001 年度报告里说明了实际控制人的变化：

“报告期内，本公司原实际控制人天通置业将其所持有的张经开公司 70% 股份全部转让给鸿仪投资[①]，刘汉宝先生将其所持有的张经开公司 29% 的股份转让给鸿仪投资。鸿仪投资共持有本公司控股股东——张经开公司 99% 的股份，成为本公司的实际控制人，天通置业仍持有本公司 8.33% 的股份，为本公司第二大股东。”

鸿仪投资控股张家界公司后，便对公司开始了实质性资产置换重组。

2001 年 10 月 29 日，张家界公司与张家界旅游经济开发有限公司（简称张经开公司）、武陵股份、鸿升置业和中加学校签订《张家界旅游开发股份有限公司重大资产出售购买协议》，将旗下的湖南湘财三门软件有限公司 90% 的股权、张家界国际大酒店 53% 的股权加上其他部分资产出售给张经开公司，同时收购湖南张家界武陵源旅游实业有限公司 99% 的股权、湘西猛洞河旅游开发有限公司（简称猛洞河公司）75% 的股权以及张家界宝峰湖旅游实业发展有限公司（简称宝峰湖公司）75% 的股权和其他资产，并豁免了 99 898 651.11 元的债务，豁免的债务计入资本公积。

随着重组的完成，鸿仪投资持续地通过收购等多种方式将一些旅游类资产注入到张家界公司，公司的基本面得到了根本的改善。2002 年和 2003 年，张家界公司先后收购了宝峰湖公司 24% 股权、猛洞河公司 21% 股权、吉首德夯旅游实业发展有限公司 80% 股权以及湖南广之旅国际旅行社有限公司 80% 的股权，初步形成了较为完整的旅游景区公司产业布局，2004 年年报如此描述：

“公司所处行业为旅游业，旗下拥有宝峰湖、猛洞河、十里画廊、德夯、道吾山、坐龙峡、国际酒店等位于张家界、湘西自治州、长沙的著名景点和旅游企业，目前已经形成了以旅游景点经营为主，以旅游基础设施建设、旅游配套服务、产业投资等为补充的业务架构。”

鸿仪投资在 2001 年至 2004 年对公司的扶持以及公司主业核心竞争力的逐步形成，使得张家界成为货真价实的旅游股，也迎来了其上市以来业绩最好的几年。无论是主营业务收入抑或是净利润水平都保持了良好的上升趋势，2000 年至 2004 年期间，公司主营业务复合增长率达到近 40%，各子公司也保持了良好的上升态势。

① 张家界公司2001年报说明：上海鸿仪投资发展有限公司（以下简称鸿仪投资）成立于2000年3月，注册资本为 4.38 亿元，经营范围为对旅游景点及基础设施、铝材业、高新技术、教育业的投资、开发、经营和对其他实业的投资，资产管理及其以上相关业务的咨询服务，国内贸易、房地产开发经营等。

2001 年末，张家界公司扭亏为盈，每股净资产为 1.14 元，经公司申请，深圳证券交易所自 2002 年 3 月 7 日起撤消对该公司股票实施的特别处理，股票简称由“ST 张家界”改为“张家界”。

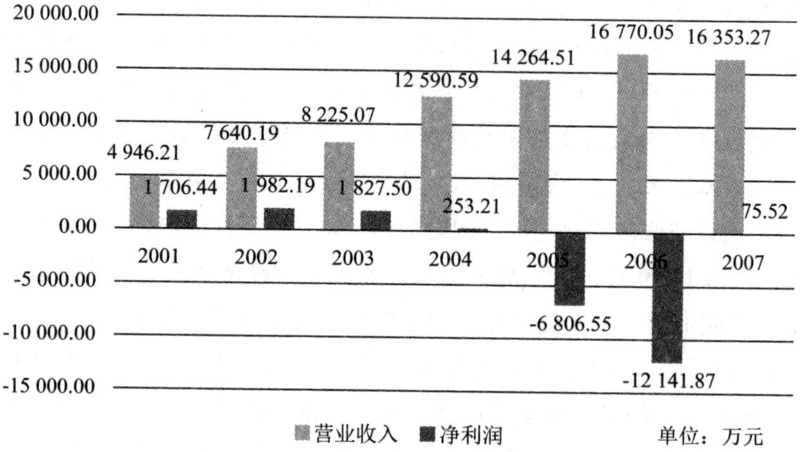

图 2　张家界公司 2001–2007 年营收概况

2. 违规担保，危机再现

然后好景不长，由于张家界公司接连违规为关联公司担保，2004 年起公司在营收增长的情况下，净利润急剧下滑，2005 年和 2006 年度出现巨额亏损，如图 2 所示，财务危机已然出现，公司再次面临退市风险，2007 年 3 月公司股票被冠以 *ST。

2004 年张家界公司年报自述当年的经营困难：

“宏观环境不利因素的影响。2004 年国家开始实施紧缩的宏观调控政策，银行银根紧缩，导致部分企业资金紧张，甚至出现资金链断裂的现象。公司也受到了严重的影响，一方面，新上马的几个项目因原定的资金筹措计划无法实施，新项目的建设工作近乎停顿，无法按计划完成经营收入；一方面，受此政策影响，贷款银行纷纷收回贷款，而不发放新的贷款，导致公司流动资金短缺，旅游设施的更新改造、景区的标准化建设无法按原计划完成。

信用危机的爆发。2004 年下半年公司受实际控制人湖南鸿仪债务危机的影响，出现了大量违规担保涉诉的情况，公司董事会和经营管理层不得不花费大量的时间和精力应付外部危机，致使下半年有些工作不能如期开展。”

2004 年度，张家界公司独立董事对公司对外担保情况的专项说明及独立意见如下：

“我们认为，公司目前累计对外担保 34 100 万元（不含对控股子公司担保），已经达到了公司 2004 年末经审计净资产值的 140.41%，其中 31 600 万元对外担保未经董事会正常审议、决策，也未及时履行信息披露义务，并且为公司控股股东和实际控制人的关联企业担保 25 600 万元。上述行为严重违反了证监发［2003］56 号文件的有关规定。”

2004 年张家界公司与实际控制人之间的产权及控制关系的方框图如下所示：①

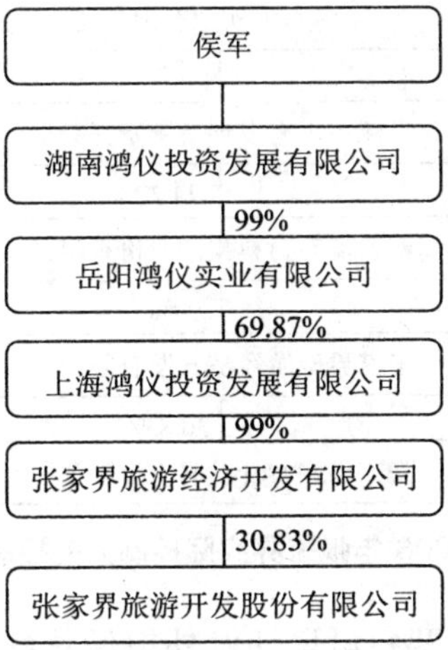

图 3　2004 年张家界实际控制人的控制关系图

2005 年度张家界公司年报再述资金困境：

“目前因对外担保引发的涉讼金额达 36 655.500 万元，均已判决由公司承担连带责任，上述对外担保尚未解决，可能对公司产生严重影响；受控股股东资金链断裂影响，银行全面压缩贷款本金，提高贷款利率，造成营运资金紧张，营运成本上升，公司的进一步发展受到严重制约。”

因此相对应的，公司下属各景区由于投入不足以及市场竞争日趋激烈，盈利能力迅速下降。

2006 年张家界公司与实际控制人之间的产权及控制关系的方框图如下所示：

① 根据张家界公司2004年度报告披露：侯军，男，36岁，中国籍，本科学历。曾任海南福利科工贸有限公司总经理助理，湖南国光瓷业集团股份有限公司董事。现任湖南鸿仪董事长、张经开公司董事长，鸿仪投资董事。侯军先生为鸿仪投资的实际控制人，并通过鸿仪投资的子公司——张经开公司间接控制本公司。同时侯军先生还通过鸿仪投资持有湖南国光瓷业集团股份有限公司（股票简称：国光瓷业，股票代码：600286）28.42% 的法人股（3240 万股，第一大股东）从而间接控制该公司。

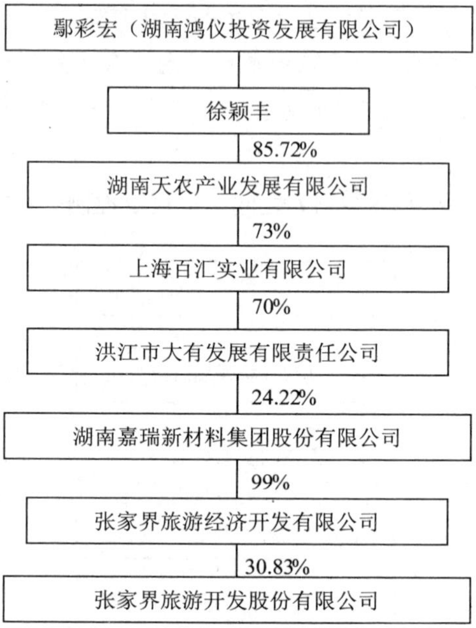

图 4　2006 年张家界实际控制人的控制关系图

截至 2006 年末，张家界公司累计对外担保总额为 42 415.50 万元，占公司 2006 年末净资产的 756.74%，其中为控股股东及其他关联方提供担保的金额为 35 956.00 万元，担保总额超过净资产 50% 部分的金额为 39 612.97 万元。公司逾期担保总额为 41 255.50 万元，其中涉讼担保为 39 755.50 万元。

三、国有控股，扭转局势

1. 张经投集团带来生机

危机时刻，为避免退市，在湖南省政府、省发改委、省证监局和张家界市委、市政府的大力支持下，张家界公司再次进行重大债务重组，重整旗鼓。

2007 年 11 月 9 日，经湖南省长沙市芙蓉区人民法院司法裁定：张经开公司所持有的 4491 万股（24.46% 股权）张家界公司的股份归张家界市经济发展投资集团有限公司[①]（简称张经投集团）所有，张经投集团通过其控股子公司张家界土地房产开发公司间接持有张家界公司 777.24 万股（6.37%），成为张家界公司第一大股东。

① 张家界市经济发展投资集团有限公司成立于1999年9月20日，注册资本10 000万元，经营范围：法律、法规允许的经济投资活动及旅游服务；政策允许的信息产业、高科技产业及国内贸易开发、经营以及城市基础设施建设开发；住宿、餐饮、休闲娱乐服务；日用百货、旅游纪念品、政策允许的农副产品销售。

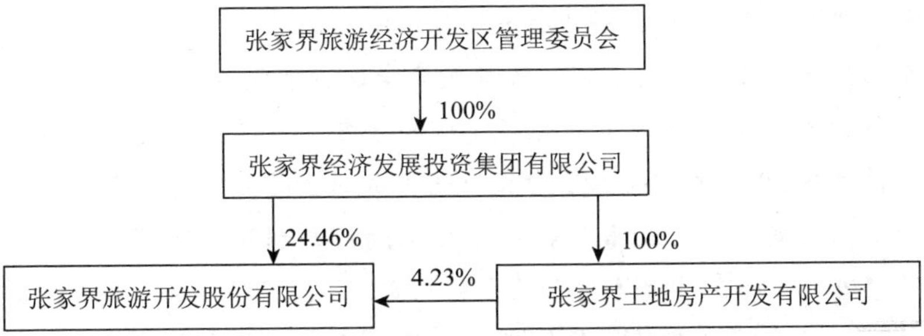

图 5 张经投集团公司入主后实际控制人情况

张经投集团公司成为公司实际控制人之后，开始了一系列的积极债务重组和剥离不良资产的举措，首先是漫长的化解或有负债的谈判，由张经投集团公司向相关银行支付和解对价，从而相关银行解除指定债务的担保责任，转回了若干以前年度计提的预计负债；其次是剥离不良资产，如出售了一直亏损的湖南广之旅国际旅行社公司。2007 年张家界公司实现净利润 75 万元，没有连续亏损 3 年，避免被强制退市，2008 年股票摘星，只留 ST 的特别处理警示。

经过连续 3 年的债务重组，2010 年度，张家界公司年报披露：

“债务重组工作取得全面胜利。在大股东张经投集团的积极支持下，报告期内，公司解决了广州商业银行从 2004 年遗留至今担保债务问题，至此，公司原来近 4 亿元的或有负债已全部解决。此外公司还偿还光大银行及农业银行逾期贷款本息合计近 6000 万元，取得利息豁免产生的债务重组收益 1500 余万元；至此，公司的因担保和自身债务逾期所产生的诉讼风险全面得以化解，并大大降低了公司今后运作过程中的财务成本。”

至此，张家界公司因为鸿仪投资控股期间的违规担保带来的财务风险基本化解完毕，公司可以卸下包袱，轻装上阵。

2. 开局波折，曲折向前

然而 2008 年重新开局并不是那么顺利，接踵而至的冰冻灾害、地震灾难、金融海啸对旅游业的冲击使张家界公司不得不面对市场加速萎缩、游客数量急剧下降的严峻形势。

“公司未完成经营计划的主要原因是：

①我国连续发生重大自然灾害导致公司游客数量急剧下降，公司部分项目如宝峰湖、张家界国际酒店等景区过度依赖韩国游客，而韩国在此次全球金融风暴中受到的冲击非常大，入境游客急剧减少，是公司营业收入减少的最直接原因；

②张家界地区中高档酒店市场已经过度饱和，在旅游市场已经萎缩的情况下，纷纷掀起价格战，而张家界国际大酒店设施严重老化、缺乏资金投入，导致其在张

家界地区的竞争力日益下降，成为公司较大的亏损源；

③各地景点、景区的无序开发与激烈竞争造成客源分流，在凤凰古城附近，当地老百姓开发的苗寨就达十处之多，从而导致德夯景区客源严重分流，人数下降。王村镇在2008年也成立了古城公司，并对外推销芙蓉镇景点，对游览王村古镇的客人收费入村，造成旅行社推介猛洞河的利润空间下降，使部分旅行社放弃了漂流。长沙星沙大力推介“乡村旅游节”，同时，加大对周边游宣传力度，乡村休闲游因情调独特、价格低廉、节目丰富，备受长、株、潭等市民青睐，星城各大星级农庄接待情况比较好，造成浏阳二景区、临湘景区的客源的大幅分流；

④2008年年初冰雪灾害天气持续时间较长，严重破坏了各景区的部分硬件接待设施，造成公司重大损失，如：供水、供电、电信、标志牌、游船动力、电车轨道、游道、房屋、自然景观及千年古松等。根据财务部门统计，公司因年初雨雪冰冻受损283.07万元；

⑤国家对中长期假日的调整，造成五一黄金周收入下降，由于2008年取消五一黄金周，公司同期收入减少约310万元。”

但2008年，张家界公司共计解除违规担保21 498万元，基本上化解了因对外担保引发的诉讼风险，公司业务再次步入正轨。2009年度，张家界公司大力推行预算管理，严格控制成本费用，公司旅游服务业、酒店服务业营业成本较上年同期均有所下降，全年实现主营业务收入9055.54万元，增幅3.70%；扣除非经常性损益后净利润为–1901万元，比上年同期减亏597万元，完成了控亏在2000万元以内的经营目标。然后连续2年亏损，张家界公司再次被深交所提示退市风险。

2010年度张家界公司抓住市场回暖的有利时机，加大营销力度，开拓新客源市场，有效控制各项成本费用，实现了经营业绩的明显提升。截至2010年12月31日张家界公司的39 755.5万元涉讼担保已经全部解除，并相继完成了猛洞河公司、坐龙峡公司、德夯公司、临湘山水公司、浏阳道吾山公司等不良资产的处置工作，公司本部及宝峰湖公司2010年分别实现营业收入4138.11万元、3753.08万元，较上年同期2857.33万元、2466.41万元分别上升44.82%、51.16%。总体营业收入9515.96万元，增幅5.08%；发生成本费用9122.06万元，较去年同期减幅13.87%；实现净利润（归属于母公司股东的净利润）2012.75万元，较上年同期–3542.09万元增加5554.85万元，实现每股收益0.09元较上年同期–0.16元增加0.25元。

2011年，张家界公司通过政府职能部门协调和法律途径，彻底解决了资产处置过程中的遗留问题，妥善处理了湘西景点公司股权转让中的违约纠纷。至此，湘西的猛洞河、德夯、坐龙峡三公司股权处置工作圆满完成。公司业务基本面已经向好，股票成功摘星，股票简称由“*ST 张股”变成“ST 张家界”，解除了公司股票退市风险警示。

3. 定向增发，注入优质资产

2009 年，张家界公司启动了向大股东等特定对象定向发行股份购买资产的重大资产重组工作，2010 年调整方案后获得证监会批准。2011 年，公司以 5.96 元 / 股的价格向大股东张家界市经济发展投资集团、张家界市武陵源旅游产业发展有限公司、张家界国家森林公园管理处分别增发 9199.8 万股、3541.35 万股和 2242.85 万股，购买上述三家公司分别持有的张家界易程天下环保客运有限公司 51%、30%、19% 股权以及大股东持有的张家界市城市建设投资有限责任公司 100% 股权，以进一步改善公司资产质量、增强盈利能力和可持续发展能力。

为了避免重蹈覆辙，张家界公司进一步规范公司治理和内部控制制度的建设，2011 年公司年报自述有关内控制度进展如下：

“公司成立了由董事长担任组长，总裁和审计委员会主任任副组长，高管为成员内控制度建设领导小组；下辖由公司总裁担任组长、高管任副组长、总部部门经理和成员公司总经理为成员的内部控制建设工作小组；审计监察部作为内控规范的牵头部门，联合公司各职能部门、各分、子公司职能小组协同开展组织内控建设和自我评价。同时，公司还聘请中审国际会计师事务所作为咨询机构，协助公司设计内部控制总体架构，帮助公司识别内部控制存在的薄弱环节和主要风险，有针对性的设计控制的重点流程和内容，协助公司开展内部控制自我评价。”

2011 年是张家界公司脱胎换骨、具有重大意义的一年。环保客运优质资产纳入公司后，2011 年度，公司接待中外游客 545.63 万人次（其中环保客运公司接待 304.77 万人次），比去年同期增幅 15.93%；实现主营业务收入 55 704.98 万元，合并环保客运公司调整后，较上年同期增加增 46.75%；实现净利润（归属于母公司股东的净利润）8964.80 万元，较上年同期 8197.22 万元增加 767.57 万元。公司旅游服务业、旅游客运业、旅行社服务业的营业收入较上年同期分别增长 5.54%、33.50%、89.28%

鉴于公司业绩的改善，深圳证券交易所决定：自 2012 年 4 月 25 日起撤销对公司股票交易实行的其他特别处理，公司股票简称由“ST 张家界”变更为“张家界”，证券代码“000430”不变，公司股票交易的日涨跌幅限制由 5% 恢复为 10%。

四、结语：开启稳定增长新时代

张经投集团公司将杨家界索道的开发经营权无偿让予张家界，2010 年张家界公司成立了全资的杨家界索道项目公司，开始进行杨家界索道项目的前期建设工作，并于 2012 年公司启动张家界国际大酒店的提质升级工作。

2014 杨家界索道建成和张家界国际大酒店装修改造完成，同在 4 月份开业营运。两个工程项目的完成，给公司注入了新的活力，打开业绩成长空间。杨家界索道当年接待游客 33.93 万人次，实现营业收入 2263.16 万元，张家界国际大酒店实现营业收入 954.35 万元。杨家界索道作为武陵源景区运输能力最强的索道，大大提高景区游客的接待量，索道业务将成为公司新的利润增长点，为公司下一步的发展打下伏笔。

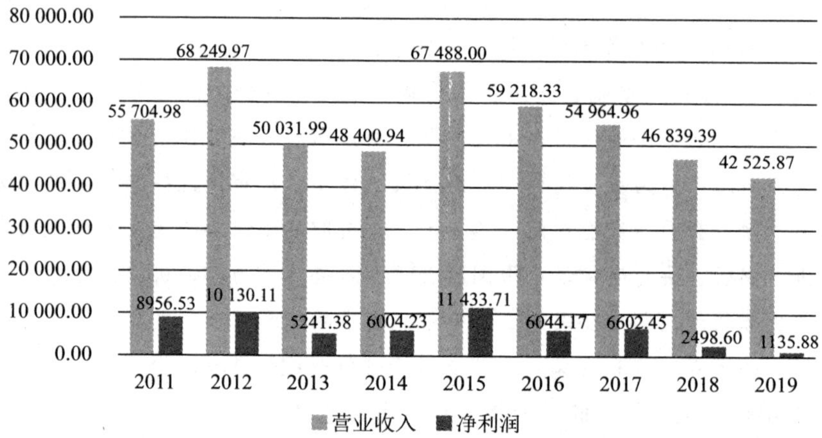

图 6　张家界公司 2011–2019 年营收概况

张家界公司自 1996 年上市后，几起几落，经历波折，从最初的上市募集资金两大项目索道和酒店经营建设的进展不顺几近放弃，到最终围绕旅游主业，抓住当前旅游业发展的历史机遇，再次回归索道和酒店经营建设。从 2011 年至今，公司保持着连续盈利的态势，将近 10 年的资产重组之路终于把张家界公司带入稳步发展的新时代。

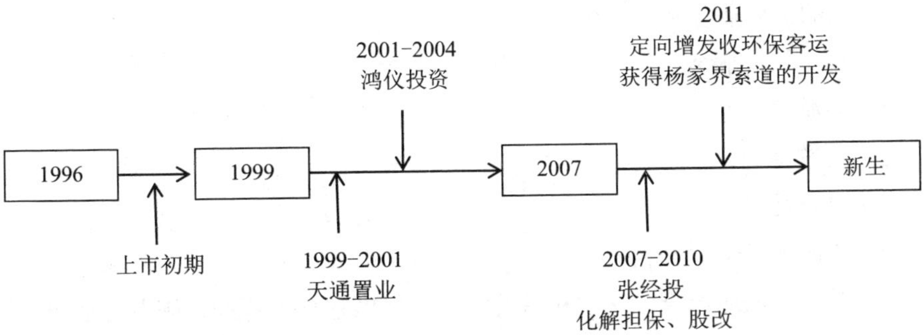

图 7 张家界重组历程

附 录

附录 1 张家界公司简介[①]

公司名称：张家界旅游集团股份有限公司

曾用名：张家界旅游开发股份有限公司

英文名称：Zhang Jia Jie Tourism Group Co., Ltd

公司简介：公司是一家以投资、开发、经营自然景区为主业的国有控股上市公司，主要从事景区开发、酒店管理等旅游业务。公司主营旅游资源开发、旅游基础设施建设和旅游配套服务等业务。公司曾先后获得了“湖南省基层党的建设示范点”“湖南省模范职工之家”等荣誉称号。

经营范围：旅游资源开发、旅游基础设施建设、旅游配套服务、与旅游有关的高科技开发；旅游环保产品开发、生产、销售；旅游信息咨询服务。从事国家法律法规及政策允许范围内的产业投资。销售百货、五金交化、化工（不含危险品及监控化学产品）、建筑材料、机械电子设备及政策允许的矿产品、金属材料。

……（有节略）

上市曾用名：张家界（19960829）→ST 张家界（20010427）→张家界（20020307）→S[②]张家界（20061209）→S*ST 张股（20070312）→SST 张股（20080522）→ST 张家界（20090608）→*ST 张股（20100208）→ST 张家界（20110413）→张家界（20120425）

① 此部分信息摘录自《张家界旅游集团股份有限公司 2019 年年度报告》和 wind 数据库。

② 公司于2006年11月27日公告《关于进行股权分置改革的提示性公告》并于2006年12月9日公告股权分置改革方案，正式进入股改程序。

● 公司的主要业务及经营模式

公司属于旅游服务行业，主要经营活动包括：

（1）旅游景区经营；

（2）旅游客运；

（3）旅行社经营；

（4）旅游客运索道经营；

（5）其他：酒店经营、房屋租赁等。旅游景区包括宝峰湖，旅游客运包括环保客运、观光电车，旅行社包括张家界中旅，旅游客运索道包括杨家界索道，酒店包括张家界国际大酒店。

● 母公司以及集团最终母公司的名称

公司的控股股东为张家界市经济发展投资集团有限公司，截至期末持有公司35.30% 股份（直接持有公司 27.83% 股份，通过控股张家界市武陵源旅游产业发展有限公司间接持有公司 7.47% 股份）。公司的实际控制人为张家界市人民政府国有资产监督管理委员会。

附录 2　张家界公司 1998–2019 年财务报表

（1）资产负债表

各年期末合并资产负债表　　单位：万元

报表项目	1998	1999	2000	2001	2002	2003	2004
流动资产：							
货币资金	2088.07	769.54	472.61	5438.46	5037.80	6178.66	250.54
交易性金融资产	2.12				1.97	31.00	39.01
应收账款	6552.30			1110.23	700.76	196.21	593.74
预付款项	2410.74	4890.86	2829.71	999.77	1030.12	1323.06	1126.50
其他应收款				5021.63	4287.64	6158.46	7741.66
存货	4220.23	5056.17	5077.12	1521.75	830.37	365.57	204.16
待摊费用	5.26	0.67	22.35		0.81	0.88	19.89
其他流动资产	5316.24	12 940.47	11 930.75	0.00	0.00	0.00	0.00
流动资产合计	20 594.95	23 657.71	20 332.54	14 091.85	11 889.48	14 253.84	9975.51
非流动资产：							
长期股权投资	4947.02	6336.06	1325.28	11 831.57	11 543.65	11 311.80	14 531.17
固定资产				5031.91	6203.41	9703.02	23 319.95
在建工程				566.65	1460.77	1247.18	1615.93
工程物资							1.20

续表

报表项目	1998	1999	2000	2001	2002	2003	2004
无形资产	2612.02	672.31	789.58	2263.32	5019.67	4802.63	4767.04
长期待摊费用	173.83	86.91	100.57	1460.00	1414.91	701.24	578.51
其他非流动资产	1722.82	1780.45	16 445.03	3.35	3.35		
非流动资产合计	9455.68	8875.73	18 660.46	21 156.80	25 645.75	27 765.87	44 813.81
资产总计	30 050.64	32 533.44	38 993.01	35 248.65	37 535.23	42 019.71	54 789.32
流动负债：							
短期借款	4996.64	7076.44	7741.64	5689.00	4456.00	5741.00	8570.00
应付票据		450.00	600.00				
应付账款	136.69	578.56	952.86	230.92	173.21	120.81	308.00
预收款项	151.92	441.85	1354.73	180.73	20.68	71.50	172.01
应付职工薪酬	0.19	4.37	87.73	78.62	11.43	36.36	140.55
应交税费	627.32	554.51	524.13	426.33	303.31	53.57	308.92
应付股利	5.26	15.26	25.26	173.75	459.00	30.77	30.77
其他应付款	1200.20	969.80	6436.53	1393.34	1774.47	2539.83	1722.44
一年内到期的非流动负债							13 280.00
预提费用			1145.88	115.92	59.15	9.95	23.11
流动负债合计	7118.22	10 090.80	18 868.76	8288.61	7467.43	8603.80	24 555.79

续表

报表项目	1998	1999	2000	2001	2002	2003	2004
非流动负债：							
长期借款	939.65	800.00	8350.00	4150.00	7461.62	8630.00	3430.00
长期应付款			447.40	14.38	20.69	83.25	46.36
预计负债							1355.00
非流动负债合计	939.65	800.00	8797.40	4164.38	7482.31	8713.25	4831.36
负债合计	8057.87	10 890.80	27 666.16	12 452.99	14 949.74	17 317.05	29 387.15
实收资本（或股本）	10 800.00	18 360.00	18 360.00	18 360.00	18 360.00	18 360.00	18 360.00
资本公积金	2131.20	1051.20	1051.20	11 575.52	1900.26	1900.26	1902.23
盈余公积金	2399.09	2451.13	2098.25	1513.76	1050.73	1530.54	1694.25
未分配利润	6548.95	-339.47	-12 285.68	-10 607.33	1061.60	2300.69	2328.83
归属于母公司所有者权益合计	21 879.24	21 522.87	9223.77	20 841.95	22 016.79	24 091.49	24 285.31
少数股东权益	113.52	119.78	2103.08	1953.70	438.10	611.17	1116.86
所有者权益合计	21 992.77	21 642.65	11 326.85	22 795.65	22 454.90	24 702.66	25 402.17
负债和所有者权益总计	30 050.64	32 533.44	38 993.01	35 248.65	37 535.23	42 019.71	54 789.32

各年期末合并资产负债表　　单位：万元

报表项目	2005	2006	2007	2008	2009	2010	2011	2012
流动资产：								
货币资金	360.43	391.90	303.73	114.49	2304.86	5285.26	6262.85	6522.41
交易性金融资产	46.00							
应收账款	377.26	258.16	232.46	101.10	76.46	46.05	77.24	50.32
预付款项	1213.94	834.75	445.13	204.78	324.31	20.45	274.72	885.16
其他应收款	1278.59	829.25	402.16	564.97	162.25	852.67	897.69	572.25
存货	198.45	189.49	117.88	114.44	116.64	88.89	342.80	347.46
一年内到期的非流动资产				15.00				
待摊费用	20.51	13.83						
其他流动资产	0.00				23.00			
流动资产合计	3495.18	2518.54	1501.36	1114.78	3007.52	6293.33	7859.04	8379.15
非流动资产：								
长期股权投资	14 512.60	2.02	2.02			411.66	411.66	411.66
投资性房地产		566.67	544.72	1925.35	1855.64	1815.64	1749.56	1677.42
固定资产	24 127.36	24 546.70	23 254.25	19 585.56	17 888.38	11 335.48	26 068.41	26 770.18
固定资产清理							9.18	16.98
在建工程	1663.79	1183.59	347.86	993.72	2224.89	2047.98	3449.84	4334.11
无形资产	12 078.76	11 638.14	11 330.61	7991.23	6306.46	3588.29	3697.51	8151.27
商誉		220.47						

续表

报表项目	2005	2006	2007	2008	2009	2010	2011	2012
长期待摊费用	396.24	355.90	226.76	113.61	90.80	15.07	1359.96	1377.14
递延所得税资产		0.23	0.69				191.66	182.76
其他非流动资产		15.00	15.00					
非流动资产合计	52 778.75	38 528.73	35 721.92	30 609.47	28 366.17	19 214.13	36 937.78	42 921.52
资产总计	55 524.26	55 524.26	37 223.28	31 724.26	31 373.69	25 507.45	44 796.82	51 300.68
流动负债：								
短期借款	10 793.42	14 154.69	14 358.69	13 146.64	9804.69	9200.00	6800.00	6485.00
应付账款	593.34	402.99	397.50	505.01	735.70	415.53	384.18	449.63
预收款项	60.03	69.20	41.31	150.50	45.16	114.83	239.14	177.69
应付职工薪酬	112.50	190.96	241.37	302.87	342.47	179.00	206.86	192.91
应交税费	211.46	782.95	612.64	81.87	138.08	154.19	2192.06	1653.31
应付利息		341.66	686.83	1342.69	2268.53	645.48	18.85	12.87
应付股利	15.47	0.17	0.17	0.17	0.17	0.17	0.17	0.17
其他应付款	1970.57	1505.19	4369.82	7476.82	14 531.05	13 073.65	1470.46	1758.47
一年内到期的非流动负债	780.00	1100.00	893.60	10.00			1500.00	2100.00
预提费用	203.76							
其他流动负债			4638.13	5176.94	4976.94	2680.00		
流动负债合计	38 276.90	38 276.91	26 240.06	28 193.51	32 842.81	26 462.85	12 811.72	12 830.05
非流动负债：								

续表

报表项目	2005	2006	2007	2008	2009	2010	2011	2012
长期借款	13 050.00	8810.00	550.00				3900.00	
应付债券		14.15						
长期应付款	26.47						150.00	150.00
预计负债	7617.65	19 869.73	16 567.13	6593.13	1643.13			
其他非流动负债					19.26			109.25
非流动负债合计	20 694.12	28 693.88	17 117.13	6593.13	1662.39		4050.00	259.25
负债合计	35 434.66	47 101.04	43 357.19	34 786.64	34 505.20	26 462.85	16 861.72	13 089.30
实收资本（或股本）	18 360.00	18 360.00	18 360.00	18 360.00	22 003.54	22 003.54	32 083.51	32 083.51
资本公积金	2748.95	1964.78	1964.78	8439.78	9461.51	9031.81	9674.20	9674.20
专项储备							124.69	270.86
盈余公积金	1750.48						2502.82	2502.82
未分配利润	–16 552.15	–16 552.15	–28 907.22	–31 146.16	–35 282.80	–32 038.51	–16 343.51	–6223.73
归属于母公司所有者权益合计	18 481.41	–9005.61	–8582.45	–4346.39	–3817.75	–1003.15	28 041.71	38 307.66
少数股东权益	2357.85	2796.19	2448.54	1284.00	686.24	47.76	–106.61	–96.28
所有者权益合计	5605.06	56 050.64	–6133.90	–3062.39	–3131.51	–955.39	27 935.10	38 211.38
负债和所有者权益总计	55 524.26	55 524.26	37 223.28	31 724.26	31 373.69	25 507.45	44 796.82	51 300.68

（2）利润表

各年度合并利润表　单位：万元

报表项目	1998	1999	2000	2001	2002	2003	2004
主营业务收入	8174.51	5188.13	3389.51	4946.21	7640.19	8225.07	12 590.59
减：主营业务成本	5860.35	3796.61	2376.69	2491.61	3065.22	2900.39	5342.08
税金及附加	360.00	72.99	85.75	82.64	173.62	86.27	393.02
销售费用	53.53	212.84	593.95	16.74	226.51	440.15	896.15
管理费用	692.25	906.30	7188.46	482.22	1259.29	1889.91	2588.38
财务费用	254.83	468.04	1565.90	197.92	450.85	735.76	1193.59
存货跌价损失			121.00				
加：其他业务利润		−1.39	1.61		−0.47		7.47
营业利润	3053.98	−270.23	−8540.62	1675.07	2123.44	1953.45	2184.83
加：营业外收入	2.42	1.57	39.03	0.04	8.19	0.95	9.28
投资净收益	1403.83	491.22	359.88	119.83	−195.57	−228.68	−253.11
减：营业外支出	35.99	23.81	2421.23	41.01	69.77	5.47	1499.35
利润总额	3020.42	198.76	−10 562.94	1753.93	1866.30	1948.92	441.65
减：所得税	369.52	26.92		47.49	239.91	121.43	188.43
少数股东本期收益		16.81	−330.88	1738.90			61.36
净利润	2650.89	155.03	−10 232.05	−32.46	1536.84	1827.50	191.85
减：少数股东损益	13.75	16.81	−330.88	−32.46	89.55	108.60	61.36
归属于母公司所有者的净利润	2637.14	155.03	−10 232.05	1738.90	1892.64	1718.90	191.85

各年度合并利润表　单位：万元

报表项目	2005	2006	2007	2008	2009	2010	2011	2012
主营业务收入	14 264.51	16 770.05	16 353.27	8732.73	9055.54	9515.96	55 704.98	68 249.97
减：主营业务成本	6159.16	7152.34	7669.77	5216.09	5023.23	4176.99	33 691.84	45 475.06
税金及附加	499.46	542.42	516.29	458.52	471.12	486.74	1743.04	1828.49
销售费用	1403.39	1207.70	1183.15	913.88	960.15	757.21	3078.22	3042.90
管理费用	4114.41	4486.09	4851.07	2727.63	2636.29	2582.64	3853.90	3628.20
财务费用	1781.45	1918.76	2077.18	2146.45	1971.22	1605.22	1028.40	694.34
资产减值损失		93.33	1952.21	3887.33	2833.29	−113.25	49.44	250.09
加：其他业务利润	5.18	6.53						
营业利润	311.83	1369.41	−1896.41	−6580.38	−4839.02	−25.54	12 279.90	13 330.89
加：营业外收入	34.24	22.38	3310.74	3693.33	270.65	2161.61	342.05	474.54
投资净收益	−294.03	1.70		36.80	0.73	−45.95	19.75	
减：营业外支出	6611.42	12 564.75	571.82	329.90	60.73	38.90	392.41	135.92
其中：非流动资产处置净损失			67.55	204.27	7.95		40.16	14.15
利润总额	−6559.38	−11 171.26	842.52	−3216.95	−4629.10	2097.18	12 229.54	13 669.51
减：所得税	247.16	970.60	767.00	180.95	105.29	230.71	3273.00	3539.40
少数股东本期收益	−155.92	−189.66						

续表

报表项目	2005	2006	2007	2008	2009	2010	2011	2012
净利润	−6650.63	−12 092.17	75.52	−3342.90	−4734.40	1866.46	8956.53	10 130.11
减：少数股东损益	−155.92	−180.51	−347.65	−1158.96	−1192.30	−146.29	−8.26	10.33
归属于母公司所有者的净利润	−6650.63	−11 961.36	423.17	−2238.94	−3542.09	2012.75	8964.80	10 119.78
加：其他综合收益								
综合收益总额					−4734.40	1866.46	8956.53	10 130.11
减：归属于少数股东的综合收益总额					−1192.30	−146.29	−8.26	10.33
归属于母公司普通股东综合收益总额					−3542.09	2012.75	8964.80	10 119.78
每股收益：								
基本每股收益		−0.6500	0.0300	−0.1200	−0.1610	0.0915	0.2794	0.3154
稀释每股收益		−0.6500	0.0300	−0.1200	−0.1610	0.0915	0.2794	0.3154

（3）现金流量表

各年度合并现金流量表　单位：万元

报表项目	1998	1999	2000	2001	2002	2003	2004
经营活动产生的现金流量：							
销售商品、提供劳务收到的现金	9113.62	4780.43	3519.72	5831.27	7901.81	8788.11	12 252.03
收到其他与经营活动有关的现金	171.63	1361.49	5829.85	12 093.50	673.59	2421.52	122.55
经营活动现金流入小计	9285.25	6141.93	9349.57	17 924.78	8575.40	11 209.63	12 374.58
购买商品、接受劳务支付的现金	4526.25	4567.89	2431.80	1897.64	1752.65	1848.96	4173.49
支付给职工以及为职工支付的现金	173.23	215.26	557.50	290.15	815.18	829.10	1466.40
支付的各项税费	996.00	195.02	195.89	6.46	584.99	508.13	634.35
支付其他与经营活动有关的现金	3608.26	3898.39	7974.86	372.92	1513.52	4027.01	7778.11
经营活动现金流出小计	9303.76	8876.55	11 160.05	2567.17	4666.34	7213.20	14 052.35
经营活动产生的现金流量净额	−18.50	−2734.62	−1810.48	15 357.61	3909.06	3996.43	−1677.76
投资活动产生的现金流量：							
收回投资收到的现金	2259.40	7.15	8.00	2617.33	10.77	25.32	209.62
取得投资收益收到的现金						3.16	
处置固定资产、无形资产和其他长期资产收回的现金净额				1.40	477.67	1.20	
收到其他与投资活动有关的现金	0.30						103.11
取得债券利息收入所收到的现金	1276.90	2.25	4.13	0.00	0.00	0.00	0.00
投资活动现金流入小计	3536.60	9.40	12.13	2618.73	488.43	29.68	312.73

续表

报表项目	1998	1999	2000	2001	2002	2003	2004
购建固定资产、无形资产和其他长期资产支付的现金	2931.01	205.22	4029.79	9.17	1879.98	3532.65	2308.89
投资支付的现金	1042.00			15 535.43	5240.00	274.11	288.00
支付其他与投资活动有关的现金						176.66	5535.80
投资活动现金流出小计	3973.01	205.22	4029.79	15 544.60	7119.98	3983.42	8132.69
投资活动产生的现金流量净额	−436.41	−195.82	−4017.66	−12 925.86	−6631.55	−3953.74	−7819.96
筹资活动产生的现金流量：							
吸收投资收到的现金					2.00		
取得借款收到的现金	8761.65	7988.60	14 595.80	2200.00	6646.00	10 145.00	12 090.00
收到其他与筹资活动有关的现金	21.73	4.96	180.86	1269.19			
筹资活动现金流入小计	8783.38	7993.56	14 776.66	3469.19	6648.00	10 145.00	12 090.00
偿还债务支付的现金	6164.40	5908.80	8730.60		3909.00	7691.62	7221.00
分配股利、利润或偿付利息支付的现金	276.56	472.85	930.97	931.59	415.39	1355.22	1299.39
支付其他与筹资活动有关的现金					1.78		
筹资活动现金流出小计	6440.96	6381.65	9661.57	931.59	4326.17	9046.84	8520.39
筹资活动产生的现金流量净额	2342.42	1611.91	5115.08	2537.61	2321.83	1098.16	3569.61
汇率变动对现金的影响							
现金及现金等价物净增加额	1887.50	−1318.53	−713.06	4969.35	−400.65	1140.86	−5928.12
加：期初现金及现金等价物余额	200.56	2088.07	1185.66	469.11	5438.46	5037.80	6178.66
期末现金及现金等价物余额	2088.07	769.54	472.61	5438.46	5037.80	6178.66	250.54

各年度合并现金流量表　　单位：万元

报表项目	2005	2006	2007	2008	2009	2010	2011	报表项目
经营活动产生的现金流量：								
销售商品、提供劳务收到的现金	14 300.54	16 716.25	16 308.38	8785.26	8945.21	9624.82	55 757.85	68 195.45
收到其他与经营活动有关的现金	23.68	198.54	101.21	38.07	351.27	136.75	567.95	448.35
经营活动现金流入小计	14 324.22	16 914.79	16 409.60	8823.32	9296.48	9761.57	56 325.81	68 643.81
购买商品、接受劳务支付的现金	4657.09	5414.96	5665.79	1640.93	1546.16	1325.27	28 685.82	39 870.63
支付给职工以及为职工支付的现金	2316.62	2241.59	2601.46	2447.22	2636.56	1807.27	5609.63	6166.34
支付的各项税费	1276.09	1428.30	1661.06	1292.93	887.58	1986.27	5435.31	7163.91
支付其他与经营活动有关的现金	1980.67	2589.06	2746.97	2138.75	1387.95	1565.12	3129.30	3002.12
经营活动现金流出小计	10 230.47	11 673.92	12 675.28	7519.83	6458.26	6683.93	42 860.07	56 203.01
经营活动产生的现金流量净额	4093.76	5240.87	3734.32	1303.50	2838.22	3077.65	13 465.74	12 440.80
投资活动产生的现金流量：								
收回投资收到的现金		31.00			15.00	4410.00	11 080.00	50.00
取得投资收益收到的现金		1.70			0.73	0.98	19.75	

续表

报表项目	2005	2006	2007	2008	2009	2010	2011	报表项目
处置固定资产、无形资产和其他长期资产收回的现金净额	8.36	2.70	13.53	10.48	20.75	8.50	49.42	68.59
处置子公司及其他营业单位收到的现金净额				65.10		3349.10	30.00	
收到其他与投资活动有关的现金	1.80		84.05					427.98
投资活动现金流入小计	10.16	35.40	97.58	75.58	36.48	7768.58	11 179.17	546.58
购建固定资产、无形资产和其他长期资产支付的现金	1674.07	2082.20	1195.91	1127.42	2312.69	906.57	2444.87	8362.42
投资支付的现金		647.00	375.00		10.00	4400.00	11 080.00	
取得子公司及其他营业单位支付的现金净额						505.00		
支付其他与投资活动有关的现金			74.10					1465.37
投资活动现金流出小计	1674.07	2729.20	1645.01	1127.42	2322.69	5811.57	13 524.87	9827.79
投资活动产生的现金流量净额	−1663.91	−2693.81	−1547.42	−1051.84	−2286.21	1957.01	−2345.70	−9281.21
筹资活动产生的现金流量：								
取得借款收到的现金	6081.00	11 960.00	10 725.00	10 883.00	7260.00	9200.00	10 000.00	6585.00

续表

报表项目	2005	2006	2007	2008	2009	2010	2011	报表项目
收到其他与筹资活动有关的现金		5010.00	3131.50	2861.90	7307.60			
筹资活动现金流入小计	6081.00	16 970.00	13 856.50	13 744.90	14 567.60	9200.00	10 000.00	6585.00
偿还债务支付的现金	6737.58	12 518.73	14 349.28	12 989.83	10 811.95	9774.69	18 580.00	10 200.00
分配股利、利润或偿付利息支付的现金	1643.49	1784.03	1693.69	1095.97	1040.53	1119.93	1710.48	750.39
支付其他与筹资活动有关的现金	19.90	5182.84	88.59	100.00	1076.77	359.63	680.79	
筹资活动现金流出小计	8400.96	19 485.59	16 131.56	14 185.80	12 929.25	11 254.25	20 971.27	10 950.39
筹资活动产生的现金流量净额	−2319.96	−2515.59	−2275.06	−440.90	1638.35	−2054.25	−10 971.27	−4365.39
汇率变动对现金的影响						49.83		
现金及现金等价物净增加额	109.88	31.47	−88.16	−189.24	2190.36	2980.41	148.77	−1205.80
加：期初现金及现金等价物余额	250.54			303.73	114.49	2304.86	5939.08	6087.85
期末现金及现金等价物余额	360.43			114.49	2304.86	5285.26	6087.85	4882.05

教学笔记

重组＝重生？

——张家界公司的坎坷振兴之路

黄海玉等

一、教学目的与用途

1. 适用课程

本案例主要适用于旅游投资与财务管理、财务分析、公司治理等课程的教学工作。

2. 适用对象

本案例主要为 MTA、MPAcc、MBA 开发，适合有一定工作经验的学生和管理者学习，也可以用于工商管理各本科专业相关课程。

3. 教学目的

本案例通过对张家界旅游集团股份有限公司（简称张家界公司）上市以来披星戴帽，艰难重组到几近退市，而后摘星脱帽最终获新生的整个过程的描述，引导学生思考张家界公司两次重大资产重组的动因，分析和研究其财务危机的原因；关注在既有政策背景和现有行业环境下，旅游景区公司的健康发展之路；总结经验教训，从中得出现代企业财务管理和公司治理规范发展的相关启示。

4. 案例类型

描述型案例。

二、启发思考题

（1）张家界公司 2001 年度首次被冠以 ST 的原因是什么，其财务报表呈现的问题有哪些？

（2）张家界公司自 2001 年资产重组成功后，为何 2007 年至 2011 年长达 5 年股票又被冠以 ST 甚至 *ST 之帽？这反映了上市公司治理的哪些问题？

（3）企业经营面临的风险通常有哪几个类别？作为景区企业，张家界公司经营所面临的具体风险有哪些？

（4）张家界公司经历两次重大资产重组而摘星摘帽的波折历程，以及自 2012 年至今的稳定发展对我国其他旅游上市公司的发展有何启示？

三、分析思路

张家界公司上市至今，其股票披星戴帽、摘帽又戴帽，艰难重组至平稳发展的历程对于其他类似企业具有借鉴意义。

财务报表是传输会计信息最为重要的载体，利益相关者的重要决策都离不开对财务报表的有效分析和利用，因而财务分析作为一种战略工具在理论和实务中都发挥着重要的作用。本案例首先分析张家界公司 1998–2000 年三年的财务报表，分析其 2001 年度被冠以 ST 的原因，也即经营风险引发公司的财务问题。进而讨论作为景区企业，张家界公司经营过程中所面临的系统风险和非系统风险问题，以及如何应对和进行风险管理。接着分析张家界公司回归旅游主业后，控制经营风险后，但是公司再次被 ST 的原因，讨论公司治理对企业财务风险的重大影响。最后总结张家界公司案例对一般景区公司健康持续发展的启示：资产重组如果仅仅是停留在账面重组层面上，不会改变公司的实质问题；资产重组带来企业重生的机遇，后续还要注意继续控制经营风险，规避重大财务风险，企业才能得以持续健康发展。

四、理论依据与案例分析

（1）张家界公司 2001 年度首次被冠以 ST 的原因是什么，其财务报表呈现的问题有哪些？

理论依据

• 股票交易的特别处理和退市风险预警制度

沪深证券交易所在 1998 年 4 月 22 日宣布，根据 1998 年实施的股票上市规则，将对财务状况或其他状况出现异常的上市公司的股票交易进行特别处理（英文为 special treatment，缩写为 ST）。

财务状况异常包括：

①最近一个会计年度的审计结果显示股东权益为负值；扣除非经常性损益后的净利润为负值；

②最近一个会计年度的审计结果显示其股东权益低于注册资本，即每股净资产

低于股票面值；

③注册会计师对最近一个会计年度的财务报告出具无法表示意见或否定意见的审计报告；

④最近一个会计年度经审计的股东权益扣除注册会计师、有关部门不予确认的部分，低于注册资本；

⑤经审计两个会计年度的净利润均为负值，包括最近一份经审计的财务报告对上年度利润进行调整，导致连续两个会计年度亏损；

⑥经交易所或中国证监会认定为财务状况异常的。

其他异常状况指：

①由于自然灾害、重大事故等导致上市公司主要经营设施遭受损失，公司生产经营活动基本中止，在三个月以内不能恢复的；

②公司涉及负有赔偿责任的诉讼或仲裁案件，按照法院或仲裁机构的法律文书，赔偿金额累计超过上市公司最近经审计的净资产值的50%的；

③公司主要银行账号被冻结，影响上市公司正常经营活动的；

④公司出现其他异常情况，董事会认为有必要对股票交易实行特别处理的；

⑤人民法院受理公司破产案件，可能依法宣告上市公司破产的；

⑥公司董事会无法正常召开会议并形成董事会决议的；

⑦公司的主要债务人被法院宣告进入破产程序，而公司相应债权未能计提足额坏账准备，公司面临重大财务风险的；

⑧中国证监会或交易所认定为状况异常的其他情形。

在上市公司的股票交易被实行特别处理期间，其股票交易应遵循下列规则：

①股票报价日涨幅限制为5%，跌幅限制为5%；

②股票名称改为原股票名前加“ST”；

③上市公司的中期报告必须审计。

中国证监会于2001年2月23日发布了《亏损公司暂停上市和终止上市实施办法》，之后又于2001年11月30日在原有办法基础上加以修订，第二章暂停上市的第五条规定：“公司出现最近三年连续亏损的情形，证券交易所应自公司公布年度报告之日起十个工作日内作出暂停其股票上市的决定。因国家有关会计政策调整，导致公司追溯调整后出现三年连续亏损的情形，不适用前款规定。”退市制度的建立和实施对提高我国上市公司整体质量，初步形成优胜劣汰的市场机制发挥了积极作用。2003年4月4日，上海证券交易所和深圳证券交易所又发布《关于对存在股票终止上市风险的公司加强风险警示等有关问题的通知》，开始实行退市风险警示制度，并于当年5月12日开始实施。该通知说明有下列情况之一的，为存在股票终止上市风险的公司：

①最近两年连续亏损的（以最近两年年度报告披露的当年经审计净利润为依据）；

②因财务会计报告存在重大会计差错或虚假记载，被中国证监会责令改正或公司主动改正，对以前年度财务报告进行追溯调整，导致最近两年连续亏损的；

③因财务会计报告存在重大会计差错或虚假记载，中国证监会责令其改正，在规定期限内未对虚假财务会计报告进行改正的；

④在法定期限内未依法披露年度报告或半年度报告（以下简称“定期报告”）的；

⑤处于股票恢复上市交易后至其披露恢复上市后的第一个年度报告期间的；

⑥交易所规定的其他情形。

“退市风险警示”是在《上市规则》规定“特别处理”基础上增加的一类特别处理，其主要措施为在其股票简称前冠以“*ST”字样，以突出显示。在退市风险警示期间，股票报价的日涨跌幅限制为 5%。如果在撤销退市风险警示后，上市公司仍存在《上市规则》规定应予特别处理的情形，其特别处理的实行和撤销仍按《上市规则》的规定执行。

退市风险警示制度的警示作用主要体现在两个方面：

①警示投资者高度关注投资风险。由于存在退市风险的公司股票简称前均冠以“*ST”标记，投资者能非常容易地区分哪些股票存在退市风险，哪些不存在退市风险，便于投资者作出投资决策；

②提醒上市公司及其主要股东充分关注公司股票面临的退市风险。公司董事会和公司主要股东此时应肩负起责任，积极采取各种措施（如资产重组等）。

以 2018 年 11 月第十一次修订的《深圳证券交易所股票上市规则》规定，有关退市风险警示的最新规定如下：

“13.2.1　上市公司出现下列情形之一的，本所有权对其股票交易实行退市风险警示：

（一）最近两个会计年度经审计的净利润连续为负值或者因追溯重述导致最近两个会计年度净利润连续为负值；

（二）最近一个会计年度经审计的期末净资产为负值或者因追溯重述导致最近一个会计年度期末净资产为负值；

（三）最近一个会计年度经审计的营业收入低于一千万元或者因追溯重述导致最近一个会计年度营业收入低于一千万元；

（四）最近一个会计年度的财务会计报告被出具无法表示意见或者否定意见的

审计报告；

（五）因财务会计报告存在重大会计差错或者虚假记载，被中国证监会责令改正但未在规定期限内改正，且公司股票已停牌两个月；

（六）未在法定期限内披露年度报告或者半年度报告，且公司股票已停牌两个月；

（七）构成欺诈发行强制退市情形；

（八）构成重大信息披露违法等强制退市情形；

（九）构成五大安全领域的重大违法强制退市情形；

（十）出现本规则第12.11条、第12.12条规定的股权分布不再具备上市条件的情形，公司披露的解决方案存在重大不确定性，或者在规定期限内未披露解决方案，或者在披露可行的解决方案后一个月内未实施完成；

（十一）法院依法受理公司重整、和解或者破产清算申请；

（十二）出现可能导致公司被依法强制解散的情形；

（十三）本所认定的其他存在退市风险的情形。”

简言之，股票被冠以以下提示的含义为：ST——公司经营连续二年亏损，特别处理；每股净资产小于股票面值；*ST——公司经营连续三年亏损，退市预警；SST——公司经营连续二年亏损，特别处理 还没有完成股改；S*ST——公司经营连续三年亏损，退市预警，还没有完成股改；S——还没有完成股改。

财务报表分析

财务报表分析主要是在财务报表及其相关资料的基础上，通过一系列的方法和手段，对财务报表所提供的数据进行系统和深入的分析研究，揭示有关指标之间的关系、变动情况及其形成原因，从而帮助使用者更好地理解财务报表所提供的信息和数据。进行财务报表分析需要运用专门的财务报表分析方法，常用方法包括：比较分析、比率分析、因素分析等，在分析时，往往会综合使用这些方法。其中比率分析法是将财务报表中存在一定关系的财务项目进行对比，计算出比率或者百分比，从而刻画出企业财务报表的总体结构、偿债能力、营运能力和盈利能力等方面情况的一种分析方法。

案例分析

根据张家界公司1998–2000年的财务报表列出如下财务比率，分析张家界公司这三年的财务状况和经营成果，发现张家界公司2000年末的每股净资产只有0.5020元，低于股票面值1元，所以股票被深交所冠以ST风险警示。

表 1　张家界公司 1998–2000 年度主要财务比率分析表

分析角度	财务指标	1998	1999	2000
盈利能力	净资产收益率（平均）(%)	12.84	0.71	–66.56
	总资产净利率（%）	9.46	0.55	
	销售净利率（%）	32.43	3.31	–311.64
	销售毛利率（%）	28.31	26.82	29.88
	销售费用 / 营业总收入（%）	0.65	4.10	17.52
	管理费用 / 营业总收入	8.47	17.47	212.08
	财务费用 / 营业总收入	3.12	9.02	46.20
偿债能力	资产负债率（%）	26.81	33.48	70.95
	长期资产适合率（%）	463.56	354.20	1518.48
	流动比率	2.89	2.34	1.08
	现金比率	0.29	0.08	0.03
	现金流量利息保障倍数		–5.78	–1.16
	已获利息倍数（EBIT/ 利息费用）	12.85	1.42	–5.77
	经营活动产生的现金流量净额 / 负债合计	0.00	–0.25	–0.07
营运能力	营业周期（天）	719.27	1116.09	2088.53
	应收账款周转率（次）	1.11	0.53	0.27
	总资产周转率（次）	0.29	0.17	0.09
成长能力	营业收入同比增长率（%）	31.04	–92.47	–3356.52
	营业利润同比增长（%）	31.04	–92.47	–3356.52
	利润总额同比增长（%）	28.75	–93.15	–3979.70
	资产总计比年初增长（%）	15.55	10.24	1.86
	每股净资产比年初增长（%）	14.04	–42.27	–57.17
每股指标	每股收益 – 基本	0.2440	0.0084	–0.5570
	每股净资产	2.0300	1.1720	0.5020
	每股经营活动产生的现金流量净额	–0.0017	–0.1489	–0.0986

数据来源：wind 数据库

通过财务报表可以看出，1999 年度公司营业收入大幅度滑坡，盈利能力、偿债能力和营运能力全面下滑，这和原来上市募集资金预期投入的两大项目（“张家界腰子寨客运索道”项目后改投“黄狮寨客运索道”以及张家界国际大酒店投资）进展不顺利有关。

根据张家界公司 2000 年度报告所言：

"控股子公司——张家界国际酒店（以下简称"国际酒店"）于2000年3月28日正式运营，由于筹备期过长造成历史包袱沉重，实收资本不足，财务费用和运营成本高企，客源受季节严重制约，目前处于亏损状态。本年度张家界国际酒店共实现业务收入16 143 860.55元，净利润–7 252 869.01元"。

为了拓展收益来源，张家界公司1998年度收购了长沙三门会计电脑公司，并受让索张公路收益权，但根据2000年度报告，其他业务的收入也碰到困难：

"控股子公司——湖南湘财三门软件有限公司（以下简称"三门软件"），由于所处行业竞争激烈，自身研发水平停滞不前，产品市场份额小，经营每况愈下。本年度三门软件共实现业务收入5 602 614.01元，净利润–8 041 941.44元。公司的全资子公司张家界万众国际旅行社有限公司（以下简称"万众国旅"）和张家界万众建筑安装工程有限公司（以下简称"万众建安"）经营目前已经陷入停顿状态，管理混乱，债务缠身，其中万众国旅本年度实现业务收入6 962 000元，净利润–1 884 887.31元；万众建安本年度实现业务收入4 437 569.04元，净利润–25 657 398.09元。"

财政部1999年12月发布的《〈股份有限公司会计制度〉有关会计处理问题补充规定》（以下简称"补充规定"）中要求上市公司必须计提四项准备。该法规的出台对张家界公司2000年度的财务核算产生重大影响，根据补充规定，张家界公司2000年度计提和核销各项资产减值准备共计51 903 760.71元。这是张家界公司2000年度亏损急剧增加的原因。

以下是2000年度张家界公司以上项目有关的报表附注，教师可以在讲课时引导学生通过财务报表的数字的异常变动，进而查看公司的报表附注，更为深入分析公司的经营业绩。

管理费用71 884 626.77元，本年发生数比上年增加63 134 664.26元，增幅721.54%，主要系根据公司第四届董事公第七次会议及2001年第一次临时股东大会决议核销坏账损失及存货损失等所致，其中核销的应收账款22 090 835.32元，其他应收款29 812 925.39元，存货损失1 087 772.2元，账外损失2 993 419.35元。

财务费用

类别	上年发生数	本年发生数
利息支出	4 728 472.26	15 650 403.94
减：利息收入	49 620.59	53 984.40
金融机构手续费	1572.16	62 525.11
合计	4 680 423.83	15 658 984.65

财务费用比上年发生数增加10 978 560.82元，增幅234.56%，主要系张家界国际大酒店在本期交付使用，利息不再资本化及本期增加了长期借款所致。

应收账款

应收账款期末比期初减少1 943 521.57元，减幅48.87%，主要系本期根据公司第四届董事会第七次会议及2001年第一次临时股东大会通过后核销坏账所致。

账龄	期初数			期末数		
	金额	比例（%）	坏账准备	金额	比例（%）	坏账准备
一年以内	15 199 071.30	38.22	455 972.14	6 029 716.22	29.66	180 891.48
一至二年	18 016 446.41	45.31	447 822.32	8 028 274.35	39.49	401 413.72
二至三年	5 706 023.95	14.35	570 602.40	4 693 954.95	23.09	469 395.50
三年以上	842 387.13	2.12	252 716.14	1 577 461.70	7.76	473 238.51
合计	39 763 928.79	100.00	1 727 113.00	20 329 407.22	100.00	1 524 939.21

应收账款中主要欠款单位：

客户名称	金额	欠款原因
湖南联发房地产公司	5 220 000.00	土地款销售
张家界市人民政府	3 603 000.00	土地款销售
贵州三门软件有限公司	885 009.66	软件销售款
北京三门电子科技公司	828 000.00	软件销售款
湘财办公室	600 000.00	软件销售款
贵州烟草公司	505 600.00	软件销售款
湖南冶金企业集团	353 770.00	软件销售款

应收款中无持本公司5%（含5%）以上股份股东单位的欠款。

其他应收款

其他应收款期末比期初增加48 523 748.88元，主要系本期增加了索张公路收益权转让款25 437 500.00元及长沙鸿基电子公司的借款21 240 000.00元所致。

本期根据公司第四届董事会第七次会议决议及2001年第一次临时股东大会通过核销坏账，减少了其他应收款29 812 925.39元。

账龄	期初数			期末数		
	金额	比例（%）	坏账准备	金额	比例（%）	坏账准备
一年以内	33 413 490.56	59.53	949 971.30	85 249 132.37	81.46	2 557 473.98
一年至二年	13 703 911.41	24.42	679 966.57	10 814 917.77	10.33	540 745.90

续表

账龄	期初数			期末数		
	金额	比例(%)	坏账准备	金额	比例(%)	坏账准备
二至三年	3 240 617.41	5.77	319 061.75	7 904 909.34	7.55	790 490.94
三年以上	5 766 894.79	10.28	171 786.50	679 703.57	0.66	203 911.07
合计	56 124 914.17	100.00	2 120 786.12	104 648 663.05	100.00	4 092 621.89

其他应收款中主要欠款单位：

客户名称	金额	欠款原因
张家界振升旅游实业公司	25 437 500.00	索张公路收益权转让收款
长沙鸿基电子公司	21 240 000.00	借支
湖南天通置业公司	13 598 300.00	借支
金大通讯有限公司	2 000 000.00	借支
罗慧	500 000.00	借支

其他应收款中有持本公司5%（含5%）以上股份股东单位的欠款13 598 300.00元，已在附注7中披露。

预付账款

账龄	期初数		期末数	
	金额	比例（%）	金额	比例（%）
一年以内	31 538 691.48	64.49	8 297 130.13	29.32
一至二年	17 369 916.45	35.51	20 000 000.00	70.68
合 计	48 908 607.93	100.00	28 297 130.13	100.00

预付账款期末比期初减少了20 611 477.80元，减幅42.14%，主要系根据公司第四届董事会第七次会议及2001年第一次临时股东大会决议核销坏账所致。

预付账款主要欠款单位：

客户名称	金额	业务内容
湖南裕帮产业发展有限公司	10 000 000.00	购房款
华银天通花园有限公司	2 374 190.41	购房款
深圳市锦龙德投资发展有限公司	10 000 000.00	合作开发项目款
长沙六合电子研究所	2 237 715.00	货款
广州华兴工贸总公司	1 138 020.00	期货公司收购款

存货及存货跌价准备

项目	期初数		期末数	
	金额	跌价准备	金额	跌价准备
低值易耗品	137 085.72		166 177.45	
材料物资	6 064 629.31		392 805.53	39 640.28
开发产品成本 *	59 907 441.83		44 974 450.40	
库存商品	1 079 725.66	1891.84	3 497 444.97	1 172 153.88
发出商品			1 188 486.60	
在途材料	4 500 000.00			
原材料	40 881.00		1 763 671.60	
合计	71 729 763.52	1891.84	51 983 036.55	1 211 794.16

* 开发产品成本中的张家界市南庄坪 115 亩土地使用权已抵押给中国银行张家界市分行营业部、中国工商银行张家界市分行营业部、中国建设银行张家界市分行开发区支行，分别用于其 530 万元、832 万元、325 万元的短期贷款抵押。

总体而言，张家界公司第一次被 ST 的主要原因是，上市以来，旅游的主营业务经营不善，募集资金预期的投资项目进展不顺，然后急于寻求投资项目扩大收益来源，但没有形成业务的核心竞争力，所投资的项目都是昙花一现，没有形成稳定持续的营业利润，导致盈利不佳，连连亏损。恰逢财政部新的计提资产减值准备的准则出台，张家界公司一次性清理公司内的不良资产，寻求后期轻装上阵，扭亏为盈。

（2）张家界公司自 2001 年资产重组成功后，为何 2007 年至 2011 年长达 5 年，股票又被冠以 ST 甚至 *ST 之帽？这反映了上市公司治理的哪些问题？

理论依据

● 公司治理

现代公司是一系列不完全契约的联结体，这些契约治理约束着公司发生的各种交易，使得由公司组织这些交易的成本低于由市场组织这些交易的成本。为了节约交易成本，公司内的这些不完全契约常常采取关系契约的形式，公司治理结构、公司章程甚至公司法，实际上就是这种契约关系。

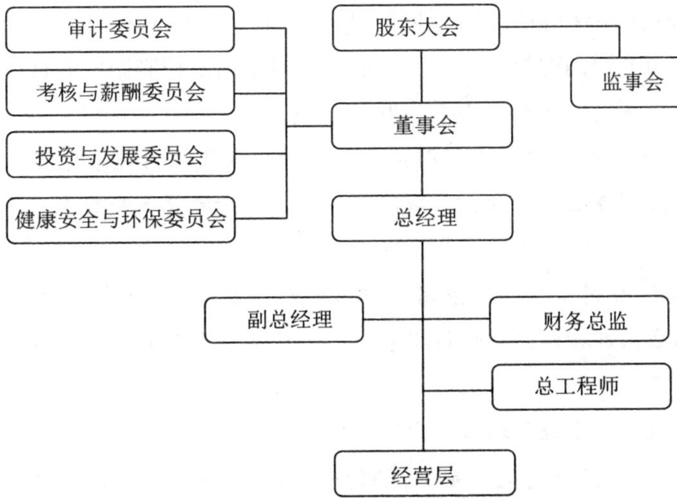

图 1 现代公司的公司治理结构图

为推动上市公司建立和完善现代企业制度，规范上市公司运作，促进我国证券市场健康发展，2002 年 1 月 7 日，中国证监会发布《上市公司治理准则》。2018 年 9 月 30 日，证监会再次发布修订后的《上市公司治理准则》。该准则共十章，分别对股东与股东大会，董事与董事会，监事与监事会，高级管理人员与公司激励约束机制，控股股东及其关联方与上市公司，机构投资者及其他相关机构，利益相关者、环境保护与社会责任，信息披露与透明度等方面对上市公司的运作做出规范性的指引。尤其第六章控股股东及其关联方与上市公司包括了控股股东及其关联方行为规范、上市公司的独立性和关联交易三部分内容。

● 内部控制执行

然而公司治理只对股东的权限和董事产生的程序、职权范围、责任以及与公司经营者的关系做出概括性的规定，但是却无法预期可能发生哪些情况，也没有具体描述在这些情况出现后各方应该如何行动。由于现代公司的经营环境和生产活动日益复杂化和多样化，公司内部的各个行为当事人在具体的生产经营活动中总是会经常遇到契约所未能约定和预料到的事项或情况，这样在公司具体的生产经营过程中，我们需要根据契约中当事人在不同的具体情况下权利与义务关系的不同，制订各种不同的补充契约来明确处理这些各不相同的权利与义务关系，以保证关系契约的有效性。因此，从不完全契约角度分析，如果公司治理是一种关系契约，那么内部控制就是这种补充契约，旨在弥补关系契约的不完全性，实现公司节约交易成本的比较优势。为推动和指导上市公司建立健全内部控制制度，提高公司风险管理水平，保护投资者的合法权益，2006 年 6 月 5 日上海证券交易所发布了《上海证券交易所上市公司内部控制指引》，同年 9 月 28 日，深圳证券交易所发布了《深圳证券交易所上市公司内部控制指引》的通知，对于内部控制制度的具体执行，有如下严格规定（以深交所颁布的指引为例）：

第五十九条 公司应按照本指引第十三条的规定设立内部审计部门，直接对董事会负责，定期检查公司内部控制缺陷，评估其执行的效果和效率，并及时提出改进建议。

第六十二条 公司董事会应依据公司内部审计报告，对公司内部控制情况进行审议评估，形成内部控制自我评价报告。公司监事会和独立董事应对此报告发表意见。

自我评价报告至少应包括以下内容：

（一）对照本指引及有关规定，说明公司内部控制制度是否建立健全和有效运行，是否存在缺陷；

（二）说明本指引重点关注的控制活动的自查和评估情况；

（三）说明内部控制缺陷和异常事项的改进措施（如适用）；

（四）说明上一年度的内部控制缺陷及异常事项的改善进展情况（如适用）。

第六十三条 注册会计师在对公司进行年度审计时，应参照有关主管部门的规定，就公司财务报告内部控制情况出具评价意见。

指引不仅要求设立内部审计部门，还要求自我评价，并由公司监事会和独立董事发表意见，而注册会计师进行年度审计时，还要就公司财务报告的内部控制情况出具评价意见。从 2006 年度开始，国家各部门对上市公司的行为要求越来越规范和严格。

2012 年 8 月 14 日，财政部办公厅和中国证券监督管理委员会发布了《关于 2012 年主板上市公司分类分批实施企业内部控制规范体系的通知》，要求：

（一）中央和地方国有控股上市公司，应于 2012 年全面实施企业内部控制规范体系，并在披露 2012 年公司年报的同时，披露董事会对公司内部控制的自我评价报告以及注册会计师出具的财务报告内部控制审计报告。

（二）非国有控股主板上市公司，且于 2011 年 12 月 31 日公司总市值（证监会算法）在 50 亿元以上，同时 2009 年至 2011 年平均净利润在 3000 万元以上的，应在披露 2013 年公司年报的同时，披露董事会对公司内部控制的自我评价报告以及注册会计师出具的财务报告内部控制审计报告。

（三）其他主板上市公司，应在披露 2014 年公司年报的同时，披露董事会对公司内部控制的自我评价报告以及注册会计师出具的财务报告内部控制审计报告。

2012 年的要求更为严格了，财政部和证监会要求注册会计师对内部控制出具审计报告，而不再仅仅是评价意见。

案例分析

● 被风险警示原因

张家界公司股票的披星戴帽和脱星摘帽历程如下（数据来源：Wind）：张家界（19960829）→ST张家界（20010427）→张家界（20020307）→S张家界（20061009）→S*ST张股（20070312）→SST张股（20080522）→ST张家界（20090608）→*ST张股（20100208）→ST张家界（20110413）→张家界（20120425）

张家界公司2001年资产重组，引入新的大股东鸿仪投资之后，稳定发展了3年，但是好景不长，2005年公司出现亏损。

张家界公司之所以2007年3月12日股票被交易所冠以*ST，作为退市风险警示，并一直到2012年才脱星摘帽，可以从以下财务指标看出缘由：

表2　张家界公司2005–2012年主要偿债能力和每股指标

财务指标	2005	2006	2007	2008	2009	2010	2011	2012
资产负债率（%）	62.97	115.13	116.48	109.65	109.98	103.75	37.64	25.51
流动比率	0.16	0.14	0.06	0.04	0.09	0.24	0.61	0.65
已获利息倍数	–2.70	–4.90	1.41	–0.50	–1.36	2.32	13.11	21.05
每股收益	–0.3622	–0.6500	0.0300	–0.1200	–0.1900	0.0915	0.2794	0.3154
每股净资产	1.0066	–0.4905	–0.4675	–0.2367	–0.1735	–0.0456	0.8740	1.1940

数据来源：wind数据库

张家界公司2005年度和2006年度连续两年亏损，到2006年末时净资产为负，所以被冠以*ST，2007年度略微扭亏为盈，因此摘星；但是2008到2009年，连续两年亏损，因此2010年又加上了*，2010年度利润扭亏为盈，再次摘星；2011年度盈利，到2012年每股净资产大于1，股票最终脱星摘帽。

从张家界的主要偿债能力指标上（教学过程中，教师还可以结合其他能力的财务指标说明）可以看出张家界2006年至2010年长达5年资不抵债，直至2011年重大资产重组后资产负债率才有改观；流动比率和已获利息倍数这两个指标也显示了张家界公司这5年的短期偿债能力堪忧，公司这5年的主要问题是资金周转困难。

2005 年度报告里，湖南开元有限责任会计师事务所出具了具有强调事项的非标准意见的审计报告，强调事项说明："此外，我们提请会计报表使用者关注会计报表附注八、附注九所述担保事项及其诉讼情况给贵公司经营带来的不确定性。本段内容不影响已发表的审计意见。"（教师可以提醒学生，公司年度报告里事务所更换，以及非标准审计意见都是财务分析时需要特别关注的事项。）

● 折射的公司治理问题

2001 年度张家界公司重大资产重组的全面完成，公司的资产质量和盈利能力得到了极大的改善，从以下各年度年报信息可以解读到，公司的发展似乎步入了旅游业发展的正轨。

2002 年报："公司置入的优质旅游类资产在报告期内经营状况良好，旅游业在公司主营业务收入中所占的比重由置换前的 16.36% 提升到 69.5%，重现了旅游类上市公司本色。报告期内，公司更进一步强化对旅游主业的投资，增持了多家旅游企业的股权，并控股了吉首德夯旅游实业有限公司，初步形成了在大湘西区域内旅游资源投资的战略布局。"

2003 年报："报告期内，在上半年国内旅游行业遭受非典疫情沉重打击的情况下，公司管理层通过采取开辟旅游项目，拓展收入来源；强化内部管理，控制成本费用等措施，在极其不利的客观环境中保持了企业良好的发展势头，实现了资产规模、收入水平及盈利能力的全面提升。由于市场转暖和措施得力，公司 2003 年下半年的经营情况已经全面复苏，所有分子公司接待游客人次和营业收入都创造了历史时期最好成绩，在一定程度上弥补了上半年"非典"疫情给公司带来的损失，使得全年经营业绩与 2002 年相比仍有小幅提升，这表明公司经过 2001 年的资产重组和 2002 年的整合培育，企业核心竞争能力正在逐步形成，整体实力和抗风险能力都得到了极大的增强。"

2004 年报："2004 年对于公司来说是业绩丰收的一年，旅游业从"非典"影响中全面复苏，在公司董事会、经营层及全体员工的共同努力下，公司抓住了这次机遇，合理配置资源，创新经营模式，圆满地完成了董事会确定的经营目标。公司的主业运行呈现出较好的发展势头，成绩有目共睹。"

2005 年报："2005 年，公司依托现有观光型自然景区为主的业务架构，推行多年来对景区投资、规划、开发、经营的专业化运营模式，不仅使公司的主要景区如宝峰湖、十里画廊等成熟景区保持稳步增长，同时也收购了资源品质较高的新兴旅游景点——临湘山水旅游产业发展有限公司（以下简称"临湘山水"），为夯实公司主业奠定了基础。公司 2005 年实现主营业务收入 1.43 亿，比去年同期增长

13.30%，实现主营业务利润 7605.90 万元，比去年同期增长 10.95%。”

表 3 张家界公司 2000–2005 年经营业绩概况

报表数据	2000	2001	2002	2003	2004	2005
营业收入	3389.51	4946.21	7640.19	8225.07	12 590.59	14 264.51
营业利润	–8180.74	1794.90	1927.87	1953.45	1931.72	17.80
净利润	–10 562.94	1706.44	1982.19	1827.50	253.21	–6806.55
财务费用	1565.90	197.92	450.85	735.76	1193.59	1781.45
营业外支出	2421.23	41.01	69.77	5.47	1499.35	6611.42

数据来源：wind 数据库

从以上报表数据可以看出，2001 年到 2005 年公司营业收入在增长，尤其 2001–2003 年业绩比较稳定，但是 2004 年起净利润大幅度下滑，2005 年巨大亏损。其中两项利润表项目异常增长，一是财务费用，其次是营业外支出。通过查阅 2004 年度报告和 2005 年报，报表附注如下解释：

（2004 年）本年财务费用比上年增加 4 578 287.08 元，增幅 62.23%，主要系增加银行借款所致。……* 赔偿支出系本公司根据对外担保诉讼的判决结果，计提了 13 550 000.00 元的预计负债，并已被法院强制扣款 1 205 000.00 元。

（2005 年）财务费用较去年同期上升 50% 的原因是由于合并范围，增加国际酒店财务费用以及银行利率上浮、逾期贷款征收罚息所致……本科目（营业外支出）本年比上年增加 51 120 693.44 元，增幅为 340.95%，主要系根据对外提供的担保情况计提的预计负债（列其他）增加所致。

对年报中的董事会经营业绩自述的说明：

2004 年对公司来说，也是“危”与“机”并存的一年，受国家宏观调控及公司大股东危机爆发的影响，公司也面临着因大股东资金占用和对外担保所带来的风险，截至 2004 年年末，公司仍存在大股东及关联方资金占用 6027 万元，为大股东及其关联方提供违规担保 25 600 万元，其中涉诉担保 9500 万元，并且因为对部分或有负债计提预计负债导致公司净利润减少 1355 万元。公司在目前正在积极寻求湖南省政府和监管部门的支持，依法依规开展内部资产重组和资产保全工作，有关工作正在有条不紊的进行。

2005 年，造成净利润下降的原因主要是：①因公司对外担保引起的或有负债计提预计负债合计 6310.25 万元；② 2005 年公司财务报告较 2004 年报表新增加合并子公司临湘山水（4–12 月份）、湖南周洛旅游开发有限公司（以下简称“周洛公司”）、湘西坐龙峡旅游开发有限公司（以下简称“坐龙峡公司”）、张家界国际大酒店（以下简称“国际酒店”）（1–9 月份）而导致增加亏损 573.41 万元；③固定资产清理损失合计 256.00 万元。

有关替关联公司担保而引起的损失多达十项。

2005 年，预计负债本期增加 6310.65 万元，原因系：

A　本公司以所持宝峰湖公司 99% 的股权作质押为上海鸿仪投资发展有限公司（简称上海鸿仪）在上海银行的 2000 万元、6400 万元贷款提供担保，由于上海鸿仪到期未还贷，本公司被上海银行起诉，并于 2005 年 5 月被判与另两个担保方承担连带保证责任。本公司为此分别确认了 500 万元、1600 万元的预计负债。

B　本公司以所持猛洞河公司 96% 的股权作质押为上海沪荣物资有限公司（简称上海沪荣）在中国农业银行上海市长宁支行的 2000 万元、2500 万元贷款提供担保，由于上海沪荣到期未还贷，本公司被长宁支行起诉，于 2005 年 5 月与另一担保人被判承担连带保证责任。本公司为此分别确认了 500 万元、625 万元的预计负债。

C　本公司为湖南嘉瑞新材料集团股份有限公司（简称嘉瑞新材）在中国建设银行深圳市分行的 3000 万元银行贷款提供担保，由于嘉瑞新材到期未还贷，本公司被建设银行深圳市分行起诉，并于 2005 年 8 月被判承担连带保证责任。本公司为此确认了 300 万元的预计负债。

D　本公司为深圳市舟仁创业投资有限（简称舟仁创投）在上海浦东发展银行深圳中心区支行的 2498 万元银行贷款提供担保，由于舟仁创投到期未还贷，本公司被浦发银行深圳中心区支行起诉，并于 2005 年 9 月被判承担连带保证责任。本公司为此确认了 374.7 万元的预计负债。

E　本公司为上海佰汇实业有限公司（简称上海佰汇，原名上海国光实业有限公司）在华夏银行股份有限公司上海分行的 1478 万元贷款提供担保，由于上海佰汇未及时还本付息，本公司被华夏银行上海分行起诉，并于 2005 年 11 月与另一担保人被判承担连带保证责任。本公司对此确认了 221.7 万元的预计负债。

F　本公司为国光瓷业集团股份有限公司（简称国光瓷业）在广东发展银行股份有限公司深圳发展中心支行的 4500 万元贷款提供担保，由于国光瓷业未及时还本付息，本公司被广东发展银行深圳中心支行起诉，并于 2005 年 10 月与另一担保人承担连带保证责任。本公司对此确认了 1125 万元的预计负债。

G　本公司为广州国湘实业有限公司（简称国湘实业）在广州市商业银行北京支行的 29 875 001.00 元银行承兑汇票提供担保，由于国湘实业未及时还款，本公司被广州市商业银行北京支行起诉，并于 2005 年 6 月被判承担连带保证责任。本公司对此确认了 746.87 万元的预计负债。

H 本公司为湖南仁达典当有限公司（简称仁达典当）在中国建设银行长沙华兴支行的 8 119 313.00 元银行借款提供担保，由于仁达典当未及时还款，本公司被建设银行长沙华兴支行起诉，并于 2005 年 9 月被判承担连带保证责任。本公司对此确认了 162.38 万元的预计负债。

I 本公司为嘉瑞新材在民生银行广州分行的 2500 万元借款担保，该借款已逾期，本公司对此确认了 125 万元的预计负债。

J 本公司为岳阳电磁科技有限公司在中国工商银行岳阳分行的 600 万元借款提供担保，该借款已逾期，本公司对此确认了 30 万元的预计负债。

2006 年，由于公司控股股东及关联方的风险未得到有效解决，公司对外担保引发的诉讼进一步扩大。截至 2006 年 12 月 31 日，公司存在对外担保 42 415.5 万元，其中 41 255.5 万元已逾期，因对外担保引发的诉讼金额共计 39 755.5 万元，占公司最近一期经审计净资产的 709.28%。上述涉诉案件均已判决公司败诉并承担连带担保责任，公司名下核心资产如宝峰湖、十里画廊、猛洞河、国际酒店等分子公司的经营权和股权目前已被查封和冻结，随时可能被强制执行。由于上述担保引发的诉讼，导致公司融资渠道完全封闭，现有贷款财务费用大幅上升，政企关系逐步恶化，外部环境日趋紧张。

张家界公司自 2001 年重大资产重组完毕，其实际控股股东由国有企业转为民营企业。尽管 2002 年 1 月 7 日，中国证监会发布《上市公司治理准则》，但在具体落实执行上实践和规定还有差距，到 2006 年，上交所和深交所才发布了上市公司内部控制指引，要求注册会计师对上市公司内部控制发表意见。2001 年到 2006 这一段期间，我国上市公司的公司治理实践带有诸多转轨经济时期的特点，股权相对比较集中，内部人控制现象严重。如张家界公司2004年和2005年报里所披露的，公司存在大股东及关联方严重资金占用问题，并巨额违规担保，严重影响了公司的业绩。说明了张家界公司当时公司治理可能存在的问题有：监事会的作用没有得到切实发挥，关键人控制权过度，董事会独立性不强，尚未形成成熟的公司治理文化等。

（3）企业经营面临的风险通常有哪几个类别，作为景区企业，张家界公司经营所面临的具体风险有哪些？可以如何应对和控制？

理论依据

● 企业的风险

企业经营所面临的风险是指影响企业战略目标实现的不确定性事项，风险控制是使企业管理者在实现其未来既定目标的过程中将不确定性因素所产生的影响控制在可接受范围内的过程和系统方法。企业所面临的风险可以划分为系统风险和非系统风险，系统风险是指对特定环境中所有企业产生影响的因素引起的风险；非系统风险是指发生于个别企业特有事项造成的风险。

表 4　企业风险类别

<table>
<tr><th>风险种类</th><th colspan="2">特点</th></tr>
<tr><td>系统风险</td><td colspan="2">市场风险影响所有企业，不能通过多元化经营消除，如自然灾害、经济危机</td></tr>
<tr><td rowspan="3">非系统风险</td><td colspan="2">公司特有风险发生于个别企业，能通过多元化经营消除</td></tr>
<tr><td>经营风险</td><td>公司固定投资以及经营模式引发</td></tr>
<tr><td>财务风险</td><td>债务融资引发</td></tr>
</table>

● 旅游企业的风险

旅游产业是综合服务性行业，涉及衣、食、住、行、购、娱六种活动，服务产品的特征和强大的产业关联性决定了旅游产业与一般的生产性产业有很大不同。旅游业具有依赖性，旅游业的发展在很大程度上依赖于国家宏观环境，政治的、经济的、社会的多重因素。旅游业的依赖性决定了它是一个较为敏感和脆弱的行业，也是风险性较大的行业。政治、经济、社会文化等宏观环境的变化如自然灾害、经济危机、政局变化、传染性疾病等等，不论是自然发生还是人为导致，都具有不可预测性，如地震、台风、洪水等自然灾害导致的旅游安全问题和行程变更，战争、传染性疾病如 SARS 和新冠疫情的突发事件等都会给旅游企业带来较大的冲击，进而影响到了旅游企业的生存。

案例分析

张家界公司目前主要经营性资产位于张家界市。而张家界拥有珍贵的旅游资源，拥有第一个国家森林公园、世界地质公园、国家首批 5A 级景区等桂冠。张家界经过建市 30 年的发展，早已成为国内外知名的旅游胜地和国内重点旅游城市。目前张家界公司的主要经营活动包括：①旅游景区经营；②旅游客运；③旅行社经营；④旅游客运索道经营；⑤其他：酒店经营、房屋租赁等。旅游景区包括宝峰湖，旅游客运包括环保客运、观光电车，旅行社包括张家界中旅，旅游客运索道包括杨家界索道，酒店包括张家界国际酒店。作为景区公司，张家界公司同一般旅游企业一样，企业经营容易受到政治、经济、军事、社会、自然灾害、突发事件、重大疫情等各种重大事件的影响而出现波动，近年来的景区门票政策的不断调整，对其发展也带来许多不确定因素。

（此处可以引导学生查阅近期张家界公司的年度报告或者其他相关资料，梳理张家界公司经营过程中面临的风险。）

● 系统风险

自然灾害和重大疫情。张家界公司所属景区大多集中在山区、林区，如受恶劣天气影响，有可能发生山体滑坡、泥石流等自然灾害，以及水患和火灾，一旦发生将对公司的正常经营产生影响。如 1998 年受亚洲金融危机和特大洪灾影响，经营成本和费用大幅增加。大规模疫情暴发如 2003 年 SARS,2013 禽流感，2020 年新冠疫情对公司经营产生严重影响。

经济危机影响，如 2008 年金融危机，入境游客减少。

汇率变动影响，如 2011 年度人民币升值带来入境游价格上涨，海外客源市场受到一定影响。

● 经营风险

旅游行业原有的支撑产业，传统景区、酒店、旅行社都面临着危机。景区传统门票经济受到降价影响将难以为继，酒店业持续受到经济不景气与人力成本持续上升的影响冲击，旅行社则受到原有业务范围不断变窄及利润不断降低的双重影响是目前传统旅游企业面临的挑战。

张家界地区以及湘西部分景区属于张家界森林公园核心景区附加游程项目，客源主要依赖核心景区的游客，而目前张家界游客大部分来自韩国，一旦受客观影响，韩国市场出现波动，公司经营将会直接受影响。2017 年度受中韩萨德事件影响，韩国市场接待量大幅下滑，对宝峰湖景区效益影响较大。

景区及服务接待设施需定期根据现代技术发展更新，硬件建设投入严重不足制约着企业经营发展。如 2007 年度报告里提及：

“张家界国际酒店设施设备老化，部分景区旅游配套设施薄弱、项目投资履约情况欠佳，景区对客户吸引力较小等。”

又如 2010 年公司下属十里画廊观光电车目前年接待人次已超过设计容量，存在超负荷运行的情况，在高峰时段可能因接待能力问题损失部分客源。如果不加以投入改造，将影响该项目未来的发展。

2010 年报提及：宝峰湖景点属于二线景点，从目前发展趋势看，二、三线景点的市场竞争日趋加剧，面临来自同类型项目客源争夺的风险，临近景区的开发与经营将分流公司客源，对公司产生较大的竞争压力。

在目前 OTA 的冲击下，旅行社团队游在锐减的同时竞争又加剧，规模较小的旅行社将面临被淘汰的命运，公司所属旅行社必须资源整合、改变方式以顺应形势发展。

● 财务风险

财务风险主要是由于债务融资导致的，如果不能到期还本付息，资金周转困难将引发财务危机。旅游景区投入产出的周期性较长，前期开发、投入及培育需要三至五年时间，公司发展需要业务扩张引进较多的新项目，项目的培育开发给公司带来较大的资金压力。

除了行业投资周期较长特征导致的资金压力，公司风险管理欠缺有利措施，导致巨大偿债压力，如 2005 年报的描述：

公司目前因对外担保引发的涉讼金额达 36 655.500 万元，均已判决由公司承担连带责任，上述对外担保尚未解决，可能对公司产生严重影响；受控股股东资金链断裂影响，银行全面压缩贷款本金，提高贷款利率，造成营运资金紧张，营运成本上升，公司的进一步发展受到严重制约。

①公司 2005 年末逾期贷款达到 6503 万元，2006 年尚有 9520 万元贷款到期，面临很大偿债压力。

②公司因对外担保形成的或有负债高达 42 415.5 万元，有被执行连带担保责任的风险。

公司实际控制方鸿仪集团因暴发债务危机，其所持公司股权有被其债权人执行的风险。

又如 2009 年报里提及：

截至 2009 年期末，公司归属于母公司的股东权益为负值，银行借款余额达 14 781.64 万元，其中逾期借款达 7521.64 万元，上述逾期借款将给公司带来沉重的利息、罚息负担，公司融资能力受到严重影响。

● 应对措施

①继续做大做强现有主业，已有景区仍要提质升级，稳定市场占有率，寻求新的项目与合作机会，丰富公司旅游产品供给。

②根据市场变化，积极开拓国内客源，与当地旅行社展开合作，考虑推出景区门票套票，积极参与省、市、州政府对张家界和湘西旅游品牌的推广，提升景区品牌知名度，在确保现有客源的前提下，加大对其他海外市场与国内及周边市场的宣传力度，吸引周边自驾游游客，使景区逐步面向不同地域、不同层次的游客。及时调整营销策略，大力开展宣传营销，满足不同消费层次游客的需求。

③引入战略合作伙伴，强强联合，谋求控制优质资源，整合旅游目的地资源，形成区域竞争优势。

④继续完善公司治理结构，抓好公司内部控制与风险管理。

（4）张家界公司经历两次重大资产重组而摘星摘帽的波折历程，以及自 2012 年至今的稳定发展，对我国其他旅游上市公司的发展有何启示？

这是一个开放式的问题，教师可以引导学生讨论张家界公司为何会面临退市风险。第一次是因为主业经营不佳，经营风险控制不当；第二次尽管重归了旅游主业，但是因为公司治理问题和内部控制不力，导致大股东占用公司资金并违规为关联企业巨额担保债务，致使公司资金周转出现问题，背负和企业经营无关的巨额债务和利息费用，而公司正常经营发展和投资项目所需的资金无法得到保证，最终导致出现财务危机，再次面临退市风险。

旅游企业发展易受外部环境影响，外部系统风险无法规避，只能通过做大做强以增强企业抗风险能力；而内部的非系统风险——经营风险和财务风险，是企业可以通过规范的公司治理结构和有效的内部控制制度执行而得到控制的。

五、关键要点

本案例的关键要点在以下三个方面：

（1）理解财务分析的作用，掌握企业资产重组的实质。

（2）了解资本市场监管规则，规范现代企业制度建立和执行。

（3）了解景区企业经营面临的风险，讨论全面风险管理举措，谋求企业健康可持续发展之路。

六、建议课堂计划

本案例可供独立的案例讨论课使用，以下是按照时间进度提供的课堂计划建议，可供参考。整个案例课的课堂时间控制在135分钟左右（3课时）为宜。

1. 课前计划

发放案例正文，请学生在课前完成阅读，了解张家界公司上市以来的波折发展历程，可提示学生可以查找有关张家界公司年报和重大公告等资料，形成对本案例的初步认识。

2. 课堂计划

● 课堂前言及热身

第一，请学生描述案例故事，介绍张家界重组始末，以及提出自己对张家界公司的看法。（25分钟）

第二，教师根据学生初步的总结，提出关键知识点，并将班级同学分组，此时抛出前3个思考题供同学们讨论。（20分钟）

● 案例分析与讨论

给予学生自由讨论时间，20分钟。分组讨论结束后，教师课按照启发思考题的顺序随机提问小组，调动学生参与课堂讨论的热情。

根据各个题目的回答情况及所涉及的知识点，每题讨论时间掌握在 15 分钟，教师可根据学生的讨论情况灵活掌握。教师应在调动学生积极参与案例讨论的同时，注意课堂秩序的维护及案例讨论进程的控制。全部讨论时间宜控制在 60 分钟之内。

• 案例总结

教师对学生的讨论及回答进行归纳总结，对本案例进行知识点的归纳和提炼。接着提出第 4 个开放式的思考题，提问 2–3 个小组，让学生能够对张家界重组有更加深刻的认识，对景区企业经营、上市公司规范和监管等政策和制度改革等有更深入的了解。（10 分钟）

3. 课后计划

请各组学生找一家旅游上市公司的资产重组案例进行分析，字数3000—5000字。

七、背景资料

湖南张家界旅游开发股份有限公司原董事长及注册会计师被查处

来源：中国证券报，2001–08–23. 作者尹涛，http://news.esnai.com/2001/0823/1260.shtml?mobile&

中国证监会最近依法查处了湖南张家界旅游开发股份有限公司等机构和个人违反证券法规的行为，并对相关责任人予以通报批评。

调查结果表明，张家界股份公司原法定代表人、董事长肖碧文对该公司在 1996 年、1997 年虚构利润，并在相应年报中予以披露的违反证券法规的行为负有直接领导责任；而原湖南会计师事务所（1998 年 11 月改制为湖南开元会计师事务所）注册会计师杨迪航在对该公司 1996 — 1998 年年度财务报告进行审计时，未能勤勉尽责，出具了含有虚假内容的年度审计报告，违反了证券法规的规定。

上述二人曾因违反证券法规的行为受到中国证监会的行政处罚，现又查明其新的违规行为，性质恶劣。因此，中国证监会在对上述二人进行行政处罚的同时，还给予以通报批评。

……………………………………………………………………………………

背景信息

ST 张家界公告违规事实

ST 张家界（0430）2001 年 4 月 25 日公告，因在 1996–1998 年年报中披露虚假财务信息，公司及相关个人日前受到了中国证监会的行政处罚。公司已按照先前下达的中国证监会的处罚意见稿的要求，在 2000 年年报中调整了相应年度利润和期末净资产。

ST 张家界称，处罚决定书中认定了如下违规事实：其一，1995–1996 年，公司先后与张家界电业局等单位签订了 364 亩土地转让合同，转让金额合计 7965.9 万元，并约定土地使用证在买方付款后移交。但是，公司在未开具发票和收到款项，亦未转让土地使用权的情况下，将合同约定的 7965.9 万元转让金确认为 1996 年的收入，使收入虚增 7965.9 万元，税前利润虚增 2165 万元。其二，1997 年，公司与张家界市土地房产开发公司等单位签订了 150 亩土地转让协议，转让金额合计 4295 万元。协议约定，受让方需在半年内付清全部价款，才能得到土地使用权证。但是，公司在未开具发票和收到款项，土地使用权亦未转移的情况下，将合同约定的 4295 万元转让金确定为 1997 年的收入，使收入虚增 4295 万元。其三，1998 年 8 月，公司以 2160 万元价款从香港振升投资发展有限公司购得张家界地区索张公路的权益。按合同约定，该权益包括资本金和投资利息补偿，且当年应收回 591 万元投资回收款。但是公司将 591 万元投资回收款全部计入了其他业务利润，在扣除 63 万元摊销费用后，差额 528 万元虚增了利润。

综上所述，1996–1998 年间，ST 张家界年报中共虚构收入累计 12 261 万元，占三年累计营业收入的 49%；虚构其他业务利润 528 万元，虚增税前利润 4662 万元，占三年税前利润总额的 62%。公司的上述行为违反了会计准则和证券法律法规的有关规定。

中国证监会决定作出如下处罚决定：第一，对公司处以警告，并责令其纠正违规行为，如实披露以前年度利润，相应调整当前公司净资产；第二，对公司原法定代表人、董事长肖碧文、戴利旗、张逸龙分别处以警告、罚款，对在 1996–1998 年年报上签字的其他 20 名董事分别处以警告。（中证网 陈赋斌）

参考文献

[1] 张家界股份有限公司 1996–2019 年度财务报告 .

[2] 张利 . 我国上市公司治理结构存在的问题及对策研究 [D]. 对外经济贸易大学，2005.

案例 13

蓝染

——藏在卓也小屋中的秘密

林壁属；赵顾凌志；申莉莉
（厦门大学管理学院，厦门，361005）

【案例摘要】民宿业竞争日益激烈，靠什么来获得消费者的青睐？笔者认为核心竞争力在民宿发展过程中起着至关重要的作用。作为台湾休闲农庄之一的卓也小屋从因爱而生、手工打造、养生素食再到卓也蓝染的应运而生，以及在蓝染的助力下实现品牌的升级和蓝染文创的发展，实现了以蓝染为核心竞争力，营造出乡村美学的发展之路。笔者两度探访，深入请教，深感此案例有极强的参考价值，特将之开发为案例。

【关键词】蓝染；卓也小屋；核心竞争力

“初极狭，才通人。复行数十步，豁然开朗。土地平旷，屋舍俨然，有良田美池桑竹之属。”

——选自《桃花源记》

引言

2018 年 4 月 21 日，我第一次来到卓也小屋听男主人讲述其成功经验，他总结说在地、民宿和勤奋是成功的秘诀。作为独特品牌打造的蓝染，成本高，很费钱，用我不标准的福建普通话说，即为：男人挣钱女人花钱，是金子也会花光的。2019 年 4 月 20 日，我第二次来到卓也小屋，这一次是听女主人讲解，她说：没有蓝染何谈卓也小屋？我觉得女主人说得特有理。我的一位台湾博士生告诉我，他们之所以能够成功，与其夫妻的素质密不可分：人家夫妻都是农学博士！现场特别请教女主人，她说是硕士。通过与卓也小屋两位创始人的交谈，我才发现，卓也小屋的发展并不如外界所看到的那么简单。

一、卓也小屋·世外桃源

卓也小屋，就是藏在南投县三义深山中的一处桃花源。进入三义之后，木雕街的木香夹杂着叮叮咚咚的敲击声扑面而来，像极了走进一个故事、迈入了一段历史。行至山下，只见林木葱葱，只听虫鸣阵阵，层峦叠嶂之间点缀着大大小小的客家村落，仿佛误入了一幅山间春水画，恍有隔世之感。步行进山，行走在茂密芭蕉叶遮掩下的小路上，一呼一吸尽是自然天成。山坡之上，一个用竹材和茅草搭建的院门便映入眼帘，仿似隐士居所，又如人间桃源。

卓也小屋由卓铭镑先生及郑美淑女士夫妇于2004年共同创建，老板的姓用闽南话发音为"卓也"，他们的小屋也被自然而然地称为"卓也小屋"了。卓也小屋的创建人来头可不小，卓铭镑先生本科专修农业知识，硕士改修旅游专业，目前为卓也村村长；郑美淑女士本科和硕士都修读农艺专业，退休之前是园林农工休闲农业科的教师兼科主任，由于这些经历，大家私底下都亲切地称呼他们为卓也村长及郑老师。也正是由于他们专业的农学背景，以及身为农家弟子心中对家乡风情的追寻和怀念，为生活着的土地寻找新的发展契机，他们并没有选择当时台湾休闲产业盛行的欧美风、希腊风等经营风格，而是回归农业本身，创建了卓也小屋。

卓也小屋生于自然，一切的布局设置并不追求独树一帜，就像是融进深林之中一样，令人感到温暖而安心。小屋建造在荒废的山间梯田上，在建造过程中力求不破坏原有的地形风貌，而是依着地形开辟建造出一间一间的房舍。这些房舍是由谷仓改建而成，既具有设计感又自然随性，像是一件件坐落于山林间的艺术品。来到这里居住的人们就像穿越回了自己的孩提时代，回到了那年与伙伴肆意奔跑的谷场，闭上眼睛，耳边是那年夏天吹来的风，似乎听到了奔跑的心跳和阵阵欢笑。谷仓虽小，"五脏"俱全，起居室中有着大大的落地窗，可以直接观看窗外的绿意，闲时倚窗观山水，洗去心灵的尘杂。屋中还有卫浴室，奔波一天之后可以洗去一天的辛劳。泡茶的阳台和芬芳馥郁的小花园更是点睛之笔。入住卓也小屋，可以近距离地感受自然、触摸自然，听虫鸣鸟啼，闻花草香气，桐花祭的时候更有漫山遍野的桐花作陪，所见所感，都是诉说不尽的浪漫风情。

二、手工打造·乡村美学

卓也小屋十分强调生态保护，也不忘注重卓也小屋的整体美感。卓也夫妇在梯田处建造民宿，不仅可以最大程度地保留原有地貌，尽力做好水土保持，还造就了园区丰富的层次感。在建造房屋的过程中，使用的建材都是可以被自然降解的可回收的枕木、大理石砖；在卓也小屋的设计中，民宿的门窗设计尽量采光透风，减少使用电灯、空调，方便客人观看山水景色；在卓也餐厅的经营中，用山区枯树枝作为燃料，不仅节能减排，还可以打造让客人体验炉灶蒸炊客家米食。纵观卓也小屋整体的布局，处处显露着一种精致的自然乡村之美。

卓也小屋的乡村之美是通过手工精心打造出来的，不仅体现在整体，更表现于细微之处。女主人郑老师的父亲早年间经营竹笼加工厂，卓也小屋很多茅屋及内部装饰都出自郑老师父亲之手。比如卓也小屋中处处可见的竹编灯罩，古朴的竹子和现代化的灯泡相结合，溢出柔和的光芒，碰撞出一种独特的时尚。卓也小屋的椅套等都是用手工蓝染布，颇具巧思。卓也小屋的门是由竹材、茅草搭建的，门口的大红灯笼高高挂，红色的微光洒在院中的各类人工管护的花草上，处处都是艺术品。

卓也小屋最大的特色是开在山间的民宿，卓也夫妇买下的这座梯田山林生态保存完好，处处体现着自然生态之美。在创建卓也小屋之后，卓也夫妇对于这座山林的保育更加投入，以至于这里的生态环境优渥，不仅有葱郁青翠的山间树林，更有猫头鹰、盖斑斗鱼、萤火虫等小动物常驻其间。为了营造出适合萤火虫的栖息地，卓也小屋联合邻近的各家民宿一起，定期割草并保持水源的洁净和生态的无污染。所以，每年三月，卓也小屋特别举办“日赏油桐花、夜观萤火虫”的节令活动，令大批游客慕名而来。游客们所迷恋的并不仅仅是黑夜中的点点星光，更多的是年幼时在乡村老家“轻罗小扇扑流萤”的天真烂漫。在特定的时节感受特定的乡村之美，卓也小屋自然而然顺势呈现，这种感受印在来到卓也小屋的每一个人心里。卓也小屋依山傍水，隐居乡间，颇有“方宅十余亩，草屋八九间”的古风意趣。

三、养生素食·顺应自然

卓也小屋民宿融于自然，和周围生态环境和谐共存，卓也小屋的养生餐厅在如今快节奏的社会生活中尤有特色。卓也小屋餐厅共有两间，一间位于园区内，另一间则开在台中市大安区。这两间餐厅位置不同但风格十分一致：强调养生。

卓也餐厅提供的菜品都是各种新鲜的素食蔬果，这些都是来自于园区内部的菜园或者园区附近的农户。卓也餐厅不仅食材新鲜，菜品更是强调五蔬、五谷、五果配合五行养生，餐厅常年供应养生药膳锅底，备受食客的欢迎。在用餐过程中，卓也餐厅鼓励前来用餐的客人能够慢下来，静心体会美食，品味生活。餐厅内的桌椅是卓也夫妇将大甲溪上顺流而下的大量漂流木运到卓也小屋，将其裁切手工制成。卓也小屋养生餐厅的一切都源于自然，颇有种“天人合一”的韵味。

卓也餐厅的养生理念深入细化到无数的细微之处。餐厅不销售酒水，客人如果有这种需求的话可以自带，在房间里饮用。在卓也小屋入住的客人在晚上10点之后就要熄灯入睡，“日出而作，日落而息”，古代乡间雅士当如是。

卓也餐厅自由取用的烹煮方式，与甜点、冷饮、香草茶、冰品等自助品，深受客人喜爱。客人自取自煮，自由自在，给人一种“家”的亲切氛围。客人不仅可以品尝到新鲜美味的养生素食佳肴，还可以悠闲地享受这种自由自在随性时光，感受这种“久在樊笼里，复得返自然”的悠游闲适。

四、卓也蓝染·应运而生

1. 卓也蓝染的缘起

卓也小屋把陶渊明笔下桃源般的景象在现代社会中重现，在人们刚刚接触到这种景象时确实会给游客留下新奇的体验。然而，随着时间的流逝，这样的经营模式很快就被其他竞争对手复制模仿，卓也小屋通过服务方式革新带来的竞争优势也逐渐减弱。仅仅提供服务的做法一旦大规模的被竞争对手模仿甚至改进，卓也小屋将无法在台湾民宿业独树一帜。如果一成不变，卓也小屋“平庸化”也只是时间问题。那么，卓也小屋接下来该采取什么样的措施来长久地留住客人？又怎么在民宿的竞争中胜出且不被淘汰？卓也小屋怎么才能够实现永续发展呢？这一切都让卓也夫妇感到了危机，他们必须看到平静海面下暗藏的波涛汹涌，并提前制定出应对方案，才能在海域内持续航行。

而就在卓也夫妇对卓也小屋未来的前景隐隐担忧之时，他们了解到“六级产业化”的理念，这也为卓也小屋的转型提供了新的思路。“六级产业化”一词源自于日本，始于东京大学名誉教授今村奈良臣20世纪90年代中期的研究。[①]“六级产业化”是第一、第二、第三产业的有机结合，不是简单的“1＋2＋3=6”的概念，而是“1×2×3=6”的理论模式，若没有第一产业的生产，六级产业整体产出就是

---

① 今村奈良臣．農業の6次産業化の理論と実践［J/OL］．技術と普及：全国農業改良普及職員協議会機関誌：特集農業 の6次 産業化の今とこれから,2010,47(9):19–22.［2016–04–10］.http://global–cen–ter.jp/sp/res/20120818–173659–8874.

零。[①]“六级产业化”强调以农民为主体，由生产、加工、销售一体化提升附加价值，其基本对策是鼓励农林渔业者自身投入加工及销售领域，获取从生产到销售的利益来提高农业所得。[②]

在对“六级产业化”理论进行深入了解之后，卓也夫妇随后对卓也小屋的经营进行了深入的分析与思考：卓也小屋现阶段以民宿，即第三产业为主，尽管之后又经营了养生餐厅，但目前卓也小屋与农业生产有关的项目，除了供餐厅使用的蔬菜来自周边菜园以外寥寥无几，这也并不能称之为第一产业。所以，打造出属于卓也小屋独一无二的第一产业成了卓也夫妇努力的方向。此时，卓也夫妇的学历背景为其创新提供了源泉和保障。经过不懈的寻找和思索，卓也夫妇发现三义乡双潭休闲农业区受气候地形影响，多雾潮湿，非常适合蓝染染料——大菁的生长，且卓也小屋位于客家村落中，可以结合客家的蓝布衫打造服饰文化。所以，以蓝草种植和蓝染工艺为主的产业应运而生。

2. 卓也蓝染的背景

“青出于蓝而胜于蓝”出自《荀子·劝学说》，古人称蓝色作“青”，而“蓝”就是蓼（liǎo）蓝。蓝染是一种使用天然植物萃取液对布料进行染色的传统工艺，通常会配合不同的染色技法进行染色，这样才会产生漂亮的花纹。一般与之搭配的技法包括：绞缬（扎染）、灰缬（型糊染）、夹缬、蜡缬（蜡染），当然也包括现代蓝染设计者综合古老方法开发出来的一些新玩法，如，吊染、云染、山形渐变等等。它是以纯天然的草、木、花、果作为原材料，经过繁复的工序和工艺提取这些植物的芳香与色泽，再经以各种技巧进行着色，从而获得理想中的色彩与图案。想制作一件蓝染，要花上至少 20 年的时间练习，才能出现特有的颜色。蓝染所制作出的物件，除了在视觉上能给人以清爽宜人的感觉之外，其中一些中药材还有着沉稳安神的功效。

台湾蓝染料的制作生产于 19 世纪中叶最为兴盛。到了 20 世纪初，化学染料开始问世，蓝染料开始慢慢走向了衰落。

3. 卓也蓝染的制作

蓝染的第一步是种蓝。大菁繁殖是用无性扦插的繁殖方法，采收大菁时留下较健康枝条，每二至三节剪成一扦插苗，斜插于泥炭土或较松软培养土中。大菁栽植只适合生长在低海拔背阳山谷坡地而且忌阳光直射，所以蓝草园在整地施有机肥、作畦后要搭遮阴棚架。

---

① 李秉璋，杨玉婷 . 日韩农业六级产业化之策略分析［J］. 植物种苗生计，2013(33):19–25.

② 蔡铸威 . 基于“六级产业化”的乡村振兴策略与应用研究［D］. 长安大学，2019.

第二步便是采蓝。大菁栽种后第二年便可以开始收获，每年至少可以收获两期，第一次在六七月间，第二次在十至十二月间。

第三步制蓝。制蓝首先需要将蓝叶浸泡在水中，浸泡的时间依季节与温度的变化而有所不同，需要视蓝叶腐烂与蓝靛素溶出程度而定。一般而言，夏季时节约为 24–36 小时左右，冬天大约要 2–3 天。

第四步为建蓝。卓也小屋使用传统发酵法制作蓝靛。首先，在溶解液中加入稀释的石灰水，并利用循环系统及空气的帮助让蓝靛素与石灰充分的混合以及氧化。

第五步就是蓝染。当被染物自染缸取出为绿色，一旦接触空气，立即氧化转为青蓝色，再度还原成不溶性的蓝靛素，定着于被染物上，观其间色泽变化，是蓝靛染色最为独特也是有趣的地方。

五、全面升级·打造品牌

在确定让卓也小屋着重发展以蓝草种植和蓝染工艺为主的产业后，卓也夫妇又面临着另外的压力——资金不足。为了加大蓝染产业的推广力度，增强卓也小屋蓝染产业的影响力，这使得刚刚摆脱长年负债的他们不得不又开始了负债的生涯。他们并不能预知这次转型的结果是否会成功，但是，他们还是坚定地走了下去。

首先，他们通过贷款获得了一笔资金，在台中市区购买了店面。接着，为了实现跟蓝染有关的产品设计开发与营销，卓也夫妇又找到大学时尚设计系的教授和专业的设计公司来一起合作。终于，在卓也夫妇不懈的坚持和努力下，卓也小屋逐渐壮大。截至 2020 年 6 月，卓也小屋共拥有 4 家餐厅、2 家民宿，蓝染门店也扩展至 4 家，同时还经营着一间咖啡馆和冰店，深受人们喜爱的 DIY 体验工坊依旧火热运营中。

1. 打造园区

卓也夫妇就围绕蓝染打造了属于卓也小屋的休闲农业。首先，他们开始蓝染的第一步种蓝，即开辟了大菁栽培园区，紧接着开始采蓝、制蓝、建蓝，甚至自己制作染缸进行蓝染。卓也小屋已将游客融入蓝染体验、蓝染产品设计开发和用蓝染制作文创产品，形成了一套标准的体验流程，运营和营销也已经进入到成熟的轨道上。

卓也夫妇在卓也小屋中打造出一种既可以带给游客体验，又可以作为伴手礼的具有美学价值和文化价值的特色创意产业，这就是蓝染体验及其伴手礼。卓也夫妇最大程度地开发了蓝染在卓也小屋食、衣、住、行、育和乐的价值，在卓也小屋的各个角落都可以看到蓝染的痕迹。从餐厅的布置、身上的服饰、装扮民宿的家饰、带有文创气息的伴手礼、蓝染技艺人文推广以及游客蓝染体验等无不体现着蓝染意象。

卓也小屋打造的以蓝染为主题的休闲农业创意文化园让游客可以身临其境地感

受到“台湾蓝”，享受蓝染体验的快乐，体会到传统蓝染工艺的魅力，卓也小屋通过这种将蓝染文化生活化、在地化的方式，赋予了传统产业新的生命力。这不仅有利于保护和弘扬传统蓝染技艺，同时也有利于降低化学染料对环境的污染，践行了企业社会责任，为环保事业贡献了自己的一份力。由此是否可以说，一项好的产业可以成为一个企业的永续竞争力？

2. 专注体验

当游客一走进蓝染体验工坊，映入眼帘的是各种用蓝染制作而成的衣服、帽子、围巾、书包、手袋及扇子等各种琳琅满目的工艺品，除了棉布本身的白色以及蓝色以外，蓝染还有红色和黄色，同时也会打破游客对于蓝染只有蓝色的固有印象。其中蓝色源自蓝草（大菁）的汁液，红色来自紫胶虫的分泌物，黄色来自洋葱外皮，这些全部都是天然的材料，相比于化学染料有环保价值，对游客健康也有好处。

游客体验染色过程，可以了解到客家人使用上百年的传统工序。游客可以利用蓝染体验工坊的各种器具，在卓也小屋体验从第一步种蓝，经采蓝、打蓝、建蓝最后到蓝染及染布作品制作的整个流程。蓝染体验也逐渐变成了卓也小屋的特色，很多人都是慕名而来，在这里学习蓝染，体验蓝染工艺品的制作过程。游客可以在整个充满客家风情的村落中，当一回手艺人，和当地人融为一体，将双手浸在蓝色的染缸里，看着素布慢慢染色，如层林翻滚如青山远黛。最后，游客们会把染过的衣服挂在阳光下，享受自己制作衣服的乐趣。将自己的劳动产生的成果用于自己身上，像工匠一样的骄傲和满足之情油然而生。

卓也小屋为了教育和传播有关蓝染的知识，还会向参加园区的休闲农业活动的游客介绍蓝染体验活动，不但可以使游客了解蓝染产品从生产到制作成品的所有工序，感受客家人使用上百年的蓝染传统工序的魅力，丰富游客的旅游行程，创新旅游体验，而且可以使游客了解到卓也小屋的发展理念和价值，对于在地化的核心价值和发展理念可以有更深的体会，认同蓝染传统工艺创造的价值。

3. 走向国际

卓老板和郑老师希望卓也小屋可以给大家呈现出蓝染传统工艺一整套流程，传递给大家传统工艺创造的价值和先进的理念。以后只要提到蓝染，人们的第一反应就是卓也小屋，甚至在国际上，卓也小屋也可以成为蓝染的一张名片。打造蓝染的国际品牌，一直是卓也夫妇不懈努力的动力。功夫不负有心人，目前这种取自于自然又归于自然的蓝染，带着它本身独有的虚实深浅和淳朴和平的着色，已经美到了全世界，成为世界舞台上的一抹蓝，连国际蓝染研讨会都用它的染料，在韩国、东南亚、荷兰都屡次获得大奖。蓝染能够美到全世界，不仅因为它本身具有一定的美学价值，其实用价值也不可忽视，如从蓝草提取的天然色素具有驱蚊虫和防紫外线的功能，同时渗透进纤维的染料也可以让布料更加结实和耐磨。

借由蓝染的魅力，卓也小屋乘东风之力实现了产业的升级与转换，打造出新型休闲创意农业，将蓝草产业由一级生产提升为六级创意产业及服务业。不断提升蓝草的品质，加强蓝染工艺品开发的力度，加快促进蓝染的生活化和在地化，提升卓也小屋蓝染的乐活、健康、环保的主题意象。卓也小屋让客家人这项传统的蓝染文化焕发出新的生机，借助农业生产、蓝染工艺、趣味体验创造出令当代人感动的蓝染艺术，让蓝染这项农业活动摇身一变成为惊艳众人的一抹蓝，让蓝染这项特色文化活动得以保护和壮大。卓也小屋以农业休闲为据点，走出农村，占领都会，为了培养新一代主力军，在都会区设立了卓也蓝染新据点。截至目前，卓也小屋除了卓也小屋的总部以外，为了推广蓝染产业，还设有蓝染宜兰传艺中心推广点，同时民宿和餐厅与蓝染相辅相成，借由蓝染，民宿和餐厅的曝光率也有所增加，通过增加产业的附加价值，提升了卓也小屋的核心竞争力和永续经营的优势。

六、蓝染文创·推陈出新

借助蓝染的东风，卓也小屋的文创商品更是让人叹为观止，无不体现着卓也夫妇的巧思创意和用心。卓也小屋用蓝染制作而成的文创产品琳琅满目，从蜡染画作、服装、围巾、帽子、枕头、手提包、束口袋再到便当盒、桌垫、手机套和茶杯套等等，每一样都体现着蓝染的美学价值和实用价值。近些年来随着怀旧风的盛行、环保意识的提倡以及文创产业的发展，卓也夫妇为了让蓝染文化可以走进家庭生活，广纳贤才，与相关学校以及设计研发、营销团队来共同合作，致力于蓝染服饰、生活用品和家饰用品的开发。经由此完成卓也小屋的产业升级转换，让卓也蓝染发展成卓也小屋特有的休闲创意农业、具有美学价值的文创品牌。

卓也小屋蓝染产品透过文化创意、融入巧思、具有一定的文化意涵，蕴藏着故事性，这正是卓也小屋文创产品广受游客喜爱的原因。卓也小屋借蓝染开发出不仅具有生活化的工艺品，成为独一无二的具有客家特征的工艺品，又可在生活中使用且具有收藏价值。与传统的文创产品相比具有多元性，其产品的附加价值也是普通的文创产品所不可比拟的。为了促使蓝染产业和文创的连接，卓也夫妇通过积极参与各类团体举办的文创活动，来提升蓝染的知名度和影响力，以便吸引更多致力于了解蓝染工艺和有意愿投入到蓝染产业发展中的人士。

对于“卓也蓝染”品牌创始人郑美淑老师来讲，发展蓝染产业是一个寻找文化源头的过程，也是不断挖掘在地产业价值的过程，这是她喜欢蓝染、选择蓝染作为卓也小屋核心产业的原因。卓也夫妇通过客家传统农业蓝染的种植，完成了卓也小屋的转换升级，增加了卓也小屋的在地化和精致化，带动了卓也小屋的来客率和回头客；通过种植业、生产业和服务业的结合，丰富了卓也小屋的产品类型，增加了游客消费；坚持以蓝染为主题，借助蓝染来增加卓也小屋产品的附加价值，打造卓也小屋的核心竞争力，强化对市场的吸引力度，不断地打造卓也蓝染的品牌效应，努力实现永续经营。

在当下竞争日益激烈的市场环境中，卓也夫妇没有因为当下的利益而停滞不前，他们目光长远，不断打造卓也小屋的核心竞争力，最终让卓也小屋在民宿业中脱颖而出，成为竞争者不断模仿和超越的对象。从近期与卓也夫妇的交流中得知，接下来卓也小屋会往单品牌多品项的方向继续前进，围绕蓝染不断向其他行业扩展深耕，大步向前走。在未来，卓也小屋可能还会面临一座又一座高峰险阻。但是，只要卓也夫妇坚定地围绕核心竞争力进行发展创造，就会赋予卓也小屋不竭的生命活力。

附录

附录 1　卓也小屋盈利来源对比图

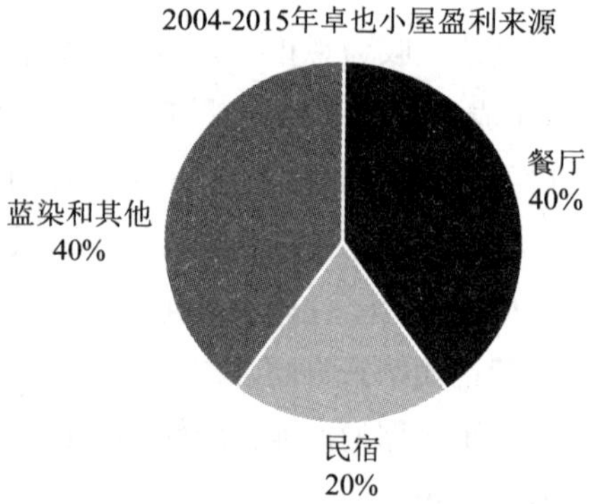

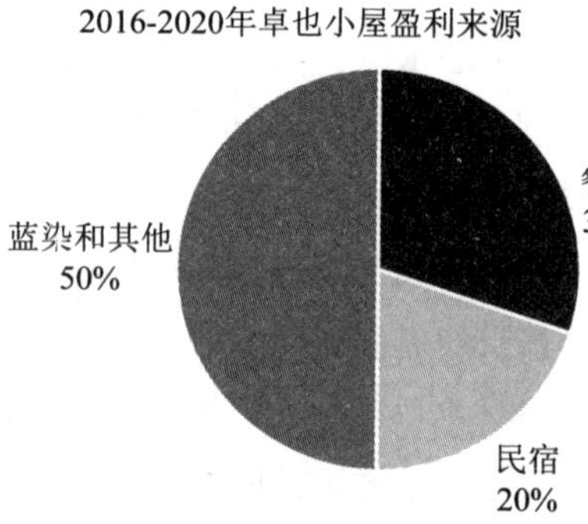

附录 2　卓也小屋的外部环境

教学笔记

蓝染

——藏在卓也小屋中的秘密

林壁属；赵顾凌志；申莉莉

一、案例概要

当今，民宿行业竞争日益激烈，其拥有的核心竞争力在民宿发展过程中起着至关重要的作用。作为台湾休闲农庄之一的卓也小屋从因爱而生、手工打造、养生素食再到卓也蓝染的应运而生，以及在蓝染的助力下实现品牌的升级和蓝染文创的发展，实现了以蓝染为核心竞争力，营造出乡村美学的发展之路。本案例以卓也小屋的发展之路为主线，着重讲述了卓也蓝染，以期在旅游管理理论、旅游资源开发与规划、企业管理等课程教学中强化对企业核心竞争力理论的理解和认识。

二、教学目标

本案例的教学目标如下：

（1）了解企业核心竞争力的概念及旅游企业核心竞争力概念；

（2）认识到企业核心竞争力的特征；

（3）意识到企业核心竞争力的重要性；

（4）掌握卓也小屋是如何打造核心竞争力的；

（5）引导学生思考卓也小屋是如何延续其核心竞争力的，未来企业在保存核心竞争力的基础上如何延续核心竞争力。

三、教学课程

本案例主要适用于旅游管理理论、旅游资源开发与规划、企业管理等课程。

四、适用对象

旅游管理、工商管理类专业本科生和硕士研究生、MTA 或高级经理人培训。

五、教学计划：（90 分钟）

课堂进度	序号	内容	教学内容	时间
课堂	1	简要引导	老师就本案例进行简单介绍（案例主体，主要理论，课堂形式）	5 分钟
	2	案情回顾	随机提问各组成员，对案例主要情节进行回顾，使得成员对案例有一个整体的把握	15 分钟
	3	分组讨论	分小组对案例启发思考题进行讨论，在组长的引导下，形成最终答案	30 分钟
	4	小组发言	采用点名与小组推荐代表相结合形式对相关启发思考题进行发言，其他小组成员可以提出问题与补充	25 分钟
	5	案例总结	老师根据各组回答和理论知识点进行总结，同时启发对卓也小屋案例的进一步思考	15 分钟

授课老师可以根据自己的教学目标灵活地调整课程计划，这里提出的教学计划仅供参考。

六、预读思考题

（1）什么是企业的核心竞争力？卓也小屋的核心竞争力是什么？

（2）企业的核心竞争力都有什么特征？卓也小屋的核心竞争力是否具有这些特征？是怎么体现的？

（3）企业为什么培养核心竞争力？卓也小屋为什么要选择蓝染产业作为其核心竞争力？

（4）培养企业核心竞争力的具体途径有哪些？卓也小屋打造核心竞争力的过程中是否遵循了这些途径？

（5）结合企业核心竞争力的基本特征，思考卓也小屋是如何延续其核心竞争力的？

七、建议阅读材料和理论依据

1. 建议阅读书目

- 李梦觉 . 企业核心竞争力研究 . 湖南人民出版社，2009 年。
- 谭亮 . 企业核心竞争力的形成、度量及评价 . 西南交通大学出版社 2012.
- 范亚昆 . 地道风物・民宿时代 . 中信出版集团股份有限公司，2017.
- 郑亚男 . 民宿的软装：巧用在地文化装饰民宿 . 江苏凤凰文艺出版社，2018.

2. 理论依据

- 理论阅读一：企业核心竞争力的概念及旅游企业核心竞争力的概念

1989 年，普拉哈拉德在《哈佛商业评论》第 1 期发表了《成功——与竞争对手合作》一文，指出：就短期而言，公司产品的质量和性能决定了公司的竞争力，长期而言，起决定作用的是造就和增强公司的核心竞争力。1990 年，普拉哈拉德和哈默在《哈佛商业评论》上发表了《公司核心竞争力》一文，标志着核心竞争力理论的正式提出。他们将核心竞争力定义为：“组织中的积累性学识，特别是关于如何协调不同的生产技能和有机结合多种技术流的学识。”这个观点提出之后，不仅得到了学术界的广泛认可，企业家们也对此高度重视。

普拉哈拉德和哈默把现代企业比作一棵大树，树干和主枝是核心产品，分枝是业务单元，树叶、花朵和果实是最终产品，而树根就是核心竞争力。树根为花果提供养分，企业核心竞争力是企业生存和发展的土壤和源泉。普拉哈拉德和哈默认为，并不是企业所有的资源、知识和能力都能形成持续的竞争优势，只有当资源、知识和能力同时符合价值性、异质性、不可模仿性和难以替代等标准时它们才成为核心竞争力，并形成企业的持续竞争优势。普拉哈拉德和哈默强调资源、知识和能力的整合，因此他们的理论被看作是基于整合观的核心竞争力理论。

旅游企业核心竞争力的研究也十分丰富。结合中外学者对于企业核心竞争力的理解，旅游企业的核心竞争力是指在竞争性的市场环境当中，旅游企业优于其他竞争对手，并能够不断提升顾客体验价值的一种独特的企业综合能力。

- 理论阅读二：企业核心竞争力的基本特征

从企业核心竞争力的概念中我们不难看出，企业核心竞争力具有价值性、独特性、知识性、系统性和延展性这五个基本特征，具体如下：

价值性，即能帮助企业建立竞争优势，通过拥有的竞争优势，在价格、质量、品种等方面为顾客提供更多的价值，让用户的需要得到最大程度的满足。因为企业所开发的资源要素，只有在时间、地点、价格及数量等方面都满足市场的需求，才能成为企业向顾客提供的产品。一般来讲，企业所开发的资源要素和市场需求匹配度越高，说明企业所具备的核心竞争力的价值性越大，其在市场中相比于竞争对手优势也就越显著。

独特性，即难以模仿性。也就是不易被对手效仿、占有，能带来超额利润的、独特的资源或能力。核心竞争力关联到整个企业，是共有的、累积性的知识和技能，是日积月累形成的，它主要体现在企业的无形资产上。它深深植根于企业的组织体系、企业文化和管理模式之中。此外，核心竞争力还要难以被另一种竞争对手——替代品的生产者替代。经济学中，具有独特性的的资源就能产生价值，进而创造利润，因此，企业如果具备独特性的资源要素，就可以优于竞争对手，更好地满足顾客需求，从而实现企业目标。

知识性，是指企业有组织地掌握和运用某项知识，那么这就可以成为企业运用要素的能力，也就是企业所具备的核心技术。企业一般可以通过从外部获取知识和从内部创新知识，进而形成新的知识，并且通过企业人员有组织地学习和应用，不断地形成企业运用要素的能力，而这种要素能力正是企业形成核心竞争力的构成要素。由此可见，知识是企业运用要素能力背后更深层的东西，知识也是企业核心竞争力的源泉。

系统性，是指企业核心竞争力体系是一个系统，企业要实现长久地生存和发展，离不开不同要素间的相互作用。企业就是一个大的系统，企业的生命运动不是某个方面的力量推动的，是由各个要素共同作用而成，离开某一个要素，企业都难以为继其生命运动。

延展性，是指企业核心竞争力不是局限于某一业务部门或领域，而是能为企业开发多种产品、服务市场提供支持。企业核心竞争力经历从企业具备核心竞争能力，利用其核心技术，形成其核心产品，到形成核心产品的延展能力这一过程。企业核心竞争力的延展性可以使企业最大程度地满足市场的多种需求，不仅能够满足当前的市场需求而且还可以激发潜在的市场需求。特别是企业进行多元发展时，通常是利用几种相关业务的组合，可以实现战略协同进而产生规模经济。利用企业核心竞争力的延展性可以使企业获得技能转移和成本优势，分散业务风险，进而获得更多的利润。

● 理论阅读三：企业核心竞争力的重要性

在日趋激烈的市场环境中，打造企业的核心竞争力是至关重要的。

企业的核心竞争力是高价值的。企业的核心竞争力能够增加企业外部环境中的发展机遇，减少威胁，帮助企业在极其激烈的市场竞争中保持长期稳定的竞争优势。一个企业只有具有胜于竞争对手的竞争优势，才能吸引更多的消费者，才能在激烈的市场竞争中立于不败之地。

企业的核心竞争力是稀有的。如果一种竞争能力十分有价值，但若其他的竞争对手都拥有，那这并不是竞争优势而是一种“竞争均势”。而企业的核心竞争力是独一无二的，所以并不是所有的企业都拥有核心竞争力。当前的大多数企业拥有的不过是“竞争均势”，物以稀为贵，正是由于核心竞争力的这种稀缺性，才显示出其珍贵。

形成企业的核心竞争力的条件是复杂的。由于企业核心竞争力是难以模仿和替代的，即使想要复制成本也很高。由此可以看出企业的核心竞争力是很难产生的。一般情况下，企业核心竞争力的形成要有其独特的背景和条件；企业核心竞争力和其所表现出来的竞争优势之间的联系是难以识别的；企业核心竞争力的形成与一定的社会人文因素相关，例如社会文化、知识技术、价值观念、传统习俗等等。正是由于形成企业的核心竞争力所需的条件复杂，核心竞争力对于一个企业来说才至关重要。

● 理论阅读四：企业核心竞争力的内容

从总体上看，企业的核心竞争力是由三个要素构成的，分别为：知识、制度和资源。其中知识是指领导知识。企业家的魅力和他的个人能力就能成为一个企业的核心竞争力。制度代表着两个方面的制度：激励制度和管理制度。管理制度是指资本运营、财务管理、人事管理等等。激励制度是指通过特定的管理方法或体系，实现员工对组织和工作的承诺最大化的过程。在企业的发展过程中不仅要注重发展激励制度，还要有一个优秀的管理制度。资源是指企业运作过程中的所有资源。包括信息、技术、资金、自然资源、人力资源等等。制度、知识和资源这三个要素是相互独立的，但是它们并不是相互割裂的，而是相互关联相互制约，企业也是以知识为内核，以制度为方法，以资源为表层来运行的。这三种要素的有机组合，形成了企业的核心竞争力。

企业核心竞争力的内容很多，可以是一个公司的技术、人才、企业文化、企业管理、品牌商誉，也可以是经营战略、营销能力、筹资能力和治理结构等等。正是由于企业核心竞争力的内容范围宽广，企业核心竞争力的打造也变得尤为不易。如今市场环境变幻莫测，各企业更应在“茫茫大海”之中，找到属于自己的核心竞争力。

● 理论阅读五：打造企业核心竞争力的途径

打造企业核心竞争力的途径主要通过内部和外部两个渠道。

企业打造核心竞争力的内部途径如下：

首先，企业中的每一位员工，都应该意识到培养企业核心竞争力的重要性。企业上至高层管理者下至基层员工，都应该认识到企业核心竞争力在市场竞争中的重要性，对于企业核心竞争力的打造都肩负责任。

其次，企业要集中资源要素从事某一市场领域的专业化经营，与同行形成差异。企业在利用资源进行专业化经营的过程中可以逐渐和竞争对手在经营管理、技术创新、产品质量、精准营销和品质服务等方面拉开差距，而这些在提高消费者效用方面可以发挥出巨大的作用，有可能成为企业培养核心竞争力方面的资源要素。

再次，加强企业创新。企业创新，是打造企业核心竞争力的关键，加强企业创新主要从企业制度创新、企业文化创新、企业经营战略创新和企业技术创新这四个方面进行。加强企业的制度创新，是企业比较关键的问题，企业制度主要包括企业的产权制度、治理制度和管理制度。企业文化创新要让员工真正认识企业文化的价值理念和思想范畴，是员工对于企业的一种认可。所谓企业战略创新就是企业要对自身有很清晰的认知，要充分认识和竞争对手相比自身的优势，即企业选择经营战略的关键是找出自身的比较优势，因此，企业战略创新在企业发展中也极为重要。同时，也要加强企业的技术性创新，国际上对于技术创新有两个评价标准，分别是技术水平的高低和技术有没有市场需要，这里所谈到的加强企业的技术创新并不单是指技术水平的高低，而是指技术水平和技术的市场性二者的统一。

企业打造核心竞争力的外部途径如下：

首先，通过加入知识联盟获得企业核心竞争力。知识是企业打造核心竞争力的源泉，由于知识联盟具有各方合作紧密、参与者广泛及具有战略潜能等特征，因此企业加入知识联盟有助于学习别的企业的专业能力，同时有助于不同企业之间的优势互补，也有利于创造出新的交叉领域的知识，是企业从外部获取核心竞争力的有效途径之一。

其次，企业可以通过兼并来打造核心竞争力。企业通过兼并可以扩大自己的规模，构造企业新的经营格局和经营机制，也可以调整原有的产业结构和产品结构，进一步实现资源的整合优化，从而提高企业的核心竞争力。因此，兼并是企业快速进入其他领域的一种有效的途径，也是打造企业核心竞争力的一条捷径。

再次，企业要重视培养自己的忠实顾客群。一般来讲，顾客的忠诚度越高，企业核心竞争力就越强大，就越能经久不衰。企业可以从产品、价格、质量、渠道、服务及公关宣传等各个方面来培养自己的顾客群体，培养顾客群体可以增强顾客和企业之间的关系，增强彼此之间的黏合度，从而加强企业的核心竞争力。

八、课堂讨论与分析

讨论问题1：什么叫企业的核心竞争力？卓也小屋的核心竞争力是什么？

- 理论视角：企业核心竞争力概念，旅游企业核心竞争力的概念。

● 案例分析：

企业核心竞争力是指“组织中的积累性学识，特别是关于如何协调不同的生产技能和有机结合多种技术流的学识”。普拉哈拉德和哈默把现代企业比作一棵大树，树干和主枝是核心产品，分枝是业务单元，树叶、花朵和果实是最终产品，而树根就是核心竞争力。树根为花果提供养分，企业核心竞争力是企业生存和发展的土壤和源泉。普拉哈拉德和哈默认为，并不是企业所有的资源、知识和能力都能形成持续的竞争优势，只有当资源、知识和能力同时符合价值性、异质性、不可模仿性和难以替代等标准时它们才成为核心竞争力，并形成企业的持续竞争优势。

旅游企业核心竞争力的研究也十分丰富。结合中外学者对于企业核心竞争力的理解，旅游企业的核心竞争力是指在竞争性的市场环境当中，旅游企业优于其他竞争对手，并能够不断提升顾客体验价值的一种独特的企业综合能力

根据企业核心竞争力的概念可以看出，卓也小屋蓝染经过长期的发展，成为卓也小屋鲜明的符号，卓也小屋不仅在我国台湾的民俗休闲产业中独树一帜，其蓝染工艺更是闻名中外，具有明显的优势。因此可以得出，卓也小屋的核心竞争力是蓝染。

讨论问题 2：企业的核心竞争力都有什么特征？卓也小屋的核心竞争力是否具有这些特征？是怎么体现的？

● 理论视角：企业核心竞争力的特征。

● 案例分析：

企业的核心竞争力共有五个特征，分别是：价值性、独特性、知识性、系统性、延展性。卓也小屋打造以蓝染为核心竞争力体现了这些特征，具体如下：

价值性。蓝染是一种使用天然植物萃取液对布料进行染色的传统工艺，有很多人慕名来到桌也小屋学习蓝染、体验蓝染 DIY，有非常大的市场前景。与此同时，卓也小屋还不断开发精品蓝染文创。卓也小屋用蓝染制作而成的文创产品琳琅满目，从蜡染画作、服装、围巾、帽子、枕头、手提包、束口袋，再到便当盒、桌垫、手机套和茶杯套等等，每一样都体现着蓝染的美学价值和实用价值。除此之外，卓也小屋借蓝染开发出不仅具有生活化的工艺品，而且是独一无二的具有客家特征的工艺品，既可在生活中使用又具有收藏价值。这体现了卓也小屋核心竞争力的价值性。

稀缺性。关于台湾蓝染料的制作生产，在 19 世纪中叶最为兴盛，然而，到了 20 世纪初，化学染料开始问世，加上其他种种原因，蓝染料开始慢慢走向了衰落，早期的台湾染坊已难觅踪影。直到后来台湾工艺研发中心意识到蓝染的重要性，就特派研究员到日本学习蓝染产业及蓝染工艺，研究员学成归来以后就积极找出原属

于台湾的农作物——大菁及小菁进行复育，并研究制造蓝染的方法，“台湾蓝”开始出现。在掌握了传统的制蓝工艺后，卓也夫妇不断精进工艺，将卓也蓝染推向世界，国际蓝染研讨会用卓也蓝染，其在韩国、荷兰、东南亚也都曾斩获大奖。这体现了卓也小屋核心竞争力的稀缺性。

知识性。卓也小屋的蓝染不是与其自身分离的一个单独的产业，它融合在卓也小屋的各个方面，在蓝染的浸润下，卓也小屋古朴自然的韵味更加浓厚。不仅由于蓝染技术自成体系且具有一定的复杂性，不易于被其他人或者商家模仿和复制，其于蓝染合而为一的这种氛围和环境更加难以重现。这体现了卓也小屋核心竞争力的知识性。

系统性和延展性。卓也小屋的核心竞争力体系自身也是一个系统，企业目标的实现程度不仅取决于核心竞争力蓝染的强弱，与蓝染相配套的次能力体系完善与否也会影响企业的竞争优势。蓝染是“弹性”的，其本身与其他产业，例如旅游业、餐饮业相互协作，将这种战略协同转化为竞争优势，使卓也小屋在各业务之间保持了一定的统一度，获得比独立生产蓝染更多的企业利润。在卓也小屋，主要通过以蓝染为主体，以养生餐厅、民宿和文创为辅来打造自己的核心竞争力，营造出休闲农庄的生活美学景象。卓也小屋并不将蓝染产业割裂开来，反而将蓝染融入到吃、住、游、购、娱各个方面，以农业生产、农村生态和农民生活为核心内容，打造纯台风的山居景观空间，精心烹制素食养生餐饮，并进行蓝染的全流程生产体验。这体现了卓也小屋核心竞争力的系统性和延展性。

讨论问题 3：企业为什么培养核心竞争力？卓也小屋为什么要选择蓝染产业作为其核心竞争力？

- 理论视角：企业核心竞争力的重要性。
- 案例分析：

在日趋激烈的市场环境中，打造企业的核心竞争力是至关重要的。首先，企业的核心竞争力是稀有的。当前的大多数企业拥有的不过是“竞争均势”，物以稀为贵，正是由于核心竞争力的这种稀缺性，才显示出其珍贵。其次，形成企业的核心竞争力的条件是复杂的。一般情况下，形成企业的核心竞争力的条件十分复杂，是很难产生的。最后，企业的核心竞争力是高价值的。企业的核心竞争力能够增加企业外部环境中的发展机遇，减少威胁，帮助企业在极其激烈的市场竞争中保持长期稳定的竞争优势。一个企业只有具有胜于竞争对手的竞争优势，才能吸引更多的消费者，才能在激烈的市场竞争中立于不败之地。

对旅游企业而言，更要注重打造企业的核心竞争力。旅游企业的产品与普通产品不同，具有以下特性：无形性、生产与消费的不可分割性、在时间上的不可储存性、空间上的不可转移性、所有权的不可转让性以及产品效用的审美性与愉悦性。由于旅游产品的这些特性，消费者选择旅游产品的风险会增加，旅游产品就需要具有“时空穿越”的吸引力。然而在消费者进行选择的过程中，消费者对体验价值的判断不仅会受到成本价格等理性因素的影响，消费者的文化理念和个体差异也会影响其判断，所以旅游企业在竞争过程中也要付出比其他行业更多的努力。所以，核心竞争力的打造更是旅游企业可持续发展过程中的重中之重。

卓也小屋之所以选择蓝染产业作为其发展的核心竞争力，主要基于主观原因和客观原因：首先，两个人都具有农业知识的背景，卓也夫妇希望可以找到将两个人的所学可以倾注的领域，以便打造出可以在卓也小屋生产、加工、给游客以体验并且可以作为伴手礼的具有美学价值和文化价值的特色创意产品，而且蓝染自身也散发出一定的魅力，蓝染相对于其他种植业更加能够传达出一定的美学特征，而且利用蓝染还可以满足游客蓝染体验、蓝染产品设计开发和用蓝染制作文创产品等一系列的休闲活动需求，这与卓也夫妇刚开始的设想完全契合，而且蓝染是其他民宿所不具备的，可以形成卓也小屋的独特竞争力。

其次，当地的气候适合蓝染染料——大菁的生长。这种植物极度适合在三义乡双潭休闲农业区生长，因该地受气候地形影响，多雾潮湿，非常适合大菁的生长，因此客观条件也满足蓝染产业的种植。

另一方面蓝染是台湾以前的传统工艺，具备生产的技术，同时发展蓝染产业有利于蓝染这项传统工艺的继承、发展和复兴。而且卓也小屋位于客家村落中，可以结合客家的蓝布衫打造服饰文化，实现食、住、游、购、娱的全方位转型升级，打造休闲农业园区，加强卓也小屋蓝染意象，不断强化卓也小屋的核心竞争力，实现卓也小屋的永续发展。

讨论问题4：培养企业核心竞争力的具体途径有哪些？卓也小屋打造核心竞争力的过程中是否遵循了这些途径？

- 理论视角：企业核心竞争力的具体途径。
- 案例分析：

打造企业核心竞争力的途径主要通过内部和外部打造。内部途径主要通过企业的管理者及上下员工、资源的专业化经验和企业创新，外部途径主要通过知识联盟、企业兼并和培养企业忠实稳定的客户群来增强企业的核心竞争力。

卓也小屋主要通过以蓝染为主体，以养生餐厅、民宿和文创为辅来打造自己的核心竞争力，营造出休闲农庄的生活美学意象。现代的民宿多半只承载餐饮和住宿功能，卓也小屋把吃、住、游、购、娱都涵盖进来，以农业生产、农村生态和农民生活为核心内容，打造纯台风的山居景观空间，精心烹制素食养生餐饮，并进行蓝染的全流程生产体验。

卓也小屋的核心竞争力的打造既离不开内部途径也离不开外部途径。首先，内部途径主要依靠于卓也小屋的主人是卓铭镑先生及郑美淑女士夫妇，卓老板本科专修农业知识，硕士改修旅游专业，目前为卓也村村长；郑美淑女士本科和硕士都修读农艺专业，退休之前是园林农工休闲农业科的教师兼科主任。夫妇二人的教育背景为卓也小屋打造以蓝染为核心竞争力提供了技术上的支持。

其次，卓也小屋打造核心竞争力更离不开卓老板的前瞻性思维。卓也小屋刚刚建立之初，打造出一片祥和的农业景象，吸引大量游客慕名而来，但是此时，卓老板却将自己的目光放得长远，意识到在现代社会中打造田园景象，在刚开始的时候确实让人耳目一新，但是恐怕无法实现卓也小屋的永续发展。所以，蓝染应运而生。

另一方面外部途径主要依靠台湾蓝染工艺研发中心对蓝染忠实稳定的客户群的培养。台湾的三义乡双潭休闲农业区因受气候地形的影响适合蓝染原料的生长，周围分布着客家村落，生态优良，颇有古风。这些都为卓也小屋打造以蓝染为主题的核心竞争力提供了条件。在确定下卓也小屋以蓝染为经营主题以后，卓也夫妇就围绕蓝染来打造属于卓也小屋的休闲农业。首先，他们开始蓝染的第一步种蓝，开辟了大菁栽培园区，紧接着开始采蓝、制蓝、建蓝，甚至自己制作染缸进行蓝染。到目前为止，卓也小屋已经在游客的蓝染体验、蓝染相关的产品设计开发和用蓝染制作文创产品等各方面形成了一套标准的流程，运营和营销也已经进入到成熟的轨道上。卓也夫妇极大程度地开发了蓝染在卓也小屋食、衣、住、行、育和乐方面的价值，在卓也小屋的各个角落都可以看到蓝染的痕迹。从餐厅的布置、身上的服饰、装扮民宿的家饰、带有文创气息的伴手礼、蓝染技艺人文推广以及游客蓝染体验等无不体现着蓝染意象。让往来的游客们，可直接或间接地感受到蓝草产业，以及天然染色文化之魅力，可以培养一批忠实稳定的客户群。

讨论问题 5：结合企业核心竞争力的基本特征，思考卓也小屋是如何延续其核心竞争力的？

- 理论视角：企业核心竞争力的延展性特征。
- 案例分析：

所谓延展性，是指企业能够从核心竞争力衍生出一系列的新产品和新服务以满足市场的需求。企业核心竞争力经历从企业具备核心竞争能力，利用核心技术形成核心产品，到形成核心产品的延展能力这一过程。企业核心竞争力的延展性可以使企业最大程度地满足市场的多种需求，不仅能够满足当前的市场需求，而且还可以激发潜在的市场需求。

卓也小屋以蓝染为核心竞争力，强化蓝染意象，积极将蓝染用于食、住、行、学和娱等方面，延展核心竞争力。

在食（蔬食餐厅）和住（仓谷民宿）方面：屋内的天花板、椅套，用的都是手染布，是卓也小屋的郑老师用大菁、薯榔、茜草等染制的。用手染布做的天花板、椅套，以竹材、茅草搭建的门，呼应着周围的环境，分外别致，无不体现着郑老师的巧思创意和用心。

在行（伴手礼）和衣方面：卓也小屋用蓝染制作而成的文创产品琳琅满目，从蜡染画作、服装、围巾、帽子、枕头、手提包、束口袋再到便当盒、桌垫、手机套和茶杯套等等，每一样都体现着蓝染的美学价值和实用价值。近些年来随着怀旧风的盛行、环保意识的提倡以及文创产业的发展，卓也夫妇为了让蓝染文化可以走进大家的生活，广纳贤才，与相关学校以及设计研发、营销团队来共同合作，致力于蓝染服饰、生活用品和家饰用品的开发。卓也小屋的蓝染产品透过文化创意、融入巧思、具有一定的文化意涵，蕴藏故事性，这也是卓也小屋的文创产品广受游客喜爱的原因。卓也小屋借蓝染开发出不仅具有生活化的工艺品，而且是独一无二的具有客家特征的工艺品，既可在生活中使用又具有收藏价值。因此，与传统的文创产品相比具有多元化，其产品的附加价值也是普通的文创产品所不可比拟的。同时，为了促使蓝染产业和文创的连接，卓也夫妇通过积极参与各方团体举办的文创活动来提升蓝染的知名度和影响力，以便吸引更多致力于了解蓝染工艺和有意愿投入到蓝染产业发展中的人士。

在育学（染艺推广）方面：卓也小屋为了达到教育和传播有关蓝染的知识，还会向参加园区的休闲农业活动的游客介绍蓝染体验活动，不但可以使游客了解蓝染产品从生产到制作成品的所有工序，感受客家人的蓝染传统工艺的魅力，丰富游客的旅游行程，创新旅游体验，而且可以使游客知道卓也小屋的发展理念和价值，对于在地化的核心价值和发展理念可以有更深的体会，认同蓝染传统工艺创造的价值。

在娱乐（蓝染体验）方面：卓也小屋拥有卓也蓝草培育园、蓝染 DIY 体验工坊等，可以用这些设施为远道而来的游客打造具有蓝染特征的旅游产品，增加游客的附加价值。游客可以利用蓝染体验工坊的各种器具，在卓也小屋体验从第一步种蓝，到采蓝、打蓝、建蓝最后到蓝染及染布作品制作的整个流程。蓝染体验也逐渐变成了卓也小屋的特色，很多人都是慕名来到这里学习蓝染，体验蓝染工艺品的制作过程。游客可以在这个充满客家风情的村落中当一回手艺人，和当地人融为一体，将双手浸在蓝色的染缸里，看着素布慢慢染色，如层林翻滚如青山远黛。最后，游客们会把染过的衣服挂在阳光下，享受自己制作衣服的乐趣。将自己的劳动成果凝结在身上，像工匠一样的骄傲和满足之情油然而生。

九、案例讨论关键点总结

卓也小屋经过卓也夫妇的努力，找到适合卓也小屋发展的蓝染产业为核心竞争力，打造出休闲产业园区，实现其产业的升级和卓也小屋的永续发展。经过本案例的学习，学生要明白一个企业拥有核心竞争力的重要性，企业应如何找到适合其培养核心竞争力的资源，以及企业应该通过哪些途径来培养其核心竞争力。

在案例分析的过程中要注重培养学生案例分析、系统思考和企业管理的能力。教师可以带领学生思考和关注，面对当前民宿的竞争，卓也小屋后续的发展是否可以再创价值？

附 录

案例问题所使用的理论知识点以及针对的案例情景

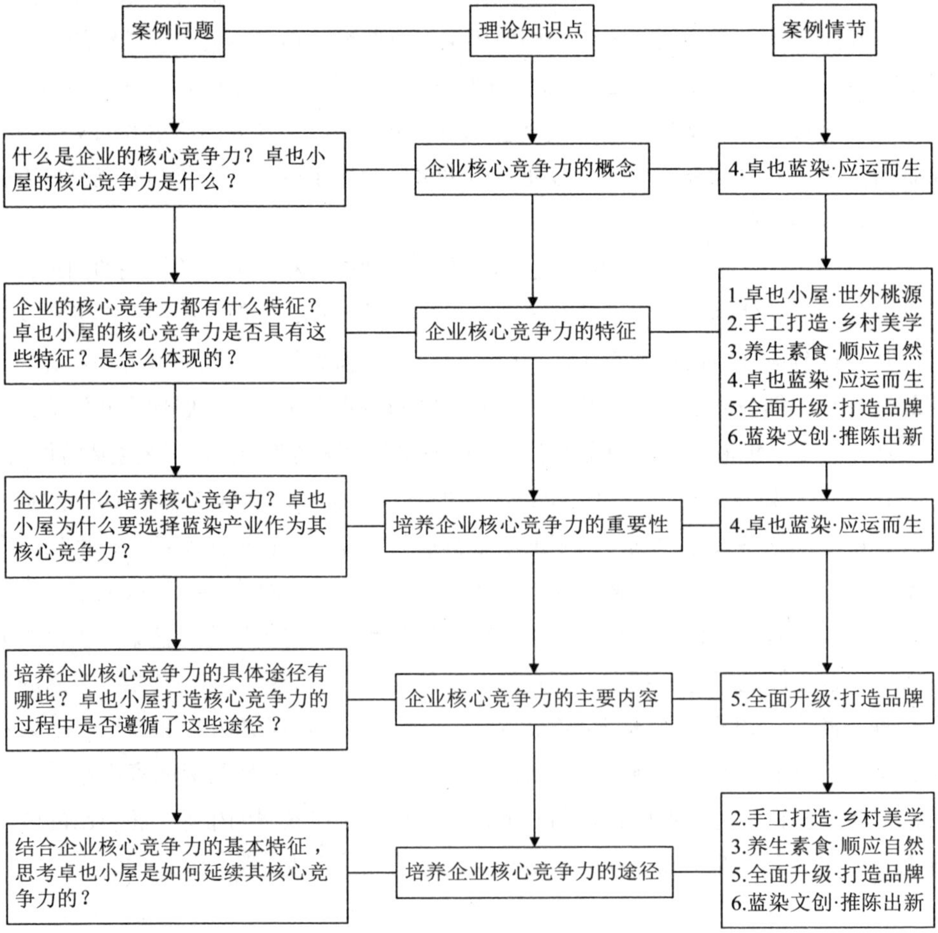

参考文献

[1] Praharad C.K，Harvard.Gary. The Core Competence of the Corporation [J] . Harvard Business Review，1990, (5/6):79–92.

[2] 张晓丽 . 浅谈企业核心竞争力 [J] . 产业与科技论坛，2012, 11(12): 114–115.

[3] 唐纳德 · 索尔等 . 如何提升公司核心竞争力 . 北京：企业管理出版社，2000:123–125.

[4] 李蛟 . 试论企业核心竞争力的基本特征及其构建 [J] . 中国证券期货，2013(03):268.

[5] 刘世锦，杨建龙 . 核心竞争力：企业重组中的一个新概念 [J] . 中国工业经济，1999(02):64–69.

案例 14

优望公寓（UONE）：中国长租公寓市场的新秀

王宝恒、胡欣颖、丘杰[①]
（厦门大学管理学院，厦门，361005）

【摘要】本案例以中国长租公寓市场兴起、扩张阶段为背景，介绍了优望公寓创立、成长、扩张的发展历程。案例描述了长租公寓市场的特征，以及优望公寓利用互联网思维在小、散、乱的租房市场创新产品和服务流程、改善客户体验质量、打造品牌、探索新商业模式的创新创业之路。本案例引导学生思考企业如何从市场环境出发打造竞争优势，围绕核心竞争力构建竞争战略框架并最终形成商业模式等问题。本案例适合本科生、MTA、MBA 的服务管理课程、战略管理课程，尤其适用于核心竞争力、商务模式、服务流程等问题的讨论。本案例也适用于创业课程中的战略管理与商务模式创新教学。

【关键词】长租公寓；服务战略；核心竞争力；商务模式

引言

中国厦门，仙岳公园旁的悦享中心的B幢16层，在一间刚刚启用的办公室里，厦门优望公寓（UONE）的80后CEO陈振榕，此时正在一张宽大的办公桌后沉思。

近年来公司的业务发展十分迅猛，形势喜人，2018 年 6 月新装修的办公区面积比原来扩大了一倍多，可依然挤得满满当当。短短两年多时间，优望不仅在竞争激烈的厦门市场站住了脚，而且有了明显的领先优势，但陈振榕却感到形势紧迫，优望必须尽快走出福建，成为全国性企业。他希望公司的所有员工都能保持创业的激情与心态，在工作上更加务实、高效。新搬的办公区在设计上采用集体办公的空

---

① 本案例由厦门大学管理学院旅游与酒店管理系王宝恒、胡欣颖和优望公寓丘杰撰写，作者拥有著作权中的署名权、修改权、改编权。由于企业保密的要求，在本案例中对有关名称、数据做了必要的掩饰性处理。本案例只供课堂讨论之用，并无意暗示或说明某种管理行为是否有效。

间布局，除了财务部根据制度规定设立单独办公室外，他的办公室是唯一的一间独立办公室，而他的这间办公室也不宽敞，办公桌前紧邻着一组三人沙发，进门靠墙处再摆上一面组合柜，基本上就没有多余的空间。不过，办公室的视野很好，从窗户远眺出去可以看到远处鳞次栉比的城市楼群，近处的一个工地正在施工，不久后那里将拔地而起一幢新建筑。

对厦门这座花园城市来说，当下的租房市场供给还远不能满足源源不断涌入的人口的租住需求。两年来，陈振榕和其他几位创业伙伴一直在租房市场绞尽脑汁地做各种尝试，验证、发展和逐步完善企业的运营模式。优望从正在运营的四个项目中，已经总结了一些行之有效的做法，但随着向全国扩张时间的临近，厦门市场的成功经验能否在其他城市复制？正在运行的管理系统在管理幅度大幅增加后，是否依然可以保持公司组织结构的扁平化？如何才能在公司内部培育起“自运营”的企业文化，确保未来国内市场所有项目的运营经理对租客需求都能做出快速、适当的应对？

一、国内的长租公寓市场

1998 年，中国停止住房分配，开始实行住房货币化改革，住宅从此成为商品，并逐渐成为居民消费的一项重要支出。中国的土地所有制形式主要分为两种，一种是全民所有制土地，一种是集体所有制土地。由于土地性质不同，在中国房地产市场上，房屋属性非常复杂，同样是居住的房屋，有完整产权的商品房，有半产权的经适房、安居房、限价房、公产房，还有集体产权的农民房、回迁房，归政府所有的廉租房 / 公租房，以及商住性质的公寓等。房屋属性不同，商业价值就不一样。在可居住的房源里，法规允许且适合做长租公寓的房屋数量其实并不像人们想的那么多。

中国租房市场长期处于小、散、乱的状态，除了少数外资品牌，国内企业鲜有运营成功的案例，直到 2010 年国家开始重视并陆续出台相关政策进行引导，中国才开始快速诞生机构化的运营企业。2013 年，中央首次提出建立“房地产长效机制”与“租购并举”的政策指导思想，并陆续出台重要文件，完善租赁市场制度设计。2017 年中央对房地产市场提出“房住不炒”的定位，“加快建立多主体供给、多渠道保障、租购并举的住房制度”等规定也被写入“十九大”报告，建立健康可持续的房屋租赁市场成为政府监管市场发展的重要目标。

随着国内房价在 2015 年攀升到高位并持续徘徊，租房逐渐成为越来越多人的选择，在中国大中城市里的“重购轻租”现象正在发生转变。过去租房市场的需求主要源于城市中的流动人口，现在则叠加了越来越多的常住人口。尽管很多常住人口在本地都已经购买住房，但一些人为了避免交通拥堵、方便子女就学，或者为了拥有更自由的私人空间，也会选择租房。

过去十年里（2007–2017 年），中国一、二线核心城市流动人口比例有很大提升，十大核心城市流动人口比例从 24% 升至 36%。流动人口整体呈现年轻化趋势，平均年龄仅为 28 岁左右。这些人参加工作的时间不长，一方面，他们普遍缺少购房的经济实力；另一方面，他们在常住地的平均居住时间长达 56.9 个月，需要一个相对稳定的居住环境。①

千禧一代（泛指于 1980 至 2000 年出生的人群，即 80 后、90 后）是中国当下职场的主力军，统计显示他们平均的跳槽周期是 2.5 年。高跳槽率似乎并未影响他们的晋升速度，相较于那些 60 后和 70 后以前需要用十年完成的晋升之路，如今，他们只需要 4–6 年即可完成。高跳槽率迫使他们需要经常更换住所，快速增长的收入让他们对租住房屋的品质有了更高要求，在中国消费升级的大背景下，部分具有更好居住体验和性价比的连锁品牌长租公寓应运而生，并很快在市场上风生水起。

1. 长租公寓

从置业形态上，长租公寓②分为分散式和集中式两种。“分散式”指运营的物业是分散于不同地段、不同楼宇的房屋，经过整体的、标准化的改造后，统一出租管理和提供服务的租赁公寓模式，如相寓、自如、优客逸家、蛋壳等；“集中式”指兴建、改造、收购或租赁整幢楼宇或物理上集中的房屋，将其装修成公寓出租的模式，如魔方公寓、YOU⁺ 公寓、泊寓等。相较于分散式公寓，集中式长租公寓的运营管理有明显的成本优势。通常几百间的租住单元只需 3–5 人就可以承担公寓管理，而且集中式长租公寓在前期设计时可以预留部分公共空间，这些公共空间在实际运营中可用于开展社区活动，这有助拓展收入来源并增加客户黏性。另一优势是，由于房源前期改造的投入大，物业的签约年限一般比较长（多在 10 年以上），这有助于运营方合理规划投资回报。此外，集中式长租公寓在打造企业的品牌形象、提供标准化的服务方面更容易落地和管理。不过，从扩大规模的角度看，现实中的集中式不及分散式增长速度快。

根据中国房地产协会的统计数据，2017 年中国租赁市场年租金规模约为 1.3 万亿，其中长租公寓年租金规模约为 648 亿元，市场占有率仅 5%，相较于美国

① 资料来源：中国投资资讯网 http://www.ocn.com.cn/touzi/chanye/201710/tchqp30084728.shtml 流动人口比例 =（常住人口数 – 户籍人口数）÷ 常住人口数 ×100%。

② 长租公寓是指运营商（或业主）将租赁（或自持）的一定数量住宅属性的房屋按照预设标准装修布置后，以“月”为单位出租时长对外出租的房屋。

30%、日本 83% 的机构化市场占有率，长租公寓市场的本土品牌未来仍有较大发展空间。

中国市场上最先出现的长租公寓本土品牌是 2010 年诞生的魔方公寓，在此之前，国内只有雅诗阁、辉盛阁等外资高端服务式公寓。这些外资品牌聚焦高端客群，房屋数量少且价格高，它们对中国房屋租赁市场并未构成太大的影响。

国内对长租公寓的投资热情始于 2014 年小米科技创始人雷军名下的顺为资本投资 YOU+ 公寓，长租公寓很快就站上了投资风口。随着大量长租公寓企业的诞生，市场上对长租公寓的看法也出现分歧。SOHO 中国的董事长潘石屹曾公开发表看法："我不建议去做长租公寓，这个生意是亏的。"

长租公寓的现金流主要来源于租金，缺点是投资回收期长、投资回报率低，优点是收益稳定、不动产有增值预期。行业最大的痛点是成本压力大，无论是集中式或分散式公寓，营业收入中获房成本占比将近 60%。项目前期资金占用量大，只能靠后期租金缓慢回笼，而且运营一段时间还有可能要追加投资，如修缮。

中国租房市场的行业治理还处在摸索阶段，正规的长租公寓企业在竞争中常处在不利地位，如大量个体租房业主因为没有税收负担，房租可以定的更低；个别长租公寓企业踩政策红线，用"工改住"或"商改住"① 的做法大幅降低企业获房成本。此外，长租公寓属于新兴市场，还存在新旧政策不兼容的问题，企业容易遭遇监管部门执法随意等影响。

2. *市场之痛*

对于很多在城市中生活的人来说，租房是一个不得不面对的问题，特别是初次来到一个陌生的城市，租房更是对一个人生活经验与生存能力的考验。面对良莠不齐的房源，租客常常需要花费大量时间和精力寻找合适的房子，尽管网上有很多租房信息，但照片所反映的信息与房屋的真实情况经常存在差异，实地看房是必不可少的。房屋的租金也只是名义上的，入住后经常会发生一些意想不到的费用，例如水电价格比政府定价高等；房东对租客提供后续服务的意愿低，对屋内破损的设施设备不能及时维护，还会以各种借口克扣押金。如果租客不慎从二房东手里承租了房屋，一旦房屋租赁权出现纠纷，高昂的时间成本和耗费精力的纠纷解决机制使得租客多为受损的一方。

对房东而言，租房生意也充满风险。除了要控制房子的装修成本，因租客的日常使用所带来房屋维修费用，以及随着流动频率的加快，提前解约的情况越来越普

---

① "商改住"指用地单位将依法批准的商业建设用地改作居住土地使用，并最终以商务公寓或酒店式公寓的形式推出（百度百科）。"工改住"指将工业建设用地上的建筑改造为公寓出租。根据中国现行法规，禁止"工改住"和"商改住"的行为。

遍，这不但增加了房屋的空置风险，还容易出现租客拖延房租的现象。随着出租房屋数量增加，面对竞争压力房东也要投入时间、精力提供后续服务。

对中介机构而言，房屋租赁的营业额和利润都不高，“带看”是必不可少的工作，也直接推高了中介企业的获利成本。他们通常是在售房业务的淡季才会重视租房生意，平时这类业务多是交由新人来做。由于新人缺乏经验，成功率并不稳定，一旦业务出现差错，还可能造成中介企业的品牌价值减损甚至遭受经济损失。

3. 不同企业的格局

中国长租公寓市场虽未饱和，但竞争已经十分激烈，市场上的企业出身大致可以分为五大派系：房产系、中介系、酒店系、国企系和创业系。房产系的资产成本低，利用长租公寓可以盘活存量房市场。中介系依靠线上线下优势，其房源规模大、扩张速度快，掌握大量业主端与客源端资源。酒店系拥有规模化的成本优势和标准化的管理经验，善于营造租住品质。创业系追求运营效率，通过打造属于自身的租客社群来提供增值服务，产生溢价。国企系具有资源调配优势，且政策受益程度较大。

对比国内外长租公寓企业的成长模式，不难发现，由于市场环境和企业的诞生基因不同，长租公寓企业在发展模式的选择和竞争优势的打造上主要有三种做法：

其一，以美国公寓企业 EQR 为代表的聚焦主业的发展模式。EQR 的背景是一家房地产投资信托（REIT）公司，借助自身高效、多元化的融资能力，通过快速低价收购公寓、优化资产组合，获得最大的资产增值收益。同时，公司重视团队和自身技术能力建设，不断提升专业化水平和提高房产租赁的运营管理效率，在显著降低成本的同时实现较高的租金溢价收益，从而走出一条“资产增值 + 租金收益”的竞争之路。

其二，通过搭建平台打造商业生态的发展模式。链家旗下的自如（ziroom）是目前国内规模最大的长租公寓企业，从 2011 年起步，7 年时间管理房屋数量达到 70 万间[①]。链家作为数据驱动的房产服务平台，进入长租公寓市场，打造自如品牌有其自身优势，表面上看，自如的盈利来源主要是包租后的租金差和服务费，但结合链家的业务内容来看，背后隐藏的商业利益就非常可观。一方面，自如的签约业主如果要出售房屋，就有可能首选链家平台来挂牌，这就跟链家经纪业务产生协同；另一方面自如的房客一旦产生购房需求，也会成为链家中介业务的客户来源，这部分客户除了会带来经纪业务外，还可能需要后续购房环节的金融服务，这会带动中介业务与金融板块的业务协同。自如诞生以来，一直在努力扩大规模占据市

① 资料来源：自如网 http://www.ziroom.com（数据检索时间 2018 年 10 月）。

场，其业务覆盖了长租、短租，以及类似爱彼迎（Airbnb）的共享经济住宿产品。类似自如这类依靠拓展母公司业务范围或产品线快速发展起来的长租公寓企业，还有万科的泊寓、龙湖的冠寓、如家的雅住、华住的城家和我爱我家的相寓等。

其三，以魔方公寓为代表的纯粹以长租公寓为事业发端的创业企业。魔方的竞争战略侧重于探索增值服务，除了对公寓产品本身不断做细分，还通过“公寓+”战略整合更多业态，为租客带来“门到门”（D2D）工作生活新模式，满足租客对居住、办公、娱乐、健身、餐饮等全方位的生活需求，打造“公寓+服务”的生态圈，通过“平台+生态”的商业模式提高产品差异度和盈利能力。同样属于创业系，YOU+公寓则聚焦粉丝社群，力图把互联网社群实体化，从而赢得持久的消费热情。

二、优望公寓（UONE）

1. 创业动力

优望公寓（UONE）创立于 2015 年，四位创始合伙人是相识多年的好友，其中三人曾就职于同一家地产营销代理公司。创业的基础在于他们对未来市场发展前景的一致判断。2015 年的中国房地产市场已经进入最辉煌的时刻，新房（一手房）市场呈现明显寡头特征，虽然营销代理公司也创造了惊人的业绩，但开发商对下游企业利润的挤压也越来越强，地产营销代理公司开始触及行业发展的天花板。新房市场的日渐饱和，意味着存量房（二手房）将逐渐取代新房成为市场交易的主体，但由于传统的房屋租赁行业运营成本高，难以达到规模经济，所以市场虽大，充斥的却都是个体户似的小门店。少数连锁经营的大品牌中介企业虽然能够占据市场优势，但他们的主要利润来源不在租房业务上，因而对业务模式创新的意愿并不强，这造成整个市场缺乏有竞争力的企业。

四位合伙人面临的选择是，或者在熟悉的业务领域继续做着重复的工作，或是抓住市场机遇，延伸原有的业务优势到长租公寓项目中，挑战自我、开拓全新的事业。几经讨论，他们认为长租公寓市场会随着 90 后追求生活品质、频繁更换住所的消费特点而快速成长，中国正处于向消费型社会转型的初期，未来长租公寓市场需求不仅会继续增长，而且有可能成为生活场景平台，创造潜力巨大的市场价值。

2. 组织结构

优望的组织结构是伴随着公司的快速成长而不断变化和调整的。作为创业企业，必须同时在各个业务领域快速形成生产能力，才能整合出最终产品。为了推动各条业务线的高效发展，同时兼顾公寓项目的服务品质，优望采取直线职能制组织方式，即在强调职能部门业务拓展能力的同时，不断将组织内相对成熟的业务孵化成新的公司。这既有助于保持组织扁平化的结构，更好地实现对业务的指导与横向沟通，也为企业开拓新的业务领域准备了条件。

3. 企业定位

优望的愿景是提升城市生活幸福感，他们相信，“改善租房领域一小步，将是成就城市理想生活一大步”。优望在创业之初就斥巨资研发具有自主知识产权的管理和服务信息系统，希望以技术驱动的方式彻底提升消费者的租房体验，并做到利用数据和移动信息技术最大限度地提高运营效率、降低运营成本，拒绝走市场上普遍采用的依靠人力驱动服务管理的老路。

长租公寓企业要想做大做强，必须找到“破解资金压力大”和“运营成本高”两大行业难题的解决方案。作为一家创业公司，优望不具备 EQR、链家、万科那样的资源优势，他们希望充分利用自身的互联网企业基因，聚焦在能力长板上，通过整合各方资源形成竞争优势。为此，他们把自己定位为资产运营商，专注于破解运营成本高的难题，通过创造出行业领先的运营效率，再去整合不动产的业主方、资金的投资方、各类配套企业和市场的消费者，努力打造一个安全、好住、透明、规范、灵活的长租公寓产品。

从投资角度看，长租公寓是回报率低、回收期长但收益稳定的投资项目，它更适合一些追求稳健性的投资基金。要想增强项目的投资吸引力，必须在资金的灵活性上有所突破。因此，国内外的长租公寓企业都在不遗余力地发展房地产金融衍生产品，例如资产证券化产品（ABS）和房地产信托基金（REITs）。通过将长租公寓未来可能带来的收益抵押融资，为投资方提供资金退出通道，从而提高投资方资金的使用效率。

作为一家资产运营商，优望若要获得产业链上下游各方的认可，完成资源整合，首先要能够为各合作方创造价值。其次，要能得到各合作方的信任。长租公寓行业本身的利润水平并不高，还要兼顾各方的利益，微利就是必然的。与此同时，各方在微利的情况下还愿意在一起合作，除了要求公司具备很强的成本控制能力外，还必须做到财务透明。

三、系统化建设之路

1. 试水租房市场

公司成立伊始，并未贸然大举进军租房市场，而是先在厦门禹州中央海岸社区零散租了近 50 套公寓，当起了“二房东”。尽管他们对中国房地产市场有非常专业、深入的了解，而且前期对租房市场也进行了细致、全面的分析，但试水后，还是发现了一些未曾想到的问题。

分散式租房意味着公司需要与各式各样的房东打交道，而且房型复杂，这些都会导致项目前期的高谈判成本以及装修设计、施工费用的增加。虽然部分成本将随着房屋数量增长而出现边际递减，如部分建材和家具可以通过集中采购降低成本，但涉及房屋改结构或是变更家具尺寸的成本则难以压缩。

每个小区的物业管理方式和管理能力差别很大，一些小区物业对二房东的配合意愿不高，常在装修施工要求、施工人员管理、处理邻里纠纷、车辆进出等方面做出很多限制。在前期装修和后期运营过程中，如果公司与小区住户、物业的关系僵化，这必然会影响公司的品牌。这些都是公司运营的隐性成本。

租客也可能成为麻烦的制造者。企业管理的出租屋数量增多、租客的作息规律不同就可能导致企业运营成本上升，例如收房租时，需要与不同的租客约定不同的见面时间（彼时"在线支付"尚未普及），有时还可能因为各种原因要多次上门才能收到房租。公司无法确保每位租客对房内的设施设备都能爱惜使用，而租客一旦遇到设施设备问题就会催促修理或更换，甚至以此为由要求赔偿损失。此外，公司还会遇到租户使用假币、偷盗或更换屋内物品、恶意欠费等情况。

2. 不变的初心

尽管分散式长租公寓存在经营成本高、隐性风险多等问题，但当时中国的长租公寓正处于资本追捧的风口。有效房源数量大、可以快速扩张的分散式长租公寓，是企业抢得市场先机、赢得更大投资机会的最佳选择。链家旗下的自如品牌正是这种置业模式的成功代表。

此时，最让优望的创业者们纠结和割舍不了的，还是当初放弃成功光环、选择从租房市场白手起家的那份初心——在中国租房市场上推出高品质的产品。要想提供更好的顾客体验，开发集中式长租公寓产品无疑是最好的选择。

我们是看好长租公寓市场的未来发展前景，才选择重新创业的。一开始就希望在混乱的租房市场上打造一款房屋品质高、服务质量好的产品，而不是趁乱赚一笔钱就走。这也是把我们四个人绑在一起的情怀。

——CEO 陈振榕

"现在的租客普遍对租房服务不满意，我们希望能为租客提供高质量的服务体验，就像酒店服务那样给人亲切、规范的感觉。"丘杰具有丰富的高端服务管理经验，在受邀加入创业团队前，刚刚结束在国内某著名高校的旅游管理专业硕士

（MTA）学习，丰富的服务管理知识和实战经验，让他当仁不让地承担了服务标准化的繁琐工作。

3. 需要解决的市场痼疾

在租房市场经过了几个月的试水后，优望比较全面地了解了业内常规的运作模式以及市场消费痛点。通常，决定一个长租公寓项目盈利能力的关键因素有三个：

其一，拿房质量。楼房位置与承租价格直接决定了项目投放市场后的吸引力大小与经营成本高低。那些临近地铁口等交通条件比较便利的项目，其市场优势会比较明显；建筑结构好的楼房，不仅可以在排房[①]时增加有效面积占比，而且还能满足多种房型分割的市场定位需要。

其二，装修效果与成本控制。公寓是用来住的，不是用来炫的。细致的结构功能设计、赏心悦目的视觉感受以及有竞争力的定价是吸引租客的硬实力。长租公寓的主营业务收入是租金的差价，能用在前期装修上的预算非常有限，因此装修效果只能以点带面，不可能面面俱到。一方面需要在功能细节上满足租户的使用需要，同时兼顾安全、环保和耐用性；另一方面通过软装提升视觉效果。除了设计质量、材料价格等因素外，装修进度也是项目成本控制的重要内容，"家装"的施工效果，要用"公装"的速度完成，意味着对施工的每个环节都要扣紧时间、扣细工艺。[②]

其三，服务运营能力。长租公寓硬件产品易于模仿，市场很快会大同小异，于是服务能力就成为塑造竞争优势的重要一环。集中式长租公寓为企业创造服务差异提供了广阔的空间。项目在前期设计时，可以针对客群需求合理规划功能布局，例如把无效面积设计成公共区域，增加租客的价值感受。此外，运营时，可以提供从带客看房、办理入住到退房的全程服务以及 7×24 快速响应，还可以组织各种节庆或主题活动，提供与租客职业特性相关的增值服务等。

从租客角度看，租到好的房子既需要经验，更要看运气。找房是绝大多数租客都要经历的熬人阶段，除了随时关注各种房源信息，还要花费大量时间去看房、比较，跟中介或者房东讨价还价，每一步都耗时耗力，而且随时会遇到各种诱惑、掉入陷阱。心理方面，租房时人员接触复杂，感受难以预期，对缺乏安全感的人来说，就是一种折磨。此外，影响房子居住质量的因素实在太多，且很多问题只有在入住后才能发现，这无疑增加了租房的不确定性。

当初看似朴素的想法——让租客安心住好房，真要实现起来却不容易，必须破解在业内已经沉淀许久的痼疾。首先，要让租客找房过程变得简单、容易；其次，

---

① 排房是指根据楼房建筑结构规划切割各类面积的出租单元。排房率高代表楼内可出租的面积大。

② 家装指住宅家庭的室内装修；公装指商业店面、办公场所的室内装修。

不能依靠人海战术提高服务质量，要把员工从大量重复、耗时、低价值的服务工作中解脱出来；再次，要能保持服务质量稳定，特别是连锁扩张后，不能因为人员变动影响企业服务能力和水平。

4. *磨刀不误砍柴工*

房租通常在短期内都会有价格天花板现象。优望（UONE）在进入租房市场之初就确定要走轻资产的道路，旨在构建一个由资产方、投资方、运营方和租客共赢合作的商业模式。选择资产运营方（即二房东）的角色意味着优望的生存之道在于确立成本优势。

2014 年前后，正是中国互联网商业思维集中迸发的阶段。当年，顺为资本投资 YOU$^+$ 公寓，瞬间引发人们用互联网思维运营长租公寓的憧憬与遐想。利用网络平台和系统管理软件来提升运营效率、压缩运营成本，成为创业者们首先想到的解决方法。然而，经过一番搜寻，国内市场上并没有能满足长租公寓运营管理的系统软件。几经思考，优望决定投资研发出满足自身运营管理需要的系统软件。

管理系统要实现的核心目标是服务客户和提升企业效率。在服务租客方面，绝大部分的线下服务，例如找房、看房（VR① 看房）、缴费、申请维保等都可以转为在线上完成，租户通过移动端随时获取信息、提出服务要求、完成支付。内部管理方面，管理系统要能够支持三个方面的日常工作，分别是：

管房。其中静态管理包括物业属性、产权状况、装修情况；动态管理包括从合同维度管理房屋的出租状态、进行故障处理等。

管人。通过客户管理系统建立租客档案，同时管理对客服务，例如收集租客个人信息、消费行为并帮助处理日常服务。

管账。以账单的形式汇总所有费用呈现给租户。这要求账务系统包含若干子系统，如按签约时间定期生成账单，通过不同端口收取租户的缴费，将一间房的收益自动清算分账给不同收款主体，自动完成逾期催收等。

作为商务模式的核心推手，优望既要通过专业化运营管理创造市场价值，还要努力赢得各个合作方的充分信任，尤为重要的是资金的安全性和透明度。为此，他们要向不动产的业主和项目投资方定期汇报物业、公寓、商业等各项资产的状况和财务信息，并根据各方需求定制化汇总统计，生成资产运营报表。为了保证资金的安全性，财务系统在设计上跟银行对接，由银行直接监管资金调配。

此外，系统需要支持智慧社区的各种功能，除了一些常规应用如门禁、智能水

① Visual Reality（VR，虚拟现实），一种可以创建和体验虚拟世界的计算机仿真系统，可以使用户沉浸到设定的虚拟环境中。

电表、停车场管理等，未来还要支持人脸识别、应急系统、机器人等更高级的智能技术和产品，从而不断提升服务效能。

我们对这个管理系统的定位，不只是做支撑软件。一开始商业模式不清晰的时候是线下带线上，当业务模式成熟以后，是线上带线下优化流程。未来跨区以后直接复制，做到不会因为人的因素而影响企业的服务水平。

——IT 技术总监 温文显

5. 努力为租客提供“有感觉”的服务

2016 年，优望运营的第一个大型长租公寓——位于厦门湖里创新园的优望天地项目正式对外发布。优望天地有 858 套出租公寓，包括单间和套房，规划停车位是 250 个，同时配套一定数量的底层商铺。该项目是厦门市湖里创新园区规划配套的住宅公寓，主要满足园区内企业员工和湖里区人才项目的住宿需要。租客年龄跨度大，部分是家庭承租，在住宿需求上更多考虑生活质量，安全、省心是租户的首要考量。

现任运营官李青霓于 2017 年 10 月接手优望天地，运管团队包括她在内只有 4 个人，项目的物业服务采取外包方式，物业管理团队是 6 人（包括负责催收缴款和保修的管家 3 人和工程人员 3 人）。运管团队的主要工作内容是项目销售，并负责解决项目管家处理不了的问题以及策划实施各种增值服务。

李经理在大学所学的是运营管理专业，有在万科产业办公[①]公司工作的经历。上任之后，她把天地项目的出租率、稳定率和增值服务收益率列为关键指标。改变原来销售和物业各管一摊的运作方式，要求把前后台服务融合在一起。销售人员要对租客进行回访，了解他们的入住体验，与物业协调以提高租客的满意度，同时鼓励老客户推荐新业务。对于外包物业人员工作中存在的对质量标准敏感度不高、服务响应性不强的问题，一方面实行网格化管理，每个物业员工都要在个人终端上逐项确认负责区域内需要完成的常规工作，保证消防、保洁、消杀、安防巡逻等日常工作不会被遗漏，并及时反馈在工作中发现的问题。另一方面对租户的线上报修信息，要求物业人员在 24 小时内对客响应，组织相关维修。

为了增强租客的居住体验，运管团队在开展增值服务方面颇费心思。由于租客多为高科技企业的员工，公司组织一些与他们的职业特性相关的联谊活动、科技类

① 厦门万科产业办公公司：万科集团旗下万科云（产业办公业务）产品线的成员企业，业务内容涵盖社区商业、长租公寓、产业办公和教育。

沙龙，或提供在厦门举办的相关科技展会门票，基本上都会得到租户的积极响应。针对社区运动设施少的缺憾，运管团队向公司申请，在附近的运动馆每周租固定时段，提供给天地社区的租客免费使用。与此同时，运营团队还会定期组织读书会、手工课堂等活动，不定期与各个商业平台合作举办活动，达到互利互惠的效果。

此外，考虑到园区内企业员工流动性大的特点，李经理还将市场普遍采用的“押一付三”[①] 的房租收取方式对新的租户改成押一付一，让租客可以更灵活地安排租住时间，减轻他们的资金压力。

> 长租公寓在对客服务上要做到细水长流。租客的要求和意见是很繁杂的，对于那些超出我们能力范围、无效的投诉，我们也要设法处理好，不能让租客感觉自己的要求被忽视了。从我们的角度来讲，只要租户有需要，我们就要及时出现；当他们不需要时，我们仿佛不存在。
>
> ——优望天地运营官 李青霓

四、场景多元化的挑战

经过近三年的发展，优望公寓（UONE）于 2018 年上半年实现盈亏平衡，年内做到盈利已无悬念。下半年国际社区项目将进行品牌发布，随着托管房屋数量的扩增，以及内部学习成本下降，企业利润率有望进一步提升。

在优望快速扩张的同时，厦门的长租公寓市场也开始进入战国时代，先后涌入泊寓、魔方、红璞、融寓、青友、盘古等十余个长租公寓品牌。在快鱼吃慢鱼的时代，优望凭借自身的效率优势，也制定了雄心勃勃的扩张目标。下一步优望将进军国内一线城市，然后布局全国市场，计划新增房源每年以 2—3 倍的速度增长，最终达到在国内运管 100 万个出租单元的规模。

创业团队虽然对未来业务增长前景十分乐观，但并不盲目，因为集中式长租公寓的扩张必然会受到诸多因素的限制。首先，在一个城市找到合适的业务标的并非易事。其次，每一个项目面对的租客需求会存在很大的差异，组建能够独当一面的项目运管团队也需要时间。再次，业务扩张的速度不能以牺牲客户满意度为代价，而保证租客满意度就意味着要赋予项目运营官足够的独立性，鼓励他们创造服务溢价。这就要求服务管理系统必须保持足够的开放性，否则很容易因为追求标准化而

① “押一付三”中的“押一”是指在租房合同签订后，房东收取 1 个月的房租作为房屋使用押金；“付三”是指以 3 个月为一个付款周期，租客每次需要支付给房东 3 个月的租金。

抑制企业的创新能力。

陈振榕感觉自己的时间明显不够用了。随着几个大项目先后投入运营，内部协调的工作量暴增。从租民房试水到现在运营 2000 多个租住单元，前后台的人数都增加了几倍。他知道自己再也不能像前几个月那样当一名“打杂官”了，他要设法把自己从繁琐的协调工作中解放出来，让组织“自运营”起来。

最开始创业的时候只是名头上的不一样，当时我们没有分工，所有的事情大家一起做。慢慢随着公司的发展，我们有了不同的分工。而我作为 CEO，就是要将简单高效的工作作风贯穿到所有部门，将各个部门整合到一个系统中来。把沟通由碎片化转为整体化、扁平化，将所有信息汇集在一个平台上，降低沟通成本。

——CEO 陈振榕

他要求现在的运营管理系统要达到双重效果，一方面要能满足对项目运管人员的业务支持；另一方面要能让组织内部各层级听到“前线的炮火”。项目运营官在工作中发现的问题、汇报的异常事件必须能在总部快速形成解决方案。在前后台之间，去掉中间层级，确保总部的各支持部门直接对接一线的诉求。在处理对客服务问题时，要求先执行再优化，一线数据一旦标准化后就将这些信息转化成流程，迭代进系统。

为了推进“自运营”理念，他提倡“简单粗暴”地解决问题方式，并带头实践。他不使用电子邮件，为的是避免员工利用电邮汇报工作；要求运营官在遇到需要总部协调的问题时，“该找谁就找谁，不要找我”；他鼓励冲突，认为有限度的冲突可以激发组织内部更大的创造力；规定每周的运管例会只开 1.5 小时，凡是出租率达到 95% 以上的项目运营官可以不来开会。当被问到这些做法是否会导致潜在或实际的问题被掩盖时，陈振榕并不担心。他说作为 CEO，不能让自己陷入琐事当中，“现在很多事情到不了我这里，反而让我有更多的时间观察过程、思考问题”。

优望需要走出福建，走向全国 17 个中心城市。如何最大限度发挥服务管理系统的优势，让公司的每位员工都清楚自己的工作内容，都能自我驱动，剔除工作中的虚假繁忙，这些是企业对外扩张取得成功的关键。恍惚之间，陈振榕听见门外不时传来大声的说话，他感到了难得的清静，“自运营”似乎已经产生了效果，但一想到即将实施的扩张计划，他内心不免又泛起隐隐的担忧。

附录

附录 1 中国一线城市、新一线城市房价工资比（2017 年）

级别	城市	平均房价（元 / ㎡）	平均工资（元 / 月）	房价工资比
一线城市	上海	48 384	9802	4.94
	北京	67 951	9942	6.83
	深圳	46 879	8892	5.27
	广州	26 453	7996	3.31
新一线城市	成都	9758	6941	1.41
	杭州	22 934	7608	3.01
	重庆	8226	6971	1.18
	武汉	15 716	6769	2.32
	苏州	15 728	7548	2.08
	西安	7556	6197	1.22
	天津	26 687	6733	3.96
	南京	26 127	7342	3.56
	郑州	13 574	6692	2.03
	长沙	8795	6660	1.32
	沈阳	7148	6367	1.12
	青岛	15 405	6651	2.32
	宁波	13 259	7680	1.73
	东莞	12 242	7862	1.56
	无锡	10 068	7021	1.43
	厦门	44 235	7452	5.94

数据来源：中商产业研究院

http://top.askci.com/news/20170511/14580297782.shtml

注：按中商产业研究院评估结果，厦门不属于中国新一线城市

附录 2　2013–2017 年我国社会流动人口统计（单位：万人）

级别	城市	2017 年		2016 年		2015 年		2014 年		2013 年	
		常住人口	常住外来人口	常住人口	常住外来人口	常住人口	常住外来人口	常住人口	常住外来人口	常住人口	常住外来人口
一线城市	上海	2418	973	2420	980	2415	982	2426	996	2415	990
	北京	2171	794	2173	808	2171	822	2152	819	2115	803
	深圳	1253	818	1191	806	1138	783	1078	746	1063	752
	广州	1450	552	1404	534	1350	496	1308	466	1293	460
新一线城市	成都	1605	169	1592	193	1466	238	1443	232	1430	242
	杭州	947	193	919	183	902	178	889	173	884	178
	重庆	3075	168	3048	157	3017	150	2991	–	2970	–
	武汉	1089	236	1077	243	1061	232	1034	206	1022	200
	苏州	1068	377	1063	384	1062	395	1060	399	–	–
	西安	–	–	883	–	871	–	863	–	859	–
	天津	1557	498	1562	508	1547	500	1517	476	1472	441
	南京	834	153	827	164	824	170	822	173	819	176
	郑州	988	–	972	–	957	–	938	–	919	–
	长沙	792	–	765	–	743	–	731	–	722	–
	沈阳	829	92	829	95	829	99	829	98	826	97
	青岛	929	–	920	–	910	–	905	–	896	–
	宁波	800	–	788	197	783	196	781	–	766	–
	东莞	834	623	826	625	825	630	834	643	832	643
	无锡	655	162	653	167	651	170			648	176
	厦门	401	170	392	172	386	175	381	178	373	176

数据来源：各城市统计局国民经济和社会发展统计公报

注：① – 表示数据缺失；②厦门不属于新一线城市

附录 3 国内主要长租公寓运营企业

公寓名称	派系	类别	创立时间	规模（万间）	分布城市	实控股东
龙湖冠寓	房产系	集中式	2016	1.5	重庆、成都、北京上海等 16 个城市	龙湖集团
万科泊寓			2016	10	广州、北京、上海、深圳等 12 个城市	万科集团
旭辉领寓			2016	2	北京、上海、深圳、厦门、杭州、郑州等	旭辉集团
Big+ 碧家国际社区			2017	0.2	广州、深圳、东莞、武汉、厦门	碧桂园集团
链家自如	中介系	分散式	2014	50	北京、上海、深圳、杭州、南京、成都、天津、广州、武汉 9 座城市	链家集团
我爱我家相寓			2015	25	北京、苏州、郑州等 13 个城市	我爱我家集团
华住城家	酒店系	集中式	2014	0.5	上海、深圳、北京、广州、杭州、成都、西安、兰州、苏州	华住集团
如家雅住			2015	0.6	北京、上海、广州、成都等 19 个城市	如家集团
铂铸窝趣			2015	0.15	北京、上海、广州、深圳、重庆	铂涛、锦江集团
雅诗阁			2000	2	北京、上海、成都、重庆等 30 个城市	雅诗阁集团
保利 N+	国企系	集中式	2017	–	天津、广州、长沙、大连、沈阳、重庆	保利集团
魔方公寓	创业系	集中式	2010	4	北京、上海、广州、深圳、南京、杭州、苏州、武汉等 20 个城市	宜和万创投资管理集团有限公司、HangFang Investment
新派公寓			2012	–	北京、上海、深圳、广州	青年乐（北京）企业管理有限公司
优客逸家		分散式	2012	4	成都、武汉、北京、杭州	优客逸家信息科技有限公司

续表

公寓名称	派系	类别	创立时间	规模（万间）	分布城市	实控股东
YOU+ 公寓	创业系	集中式	2012	2	北京、上海、广州、深圳、福州、成都、天津、杭州 8 个城市	刘洋、刘昕
贝客公寓			2013	0.5	北京、上海、南京、苏州	南京齐贝投资管理合伙企业
蛋壳公寓			2014	8	北京、深圳、上海、杭州、天津、武汉、南京和广州 8 个城市	紫梧桐（北京）资产管理有限公司
优望公寓 UONE			2015	1	厦门	厦门市租租侠信息科技有限公司

注：– 表示数据缺失

数据来源：根据各企业官网公开数据整理

附录 4　UONE 组织结构与组织文化

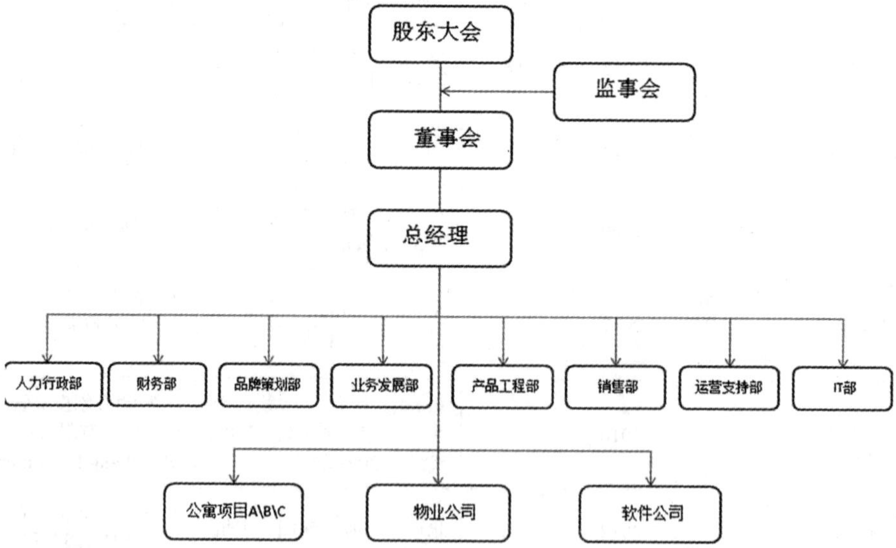

公寓项目：

优望禹州中央海岸：分散式青年公寓

火炬优望：火炬高新区高层次精英人才公寓

优望天地：大型综合公寓社区

优望闽南院子：青年服务式公寓

优望水木：城市中心高端综合公寓

孵化的公司：

厦门市租租侠信息科技有限公司

厦门优望物业管理有限责任公司

厦门优望酒店管理有限责任公司

组织文化：

品牌命名：UONE 就是 YOU WANT，优望就是你想要的

品牌愿景：提升城市生活幸福感

品牌使命：以科技改变城市居住方式，以空间链接人与城市

品牌价值观：坚持安全第一，创造多维价值

优望公寓经营理念：改善租房领域一小步，将是成就城市理想生活一大步

资料来源：优望公寓（UONE）提供

附录 5　公寓样板房的实景照片

图片来源：优望公寓（UONE）提供

附录 6　UONE 内部运营矩阵实例

责任编号	区域类型	区域说明	职能类型（一级）	职能类型（二级）
XMTD004	房源区	二号楼一单元（77#）	租房服务	流程服务
XMTD005	房源区	二号楼二单元（75#）	租房服务	流程服务
XMTD006	房源区	二号楼三单元(73#)	租房服务	流程服务
XMTD007	商业区	商铺移交	租房服务	流程服务
XMTD008	房源区	一号楼一单元（83#）	物业管理	款项催收
XMTD009	房源区	一号楼二单元（81#）	物业管理	款项催收
XMTD010	房源区	一号楼三单元（79#）	物业管理	款项催收
XMTD011	房源区	二号楼一单元（77#）	物业管理	款项催收
XMTD012	房源区	二号楼二单元（75#）	物业管理	款项催收
XMTD013	房源区	二号楼三单元（73#）	物业管理	款项催收
XMTD014	商业区	商铺费用催缴	物业管理	款项催收
XMTD015	地库区	地下室	物业管理	公区资产管理
XMTD016	地库区	地下室	物业管理	公区日常保洁
XMTD017	地库区	地下室	物业管理	维序安全管理
XMTD018	户外区	项目外围	物业管理	公区日常保洁
XMTD019	户外区	项目外围	物业管理	维序安全管理
XMTD020	户外区	项目外围	物业管理	公区资产管理
XMTD021	天台区	天台	物业管理	公区日常保洁
XMTD022	天台区	天台	物业管理	公区资产管理
XMTD023	天台区	天台	物业管理	维序安全管理
XMTD024	房源区	一号楼一单元（83#）	物业管理	公区日常保洁
XMTD025	房源区	一号楼二单元（81#）	物业管理	公区日常保洁

资料来源：优望公寓（UONE）提供

附录 7　UONE 内部运营官日报实例

运营官日报　发起流程

自营运营官所在部门

运营支持部

项目名称 *

项目编码

是否为自营运营官 *

- ● 是
- ○ 否

运营官类型 *

注意：自营运营官：为UONE运营官
被代理运营官：为请假状态的UONE运营官
协作运营官：为物业管理团队的管家

责任区域&职能

	责任编号	区域类型	区域说明	职能类型（一级）	职能类型（二级）	状态	说明 *
1	暂无内容	暂无内容	暂无内容	暂无内容	暂无内容	异常	

+ 添加

客诉情况

	投诉类型	投诉次数 *	问题说明 *	责任人 *	解决时间 *
1					

+ 添加

接待事务

	来访者姓名 *	来访者所属单位 *	联系方式 *	到访时间 *	访客接待描述 *
1					

+ 添加

巡查情况

有异常情况才填写

	检查区域 *	详细区域说明 *	检查职能 *	异常情况说明 *	附件
1					

+ 添加

是否为执行官 *

- ● 是
- ○ 否

销售数据是否更新（一起写）*

- ● 是
- ○ 否

线上渠道的宣传是否更新 *

- ● 是
- ○ 否

营业时间 *

- ● 正常
- ○ 异常

物业中心秩序 *

- ● 正常
- ○ 异常

着装是否统一 *

- ● 是
- ○ 否

是否有人员工作期间未经允许擅自离岗 *

- ● 是
- ○ 否

擅自离岗人员姓名 *

提交　暂存

资料来源：优望公寓（UONE）提供

附录 8　各业务部门主要职责

部门	职责
人力行政部	1. 负责公司行政管理和日常事务，落实各项规章制度，沟通内外联系等 2. 负责人力资源计划的制定与执行、实施培训计划与考核等 3. 企业文化建设等
财务部	1. 制定财务管理制度 2. 负责日常财务会计核算、会计报表、税务申报等 3. 负责费用报销审核、资金调度安排与计划等 4. 负责组织财务预算、财务分析等
品牌策划部	1. 制定营销推广计划并执行 2. 负责公司品牌建设和管理工作 3. 负责公司公关活动等
业务发展部	1. 制定业务拓展计划并执行 2. 负责市场调研、分析与预测 3. 负责业务合同的谈判、签订 4. 公司客户维护与管理
产品工程部	1. 制定成本控制相关制度 2. 负责项目施工方案执行和成本控制 3. 负责产品设计、修订 4. 负责材料的选购、质量监督
销售部	1. 制定营销计划并执行 2. 建立营销渠道 3. 收集行业信息，调整营销策略等 4. 营销团队建设
运营支持部	1. 负责项目的日常运营管理工作 2. 负责项目社区活动的组织、实施 3. 负责租客的反馈、投诉
IT 部	1. 负责公司网络建设规划与技术维护 2. 负责公司网站维护 3. 负责公司软件系统的规划与研发

资料来源：优望公寓（UONE）提供

附录 9 UONE 网页宣传资料

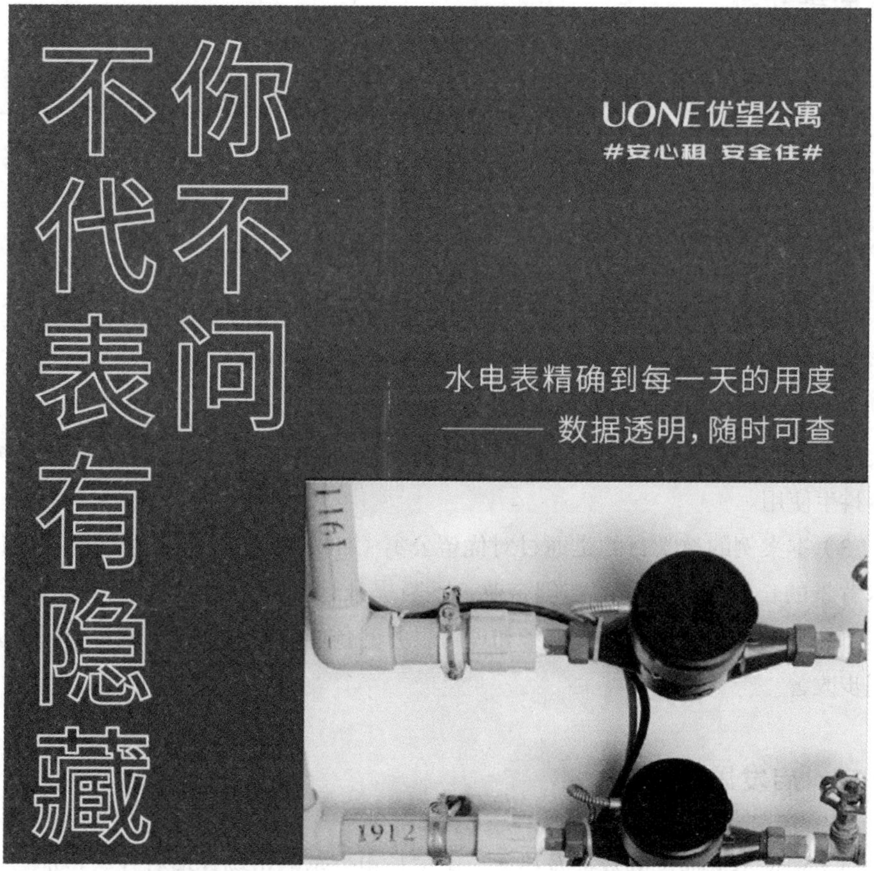

资料来源：优望公寓（UONE）网站主页

教学笔记

优望公寓（UONE）：中国长租公寓市场的新秀

一、教学目的与用途

（1）本案例适用于服务管理、运作管理课程中“服务战略”“服务创新”和“服务系统设计”等有关章节的教学，也适用于“商业模式”教学。

（2）本案例主要为 MTA、MBA、EMBA 等专业硕士开发，适合具有一定工作经验的学生和管理者学习，也可以用于学习服务企业管理和创业教育的硕士研究生和本科生使用。

（3）本案例的教学目的是通过对优望公寓（UONE）——以互联网和智能化为技术背景的长租公寓市场的初创企业，不断提升运营效率这一管理实践的具体描述，引导学生从服务战略角度思考和理解服务型企业如何做到运营成本与服务质量的同步改善。

二、启发思考题

（1）根据案例提供的数据及描述，中国长租公寓的市场环境有什么特征？

（2）优望公寓采取哪些做法，让业务规模快速增长并实现盈利？

（3）优望公寓要服务的客户有哪些？它的竞争策略能够取得成功的关键是什么？

（4）优望公寓向国内一线城市扩张可能遇到的最大困难会是什么？你建议的解决思路是什么？

三、分析思路

教师可以根据自己的教学目标全部或部分地使用本案例。本部分给出案例的指导性分析思路（如图 1 所示），供教师教学时参考使用。

本案例描述了优望公寓通过打造企业核心竞争力，逐步形成清晰的企业竞争战略的过程。案例沿着“战略环境分析—企业核心竞争力—竞争战略框架—商务模式”的线索将企业竞争战略的形成过程清晰描绘出来，使学生直观感受到竞争战略形成的动态性，学习并深刻理解企业核心竞争力、竞争战略、商务模式等概念以及概念之间的关系，并掌握战略环境分析（如 PEST 等）、商务模式画布等分析工具。本案例的分析逻辑如图 1 所示，建议教师先花少量时间请几位熟悉长租公寓产品的学生介绍一下个人的消费体验和看法，然后引导学生对长租公寓市场特点进行分析，进而总结这个细分的住宿行业总体发展趋势。接下来通过对优望公寓发展路径的讨论，引入企业核心竞争力概念，对优望公寓进行剖析。然后，案例分析进入重点部分，在前面分析的基础上，引入数字化企业竞争战略的认知框架，结合优望公寓的核心竞争力，探讨其竞争战略框架，从而揭示其快速成长并取得低成本、高回报经营业绩的原因。最后，将学生引导到商务模式分析上来，运用商务模式画布总结优望公寓现有竞争战略的优缺点，并对未来企业竞争思路提出建议。

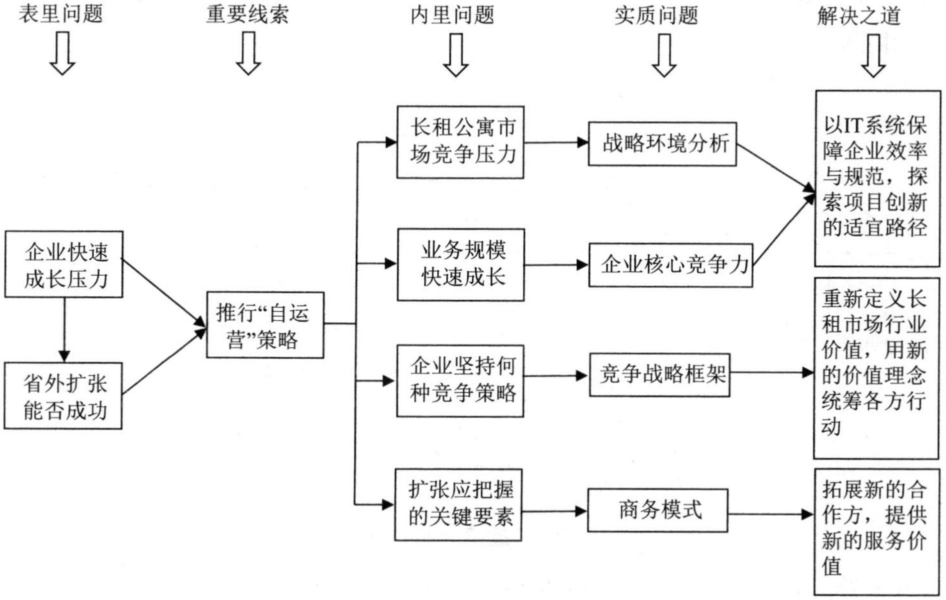

图 1　案例分析逻辑路径图

四、理论依据与分析

1. 战略环境分析

企业当下的战略环境分析是指对企业所处的各种环境中发生的影响企业竞争力的重要要素进行检视与评判，找出对企业运营有益的机遇和不利的威胁。企业战略环境分析包含外部因素和内部条件两个方面（见图 2 所示）。

企业的战略环境将决定行业的发展趋势以及竞争脉络走向。在战略环境分析中，外部环境分析包括行业环境和宏观环境，其中企业宏观环境分析常用工具为 PEST 模型，指通过政治（Politics)、经济（Economics)、社会（Society）和技术（Technology）四个方面的因素分析从总体上把握宏观环境，并评价这些因素对企业战略目标和战略制定的影响。行业环境分析则侧重于市场发展回顾等五个方面。内部环境分析包含营销、财务、运营和组织管理四个方面。本案例侧重让学生使用 PEST 分析。

■ 政治 / 法律环境。中国政府从 1998 年开始实行住房货币化改革，2013 年中央首次提出建立"房地产长效机制"与"租购并举"的政策指导思想，"十九大"报告中明确提出"加快建立多主体供给、多渠道保障、租购并举的住房制度"。地方政府出台政策刺激和支持长租公寓市场的发展，鼓励创业和创新型企业进入长租公寓市场。

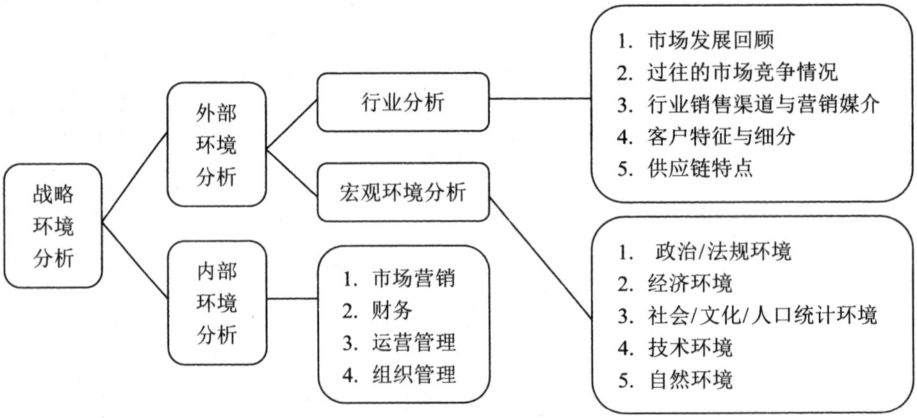

图 2　战略环境分析

资料来源：H. Y. Wong, K. Radel and R. Ramsaran–Fowdar. Building a Marketing Plan. Harvard Business Publishing. 2011(1)

■ 经济环境。2007–2017 年是中国房地产市场发展的黄金期，中国一二线核心城市流动人口比例有很大提升，十大核心城市流动人口比例从 24% 升至 36%，租房市场规模不断扩大；国内 GDP 保持合理增速，城市化水平不断提升，促使房价自 2015 年起一直在高位徘徊，一二线城市为解决高房价对人才的挤出效应影响，大力发展租房市场。

■ 社会条件。80 后、90 后作为中国当下职场的主力军，有较快的晋升速度并习惯于频繁更换工作，统计显示他们平均的跳槽周期是 2.5 年；生活的快节奏和高流动性使人们需要更专业、省心的生活服务，人们开始愿意为更好的居住条件支付更高的价格。

■ 技术环境。中国的电子商务市场发展十分快速，技术发展不断催生新的应用场景。中国信息和通讯基础设施完善，厦门具备软件开发和系统集成的人才队伍。

长租公寓行业的发展趋势：首先，房地产存量市场正在逐渐取代增量市场，成为市场的主力，租房市场需求会持续快速增长；其次，随着经济和生活水平的不断提升，居住质量成为影响人们支付意愿的重要因素；再次，传统的租房市场服务模式服务效率低、消费风险高，现有服务体系已经越来越难满足市场需求，黑中介现象层出不穷，政府治理和规范租房市场的意愿和动力不断增强。

战略认知：首先，居住是人类的基本生存需要，随着经济发展，国内和国际的人员流动性会进一步提高，目前长租公寓市场依然是蓝海市场，现有企业经营思路简单、以经验式管理为主，国内还缺乏有竞争力的企业；其次，需要摸索出能够破除市场消费痛点的商业模式，运用互联网技术改造升级长租公寓产品和服务是可行的技术方向，但在国内市场上尚未出现这样的企业，创新风险较高。再次，在供给质量严重滞后的市场里，企业产品和服务一旦能够获得消费者青睐，就会快速形成品牌效应，市场扩张速度将会很快。同时，这也将刺激其他竞争企业进入长租公寓市场，所以先进入者需要快速形成核心竞争力，巩固领先优势。

2. 企业核心竞争力

美国学者普拉哈拉德（C.K. Prahalad）和哈默（G. Hamel）1990 年在哈佛商业评论上发表了《企业核心竞争力》一文，从此核心竞争力的思想成为企业战略思想的根基之一。

核心竞争力是组织内的集体学习能力，尤其是如何协调各种生产技能并且把多种技术整合在一起的能力，同时它还意味着对工作进行组织和提供价值。

在短期内，一个公司的竞争优势源于现有产品的性价比特性，但这种竞争优势很容易被竞争对手模仿。从长期来看，竞争优势将取决于企业能否以比对手更低的成本和更快的速度构建核心竞争力，管理层有能力把整个公司的技术和生产技能整合成核心竞争力使各项业务能够及时把握不断变化的机遇，这才是优势的真正所在。

企业竞争战略成功与否的关键在于能否获得必要的核心竞争力。从优望公寓来讲，其核心竞争力是低成本、高效率的运营管理能力。

（1）从长租公寓客户需求看，租户对服务的需求具有高度同质性特点，服务需求主要集中在看房选房、签订租赁合同、租住期间的设施设备维护保养以及清晰准确的账单。这些服务体验可以通过系统和服务快速响应来解决，这意味着购买或开发一套适合的管理系统是保证企业低成本高效率运营能力的关键，并且科学完善的运营管理系统还能够为优望公寓拓展服务项目、创新服务流程提供有效支持。

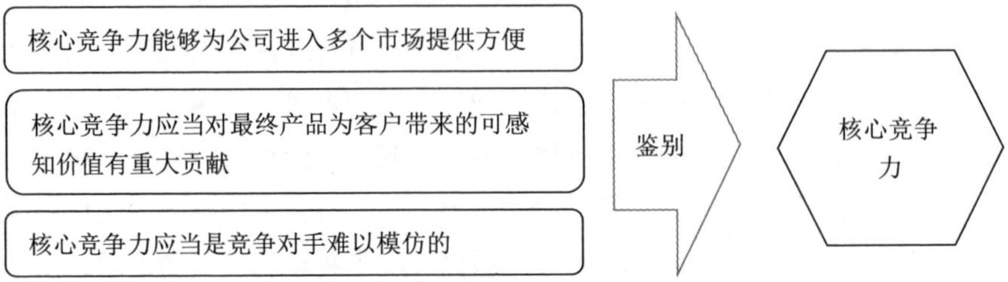

图 3　核心竞争力三条评判标准

（2）随着互联网技术应用的普及，移动端消费和网上互动成为市场趋势，优望公寓的网上选房、签合同和服务响应可以极大地迎合当下流行的消费心理和行为方式，同时，借助数据挖掘技术，运营管理系统可以进行动态客户关系管理，将企业最新的促销政策与客户进行精准匹配，提高客户的价值感受。

（3）优望公寓追求低成本高效率的运营管理能力是为了获得整合资源、打造多方共赢平台的能力。通过不断提升自身专业化运营管理能力，优望公寓具备推动业主方、投资者、租客和地方政府共同解决长租公寓市场沉疴痼疾的能力与资格，使上述各方可以借助其运营管理能力盘活存量资产、创造合理利润。而优望公寓借助该平台，不仅能够很好获取不动产、资金和品牌等平台的关键资源，未来还能借助该平台进入资本市场，从而创造出令竞争对手难以复制的竞争优势。

3. 竞争战略框架

数字时代与工业时代的环境有很多不同，相应的，企业的战略空间——无论是增长速度、价值创造与获取方式，还是战略举措都发生了根本性的变化。关于数字时代企业竞争战略的认知框架，陈春花（2018）做过系统分析：

在工业时代，行业和资源的边界相对清晰，企业在一个条块分明的空间寻求立足点，遵循的是竞争逻辑。竞争逻辑将企业视为在同一个竞技场上博弈对抗的对手，客户则是这场比赛的裁判。企业通过定义和不断加强自身的比较优势，满足客户的需求。谁能把客户需求满足得更好，就能“赢”得竞争。因此，一直以来都有“商场如战场”的比喻。

走到数字时代，最大的改变是：随着技术应用打开了人、产品和行业之间的连通性，资源和产业的边界约束条件发生了变化。企业改用共生逻辑（而非竞争逻辑）才会活得更好。共生逻辑将企业、客户、同侪、其他产业的伙伴等视做同一个生态系统中的参与者，通过彼此滋养、相互促进推动生态的繁荣。在共生逻辑下，最终的目标不是“赢”，而是寻找生长空间；企业追求客户价值，充分调动技术和应用组合不断唤醒和创造市场需求，而不仅仅是被动满足客户已有的需求。

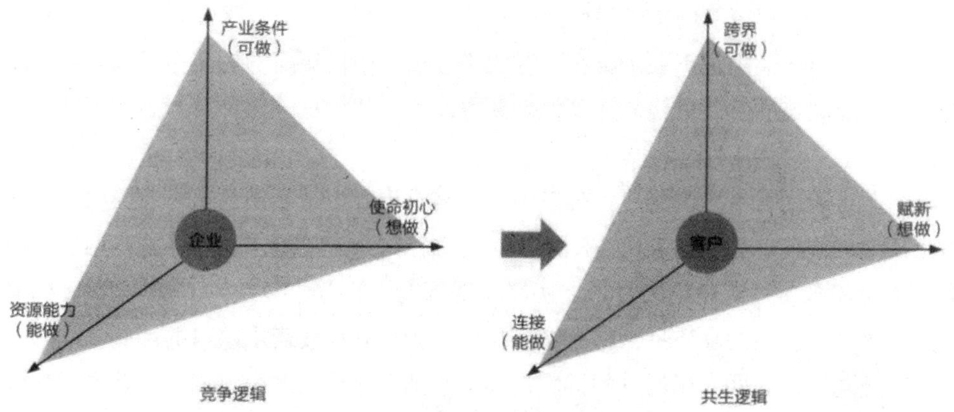

图 4　用认知框架重新定义战略空间

资料来源：陈春花、廖建文 . 打造数字战略的认知框架 . 哈佛商业评论（中文版），2018（7）.

遵循共生逻辑竞争的企业，需要在“可做”“能做”和“想做”三个维度上进行突破（见图 4 所示），实现跨界（突破产业条件）、连接（突破资源能力）、赋新（突破优势选择）的组合，从而在数字时代打造独特的竞争战略。在赋新（“想做”）维度上突破，企业要思考随着技术的演进和社会文化与价值观等的变化，未来商业价值主张可以突破的更大空间在哪里。在连接（“能做”）维度上突破，企业要思考在新技术的赋能下，行业内外有哪些值得连接的要素，用来增强、更新或突破现有的商业模式和价值范围。在跨界（“可做”）维度上突破，企业要思考在未来的三到五年甚至更长时间，行业的边界之内和边界以外将会发生什么样的变化，行业重构的机会和新的竞争将来自哪里。

优望公寓是通过连接行业外的新资源，给原有的行业带来新的格局和视角。它同时在赋新和连接上突破，但不跨越行业本身，是在已有的界线内重构了行业竞争逻辑。

通过案例可知，在传统的租房市场中分散式长租公寓存在装修成本高、需要运营管理人员多、能提供的增值服务少等瓶颈问题，难以有效引入外部资源进行价值创新。链家的自如品牌虽然成功将分散式公寓实行标准化改造，利用网络信息技术对行业运营方式进行赋新，但其本质只是对传统租房业务的技术提升，其价值理念并未跳出已有的行业认知。自如的价值逻辑是尽可能大地覆盖长租公寓客群，该商务模式表面上是从租房价差中获利，但当我们把链家所有业务联系在一起看的话，不难发现自如其实还为链家带来潜在的购房、房屋贷款以及房屋出租等一系列后续可能的利益。自如这种商务模式虽然起到了规范市场、释放租房市场潜力的作用，但其竞争逻辑还是靠规模取胜，显然这种市场优势依然是以“赢”为核心的竞争逻辑，并未对行业提出新的价值主张。

优望公寓的共生逻辑在于要在传统的租房市场中挖掘新的价值主张，创造出超越现有行业轨迹的发展思路。在价值创新方面，优望公寓分别针对产品和消费方式提出了新的价值主张：

（1）传统租房市场供给能力难以满足租客对更好生活品质的追求。国内一二线城市高企的房价、频繁的人员流动以及对更好住宿条件的追求，使得国内租房市场累积大量需求得不到满足的客源。房屋功能齐全、物业服务及时、费用清晰准确、提供多种社交空间的高质量长租公寓产品，成为填补市场需求缺口的产品。

（2）随着互联网应用场景的推广，移动端消费正快速改变人们的消费方式，逐渐成为各阶层人们的消费习惯。如何将租房消费转移到网上？对企业来说，提供让客户满意的网上租房服务，不光是技术问题，更难之处在于彻底消除客户对网上消费的疑虑与担心。这要求企业必须把线上线下的产品、流程与体验完美统一起来。

对于企业发展路径，优望公寓提出了新的思路：

（1）中国房地产行业经过近二十年高速发展，形成了房屋属性复杂的存量房市场，但对于长租公寓企业而言，合法的房源大体分为两类：零散房源和集中房源。在 2015 年，大量拥有集中房源的业主（国有企业和房地产开发商）并不具备运营高质量长租公寓产品的意愿和能力。在大多数企业瞄准零散房源进行争夺的时候，优望公寓将发展目标快速锁定在集中房源市场，并投入大量资金研发公寓管理系统软件，初步建立起运营集中式长租公寓的市场门槛。

（2）定位企业角色，创建多主体发展模式。优望公寓将自身定位成资产运营商，专注于解决长租公寓运营成本高的行业难题。通过创造出领先于行业的运营效率，再去整合不动产的业主房、资金的投资房、各类配套企业以及市场中的消费者，从而打造出一个消费者期待的高质量的长租公寓产品。

（3）优望公寓打造的集中式长租公寓项目，因为财务透明、投资回报稳定受到各合作方的认可，业务进入快速复制阶段。这种共生性竞争路径一方面会不断吸引新的业态合作者进入，围绕长租公寓产品设计新的商业价值，如发行金融产品 REITs 等；另一方面随着项目数量扩大，租客数量增多，优望公寓作为租户流量的接触端口可以对接服务租户需求的商业企业，丰富现有的商业生态，提高租户的价值感。

4. 商务模式

商务模式最早在 20 世纪 70 年代中期作为一个专用术语出现在管理领域的文献中，伴随 20 世纪 90 年代中期电子商务兴起，商务模式成为企业界的时髦术语开始流行并逐步引起理论界的关注。

商务模式描述的是一个组织创造、传递以及获得价值的基本原理。其作用在于识别并挖掘外部市场机会，建立高效的价值传递方式进而稳固客户资源，以获取企业竞争优势。

达席尔瓦和特克曼（DaSilva & Trkman）在 2014 年梳理了大量的文献，发现很多人将商务模式与战略混为一谈。商务模式和战略都涉及到组织运营方式，都是企业竞争优势的来源，二者容易发生混淆。商务模式是企业与同行进行区隔的战略思考，也是跟顾客连接的条件。因此，商务模式既是企业战略具像化的一个表现，同时也是顾客和市场认知企业的载体。二者区别在于：第一，商务模式是为客户创造价值，并建立传递价值的模式；战略尽管也涉及到获取价值，但侧重点在于企业的价值如何获取和持续。战略比商务模式更关注竞争威胁和潜在的市场进入者。第二，商务模式重点在于创造客户价值，而战略则侧重于创造股东价值。第三，战略制定要对周遭环境因素进行仔细的分析和计算，并要搜集尽可能多的信息来帮助决策；商务模式通常是基于有限的信息，通过对公司早期经验或其他成功公司经验的把握来构建。第四，企业在实现战略目标的过程中，常常会调整甚至变更商务模式；商务模式在运行过程中，通常只会在现有战略方向上调配和组织资源。

商务模式可以被视为一个由客户价值、企业资源和能力、盈利方式三个方面构成的三维立体模式。

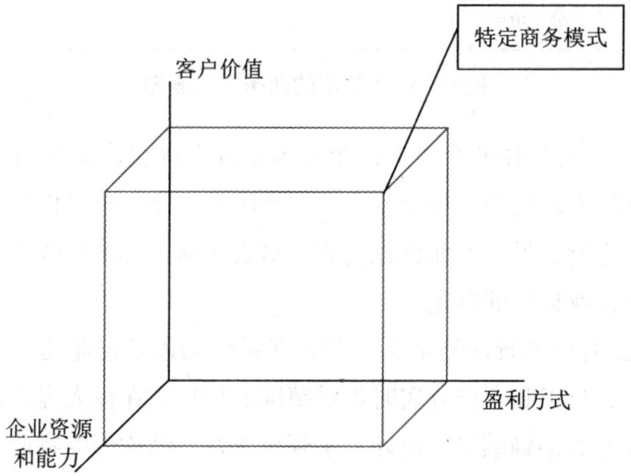

图 5　商务模式的三维图示

■ 客户价值主张，指在一个既定价格上企业向其客户或者消费者提供服务或产品时所需要完成的任务。

■ 资源和生产过程：支持客户价值主张和盈利模式的具体经营模式。

■ 盈利方式：企业用以为股东实现经济价值的过程。

其中，客户价值可以具体分解为价值主张、客户关系、客户细分和渠道通路；企业资源和能力可以分解为重要合作、关键业务、核心资源；盈利方式分解为成本结构和收入来源。奥斯特瓦尔（A. Osterwalder）和皮尼厄（Y. Pigneur）把上述九大要素画成商务模式画布（The Business Model Canvas），以此解释企业如何通过价值交换来赚钱。即，为谁提供价值？→提供什么价值？→如何提供价值？→怎样使自己的价值最大化？

优望公寓的商务模式画布构成如下：

<table>
<tr>
<td rowspan="2">Key Partners
KP（重要合作）
非竞争者之间的战略联盟，包括业主方、投资方、配套服务商等</td>
<td>Key Activities
KA（关键业务）
为长租客户提供整体解决方案，为合作伙伴创造价值</td>
<td rowspan="2">Value Propositions
VP（价值主张）
成就城市理想生活</td>
<td>Customer Relationships
CR（客户关系）
提供社区型服务，通过亲切、规范的服务留住原有客户</td>
<td rowspan="2">Customer Segments
CS（客户细分）
公寓产品聚焦于中端客户（白领），但每个项目会针对特定细分市场的客户提供差异化服务</td>
</tr>
<tr>
<td>Key Resources
KR（核心资源）
运营管理系统与有优势的物业</td>
<td>Channels
CH（渠道通路）
企业网站、App、公众号、项目运营团队</td>
</tr>
<tr>
<td colspan="3">Cost Structure
CS（成本结构）
以成本导向为主，结合部分价值导向</td>
<td colspan="2">Revenue Streams
RS（收入来源）
租金的价差</td>
</tr>
</table>

图 6　优望公寓的商务模式画布

KP：通过跟重要伙伴的合作，优望公寓实现了优化产品结构、快速形成规模效应，从而降低成本；此外，由于业主方多为国有企业或政府机构，一方面降低了经营风险和不确定性，另一方面也让优望公寓更容易了解最新政策信息。优望公寓参与了长租公寓行业标准的制定。

KR：优望公寓自主研发的企业运营管理系统涵盖了企业的人、财、物各个方面，能够为租户、员工和合作方实时提供精准的信息，在极大提高企业运管效率的同时，改善了各方的接触感受。此外，拿到位置好、结构好的物业（楼宇）直接决定了后期项目的运营成本和市场吸引力，属于企业的核心资源。

CH：优望公寓主要通过企业网站、App、公众号及时跟客户保持双向交流，同时每个项目的运营团队负责线下服务和推广，为激励项目运营官，只要出租率达到 95% 以上，他们就可以享受不参加每周例会的权利。

CS：优望公寓作为资产运营商，需要通过极致化的成本管控能力来为各合作方创造价值，因此它是一家高度追求成本导向的企业。同时，以租客为中心的共生逻辑要求它必须为租客提供更多价值感受和个性化的服务，如组织社区活动、提供免费健身场地、引入外部资源提供相关展会门票等。

教师可以在课前把商务模式画布的内容发给学生，课上时组织学生分组讨论、填写优望公寓的商务模式画布，然后选几组同学进行汇报，再进行全班讨论，最后教师做点评。

优望公寓在扩张中遇到了多场景创新的挑战。随着运营项目数量的增加，项目之间因为客户群体需求的差异，导致运营管理系统要求的标准化同项目服务创新之间的矛盾越来越突出，为优望公寓扩张带来隐忧。目前，优望公寓采取的办法是鼓励项目运营官进行创新尝试，并将成功经验迭代进系统，这意味着具体项目的服务创新工作取决于运营官的意愿与能力，具有很大不确定性。未来当优望公寓扩张到 100 万个出租单元时，这种管理方式导致的内部冲突将超出企业承受能力，因此，在商务模式上需要再创新。由于优望公寓主要业务涵盖多种功能，因此，未来其商务模式可按照分拆商业模式进行规划。

分拆商业模式是指企业从事的活动整合了三种不同类型：客户关系管理、新产品开发以及基础设施管理。由于每种类型的活动有着不同的经济、竞争和文化规则，当它们共处在同一家企业中时，彼此会冲突或发生不必要的消长。

表 1 分拆商业模式的三种核心商业类型

	新产品开发	客户关系管理	基础设施管理
经济规则	早起市场进入获得高溢价和大量市场份额；速度是关键	高昂的客户开发成本要求从每个客户手中获取高份额：范围经济是关键	高固定成本使得高产量成为获得低单位成本的关键；规模经济是关键
竞争规则	能力之争，进入门槛低；大量小玩家争奇斗艳	范围之争；少量的大玩家主导市场	规模之争；迅速固化的市场；少量大玩家主导市场
文化规则	以雇员为中心；呵护创意明星	高度服务导向；顾客第一心态	聚焦成本；强调标准化、可预期性和生产效率

对于这部分内容，教师可以让学生自由讨论，探讨优望公寓规模扩张后面对的多场景服务创新能够采用的可行的思路与办法。

五、背景信息

我国长租公寓发展大体可分为四个时期：2010–2012 年为萌芽期；2013–2014 年为起步期；2015–2016 年为风口期；自 2017 年开始为扩张期。

REITs（Real Estate Investment Trusts）被称作房地产投资信托基金，最早于 20 世纪 60 年代在美国出现，直到 21 世纪亚洲地区才开始有 REITs 上市交易。REITs 是一种以发行收益凭证的方式汇集特定多数投资者的资金，由专门投资机构（即 REITs 管理公司）进行房地产投资经营管理，并将投资综合收益按比例分配给投资者的一种信托基金。在融资方面 REITs 有巨大的优势，表现为风险低、回报率较高、经营科学。对于房地产企业而言，REITs 的股权形式投资并不会给它们带来债务负担；而相对于银行贷款，合约还款带给房地产企业的压力会大很多。借鉴美国的 REITs 模式，国内的很多长租公寓也可以通过这种金融手段，把原本盈利周期长、流通性较低的长租公寓投资，转化为资本市场上的证券资产进行交易。

表 2　2015–2017 年我国鼓励房屋租赁市场发展的相关政策

发布时间	政策部门	条例名称	简要内容
2015 年 1 月	住建部	《住房城乡建设部关于加快培育和发展住房租赁市场的指导意见》	提出政府要建立好租赁信息服务平台、培育住房租赁经营机构、鼓励开发商将其持有房源向社会出租、鼓励开发商将存量房转型做租赁型的养老或旅游地产，要求推进房地产投资信托基金试点，积极鼓励和引导国内外资金进入住房租赁市场。主要目的在于鼓励、支持大力发展住房租赁市场
2015 年 1 月	住建部、财政部等	《住房和城乡建设部、财政部、中国人民银行关于放宽提取住房公积金支付房租条件的通知》	放宽公民提取公积金支付房租的政策
2015 年 10 月	税务总局	《国家税务总局公告 2015 年第 73 号——关于发布减免税政策代码目录的公告》	按政府规定价格出租公有住房和廉租住房免征营业税、个人出租房屋减征个人所得税、个人出租住房房产税暂减按 4% 的税率征收
2015 年 11 月	国务院办公厅	《国务院办公厅关于加快发展生活性服务业促进消费结构升级的指导意见》	要积极发展客栈民宿、短租公寓、长租公寓等细分业态，并将其定性为生活服务业，按照生活性服务业的政策给予支持
2016 年 2 月	国务院	《国务院关于深入推进新型城镇化建设的若干意见》	建立购租并举的城镇住房制度；住房保障实行实物保障与租赁补贴相结合并逐步转向租赁补贴为主；加快发展专业化住房租赁市场

续表

发布时间	政策部门	条例名称	简要内容
2016年3月	国务院	《国务院批转国家发展改革委关于2016年深化经济体制改革重点工作意见的通知》	推进以满足新市民住房需求为主要出发点的住房制度改革，建立购租并举的住房制度，把符合条件的外来人口逐步纳入公租房供给范围，住房保障实行实物保障与货币补贴并举，有条件的地区逐步转向以租赁补贴为主，发展住房租赁市场
2016年6月	国务院办公厅	《国务院办公厅关于加快培育和发展住房租赁市场的若干意见》	指导思想是以建立购租并举的住房制度为主要方向，健全以市场配置为主、政府提供基本保障的住房租赁体系。将在2020年形成供应主体多元、经营服务规范、租赁关系稳定的住房租赁市场体系，在金融制度、业务模式等多个方面给予支持
2016年12月	中央经济工作会议		要加快住房租赁市场立法，加快机构化、规模化租赁企业发展
2016年12月	财经领导小组会议		规范住房租赁市场和抑制房地产泡沫。要准确把握住房的居住属性，以满足新市民住房需求为主要出发点，以建立购租并举的住房制度为主要方向，以市场为主满足多层次需求，以政府为主提供基本保障，分类调控，地方为主，金融、财税、土地、市场监管等多策并举，让全体人民住有所居
2017年3月	政府工作会议	《2017年政府工作报告》	坚持住房的居住属性，落实地方政府主体责任，加快建立和完善促进房地产市场平稳健康发展的长效机制，以市场为主满足多层次需求，以政府为主提供基本保障
2017年5月	住建部	《住房租赁和销售管理条例（征求意见稿）》	规定了租金支付方式、合同、租房人权益以及租赁市场规范。对政府管理处理租赁市场纠纷进行规范；鼓励发展规模化、专业化的住房租赁企业；强化住房销售条件、销售程序等，强化了加强房地产中介行业、规范服务行为
2017年7月	九部委	《关于人口净流入的大中城市加快住房租赁市场的通知》	支持相关国有企业转型为住房租赁企业，规定住房租赁企业申请工商登记经营范围统一规划为住房租赁经营；公安部门将住房租赁企业登记租住人员信息接入暂住人口管理信息系统；建设政府租赁交易服务信息平台；加大对住房项目的信贷支持力度；鼓励住房租赁国有企业闲置和低效利用的国有厂房、商办用房等按规定改建为租赁住房；改建后租赁住房执行民水民电；对于落实梳理新建、改建租赁住房项目立项，建立快速审批通道

六、关键要点

（1）关键点：案例的关键点有二，其一是让学生认识到企业的竞争战略是动态适应的结果，是通过商务模式把企业引导到预期的竞争模式上，从而回应行业发展痛点与趋势；其二是揭示企业竞争战略分析逻辑的内在一致性，将教材中分别讲述的战略环境分析、核心竞争力、战略认知框架和商务模式等内容综合使用，形成战略分析的完整拼图。

（2）关键知识点：PEST 分析（内容、框架）、核心竞争力（概念、评判标准）、竞争战略（概念、认知框架、构成要素、主要类型）、商务模式（概念、与战略的区别、商务模式画布）等。

（3）能力要求：要求学生能够透过现象看本质，具有较强理论联系实际能力和对全局的把控能力。

七、建议课堂计划

本案例可作为单独案例在课堂上使用，以下按照时间进度提供一份课堂计划的建议，仅供参考，约占用课堂时间 90–120 分钟。

1. 课前计划

提供启发式思考题，请同学们阅读案例，同时预习服务战略章节内容，重点了解战略环境分析、企业核心竞争力、战略逻辑、商务模式等相关理论。

2. 课堂计划

（1）请几位同学简要发表对思考题的想法，营造良好讨论氛围，激发学生动脑思考，为下一步深入分析案例打下基础。

（2）引导学生讨论中国长租公寓的市场环境特点，引入 PEST 分析工具，总结长租公寓市场的长期发展趋势。

（3）提问学生优望公寓如何做到业务规模快速增长，引入“企业核心竞争力”知识点。

（4）引导学生讨论优望公寓是如何解决多客户利益协调问题的，并深入分析决定其竞争策略成功的关键因素，引入“战略认知框架”知识点。

（5）请学生讨论未来优望公寓向全国扩张可能遇到的困难，并汇集学生提出的解决方案，引出“商务模式”知识点。

（6）将“战略环境分析”“企业核心竞争力”“战略逻辑”和“商务模式”四个知识点串连，引出“企业战略模型”，并根据前面的分析，从每一方面出发为优望公寓未来战略扩张提出下一步工作建议，将解决问题的思路聚焦于“通过聚焦行业中客户痛点，制定差异化的竞争战略”。

参考资料

［1］詹姆斯·A. 菲茨西蒙斯，莫娜·J. 菲茨西蒙斯 . 张金成，范秀成，杨坤 等译 . 服务管理：运作、战略与信息技术（第 9 版）［M］. 北京：机械工业出版社，2020.

［2］瓦拉瑞尔·A. 泽丝曼尔，玛丽·J. 比特纳，德韦恩·D. 格兰姆勒，张金成 等译 . 服务营销（第 7 版）. 北京：机械工业出版社，2018.

［3］迈克尔·波特 . 书文 译 . 什么是战略［J］. 哈佛商业评论（中文版），2004（1）.

［4］陈春花，廖建文 . 打造数字战略的认知框架［J］. 哈佛商业评论（中文版），2018（7）.

［5］C. K. Prahalad，G. Hamel. The core competence of the corporation［J］. Harvard Business Review, 1990 (5–6).

［6］DaSilva C M, Trkman P. Business model: what it is and what it is not［J］. Long Range Planning. 2014, 47(6).